面 向 2 1 世 纪 课 程 教 材

Textbook Series for 21st Century

高等学校工商管理类核心课程教材

宏观经济学

黄亚钧 袁志刚 主编

1. 我国1993～2004年间通货膨胀的成因分析

① GDP增长率（季度） 通货膨胀率

② 通胀率 M1增长率

报告 1.引言（货币政策） 2.调查资料 3.结论、建议

3. 我国1993～2004年间货币政策传导的管道tunnel（途径）

① 利率 → GDP增长率

存款

② 银行贷款

4. 我国1993～2004年间财政政策的来源分析，~~税收~~

国债发行量

税收 → GDP增长率

5. 我国1993～2004年间的支出分析

国防、卫生、教育

6. 外汇储备、CPI指数和GDP增长

刘静 国贸 032.

高等教育出版社
HIGHER EDUCATION PRESS

内容简介

本书是教育部“高等教育面向21世纪教学内容和课程体系改革计划”的研究成果，是面向21世纪课程教材和高等学校工商管理类专业核心课程教材。

全书共分三篇，即宏观经济的长期模型、宏观经济的短期模型和宏观经济模型的深化，共16章。本书的主要特色是以经济模型的形式构建了既与微观经济学相一致又与宏观经济学发展轨迹相吻合的理论体系，通过一种合理的结构体系把宏观经济学这门充满争论和不同观点的学科的基本原理、流派理论和发展方向清楚简明地介绍出来并加以论述；同时针对中国宏观经济问题进行了具体分析，具有中国特色。

本书除作为高等学校工商管理类各专业的教材，也可作为经济学门类、管理学门类其他专业的教材；本书因可读性强，亦可供社会读者阅读。

图书在版编目（CIP）数据

宏观经济学/黄亚钧，袁志刚主编．—北京：高等教育出版社，2000（2003重印）
ISBN 7-04-008353-1

Ⅰ．宏…　Ⅱ．①黄…②袁…　Ⅲ．宏观经济学
Ⅳ．F015

中国版本图书馆CIP数据核字（2000）第62843号

宏观经济学
黄亚钧　袁志刚　主编

出版发行　高等教育出版社
社　　址　北京市东城区沙滩后街55号
邮政编码　100009
传　　真　010－64014048
购书热线　010－64054588
免费咨询　800－810－0598
网　　址　http://www.hep.edu.cn
　　　　　http://www.hep.com.cn

经　　销　新华书店北京发行所
印　　刷　化学工业出版社印刷厂

开　　本　787×960　1/16
印　　张　21.25
字　　数　380 000
版　　次　2000年8月第1版
印　　次　2003年4月第9次印刷
定　　价　23.50元

总 前 言

高等学校经济学类核心课程和工商管理类核心课程是在高等教育面向21世纪教学内容和课程体系改革计划“经济学类专业课程结构、共同核心课程及主要教学内容改革研究与实践”和“工商管理类专业课程结构及主要教学内容改革研究与实践”两个项目调研基础上提出、经经济学教学指导委员会和工商管理类教学指导委员会讨论通过、教育部批准的必修课程。其中，经济学类各专业的核心课程共8门：政治经济学、西方经济学、计量经济学、国际经济学、货币银行学、财政学、会计学、统计学；工商管理类各专业的核心课程共9门：微观经济学、宏观经济学、管理学、管理信息系统、会计学、统计学、财务管理、市场营销学、经济法。这些课程确定后，教育部高教司组织有关专家制定了各门课程的教学基本要求，并组编了相应的各门课程的教材。各门课程的教学基本要求及相应教材由高等教育出版社于2000年秋季出齐，供各高等学校选用。

教育部高等教育司

2000年3月

前　言

编写宏观经济学教材最难的地方就是确定一个理论体系结构。因为宏观经济学是一门充满争论和不同观点的学科，至今还没有形成一个公认的、统一的理论体系。

按照传统的凯恩斯理论体系，宏观经济学和微观经济学之间似乎缺乏某种内在的逻辑联系，这样，宏观经济学就有可能失去微观基础而成为“空中楼阁”。而如果从纯粹的古典理论出发，在微观经济学的基础上推导宏观经济理论，宏观经济学又好像没有存在的必要，因为只要把单个消费者、单个企业和单个市场的行为引申到 n 个消费者、n 个企业和 n 个市场上就行了。如何使宏观经济学与微观经济学在逻辑上统一起来而又不成为微观经济学的翻版，进一步来看，也就是如何把宏观经济理论不同学派的观点统一在一个理论框架中而不显得杂乱无章，的确是一个难题。

基于对上述问题的考虑，我们在体系结构上主要参考了美国经济学家曼昆(N. G. Mankiw)的《宏观经济学》一书。本书在结构上分为三篇：第一篇是宏观经济的长期模型，第二篇是宏观经济的短期模型，第三篇则是宏观经济模型的深化。按照这样一个理论体系，宏观经济的分析从完全竞争到不完全竞争，从市场有效到市场失灵，至少在逻辑上和微观经济学达到了一致。很多宏观经济学家认为，古典理论用来分析宏观经济运行的长期规律具有很强的说服力，而凯恩斯理论则在解释宏观经济运行的短期行为方面具有独到的优势，因此本书第一篇主要是介绍宏观经济学的古典理论，而第二篇则主要分析凯恩斯理论。随着宏观经济理论的发展，两者在寻求宏观经济理论的微观基础方面达到了共识，因此第三篇主要讨论宏观经济学的微观基础。因此，这一理论体系结构也和宏观经济理论发展的历史轨迹相吻合。除此以外，本书还用相当的篇幅对宏观经济的主要学派进行介绍和分析，主要是希望读者能更多地了解现代宏观经济理论的发展和争论的主要问题。而最后一章分析的中国宏观经济问题，则是为了体现本书的中国特色。

全书的内容是按照一个学年的教学计划进行安排的。如果作为一个学期的教学，有些章节可以考虑省略或者作为教学的参考。基本理论主要集中在第一篇和第二篇。在第一篇中，宏观经济的衡量与均衡（第二章）和经济增长（第三章）应作为教学的重点，而失业（第四章）和通货膨胀（第五章）则可以合并为一章讲授。在第二篇中，总需求与总供给（第七章）、总需求理论（第八章）、总供给理论（第九章）和宏观经济政策与理论（第十一章）涉及到了宏观经济学探讨的主要问题，应该作为教学重点。而开放经济（第六章）和开放经济的短期均衡（第十章）可以考虑在国际经济学的课程中展开，在宏观经济学中作一简单介绍即可。第三篇中的消费理论（第十二章）、投资理论（第十三章）和货币的供给与需求（第十四章）主要分析宏观经济理论的微观基础，可以在前面有关章节中穿插进行讲授。宏观经济学流派（第十五章）和中国宏观经济问题（第十六章）则可以作为教学的参考内容来处理。这样，按照以上的安排，重点内容加上导言部分大致可以分成八章，一个学期基本上可以讲完。当然，这仅仅是我们的一个参考性意见，具体内容和安排可视各个学校的课程需要和学生程度而定。

本书是按照教育部“高等教育面向21世纪教学内容和课程体系改革计划”中工商管理学类核心课程的要求编写的，经济学专业的学生完全可以使用。本书在编写的过程中，力求把基本原理讲清楚，尽量避免使用复杂的数学工具，因此本书也可以作为其他专业学生学习宏观经济学课程的教材。参加本书编写工作的作者有（按姓氏笔划为序）：王琳晶、方颖、赵扬、袁志刚、黄亚钧、葛苏勤、谢识予，全书由黄亚钧修改定稿。

最后，我们感谢高等教育出版社的刘清田、李冬梅为此书出版付出的努力和辛勤劳动。当然，书中出现的一切谬误和缺陷由我们负责。

作 者

2000年5月于复旦大学

目 录

第三篇　宏观经济模型的深化

第一章

导　论

任何学科的分类都是其自身发展和丰富的结果，而经济学作为一门历经两百多年发展的、复杂的、综合的社会科学，很难以单一的标准进行划分。尽管如此，经济学家仍然对其作了一个粗略的分类——微观经济学和宏观经济学。这一划分的主要标准是研究对象。作为本书的导论，我们主要介绍宏观经济学研究的基本问题和基本概念，以及宏观经济学的理论体系，其目的是使读者对宏观经济学有一个感性认识，为以后的学习打下一个基础。

本章第一节首先介绍宏观经济学的研究对象和方法，第二节考察宏观经济学的基本概念，在第三节中，我们要讨论宏观经济学的理论体系，其中主要对宏观经济学的形成与发展以及主要争论的问题作一粗略的介绍。

第一节　宏观经济学的研究对象和方法

一、什么是宏观经济学

按照研究对象范围的大小，经济学大致可以分为宏观经济学和微观经济学两大部分。宏观经济学也叫做总量经济学，宏观（Macro）一词源于希腊文（Makros），表示“大”的意思，这是因为宏观经济学这一学科研究的对象是大型经济单位，通常是指一国的国民经济。因此，顾名思义，微观经济学研究的主要是单个经济主体（如单个消费者、厂商）的经济行为，涉及的内容是单个市场的均衡价格和产量的决定；而宏观经济学研究的主要则是整个国民经济的经济行为，涉及的内容是整个社会的价格水平、总产量、就业水平和其他经济总量的决定。形象地说，微观经济学研究的是树木，宏观经济学研究的是森林，显然，如果我们不学宏观经济学，就会只见树木，不见森林。

那么宏观经济学研究什么呢？从一国经济的角度来看，我们在实际生活中经常会遇见以下几类问题：

1. 一国的经济增长是由什么决定的?

譬如，在1870年，挪威的人均收入比阿根廷的要低，而在今天，前者超过了后者的两倍。一些国家经济迅猛发展的同时，另一些国家的经济发展却步伐缓慢，造成这种显著差异的原因是什么呢?

2. 是什么引起一国经济情况的波动?

在20世纪60年代，美国经济经历了高速的创纪录的增长，年均增长率为4.4%，但在70年代中期，却逐步走入谷底，年均增长率仅为2.6%。80年代中期，经济开始回升，增长速度加快，但进入90年代，再一次陷入了长时间的收缩，经济增长率又回到较低的水平。而从90年代中期开始，美国经济又出现强劲的增长势头，并一直持续到20世纪末。是什么使一国经济遭遇如此的反复波动，在繁荣和衰退之间徘徊呢?

3. 是什么导致了失业?

美国1930年的失业率是25%左右，十年后的二战期间，失业率却低于2%。为什么有些年份的失业率达到非常高的水平，而有些年份失业率处在较低的水平?而且，为什么在一些相对景气的时期也会出现数量可观的失业人口?

4. 为什么会产生通货膨胀?

在传统的计划经济体制下，中国的物价水平被人为地固定在某一水平之上，即使在供不应求的情况下亦是如此。物资短缺造成的物价上涨压力表现为抑制性通货膨胀，人们排队购物就是抑制性通货膨胀的一种现象。改革以后，物价在供求关系的驱动下出现了多次迅猛的上涨，20世纪90年代初期出现了两位数的通货膨胀率。从世界范围看，70年代的美国等西方国家、80年代的拉美国家，包括转轨时期的前苏联和东欧国家，均经历了较高的通货膨胀。然而通货膨胀的原因究竟何在?政府又当如何应付呢?

5. 全球经济体系对国民经济的运行有何影响?

1997到1998年，一场发端于东南亚的金融危机广泛地蔓延到东亚、俄罗斯、巴西等国，甚至连美国也受到一定的冲击。这次由于外国短期资本冲击引发的国际金融经济危机严重地削弱了东南亚等国多年积累起来的经济实力。面对大范围的国际货币贬值，中国经济运行的外部环境急剧恶化，不可避免地成为间接受害者。究竟国与国之间的经济纽带，诸如国际贸易和国际借贷，是如何影响单个国家的经济乃至整个世界经济呢?

6. 宏观经济政策如何才能改善一国的经济运行情况?

我国政府在1996年5月到1999年6月的三年间，先后七次下调利率，并于1998年初开始实施积极的财政政策，以及在1999年9月宣布对储蓄存款利息征税，以期启动国内需求，促进消费和投资。而这些政策的效果可以说是不尽相同，其长期效果也有待进一步观察。要尽可能地维持经济的快速和稳定发展，应如何调整我们的经济政策呢？

对以上这些问题的探讨和分析构成了宏观经济学的主要内容，以下我们将对这些问题作更为详细的介绍。因此，简单地说，宏观经济学就是回答这些问题的学问。

二、宏观经济学的研究对象

（一）经济增长

世界各国的贫富程度一直存在着巨大的差异。当发达国家的健康专家就儿童营养过剩问题发出警告的时候，索马里的儿童可能正在临时搭建的帐篷里过着食不果腹的生活。从宏观经济学的观点来看，富国与穷国之间的差异来自于它们各自不同的经济发展历程。富国通常经历过较长时期的高速经济增长，而穷国则从未有过持续的增长或是经历过一定时期的经济衰退。美国是富裕的发达国家的典型，图1·1显示了该国1869年以来令人羡慕的产出增长情况。在过去的一个多世纪中，美国产品和服务的年产出增长了近70倍。而这种出色的表现并非美国所独有，其他工业化国家在这段时期中也有相似的高速经济增长。

图1·1 美国实际产出的增长

从某种意义上说，美国经济的长期增长是得益于不断增加的人口为经济发展提供了稳定的劳动力来源，但更重要的因素是劳动力数量既定情况下的产出增长，后者在经济学中用平均劳动生产率的概念来衡量。据统计，美国工人1996年的平均劳动生产率相当于20世纪初的4倍，如果再考虑到现在工人的年工作时间较以前的减少，这种产出的增加就显得更为惊人。正是得益于这种高速增长的生产率，美国人民才拥有了高于其他国家的生活水平和生活质量。

与这种良好的长期表现不同的是，美国的平均劳动生产率的增长势头近年来有所减缓。在1968—1996的28年中，美国工人的人均产出仅增长26%，这与此前18年（1950—1968）中的50%增长幅度相比，无疑是颇为逊色的。与之相对应，美国人民生活水平提高的步伐也大为放慢。

由于产生的增长率，尤其是人均产出的增长率最终决定一国的贫富程度，因而宏观经济学的一个最重要的任务就是弄清经济增长的决定因素。然而，这并不容易。举一个简单的例子，是什么使日本和韩国这样的资源贫乏并饱经战火摧残的国家在一、两代人的时间里就实现了工业化，而一些资源丰富的拉美国家的经济近年来却停滞不前甚至出现负增长呢？尽管宏观经济学家对这一问题进行了卓有成效的研究，并得出了一些令人信服的结论，但目前他们仍无法圆满回答经济增长的决定因素究竟是什么。不过，他们当中的大多数确信，储蓄率、投资率、技术创新以及其他一些因素是取得高增长的重要条件。这些都为人们进一步的研究提供了有价值的思路。

（二）经济周期

在经济学里，经济周期指的是经济运行过程中出现的阶段性的不规则的上下波动。经济周期通常用实际 *GDP*（国内生产总值）和其他一些宏观经济指标的波动来衡量。由于经济活动的复杂性，经济周期并非如时钟的运转那么规则和固定，其演变的进程往往是随机的和难以预计的。

一个经济周期通常由这样几个部分组成：收缩期、谷底、扩张期、顶峰。图1·2反映的是1973—1991年美国实际 *GDP* 的变化情况，其中，经济周期的四个阶段体现得十分清晰。1979—1982年是收缩期，这段时期经济发展步伐明显放慢，实际 *GDP* 呈下降趋势；1983—1989年是扩张期，经济加速增长，实际 *GDP* 显著上升；而收缩期和扩张期之间的转折点则分别形成了1982年的谷底和1989年的峰顶。这四个阶段依次出现并循环往复，构成了经济运行的波浪式前进。

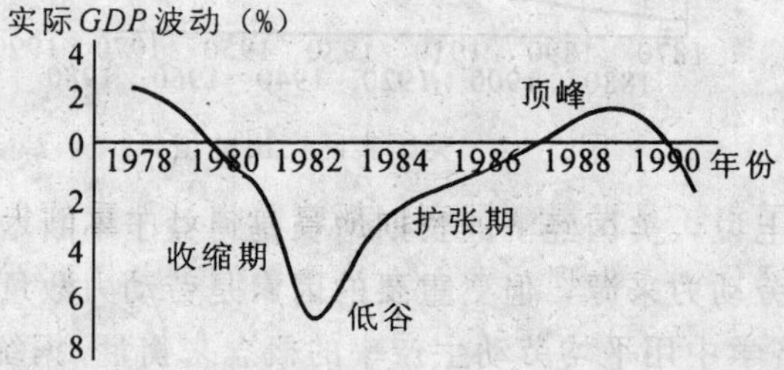

图1·2　经济周期

在特别的情况下，当一个收缩期过于严重地发展，就可能会出现经济衰退（Recession）。经济衰退以实际 *GDP* 连续两个季度的下降为标志，严重的经济衰退之后的低谷被称为经济萧条（Depression）。

实际 GDP 并不是在经济周期中发生波动的惟一指标，经济活动的波动还体现在失业率、股票价格和通货膨胀率等方面。

1. 失业率与经济周期

在一个经济周期的收缩期，失业率通常会上升；在扩张期，失业率则会下降。在经济周期的峰顶，失业率保持在最低水平；而谷底时的失业率则达到最高点。从美国经济的历史表现来看，在大萧条和 OPEC 石油危机期间，失业率均创出阶段性的高点，而在二战期间由于政府战争支出的大幅增加，失业率达到了一个显著的低点。这极好地反映了失业率与实际 GDP 的联动性，二者的波动非常吻合。

2. 股票价格与经济周期

同失业率相比，股票价格与经济周期的吻合性稍显逊色。总的来说，股票价格能够反映经济周期的演变，并且由于其往往领先于经济活动的变化，因而具有一定的预测性。因此，股票价格常常被认为是国民经济的晴雨表，这一点在大萧条期间表现得最为突出。从今天的观点看，发生在 1929 年的股价暴跌正是后来经济滑坡的先兆，而在其后的经济恢复时期，股市的表现明显领先于实际 GDP 的增长。但股市并不总能表现出这样的领先性，它有时也会与经济活动的演变有所出入。出现这种情况的一个重要原因是我们无法总是正确地预测经济发展的前景。股票价格是由投资者对公司利润的预期决定的，而预期利润又取决于整体经济状况。于是，股票价格的最终决定因素是对未来经济情况的预期。而这种预期常常会出现偏差，因此股票价格的变动不能作为经济状况的完全可靠的风向标，只能作为一种重要的参考指标。

3. 通货膨胀率与经济周期

从历史的经验看，当经济步入收缩期时，通货膨胀率往往随之下降，严重时甚至出现负数，也就是出现了通货紧缩。而当经济回升时，又常常伴随着通货膨胀率的上升。应当说，在大多数情况下，通货膨胀与经济周期的走向吻合，并且，通货膨胀的波动往往比经济周期的波动更为剧烈。

（三）失业

无论是发达国家还是发展中国家，都曾面临过严重的失业问题。随着中国经济改革的不断深化，也出现了下岗人员增加的现象。那么，失业究竟是什么现象？失业有何危害呢？

失业就是指在当前工资水平下愿意工作的人无法找到工作。一个国家的失业总人数被称为失业人口，有工作的人的总数被称为就业人口，两者之和是一国的劳动人口。失业率是失业人口与劳动人口的比率。

1. 失业的衡量

在美国等发达国家，每个月都会对失业进行衡量。美国的劳工统计局逐月公开发布失业数据，这些数据均基于一项名为“当前人口”的家庭调查。根据这项调查的界定，一个人被计入失业人口的先决条件是其必须能够和愿意工作，同时还得满足下列情况中的一种：

(1) 没有工作，但在此前四周中进行过寻求工作的努力；

(2) 离开了原先的工作岗位，但正等着被召回原职；

(3) 期待着在30天内开始新的工作。

任何符合以上条件者均被计入失业人口，零活工、季节工均作就业人口计。

2. 失业的类型

根据通常的划分方法，失业主要有以下三种：

(1)摩擦性失业。来自于正常的劳动力市场变动的失业称为摩擦性失业。劳动力市场的变动通常有两种起因。一是人们在不停地改变自己的经济活动方式，比如说年轻人离开学校，开始工作；老年人从工作岗位上退休；妇女暂时休假生养孩子等等。二是经济的景气情况处于不断的变化当中，比如说有的企业破产倒闭，辞退所有的员工；新的公司开业招人等等。这些频繁的变动都会导致摩擦性失业。摩擦性失业的数量取决于人们加入和离开劳动人口的比率以及就业机会增减的比率。一个人口出生的高峰期很可能会使20年后的摩擦性失业人数居高不下；一座新建的购物中心在增加本社区就业机会的同时可能会挤占其他社区的商业就业机会，因为其他商场面临着更为严峻的生存环境。

失去工作的人并不总能很快地找到新的工作，在他们找到新工作之前，便处于摩擦性失业状态。失业者找到新工作所花的时间受失业救济的影响。失业救济越是慷慨，失业者找工作所用的平均时间就越长，摩擦性失业的比例也就越高。

(2)结构性失业。这一类失业来自于特定的地区或行业就业机会的减少。这种就业机会的减少可以是因为永久性的技术更新，比如钢铁工业的自动化导致机器替代工人；也可以是由于国家竞争力的下降，美国汽车制造业就业机会的减少就来自于日本同行的竞争。

结构性失业与摩擦性失业之间的区别是耐人寻味的。一个被商场辞退的营业员几周后去另一家商场上班，他所经历的是摩擦性失业；一个汽车装配工失去了工作，在漫长的寻找后，最终当上保险推销员，他所经历的则是结构性失业。

结构性失业的高峰期出现在20世纪70年代末和80年代初。石油价格的上涨和国际竞争性的加强使西方国家普遍受到了传统工业结构性失业的冲击，尤其是钢铁和汽车工业，而电子、生物工程、金融等新兴行业创造的大量工作机会使这些国家就业总量保持了相对平衡。

(3)周期性失业。由于经济扩张步伐变慢而产生的失业称为周期性失业。经济扩张的速度处在不断的变化当中，时快时慢，偶尔还会是负数。当经济快速膨胀时，周期性失业便不存在，而当经济扩张速度放慢甚至收缩时，周期性失业就可能会极其严重。一个由于经济衰退而被辞退、在数月后的经济回升中又被召回的工人所经历的，就是典型的周期性失业。

需要着重指出的是，在摩擦性失业和结构性失业中，工作机会的数量和失业工人的数量是相当的，仅仅是由于双方没有及时地找到对方。周期性失业则不同。当周期性失业水平较高的时候，工作机会的数量要低于失业人口，无论人们怎样努力地寻找，也无法全部找到工作。

如何衡量和区分以上三种类型的失业是一个颇有争议的问题。很难从数量上将失业在这三者之间细分，但识别现实经济活动中发生的失业的类型对失业问题的解决仍具有重要的意义。

3. 充分就业

在任何一个特定的时点，都有正在找工作的人和想雇人的企业。充分就业(Full employment）指的是工作机会与失业人口数量相同的状态。在这种状态下，所有的失业人口均为摩擦性失业或结构性失业，而不存在任何周期性失业。我们已经知道，摩擦性失业是一直有的，结构性失业也是经常性的，因而，即使在充分就业状态下，仍有失业者存在。

充分就业下的失业率称为自然失业率(Natural rate of unemployment)。关于自然失业率，我们在第四章中还要进一步论述，在这里我们强调的是，所谓自然失业就是指那些与经济运行机制无关，由“自然”因素决定的失业人口。摩擦性失业和结构性失业的产生都与经济运行机制本身无关，因此被经济学家定义为自然失业。自然失业率不是一个常数，因为随着时间的推移摩擦性失业和结构性失业是波动的。根据一些经济学家的观点，自然失业率甚至可以达到非常高的水平，特别是当人口和技术进步因素促成了较高的摩擦性失业和结构性失业的时候。

4. 失业的危害

失业会给一国的经济发展造成严重的阻碍，从而危害到整个社会的稳定，这种危害主要体现在以下几个方面：

(1) 产出和收入减少。这是失业所造成的危害中最显著的一个。原先本应在各自岗位上工作的工人却无所事事，这对产出和收入带来的损失是不言而喻的。根据国外一些研究机构的估计，失业率每上升1个百分点，就会导致产出下降2～3个百分点。如果这一数据正确的话，失业带来的产出损失是十分惊人的。

(2) 人力资本流失。失业有时候会损害失业者的事业发展并侵蚀人力资本。人力资本指的是个人所受的教育和所掌握的技能的价值。举例来说，一个在失业高峰期毕业的法律系学生迫于生计，不得不找了份银行信贷员的工作。一年后，他便发现自己已无法与新一届的法律系毕业生竞争了，而只能继续停留在原先的岗位上，他作为一个律师的人力资本也就流失了。

（3）犯罪率上升。高失业率常常导致高犯罪率。形成这种联系有两方面的原因：一是当人们无法通过合法途径赚钱时，往往会转而采用非法的手段，诸如偷窃或抢劫；二是低收入带来的家计困难易于诱发家庭暴力，诸如殴打孩子、虐待妻子、自杀等。

（4）人格尊严丧失。长期失业给个人带来的挫折感和经济窘困是难以承受的，会极大地损伤个人的自尊。这种无法以数字衡量的损伤同样是十分严重的，可能正是因为这一点，失业问题才具备了如此高度的政治和社会重要性。

（四）通货膨胀

通货膨胀（Inflation）简称通胀，指的是平均价格水平的上升。与它相反的是通货紧缩（Deflation），代表平均价格水平的下降。平均价格水平通常用价格指数来衡量。计算价格指数首先要将以前的某个时间设定为基期，再将即期的价格水平与基期相比较，所得出的比数就是即期的价格指数。

1. 通货膨胀率与价格水平

通货膨胀率是价格水平的百分比变化。年通货膨胀率的公式为：

$$\text{通货膨胀率} = \frac{\text{今年价格水平} - \text{去年价格水平}}{\text{去年价格水平}} \times 100\%$$

上面公式中的价格水平通常选用消费者价格指数（CPI）的数字，例如，美国1990年12月的消费者价格指数为133.8，1989年12月的消费者价格指数为126.1，则：

$$1990\text{年的通货膨胀率} = \frac{133.8 - 126.1}{126.1} \times 100\% = 6.1\%$$

观察美国20世纪60年代以后的通货膨胀率变化情况（图1·3），我们发现通货膨胀率对政治经济事件的反应相当灵敏。在越南战争期间以及两次石油危机时期，通货膨胀率都有较大幅度的上升，而在80年代初美联储大幅调高利息期间，通货膨胀率出现了急剧的下降。

事实上，通货膨胀率每年都在波动。总的来说，价格水平是一直上升的。只有当通货膨胀率是负数的时候，才代表价格水平的下降，中国在1997年便出现过这种情况。

2. 通货膨胀和货币的价值

当存在通货膨胀时，货币就会贬值，货币的实际购买力就会下降。货币的价值就是一定量的货币所能购买的产品和服务的数量。由于价格水平的上升，同样金额的货币在今天不能买到与去年数量相当的东西，也就意味着货币的实际购买力下降。货币贬值的比率与通货膨胀率相等。当通货膨胀率较高时，货币

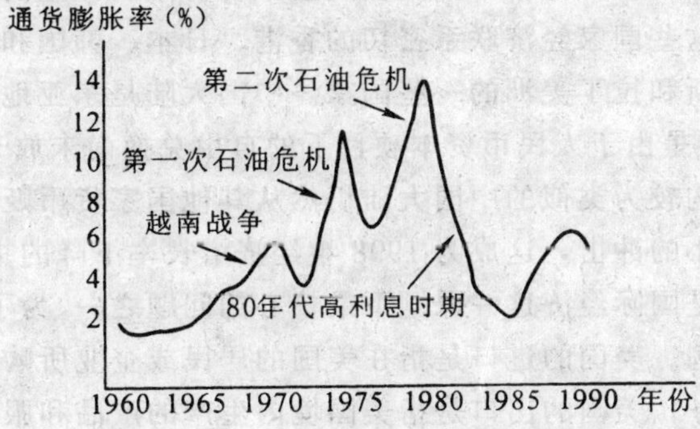

图 1·3 1960—1991 美国通货膨胀率

贬值的速度也较快，货币的实际购买力也就下降得越快；而在通货膨胀率较低甚至为负的时候，情况就相反，如在通货紧缩的 1997 和 1998 年，我国的居民普遍感觉到货币的实际购买力较强。

每个国家都有通货膨胀现象，但各国的通货膨胀率却不尽相同。当国与国之间的通货膨胀率差别持续时间过长时，就会导致货币的对外价值的变化，也就是汇率发生变化，这一问题将在后面的章节中详细讨论。

3. 预期到的通货膨胀和未预期到的通货膨胀

货币的持续贬值和通货膨胀率的逐年波动是否会带来危害呢？回答无疑是肯定的，但为了理解其中的原因，先得区分预期的通货膨胀和非预期的通货膨胀。经历了多年通货膨胀的人们不仅对通货膨胀有了心理准备，对通货膨胀率的高低也有一定的估计能力。这种人们估计的通货膨胀率称为预期通货膨胀率。人们的估计当然有对也有错，估计对的称为预期到的通货膨胀，估计错的则是未预期到的通货膨胀。通货膨胀引发的问题与其是否被正确预期大有关系，这个问题我们将在第五章中进行进一步讨论。

（五）国际经济

在当前的世界经济格局中，任何一个有一定规模的国家的经济都是开放经济，或者说是一个与其他国家有着大量贸易和金融联系的经济体。宏观经济学的研究范围就包括国与国之间经济纽带的联结方式。例如，一个十分引人关注的问题是，经济周期是如何借助国与国之间的贸易和借贷关系在世界范围内传导的。很多人对跨越 1997 和 1998 年的金融危机记忆犹新。危机的发端是在东南亚，这里集中了一批在此前相当长的时间里外资流入居前的国家，如泰国、马来西亚、菲律宾等，它们是国际借贷关系中的借方，相应的贷方是向这些国家投资的外国投资者。1997 年 5 月，由于外国投资者对这些国家经济前景的负面估计，大规模的撤资活动开始了，造成这些国家货币的大幅贬值，并在很短的时间里摧毁了它们的金融体系，从而使其整个经济陷入深重的危机。此后，危机迅速蔓延到与这些国家经济联系密切的香港、日本、韩国和台湾等地，后来甚至波及到俄罗斯和拉丁美洲的一些国家。中国大陆是东亚地区为数不多的幸存者之一。这主要是由于人民币资本项目下的自由兑换尚未放开。尽管如此，与危机国家出口结构较为类似的中国大陆仍然从其他国家货币贬值导致的出口下降中感受到了不小的冲击，这成为1998年经济增长率下降的重要原因之一。

贸易不平衡是国际经济这一课题下最核心的问题之一。为了说明这个问题，我们仍以美国为例。美国的进口是指在美国的居民或企业所购买的在美国以外生产的产品和服务；美国的出口是指美国境内生产的产品和服务由美国境外的企业或居民购买的部分。通过对历史数据的分析，我们发现，早在一个世纪以前，进出口就已经成为美国经济的重要组成部分（10%左右）。虽然在20世纪中期，这种重要性一度因为战争的影响而降低，但在其后的时间里一直保持了不断提高的趋势。此外我们还发现，几乎每年的进口和出口都是不相等的。例如在一战和二战后，美国的出口总是大于进口，这是因为美国向遭受战争创伤的国家输送了大量物资。而在20世纪80年代，由于遭到日本等国商品的强有力竞争，美国的出口相对于进口急剧下降，并大幅度地低于进口，这种现象一直延续到90年代，而且至今尚未有明显的改观。

当一国的出口大于进口，称为贸易顺差；当进口大于出口，则是贸易逆差。出现贸易逆差的国家将不得不向其他国家借钱，用以支付进口的商品和服务超出出口的部分。近年来，贸易逆差问题受到逆差国媒体和政策制定者越来越高的重视。是什么引起贸易的不平衡？贸易逆差对逆差国及其贸易伙伴国的经济有何影响？这些都是宏观经济学家要着力回答的问题。

（六）宏观经济政策

一国经济的发展取决于很多因素，包括该国的自然资源和人力资源、资本存量（机器和厂房等）、科技水平、居民的经济选择等等。此外，另一个极其重要的影响经济发展的因素是政府采用的宏观经济政策。

宏观经济政策是从全局上对经济运行施加影响的方法和手段。财政政策和货币政策是两种最主要的宏观经济政策形式。财政政策通过各级政府的支付活动和税收对宏观经济的运行施加影响。在当前的中国，由于个人所得税的比重还不高，因此，税收政策的变化主要体现的是政府和企业之间的关系，尤其是政府和国有企业之间的关系。支出政策亦主要体现在对各级政府的支出以及国有企业投资政策的管理上。货币政策主要是指通过中央银行控制货币供应量，进而影响经济运行的情况。中国的中央银行是中国人民银行，美国行使中央银行职责的是联邦储备体系（Federal reserve system）。

进入20世纪90年代后期，中国经济面临改革开放以来较为严重的困难，居民的消费需求和企业的投资需求极度萎缩，甚至出现了通货紧缩的现象。在这种情况下，我国政府逐步改变了原先适度从紧的货币政策，不断下调金融机构的存贷款利率，希望使数量巨大的银行存款转向消费领域，然而收效并不显著。为了更直接地启动消费和投资，政府在继续松动银根的同时实施积极的财政政策，增发国债，特别是加强在基建方面的投入。到目前为止，这些政策的实际作用和长期效果究竟如何我们还不能做出明确的回答。人们不禁要问，当一国的经济面临困难时，宏观经济政策究竟能否帮助其摆脱困境？如果能够的话，什么才是适当的宏观经济政策呢？这可能是宏观经济学中最具挑战性的一个问题。

三、宏观经济学的研究方法

就研究方法来说，宏观经济学与微观经济学并没有本质的区别，基本上是统一的。但由于研究对象和范畴的差异，宏观经济学的研究方法有其自身的特点。具体来说，有以下几点：

1. 三市场划分

市场经济的精髓在于以市场作为资源配置的主要方式，而市场经济中的市场形式多种多样，市场的参与者和交易标的物也不尽相同。为了更好的进行分析和研究，宏观经济学将所有这些市场划分为三个方面：金融市场、产品和服务市场及要素市场。金融市场是所有的金融资产、政府债券及其他有价证券和资产的交易场所。产品和服务市场又简称为产品市场，它包括了所有有形的产品和无形的服务的交易。要素市场则是企业和家庭之间进行生产要素交易的场所。

2. 行为主体的划分

市场经济中的行为主体基本上是以市场参与者的身份存在的，其行为方式及对经济活动的影响力各不相同。据此，宏观经济学将它们划分为三种主要的主体：家庭、企业与政府。宏观经济学在很大程度上就是要研究这三种行为主体在以上三个市场中的行为方式及其之间的相互作用。

3. 以微观经济分析为基础

在本书后面的章节里，读者还将看到，在宏观经济学的流派之争中，新古典学派对凯恩斯学派的一个重要的质疑是其理论分析缺乏必要的微观基础。因此，凯恩斯理论的继承者将主要的精力放在建立凯恩斯学派的微观基础上。这样，宏观经济学的不同流派在将宏观分析建立于微观分析这一点上走到了一起。从现实角度看，宏观经济变量的基础是家庭和单个企业在各种市场上的相互作用的行为。如果对宏观经济现象的解释不与微观经济个体的行为相一致，那么它就缺乏现实的基础，就有可能脱离实际。因此，可以说，微观经济学是分析宏观经济理论的基础。

第二节 宏观经济学的基本概念

一、国内生产总值与国民生产总值

国内生产总值（Gross Domestic Product，简称 *GDP*），是一定时期内（通常是一年）一国境内所产出的全部最终产品和服务的价值总和。这里的“最终产品和服务”指的是由最终使用者购买的产品和服务，而不被用作投入品以生产其他产品和服务。它主要包括消费性产品和服务以及新的耐用产品。例如，汽车和冰淇淋就是最终产品，人寿保险和理发则属于最终服务。与“最终产品和服务”相对的是“中间产品和服务”。中间产品和服务指作为其他产品和服务生产过程中的投入品存在的产品和服务。中间产品可以是汽车生产商使用的轮胎和电池，也可以是印刷厂使用的油墨和纸张；中间服务如汽车生产者购买的保险和银行贷款等。需要着重指出的是，一件产品或服务究竟是最终的还是中间的，取决于谁购买了它以及将它用于什么目的。比如说，汽车生产商和印刷厂购买的电力属于中间产品，而居民用电则是最终产品。

从 *GDP* 的定义中我们知道，中间产品和服务是不被计入 *GDP* 的，否则就会产生重复计算。当你从汽车经销商手中购买一辆新的桑塔纳轿车时，这笔最后交易的价值应被计入 *GDP*，而经销商向上海大众汽车公司购买这辆车时发生的支付及上海大众公司为生产这辆车而购买的零部件价值则不能计入 *GDP*。因此，在计算 *GDP* 时，我们需要将所有的最终产品和服务累加起来。当然，我们所要的结果并非是国内产出的全部汽车辆数、发电的瓦数、理发的次数以及车辆保险单的份数等等。要决定 *GDP* 的水平，首先得计算出所有最终产品和服务的货币价值，这一价值只需将每种产品和服务的产出数量与其货币单价相乘即可得到——也就是用一致的价值尺度来衡量每一种产品和服务；然后再将这些不同产品和服务的货币价值加总，于是就得到了 *GDP* 的值。我们以货币价值来衡量 *GDP*，而 *GDP* 的数值包含的是一种混合的信息，即实物数量——所产出的最终产品和服务数量，以及货币数量——各种产品和服务的价格。因而，*GDP* 的变化反映的是最终产品和服务的数量变化及价格变化的共同结果，这一点需要特别加以注意。

另一个十分相似的概念是国民生产总值（Gross national product，简称 *GNP*），即一国公民在一定时期内所得到的收入价值总和。在一个封闭经济中——与其他国家不发生任何贸易往来和资本流动——*GDP* 与 *GNP* 的值是相等的。但在实际情况下，这两个值通常是有出入的，因为在大多数国家里，总有部分国内产值为外国公民所有，而外国的部分产值又是本国公民的收入。

以中国为例，改革开放后，大量外国公司入境开办工厂，于是中国国内的一部分生产要素实际上由外国人拥有，而这部分劳动和资本所获得的产出也属于外国人，因此它不能被计入中国的*GNP*，而应被计入外国的*GNP*和中国的*GDP*。中国境内的企业所雇佣的外籍员工的收入也应作同样的处理。同时，中国的公民也可以从国外获得部分收入。他们或者在国外工作，或者持有外国公司的股票。这部分收入将计入中国的*GNP*和外国的*GDP*。由此，我们可以得到两个概念的区别，即*GNP*衡量的是一国公民的总收入，而不管其收入是从国内还是从国外获取的；*GDP*衡量的是一国国境内所有产出的总价值，而不管其所有者是本国公民还是外国公民。

尽管存在显著的区别，*GDP*和*GNP*这两个概念的大部分是重合的，至少对于大多数国家来说都是如此，那么，将两者的差别加以量化就显得十分必要了。在实际的经济活动中，一国的收入可以在许多方面与其产出发生出入。外国公民可以拥有该国的部分国内产值，外国金融机构也可以通过向该国的国内项目融资的方式分享该国的国内收入，外国工人可以在该国工作并将其劳动所得汇回国外。在上面的每一种情形中，都有部分国内产值成为了外国公民的收入。在计算*GNP*时，就应该将这部分产出从*GDP*中扣除。反之，本国公民通过各种方式从国外获取的收入则应叠加进来，以得出完整的*GNP*数值。这样，我们又得出一个新的概念——净要素支付，简称*NFP*，它等于本国公民的国外收入减去外国公民在本国的收入。它所衡量的正是*GDP*与*GNP*之间的差异，即：

$$GNP-GDP=NFP$$

当在国外投入生产的本国生产要素所获取的收入大于在国内投入生产的外国生产要素所获取的收入，也就是当*NFP*为正数时，*GNP*就会高于*GDP*；反之，也就是当*NFP*为负数时，*GNP*则低于*GDP*。

表1·1列示了美国20世纪80年代的*GNP*和*GDP*变化情况。由于其*NFP*一直是正数，故而*GNP*一直高于*GDP*。更值得注意的是两者之间差距变小的趋势，这反映了美国居民和美国政府在80年代大量借入外债的事实，对外利息支付的急剧上升直接导致了*NFP*的下降。

当年生产的产品减去当年销售的产品.

表1·1 80年代美国*GNP*与*GDP*比较　　单位：10亿美元

年 份	*GNP*	*GDP*	*NPF*
1980	2 732.0	2 684.4	47.6
1981	3 052.6	3 000.5	52.1
1982	3 166.0	3 114.8	51.2

购买二手房不在当年的GDP中核算

续表

年 份	GNP	GDP	NPF
1983	3 045.7	3 355.9	49.9
1984	3 772.2	3 724.8	47.4
1985	4 014.9	3 974.1	40.7
1986	4 231.6	4 197.2	34.4
1987	4 515.6	4 486.7	29.0
1988	4 873.7	4 840.2	33.5
1989	5 200.8	5 163.2	37.6

二、名义价值与实际价值

在上面对 *GDP* 和 *GNP* 的讨论是基于名义价值基础上的，也就是以现时的货币价值作为衡量产品和服务价值量的标准。然而，这种名义价值往往并不具备可比性，因为在实际经济生活中的货币价值通常是不稳定的。当存在通货膨胀或是通货紧缩时，就必须将所看到的名义价值及其所蕴含的实际价值区分开来。让我们来看下面的例子。美国 1996 年的人均名义收入是 28 000 美元，而 1960 年仅有 2 800 美元左右。难道三十多年间美国人的生活水平真的提高了这么多吗？实际上并不尽然，问题就在于，1960 年的人均名义收入是以 1960 年的美元价值来计算的，而在这三十多年时间里，由于通货膨胀的因素，美元的价值发生了很大的变化。如果将这种变化反映到计算过程中去，也就是用 1996 年的美元价值来衡量 1960 年的人均美元收入，得到的结果是将近 10 000 美元，差不多是 1996 年水平的 40%，而不是原先的 10%。从这个例子中发现，实际价值反映的是对于产品和服务的实际购买力。它的取决因素是人们的货币收入与产品和服务的价格。

事实上，实际价值中的"实际"一词在很大程度上意味着"实物"。再让我们来看下面一例。假定一辆汽车去年售价为 20 万元，10 辆汽车的市场价值为 200 万元。如果今年一辆汽车的单价上涨到 25 万元，10 辆汽车的市场价值也相应的增加到 250 万元。可以看到，从去年到今年，在汽车的实物数量保持不变的同时，市场价值增加了 25%，这种增加完全来自于价格的上升。将这一过程推广到一国产出和销售的所有产品和服务，可以发现，以现时货币价值为标准的名义 *GDP* 无法作为衡量经济活动的合格指标。要准确的说明不同年份之间实际产出的差别，就必须将名义 *GDP* 修正为实际 *GDP*。图 1·4 给出的是美国 1960—1990 年的名义 *GDP* 与实际 *GDP* 的比较。其中，上面一条曲线代表名义 *GDP*，下面的曲线代表实际 *GDP*，两条曲线之间的部分是两者之差，也就是名义 GDP 中来自于通货膨胀的部分。由于通货膨胀一直存在，名义 GDP 总是高于实际 GDP，并且差距有不断增大的趋势。另一个值得注意的现象是，名义 GDP 的数值每年都在增加，但实际 GDP 在有些年份是下降的，如 1975 年、1982 年和 1991 年。

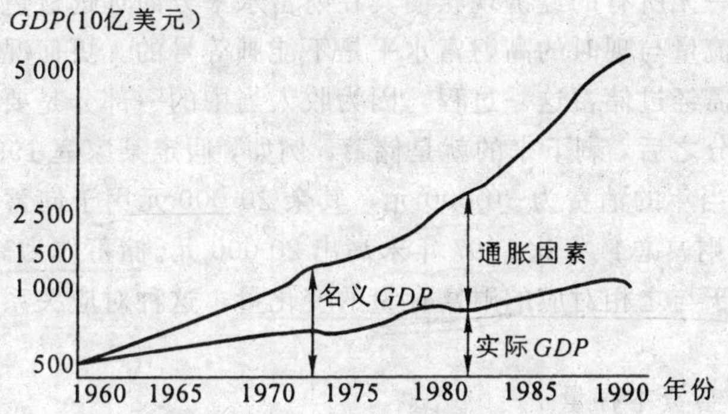

图 1·4 1960—1991 年美国实际 GDP 和名义 GDP

接下来有必要简单地介绍一下如何将名义 GDP 修正为实际 GDP。其实从前面的论述中，相信大家已经知道，只需剔除名义 GDP 中的价格变化因素即可。计算实际 GDP 的公式如下：

$$实际\ GDP = 名义\ GDP / 价格水平 \times 100$$

其中，价格水平这一概念在上一节关于通货膨胀的论述中已经涉及过。举例来说，将基期定于 1992 年，则 1992 年的价格水平为 100。由于当年美国的名义 GDP 为 60 202 亿美元，所以当年的实际 GDP 也是 60 202 亿美元。到 1993 年，名义 GDP 达到 63 433 亿美元，与此同时，由于 2.2%的通货膨胀率，价格水平上升至 102.2，于是，该年的实际 GDP 是 62 068 亿美元（即 63 433×100/102.2)。这一实际 GDP 又称以 1992 年不变价格计算的 1993 年 GDP。

三、流量与存量

在宏观经济学中，经常会遇到流量和存量的概念。流量是特定的时间段中发生的经济量值，如某一企业的年生产量、中国统计局定期公布的月度工业增加值等。存量是特定时点上现存的经济量值，如 1990 年世界人口数量、1999 年末的香港外汇储备等。迄今我们所讨论过的大多数概念都是流量：GDP、GNP、人均收入、进出口等。少数概念，如一国的失业人数，属于存量。以下将集中讨论几对流量—存量概念。

1. 储蓄与财富

这对概念衡量的是一国国民或一个家庭的富裕程度。虽然前面谈到的 GDP

水平也是衡量一国国民富裕程度的重要指标，但毕竟经济福利水平不仅仅取决于当前收入，更取决于从历年收入中沉淀下来的财富积累。让我们以一个刚刚毕业进入外企工作的青年与一位拥有一套已购公房的公务员相比较，前者的月薪比后者高得多，并有可能在不远的将来继续扩大这种收入差距，但其在当前时点上几乎一无所有的经济现状使其在财富水平方面远远逊色于后者。换言之，充裕的收入流量与现时的高财富水平是不能画等号的。更何况，收入要转化为财富积累还需经过储蓄这一过程，因为收入当中的一部分是要用来消费的，除去了这一部分之后，剩下来的就是储蓄。例如，假定某家庭 1998 年的总收入为 50 000 元，当年的消费为 30 000 元，其余 20 000 元用于储蓄，那么这个家庭 1998 年末的财富总额将比 1997 年末高出 20 000 元。储蓄作为一个流量概念，其数量恰好等于与之相对应的财富存量的变化量，这种对应关系还将在后面反复出现。

2．投资与资本存量

资本，简而言之，就是构成产出能力的东西，其表现形式主要有房屋、机器、设备等等。显然，资本也是一个特定时点上的存量概念，与之相对应的是投资，即一定时期内用于维持或提高资本存量的支出流量。需要特别指出的是，宏观经济学中的投资指的是购买新资本，而不是现有资本的易手。例如，房产商新开发的房产属于固定资产投资，而当房产商将这些房产出售给买主时，尽管从这些买主的角度来说，他们的确进行了个人投资，但却不构成宏观经济学意义上的投资。

正如储蓄流量等于财富存量的变化量，投资与资本存量之间也有同样的关系，只是需要将资本损耗的因素考虑在内。资本损耗用折旧来衡量，它是资本存量在一定时期内被消耗掉的部分。任选一国为例，如该国当年的投资支出为 800 亿元，而当年资本折旧为 100 亿元，则该国当年年末的资本存量将比上年年末增加 700 亿元，这一数量又被称为当年的净投资额。

3．经常项目和净国际投资

在国际经济联系方面，也有一对很重要的流量—存量关系，这就是经常项目和净国际投资。经常项目是衡量一国居民向其他国家借贷比率的流量，这一点会在后面的章节中详细介绍。如果在一个特定的时期中的经常项目为正值，那么从整体上讲，该国居民是在向其他国家出借资金；当经常项目为负值时，则意味着国内居民总体上是在向其他国家借入资金。

与经常项目相对应，净国际投资衡量的是一国与世界其他国家之间已发生的资金借贷引起的未清偿头寸的净存量。若净国际投资为正值，意味着国内居民拥有对其他国家的净债权存量，从而该国相对于其他国家来说为净贷方；若净国际投资为负值，则意味着国内居民对其他国家负有净债务存量，该国为净借方。

同样，相邻两年的净国际投资存量的差额正是后一年的经常项目流量。20世纪80年代初，美国拥有超过1 400亿美元的净国际投资存量，是典型的净债权国，但从1982年后，其经常项目连年出现大量逆差，从而导致净国际投资转为巨额负值，到1988年底已达－5 000亿美元，成为最大的净债务国。

以上例举的这些经济变量都是成对出现的，但也有一些宏观经济变量具有流量性质，却没有相对应的存量，例如劳动者的工资、政府税收和政府开支、进出口等等。它们衡量的都是特定时期内发生的流量，但没有直接的存量对应物。尽管如此，它们还是会间接地影响其他一些存量的变化。例如，进口的增加可能会带来企业存货或资本存量的增加。诸如此类的问题后面将有更为深入的讨论。

四、利率与现值

在典型的住房抵押贷款合同中，贷款者通常按月向其贷款银行进行等额偿还。例如，某人于1997年为购买住房向中国建设银行申请了10万元为期20年的住房公积金抵押贷款，当时的20年期月利率为0.8175%，于是在接下来的20年中，他每月需要向银行偿付952.47元。这样，到20年后的2017年的240个月里，此人累计偿付额达到228 592.8元，其中利息为128 592.8。粗看上去，此人似乎做了一笔失败的交易，因为仅仅他所偿付的利息就超过了贷款本金。然而，这样的比较实际上是不妥当的，因为必须将货币的时间价值考虑进去。由于利率的存在，今年的一元钱与明年的一元钱是有区别的。在10%的年利率下，今天存入的一元钱到明年的今天将是1.1元，同样，为使明年的今天得到一元钱，今天就得存入约0.91元，换句话说，明年的一元钱的现在价值为0.91元。这就是经济学中经常遇到的货币现值这一概念的涵义。

在上面的例子里，这个人每月向银行偿付的952.47元的现值是各不相同的，在利率的作用下，月还款的现值服从一个递减的等比数列，而总共240个月的偿付额现值之和正好等于贷款额10万元，所以，此人在这笔贷款交易中并未吃亏，他付出的是在既定利率下所应该付出的，他所完成的是根据其自身收支情况所作的一次跨期选择。通过这种按月等额偿付的方式，此人将原先相对集中的大额支付转化为细水长流的偿还，避免了短期内的入不敷出，并保持了较高的个人资产流动性。

在宏观经济学中，很多重要的问题都会涉及到这种跨期选择。在一个既定的年份，一个家庭需要将当期收入在当前消费和储蓄，也就是未来消费之间分配。通过储蓄，这个家庭以放弃当前消费为代价增加了未来消费，这是关于消费在不同时点之间进行分配的选择。一家企业在既定年份里如何处置其利润也涉及类似问题，是用来发放红利还是用于再投资以获取未来的利润同样是一个跨期选择。在许多诸如此类的抉择当中，利率和现值无疑是一个关键的因素。当我们决定放弃当前收益以获取未来收益时，必须对未来收益的现值有清楚的认识，否则便不足以作出正确的决策。因而，准确地衡量现值对跨期选择极为重要，以下我们将考察现值的计算方法。

正如前面谈到的，在10%的年利率下，一年后的一元钱的现值为0.91元。根据这一利率，我们同样可以算出两年后的一元钱的现值为0.83元，因为0.83×1.1×1.1=1。这样，如果今天存入1.74元，就可以在明后两年中每年都得到一元钱，于是明后两年各收入一元钱的现值为1.74元。将这一计算过程进行下去，我们可以得到计算未来收入流现值的公式：

$$PV=A_1/(1+i)+A_2/(1+i)^2+A_3/(1+i)^3+\cdots+A_n/(1+i)^n$$

其中，PV为现值，i为利率，A_1、A_2、…、A_n为未来每年的收入。特别的，当未来每年收入相同时，公式可改写为：

$$PV=A[1/(1+i)+1/(1+i)^2+1/(1+i)^3+\cdots+1/(1+i)^n]$$

第三节 宏观经济学的理论体系

一、宏观经济学的形成和发展

要了解宏观经济学，还要了解宏观经济学的发展历史。

（一）凯恩斯宏观经济学的形成

宏观经济学形成一个相对独立的理论体系，是从英国经济学家凯恩斯(J. M. Keynes)1936年出版的《就业、利息和货币通论》一书开始的。在凯恩斯之前，经济学的研究基本都集中在微观领域，但也有不少经济学家涉足了总产量、就业、利息、工资等宏观经济问题，被称之为宏观经济学的古典学派。古典经济学家普遍认为，在一个社会中，生产是起决定性作用的，供给决定需求，因此生产什么是社会经济的主要问题。在市场经济条件下，生产什么通常是由企业决定的，这是个体经济单位的行为，因此，经济运行的关键在于微观领域，也就是在企业这个层面上。无数追求利润极大化的企业通过竞争形成了一个整体的、有序的经济活动，构成了国民经济运行的基础。在这个基础上，社会生活中的经济波动仅仅是局部的、暂时的现象，当供求关系失衡时，市场可以通过价格、工资等因素的变动使经济自动地回到由供给决定的自然水平，从而不会出现大规模的失业，因此，政府没有必要对经济进行干预。从古典学派看来，只要微观经济的市场是有效的，整个经济就不会出现问题，宏观经济问题的专门研究就不那么重要了。

20 世纪 30 年代的经济大萧条使古典经济理论受到了挑战。按照古典理论，价格、工资等都是有伸缩性的，经济活动有其内在的调节机制，经济大萧条是不可能产生的。那么，是什么原因造成了大萧条呢？在回答这个问题中，凯恩斯的理论也就应运而生了。凯恩斯从社会总需求入手，寻找经济大萧条产生的原因，因此凯恩斯的理论一开始就是从宏观经济层面上展开的。凯恩斯理论的核心是有效需求，也就是日前在众多宏观经济学教材中所指的总需求。凯恩斯认为，由于市场机制本身存在着某种缺陷（如价格、工资刚性），供给并不一定就能创造需求，而总需求是起决定性作用的，它决定着国民收入的波动。总需求的大小又主要取决于三个心理因素，即“边际消费倾向”、“资本的预期收益”和“流动性偏好”。如果人们对未来预期产生悲观情绪，或者说这些心理因素发生了不正常波动，就会影响人们的经济行为从而导致总需求不足。在总需求不足又不能通过市场机制来调节的情况下，国民经济就会偏离充分就业的自然水平，从而导致经济的波动。他还认为，尽管在长期内，国民经济受价格机制的作用有回到自然水平的趋势，但这个过程是相当缓慢的，而且谈论长期是没有意义的，因为“在长期，我们都会死去”。这样，凯恩斯提供了一个对大萧条的理论解释，也产生了以研究总需求为核心内容的宏观经济理论。

为了论证有效需求，凯恩斯引进了许多新的概念，这些概念构成了现代宏观经济理论的基石，如乘数原理、流动性偏好、预期因素等。这样，从凯恩斯开始，宏观经济学引起了越来越多的经济学家的关注，也就成为了一门独立的经济学科。而宏观经济问题又往往与经济政策联系在一起的，因此宏观经济学比较强调理论的政策含义，这也是宏观经济学与微观经济学的重要区别之一。凯恩斯理论的政策含义也是十分清楚的。由于产生经济波动的原因实际上是总需求不足，因此政府通过有效地运用财政政策来刺激总需求能够使经济回到充分就业的自然水平，政府干预经济是必要的。这样，凯恩斯理论也就奠定了政府干预经济的理论基础。

从 20 世纪 40、50 年代以来，凯恩斯的理论得到了后人进一步拓展，使之不断完善和系统化，从而构成了凯恩斯宏观经济学的完整体系。这些拓展主要体现在以下四个方面：

1. *IS—LM* 模型

凯恩斯并没有提出一个完整的理论模型，因此很多经济学家试图将凯恩斯理论模型化，其中最著名的当数希克斯（J. R. Hicks）和汉森（A. H. Hansen）二人同时创建的 *IS—LM* 模型。*IS—LM* 模型将决定总需求的四个因素：消费（或储蓄 S）、投资（I）、货币需求（L）、货币供给（M）结合在一起，从而把产品市场和货币市场的均衡统一在一个理论框架中，较好地诠释了凯恩斯的总需求理论，也推动了宏观经济理论的研究。*IS—LM* 模型的建立使宏观经济学能够像微观经济学一样进行理论抽象，并形成完全不同的理论体系，因而成为了大部分宏观经济学教科书的核心内容。当然，*IS—LM* 模型也受到了不少经济学家的批评。比方说，*IS—LM* 模型没有考虑到预期因素，这恰好是凯恩斯理论的重要观点，另外价格、工资等因素也被排斥在模型之外，这些也是宏观经济的重要变量。

2. 消费、投资和货币需求理论

消费、投资和货币需求理论是凯恩斯理论的重要组成部分，这些理论在战后得到了重大发展。消费理论的发展以莫迪利亚尼（F. Modigliani）的"生命周期假说"和弗里德曼（M. Friedman）的"永久收入说"为代表。生命周期假说认为，人们的消费不仅取决于当前收入，而且取决于一生的预期收入，因此消费与收入的关系与一个人生命周期的具体阶段相关。永久收入说则认为，人们的消费不仅与当前收入有关，而且与其他时期的收入有关，因此消费支出具有相对稳定性。这两个理论的重大贡献在于都把预期因素引进了消费函数，这正是凯恩斯理论所强调的基本因素。投资理论的发展是与托宾（J. Tobin）分不开的。托宾的 q 理论研究了实际资本存量和意愿资本存量之间的关系，强调了资本的预期收益在投资决策中的作用。托宾还提出了资产选择理论，研究了投资者在不同金融资产中的选择行为，得出了风险和预期收益的对称关系，是宏观经济货币理论的重大发展，也是现代金融学的基本理论。

3. 增长理论

凯恩斯的理论基本上不涉及经济的长期发展问题。为了弥补这个方面的不足，宏观经济的长期模型，即经济增长理论也得到了发展。增长理论的发展是与许多经济学家的名字联系在一起的，索罗（R. Solow）是其中的杰出代表。索罗的增长理论分析了决定均衡经济增长的因素，以及在均衡条件下消费、投资、工资等因素之间的关系，从而奠定了新古典增长理论的基础。80 年代，在对新古典模型修正的基础上产生了新增长理论，知识等因素被引进了经济增长模型，增长理论也得到了进一步的发展。新增长理论认为，知识可以提高投资的回报，而这反过来又可以增加知识的积累，人们可以通过创造更为有效的生产组织方式以及生产出新的和改进的产品和服务来实现这一目标。

4. 宏观经济计量模型

为了更好地发展与验证宏观经济理论，预测经济形势和制定宏观经济政策，宏观计量经济模型在战后也得到了长足的发展。宏观经济计量模型的发展过程表现为模型越来越复杂，涉及的变量越来越多，包括的内容也越来越广。第一个美国宏观经济计量模型是在 20 世纪 50 年代初期由克莱因（L. R. Klein）建立的，由 16 个等式的 *IS* 关系所构成。随着国民收入账户的完善以及计量经济学和计算机的发展，宏观计量经济模型迅速扩大，其中最著名的是 60 年代以莫迪利亚尼为首的研究小组创建的 *MPS* 模型。该模型在 *IS—LM* 模型的基础上加上了菲利普斯曲线，基本上反映了凯恩斯以来宏观经济学理论和实证方面的重大进展。

这样，经过许多经济学家的努力，凯恩斯的宏观经济理论日趋完善，并和微观经济学一起构成了经济学的基本理论体系，这一理论体系也被称为新古典综合派（The neoclassical synthesis），在战后相当长的时期内成为经济学的主流，也得到了大多数经济学家的赞同。

（二）新古典学派与新凯恩斯学派的争论

但是，从 70 年代开始，发达国家出现的“滞胀”（Stagflation），即失业和通货膨胀并发的现象，严重地动摇了凯恩斯主义的统治地位。凯恩斯的宏观经济理论既不能在理论上对这个现象进行令人信服的解释，又不能在实践上提出有效的政策措施，其内在合理性和可解释性遇到了根本性的挑战，古典学派和凯恩斯理论的“综合”因而受到了许多经济学家的怀疑，其中以货币主义（Monetarists）和理性预期（Rational expectations）学派影响最大。货币主义以弗里德曼为代表，理性预期学派则以卢卡斯（R. Lucas）为代表。理性预期学派认为，在理性预期下，市场能够自动出清，政府对经济的干预是没有必要的，这又回到了古典学派的主张，因此理性预期学派也称之为新古典学派（New classicals）。由于货币主义的理论主张和新古典学派基本一致，货币主义往往也被看成是新古典学派的一个组成部分。另一方面，凯恩斯理论也在不断地发展，在吸取了理性预期的某些研究成果后，出现了新凯恩斯经济学（New Keynesian Economics）。目前，宏观经济学的争论主要在新古典学派和新凯恩斯学派两大学派之间展开，这实际上就是过去古典学派和凯恩斯学派之争的延续，其争论的内容主要集中在以下两个方面。

1. 市场机制的有效性

市场机制是否有效的核心是价格、工资是否具备充分伸缩性。如果价格、工资具有完全伸缩性，市场就会通过自我调节达到出清状态；如果工资和价格缺乏伸缩性，情况就会相反。新古典学派从理性预期出发，对价格、工资的伸缩性作了新的解释。他们认为，人们的预期不是被动地重复过去，而是主动的、有理性的，人们能够利用现有的一切信息形成理性预期并指导自己的行动。由于理性预期的存在，价格、工资就具备完全伸缩性，市场是能够出清的。比方说，当人们预期到政府会增加货币供应量时，工人会在工资合同中增加自己的工资，企业也会提高产品的价格，这样实际货币供应量并没有发生变动，实际经济也不会发生变化。那么，造成现实生活中经济波动的原因是什么呢？新古典学派的实际商业周期模型（*RBC*）作出了解释。实际商业周期模型认为，造成经济波动的原因在于技术进步。当技术进步发生时，新发明会带动生产力的提高从而提高工资，高工资吸引人们工作更长时间从而带动产量和就业的增加；而当技术进步停滞时，经济衰退的情况就会出现。新凯恩斯学派则认为，即使理性预期存在，价格、工资的刚性仍然是一种普遍的现象，从而导致市场不能出清。例如，工资合同的期限一般都是2～3年，在这期间不论外界有什么变化，工资合同的工资率是不能变更的，因此工资实际上并不具备充分伸缩性。价格也在不同程度上存在着这种情况。商店里的商品牌价就具有相对稳定性，不可能时时刻刻发生变动，因为变动商品牌价是有成本的。单个商品中的这种价格相对稳定现象虽然对个别决策行为没有太大的影响，但是反映在宏观层面上就会积少成多，导致价格刚性。

2. 政府干预的必要性

有什么样的经济理论就有什么样的政策主张。新古典学派认为价格、工资具备充分伸缩性，市场能够自动出清，因此政府干预经济是没有必要的。具体来讲，货币主义的基本观点是，在长期中，实际总产量和就业水平是由实际变量决定的，与货币因素无关，而在短期中，货币决定着总产量与就业水平的波动。因此，稳定货币是稳定经济的关键，政府的财政政策是无效的。而理性预期学派相信，由于理性预期的存在，政府的政策就有可能事先被人们预料到，人们会作出相应的对策从而使政策失效，这也就是我们通常所说的“上有政策，下有对策”。因此，货币主义和理性预期学派都不主张政府对经济进行干预，不过，货币主义主张政府的任务就是保持货币供应量的稳定，而理性预期学派则认为任何形式的政府干预都是没有意义的。新古典学派还认为，最好的政策工具不是“最优控制”，而是一种博弈，在博弈的情况下，政府要保证政策的连贯性，否则良好的愿望可能导致灾难性的后果。而新凯恩斯学派则认为由于市场机制本身存在着缺陷，市场出清只是一种理想状态，因此政府要担负起市场出清的任务，政府对经济进行干预是必要的。

目前，新古典学派和新凯恩斯学派的争论仍然继续进行，在这些理论中，无论哪一种观点都未能得到普遍的接受，也没有遭到普遍的拒绝。宏观经济理论的学派之争是宏观经济学的又一大特色，这也是与微观经济学不同的地方。值得读者注意的是，对于学术上的学派之争来讲，谁对谁错并不重要，因为没有争论就没有学术的发展。反过来说，正是由于宏观经济学中不断出现的针锋相对的“派别之争”，宏观经济学才会有今天的发展，宏观经济学的多样性和丰富性才得以保留下来，人们对客观世界的认识才有可能不断深化。但是，由于宏观经济学的“派别之争”，宏观经济学会出现完全不同的假设条件和逻辑体系，不同学派的宏观经济学教科书在理论结构上也往往会有很大的差别，这无疑增加了学习宏观经济学的难度。为解决这个问题，在今后的章节中，我们会经常地对不同学派的观点和政策主张作介绍，在本书的最后一篇中，还将专门有一章来介绍宏观经济学的学派。在这里，要强调的是，学习宏观经济学的目的并不是要我们当裁判来判定学派之间的是是非非，而主要是要理解它们的逻辑体系和研究方法，这样才能真正对认识和把握宏观经济的运行有所帮助。

二、本书的理论结构

任何一门科学都包含两方面的内容：一是对现实世界进行系统的观察和衡量；二是用恰当的理论对其进行解释和指导。宏观经济学研究同样是建立在对客观经济现象的观察基础上的，我们用一整套宏观经济变量来描述经济运行的状况。但是经济学家的工作远远不止这些，经济学家的主要任务是去寻找经济现象背后的规律性，这就必须借助于经济理论，现代经济理论的主要表达方式就是建立和检验经济模型。

经济模型通常是建立在一定的假设基础上的。假设通常是一组命题，这组命题设定了一系列模型进行推理的前提条件，对现实经济作出简化。在假设基础上经过一系列逻辑推理，就能得到模型的结论。

本书理论体系主要以经济模型的形式进行架构。除导论外分为三部分，第一篇考察宏观经济的长期模型，第二篇分析宏观经济的短期模型，在第三篇中我们对宏观经济模型中某些重要问题进行进一步讨论。

值得指出的是，在经济学中，短期和长期的区分是一对相当重要的概念，而在不同的研究领域又有不同的涵义和侧重点。有时短期和长期的区分表现为一个明确的时间概念，比如在金融市场学中，把投资期在一年以下的短期金融市场称为货币市场，而把投资期在一年以上的长期金融市场称为资本市场。但在更多的场合，经济学中的短期和长期并不仅仅是一个时间概念，而是有明确的经济涵义。在微观经济学中，短期是指厂商某些要素投入（生产规模）无法改变的时期，而在长期内，所有要素投入都可以变化，生产规模也可以进行调整，因此短期和长期的划分是以生产规模是否可变作为依据的。而在宏观经济领域中，长期和短期的区分显得尤为重要，因为在这种区分的背后，显示了经济学家对于现实经济的两种截然不同的看法，甚至涉及到不同学派的争论。

大多数宏观经济学家都认为，长期和短期区别的关键在于对不同的价格行为的假设。在长期，价格、工资被认为具备充分伸缩性，并且能够对于需求和供给的任何变化作出及时有效的反应；而在短期，价格、工资缺乏伸缩性，往往在某一预先决定了的水平上保持不变。正是对于价格行为的不同假设，使宏观经济学的长期模型和短期模型显示出截然不同的分析特色，相应产生的理论结论，政策建议也完全不同。如果按照这样的划分，我们可以说宏观经济的短期分析是由凯恩斯所创立的，他正是从短期中价格、工资缺乏伸缩性出发，来分析大危机产生的原因和治理的方法。在他以后，新凯恩斯主义也强调价格粘性和市场不能及时出清。另一方面，古典学派和新古典学派都强调价格、工资是可以调整的，市场总是能够及时出清的，那么，可以说他们的理论则较好地解释了宏观经济的长期运行状况。

因此，本书第一篇的宏观经济的长期模型主要是介绍宏观经济学的古典理论，因为古典模型的核心假设是价格、工资能够灵活变动从而使市场达到均衡。第二篇宏观经济的短期模型分析在短期内价格、工资相对固定情况下宏观经济的运行规律，也就是主要考察凯恩斯学派的宏观经济理论。第三篇宏观经济模型的深化，讨论宏观经济学的微观基础，是从微观主体企业和家庭出发进一步研究宏观经济变量是如何决定的，实际上是宏观经济理论的深化。同时，我们对宏观经济学流派的介绍以及对中国宏观经济问题的研究也是希望理论能更加接近历史与现实。本书的理论框架在逻辑上从简单到复杂、从一般到特殊的这种安排，不仅与微观经济学的理论体系相一致，也与宏观经济学发展的历史轨迹相吻合。

本章小结

宏观经济学是一门以一个社会的整体经济运行作为考察对象的学科，它主要研究宏观经济的长期增长和短期波动。失业和通货膨胀是宏观经济运行中最常见的两个问题，既是宏观经济学的主要研究课题，也是宏观经济政策的主要治理对象。宏观经济学的争论主要在古典学派和凯恩斯学派之间展开，这些争论丰富了宏观经济学的内容，但也给形成一个统一的宏观经济理论体系设置了障碍。

复习思考题

1. 宏观经济学的研究对象是什么？它与微观经济学有什么区别？
2. 宏观经济学的研究方法是什么？
3. 请谈谈宏观经济学派与宏观经济学的关系。
4. 你认为当前中国宏观经济运行中的主要问题是什么？

第一篇

宏观经济的长期模型

从这一篇起，我们开始运用经济模型来描述和研究宏观经济的运行状况。本篇讨论的宏观经济的长期模型主要是建立在古典学派的理论基础之上的。古典学派的根源可以追溯到英国经济学家亚当·斯密（A. Smith），其理论散见于20世纪早期的经济学家马歇尔（A. Marshall）、庇古（A. C. Pigou）及其他人的著作。古典学派的主要观点是市场机制是达到市场均衡的惟一手段：即价格机制的作用能使产品市场供求关系趋于一致；工资的可伸缩性能保证劳动力市场出清；利率的灵活变动能调节资本市场上储蓄与投资的平衡等，这被归结为古典学派的萨伊定律（Say's Law），即“供给创造自己的需求”。此外，古典经济学还相信货币数量的变动不会对经济造成影响，也就是“货币是中性的”。因此，古典学派观点的一个核心假设是价格、工资具备充分的伸缩性，使经济能迅速调整到充分就业的水平，因而不会出现人们愿意接受现行工资而找不到工作的大规模失业现象。尽管古典理论关于价格、工资自由变动的假设在短期内并不能很好地为经验数据所检验，但是绝大多数经济学家还是认为它较好地描述了宏观经济的长期运行状况。

本篇基于价格、工资有伸缩性这一古典经济学的基本假设，展开对宏观经济长期模型的分析。本篇由五章构成。第二章在衡量宏观经济一系列变量的基础上介绍了一个最简单的宏观经济模型，这一模型讨论了宏观经济变量之间的关系以及宏观经济均衡问题。在模型中，除了假定价格是可变外，还假定资本、劳动等要素和技术都固定不变，生产资源得到充分利用，以及不考虑货币的作用和国际间资源的流动等。在后继的章节里，这些假定被逐步放宽，使我们的模型更贴近现实经济。在第三章中，我们将考察生产要素和技术变动引起的经济增长问题；第四章将讨论存在失业的情况，也就是劳动力资源闲置问题；第五章分析货币在实际经济运行中的作用以及货币政策的效果；第六章讨论开放条件下的宏观经济运行。

第二章

宏观经济的衡量与均衡

宏观经济学关心的主要问题是一个经济中的总产出、价格水平、就业水平和利率等宏观变量是如何决定的。为了全面地了解这些变量的决定，需要对这些变量进行测算，而只有在对宏观经济的各种变量进行准确衡量的基础上才能很好地展开理论分析。关于国民收入核算体系中的许多概念是由美国哈佛大学的西蒙·库兹涅茨（S. Kuznets）提出的，他也因此获得了1971年诺贝尔经济学奖。

国民收入核算体系经历了一个不断发展完善的过程，并在这一过程中得以普遍推广。1986年联合国经济和社会事务部统计处编印了《国民经济账户体系》，即我们通常称的*SNA*体系。目前这一体系已被世界上大多数国家采用。我国在改革开放以后也开始采纳*SNA*体系，目前我国的宏观经济的统计指标已经基本上与国际接轨。运用国民收入核算体系，可以得到一系列描述经济状况的统计数据，这些数据是理论分析和制定宏观政策的依据。

本章着重介绍国民收入的衡量与均衡。在第一节中考察国民经济中最重要的指标——国内生产总值（*GDP*）的测算，它衡量了经济的总收入和总产出水平。第二节讨论宏观经济中一系列其他的重要变量，如价格水平和失业率的测算问题。第三节分析宏观经济的三个关键变量：产出、收入和支出的构成和相互关系。在第四节里建立了一个简单的宏观经济模型，来讨论这些变量是如何决定的，以及宏观经济的均衡问题。这一模型是今后将讨论的很多模型的基础。

第一节　国民收入的衡量

一、收入和支出的循环流动

在导言中已经知道，国内生产总值（*GDP*）是指一个国家在某一时期（通常为一年）内所生产的所有最终产品和服务的价值总和。*GDP*通常被认为是衡量宏观经济运行情况的一个最重要的指标。在这里，我们运用一个国民收入流量模型来描述宏观经济的运行情况，然后从不同的角度来进一步讨论 *GDP* 的构成和测算问题。

图2·1是一个简单的收入和支出循环流动图。这个模型假定整个国民经济中有四个经济部门（即家庭、企业、政府和外国经济）和三个市场（即产品市场、要素市场和金融市场）。在要素市场上，家庭向企业提供生产要素（如劳动），然后在企业那里获得要素报酬，也就是国民收入（*Y*）。家庭用获得的部分收入在产品市场上向企业购买商品，构成了家庭的消费支出（*C*）。家庭的剩下收入中的一部分成为储蓄（*S*），通过金融市场转化为企业的投资支出（*I*）；另一部分则成为政府的税收（*T*）。政府获得税收后在产品市场上进行采购，形成了政府购买支出（*G*）。另外，外国经济的存在会产生对外贸易，用净出口（*NX*）表示这种对外贸易关系。这样，一个经济就分别完成了生产要素的流动、商品的流动以及货币的流动的循环。这个循环过程会持续下去，支出不断地由家庭流向企业，而收入不断地由企业流向家庭，国民经济正是在这种循环过程中年复一年地正常运行。

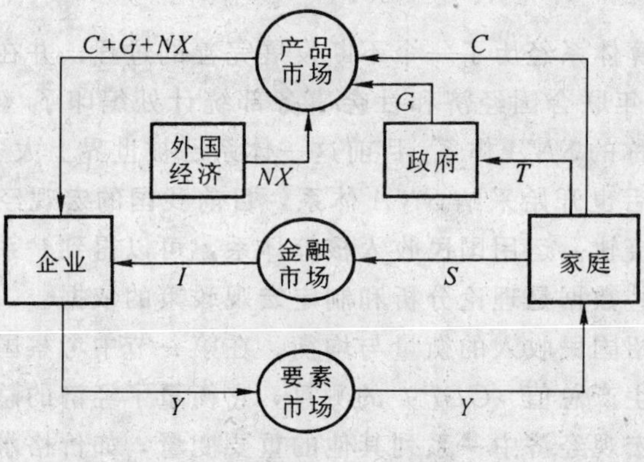

图2·1　收入和支出的循环流动

从上述收入和支出的循环流动中可知，我们可以用两种方法来测算 *GDP*。第一种方法从收入的角度出发，*GDP* 是指所有生产要素收入的总和，在图2·1的简单模型里，它等于家庭的全部收入，也就是国民收入。第二种方法从支出的角度出发，*GDP* 又是指购买企业利用家庭提供的生产要素所生产的产品和服务的总支出。

值得注意的是，一个经济的总支出必须与总收入相等。因为任何一笔交易都涉及到买方和卖方，根据会计原则，买方购买产品和服务的支出一定等于卖方出售产品和服务得到的收入。因此，任何一项交易如果对支出有影响，必然也会影响收入，反之亦然。例如，企业多生产和销售了一个单位的产品给家庭，显然将使总支出增加，但它对总收入也会产生相同的影响。如果企业为了增加生产多雇佣了工人，那么工资就增加了；如果企业没有增加劳动力投入而是通过提高生产效率实现了产量增长，那么利润就增加了，工资和利润都是生产要素的收入。因此，支出和收入总是一起发生变化的，它们在任一时刻必须相等。

二、用总支出衡量的方法

从图2·1中可以看出，用总支出的方法来衡量国民收入，*GDP* 可以分为四大部分：消费支出（*C*）、投资支出（*I*）、政府购买（*G*）和净出口（*NX*）。用国民收入（*Y*）代表 *GDP*，可以用下式来表示用支出法计算的 *GDP*：

$$Y=C+I+G+NX \tag{2·1}$$

这是一个必须无条件地成立的恒等式。（2·1）式的左边是总收入，右边是总支出，因此我们又把它称为国民收入恒等式。

下面我们对总支出的各个组成部分分别加以讨论。

1. 消费支出（*C*）

消费支出指的是本国居民对最终产品和服务的购买，是一个国家总需求中最主要的一个部分。消费支出又可以进一步分为三类，即耐用消费品支出、非耐用品支出和对服务的支出。耐用消费品是指汽车、彩电、冰箱等使用寿命比较长的消费品。非耐用消费品使用期较短，比如食物、衣服、燃料等。服务可经由个人或企业提供给消费者，例如理发、医疗、保险等。

2. 投资支出（*I*）

投资支出包括固定投资和存货投资两大类。固定投资是指购买新增资本品的支出，包括企业购买机器设备的支出和购买厂房的支出。另外，投资支出还包括企业存货的变动。将存货的变动作为企业的存货投资来处理，是为了使企业的支出与生产要素得到的收入一致起来。如果企业的存货增加，存货投资就是正的；相反，存货投资就是负的。

企业存货是指企业中没有卖掉的产品、半成品和原材料。存货是一个会在统计上引起歧义的项目。是否将存货记入 *GDP* 主要取决于作为存货的产品品质是否发生了变化。例如，如果食品厂库存的食物因未能及时销售而变质了，那么这部分存货就不会对 *GDP* 产生任何影响。但一般说来，不考虑这种因素，而将存货视为企业自己购买了这部分产品，因此企业的支出和生产要素的收入增加了相同的数额。尽管存货中既有最终产品，也有中间产品，很难一一加以区分，但是统计上一般把一定时期内存货的增加，作为 *GDP* 中存货投资项目计入。例如，一个企业年初存货价值为10万元，到年末存货价值增加到10.5万元，这5 000元存货的增加额就如同最终产品的生产一样记入当年的 *GDP*，而不管这些产品何时才能真正销售出去。

3. 政府购买（G）

政府购买是指各级政府购买产品和服务的支出，包括政府在国防上的支出、修路建桥的支出以及提供警察、法院等服务的支出。政府购买只是政府财政支出的一部分，政府财政支出中对个人的转移支付就不计入 GDP，因为转移支付只是简单地把收入进行重新分配，从一个人或一个组织转移到另一个人或另一个组织，并没有相应的产品或服务的交换发生。例如，政府给残疾人发放救济金，并不是因为残疾人创造了收入。

4. 净出口（NX）

净出口指的是出口额减去进口额的差额，用 X 表示出口，用 M 表示进口，净出口 NX 就是 $X-M$。其中出口指的是外国对本国产品和服务的购买，进口指的是本国对外国的产品和服务的购买。当一个国家的出口大于进口时，净出口为正；当出口小于进口时，净出口为负。净出口代表了外国购买本国当期生产的最终产品和服务的净支出。

为了帮助大家理解总支出的构成，在表 2·1 中分别给出了我国 1998 年和美国 1996 年用支出法测算的 GDP 及其构成表。

表 2·1(a)　中国 1998 年 GDP 及其构成（支出法）

	总量（10 亿元）	占 GDP 比例（%）
GDP	7 985.3	100
消费支出（C）	3 692.1	46.24
投资支出（I）	3 039.6	38.06
政府购买（G）	48.5	11.88
净出口（NX）	305.1	3.82

资料来源：《1999 年中国统计年鉴》P67～68，中国统计出版社。

表 2·1(b)　美国 1996 年 GDP 及其构成（支出法）

	总量（10 亿美元）	占 GDP 比例（%）
GDP	7 576	100
消费支出（C）	5 152	68
投资支出（I）	1 116	14.7
政府购买（G）	1 407	18.6
净出口（NX）	−99	−1.3

资料来源：美国商业部：《当前商业观察》，1997 年 3 月。

三、用总收入衡量的方法

GDP 也可以用收入方法来衡量，在图 2·1 中，它等于家庭的全部收入，也就是一国所有生产要素收入的总和。

从收入的角度来计量 GDP，我们还要区别国民生产总值（GNP）和国内生产总值（GDP）的概念。在导言中已经了解，国民生产总值（GNP）也是衡量一个国家产出和收入的一个常用指标，它是一个国家所拥有的生产要素在一定时期内所生产的全部最终产品和服务的价值总和，因此，GNP 是按国民原则进行统计的。凡是本国国民创造的收入，无论他是否在国内，都被计入国民生产总值，而外国居民在本国的收入则不计入 GNP。因此，外国公司在中国子公司的利润就不计入中国的 GNP，而中国公司海外子公司的利润就计入中国的 GNP。而 GDP 是按国土原则进行统计的，它是在一国领土范围内的总收入，不管这种收入是否由本国居民创造，都被计入国内生产总值。根据这一原则，外国公司在中国子公司的利润应被计入中国的国内生产总值，而中国公司在外国子公司的利润就不被计入。

过去，美国较多地使用 GNP 指标来衡量总收入，而西欧各国较多地使用 GDP 指标。1991 年以后，美国商务部也改用 GDP 指标。当今世界上，国内生产总值比国民生产总值更普遍地使用。

从 GDP 中减去折旧，就可以获得国民生产净值（Net national product，简称 NNP）。折旧是对一定时期内因经济活动而引起的固定资本消耗的补偿。

$$NNP = GNP - \text{折旧} \tag{2·2}$$

从国民生产净值中减去企业间接税，可以得到宏观经济的另一个重要衡量指标——国民收入（NI）（注意，这里的国民收入是指狭义的国民收入，而广义的国民收入 Y 一般就代表 GNP 或 GDP）。企业间接税是指企业交纳的营业税、货物税等税额，它是消费者支付的产品价格与企业得到的收入之间的差额。企业间接税不构成企业的收入，所以不包括在国民收入内。

$$NI = NNP - \text{间接税} \tag{2·3}$$

国民收入包括参加生产过程的所有生产要素所有者的收入总和，由五部分收入组成：劳动者收入、所有者收入、租金收入、企业利润和净利息收入，即：

$$NI = \text{劳动收入} + \text{所有者收入} + \text{租金收入} + \text{企业利润} + \text{净利息收入} \tag{2·4}$$

其中，劳动收入包括工人的工资、补贴以及雇主向社会保险机构交纳的社会保障金；所有者收入是指非公司制小企业的收入，以及不受人雇佣的独立生产者的收入；租金收入是指个人在出租土地、房屋等资产时的租金收入；公司利润是指公司的销售收入中扣除工资、租金以及其他成本项目后的利润；净利息是指个人从企业获得的因资金借贷所产生的净利息，不包括个人之间因借贷关系而发生的利息和由购买政府公债而得到的利息。

国民收入指的是一国所有生产要素所有者的收入，但是国民收入并不等于个人在一定时期内实际拿到的收入。在宏观经济学中，我们使用个人收入（PI）这个概念来表示个人实际得到的收入，以区别于国民收入。为了获得个人收入指标，必须对国民收入加以调整。首先，要从国民收入中减去公司利润和交纳的社会保障金，公司利润指的是公司向政府交纳利润税前的利润，这部分不可能完全是个人收入，因此要减去。交纳社会保障金使企业和个人的收入减少，因此也要减掉。另外，个人获得的一部分实际收入未被列入国民收入，需要再加进去，这部分收入包括：政府转移支付，即政府对个人支付的退休金、失业保险金、社会救济金等；红利，公司税后的利润中作为红利分配给个人的部分；利息调整，个人总的利息收入减去上述净利息收入后的余额。经过这些项目的调整，我们可以得到个人收入（PI）：

$$PI = NI - \text{公司利润} - \text{社会保障金} + \text{政府转移支付} + \text{红利} + \text{利息调整} \quad (2\cdot5)$$

个人收入再减去个人所得税和其他非税收性支付，就可以得到个人可支配收入（DPI），这部分收入可直接用作家庭的消费或储蓄。

$$DPI = PI - \text{个人所得税} - \text{非税收性支付} \quad (2\cdot6)$$

为了帮助读者更好地理解国民收入的测算及其构成，我们在表 2·2 中给出了美国 1996 年用收入法测算的 GDP 及其构成表。

表 2·2　美国 1996 年 GDP 及其构成（收入法）

	总量（10 亿美元）	占 GDP 比例（%）
GDP	7 576	100
劳动收入	4 449	58.7
净利息	405	5.4
租金收入	127	1.7
企业利润	650	8.6
所有者收入	518	6.8
间接税	569	7.5
资本消耗（折旧）	858	11.3

资料来源：美国商业部：《当前商业观察》，1997 年 3 月

比较表 2·1（b）和表 2·2 可以看出，不论是采用支出的方法，还是采用收入的方法，计算出来的 GDP 都是一致的，这也就在实际中证明了（2·1）式所表达的国民收入恒等式。

四、GDP 衡量中的其他问题

从上面的讨论可以知道，GDP 是反映一定时期内一国整体经济规模的最重

要的指标，它可以从支出和收入两个角度进行衡量。但在实际计算 *GDP* 的过程中，还有一些问题仍然要引起我们的注意。

1. 增加价值法

我们已经知道，一个国家一定时期内所生产的所有产品和服务可分为中间产品和服务以及最终产品和服务。所谓中间产品及服务指的是生产过程中消耗的产品和服务，它不直接用于消费，比如汽车制造厂的零部件是作为中间产品投入使用的。所谓最终产品及服务是指那些作为整个生产的结果而产出的产品及服务，它直接进入最终使用过程。比如装配完成的汽车就是最终产品。为了避免重复计算，*GDP* 中只包括最终产品的价值，因为最终产品价值中已经包含了中间产品的价值。

而在实践中，中间产品和最终产品有时很难进行区别，同一产品用于生产就是中间产品，而用于消费则成了最终产品。解决这个问题的方法是运用增加价值（Value Added）法来避免重复计算。一个最终产品生产出来要经历很多生产过程，把每一生产过程新增加的价值加总就等于这个产品的最终价值。以上面的例子为例，假定零部件制造厂生产的零部件价值 10 万元，汽车制造厂出售的汽车价格 15 万元，最终产品价值为 15 万元。从增加价值的角度出发，零部件制造厂新增价值 10 万元，而汽车制造厂新增加价值为汽车价格（15 万元）减去零部件成本（10 万元）等于 5 万元。新增价值的总和（10 万＋5 万）等于 15 万元，和最终产品价值一致。因此，一国所有生产过程中新增价值的总和等于最终产品或服务的价值总和，所以，*GDP* 也可以表示为一定时期内经济中的新创造的价值总和。

2. 本期产出

GDP 是由本期所生产的产品和服务的价值构成的。因此，*GDP* 应该排除那些在过去生产的，当前又重复交易的产品。例如，一幢旧房屋的买卖不应计入当期的 *GDP*，因为当这幢房屋建造时，已作为那一期的 *GDP* 计算过了。然而，我们会将销售这幢旧房屋的房地产经纪人的费用计算为 *GDP* 的一部分，因为房地产经纪人为促进交易提供的服务是当期的经济活动，它是本期产出的一个合理组成部分。

3. 市场价格

GDP 是以市场价格来衡量一国最终产品和服务的价值，而市场价格一定要有市场交易行为才能形成。这样，一国经济中有些经济活动不进入公开市场交易因而没有市场价格，也就无法被计入 *GDP* 之中，这主要有两种情况：

（1）地下经济。地下经济是指为了逃避政府管制所从事的经济活动。有些地下经济活动是为逃税或逃避政府的最低工资法、劳动保障法等，而有的活动本身就属于非法行为，如走私、贩毒等。由于这些活动所产生的产品和服务的交易躲过了政府的记录，因此没有被计入 *GDP* 中。在美国，地下经济的规模估计在 4 000～13 000 亿美元左右，约占 *GDP* 的 9%～30%。在欧洲一些国家，如意大利，这一数字会更高。

（2）非市场经济活动。非市场经济活动是那些公开的但没有市场交易行为的经济活动。家务劳动是典型的非市场经济活动，它由家庭内部成员完成，不进入市场进行交换，所以无法用市场价值来衡量。当一位保姆提供家务劳动时，其收入被计入 *GDP*，但如果这位保姆与男主人结婚了，她付出跟以前相同的劳动，但这些劳动就不再被计入 *GDP* 了。另外，当居民居住自己拥有的住房时，也存在相似的问题。居民实际上相当于自己接受了作为房东所提供的服务，并将这种服务的价格——租金支付给了自己，这部分租金也不被计入 *GDP*，而居民租借他人房屋时的租金就会被计入 *GDP*。

总之，由于 *GDP* 指标在衡量产出时只统计可以用市场价格表示的产出，很多不用于交换的产品或服务的价值都未被计入，从这个角度来看，*GDP* 往往低估了一个国家的实际收入。但是，由于地下经济和非市场经济活动在一国国民经济中只占很少的部分，而且这些活动在不同国家中都或多或少地存在，因此在衡量一个国家经济活动和社会福利水平时，*GDP* 仍然是一个比较准确、可比性较强的指标。

第二节 价格指数和失业率

一、名义 *GDP* 和实际 *GDP*

在导言中，已经区分了名义价值和实际价值的概念，现在进一步讨论名义 *GDP* 和实际 *GDP* 的计算问题。名义 *GDP* 是指一定时期内以当前市场价格来测算的国内生产总值，如 1999 年的名义 *GDP* 就是以 1999 年的市场价格计算的当年总产出的价值。造成不同年份名义 *GDP* 变化的原因有两个：一是物质产量的变化，二是市场价格的变化。因此，如果将不同年份名义 *GDP* 进行比较时，就不能确定 *GDP* 增长中有多少成分是由于产量增长引起的，又有多少是由于价格上升造成的。

为了解决名义 *GDP* 存在的问题，最常用的方法是用不变价格，即用过去某一年（称为基年）的价格为标准，测算 *GDP* 数值。这个用不变价格测算的 *GDP* 就称为实际 *GDP*。实际 *GDP* 可用以衡量两个不同时期经济中的物质产量的变化。

下面我们给出一个简单的例子，以说明名义和实际的 *GDP* 的测算。假定一个经济只生产面包和电影两种产品和服务，这个经济 10 年前后总产出和价格的变化如表 2·3 所示。根据表 2·3，这个经济 10 年前的面包和电影的产量分别为 10 和 30，当年的市场价格分别为 3 元和 3.5 元，当年的总产值是 135 元。10 年后的今年，面包产量提高到 20，比 10 年前增加了 10，电影产量为 50，增加了 20，同时它们的价格分别涨到 4 元和 5 元。根据当年价格，名义总产出是 330 元，比 10 年前增加了 195 元，增长幅度为 144%，然而这个变化中有一部分是由于价格上升造成的，而不是物质产量增加的结果。如果用基年的价格来估价今年的产量，就能得到今年的实际 *GDP* 为 235 元，和 10 年前相比，仅增加了 74%，而不是 144%。我们由表中可以看到，面包的产量在 10 年间上升了 100%，电影产量同期内上升了 67%，实际 *GDP* 的增加量 74%就是介于这两个百分比之间的某一点。因此，实际 *GDP* 的变动剔除了名义 *GDP* 中的价格变动因素，它能准确地反映一国实际产量的变化。

表 2·3 名义和实际的 *GDP*

	10 年前(基年)的名义 *GDP*			今年的名义 *GDP*			今年的实际 *GDP*		
	产量	价格	产出	产量	价格	产出	产量	价格	产出
面包	10	3	30	20	4	80	20	3	60
电影	30	3.5	105	50	5	250	50	3.5	175
总产出			135			330			235

二、价格指数

在宏观经济中，我们都是用价格指数来衡量整个社会价格水平的变动，最常见的价格指数有 *GDP* 消胀指数和消费者价格指数。

1. *GDP* 消胀指数

从名义 *GDP* 和实际 *GDP* 的比较中，我们可以引申出 *GDP* 消胀指数(*GDP* deflator) 的概念。*GDP* 消胀指数是指给定年份的名义 *GDP* 与实际 *GDP* 之间的比率，即：

$$GDP\text{ 消胀指数} = \text{名义 } GDP / \text{实际 } GDP \qquad (2\cdot7)$$

因此，*GDP* 消胀指数可以衡量基年和本年度之间的价格变化。根据式 (2·7)，如果我们有了名义 *GDP* 数据，同时又知道 *GDP* 消胀指数，就可以求得实际 *GDP*：

$$\text{实际 } GDP = \text{名义 } GDP / GDP\text{ 消胀指数} \qquad (2\cdot8)$$

利用表 2·3 的例子，我们可以得到 *GDP* 消胀指数的数值，这只需计算今年的名义 *GDP* 和实际 *GDP* 的比率即可：

GDP 消胀指数=(今年面包价格×面包数量+今年电影价格×电影数量)/

（10 年前面包价格×面包数量＋10 年前电影价格×电影数量）

＝（0.4×20＋0.5×50）/（0.3×20＋0.35×50）

＝1.4

上述表达式的分子是用当年价格衡量的商品组合的总价格，即名义 *GDP*；分母是用基年价格测算的商品组合的总价格，即实际 *GDP*，而商品组合中的数量是当年产量。

2. 消费者价格指数

除了 *GDP* 消胀指数外，消费者价格指数（Consumer price index，简称 *CPI*）是衡量价格水平的另一个重要指标。消费者价格指数通常是通过抽样调查的方式得到的。在美国，劳动统计局每个月在大约 50 个城市进行抽样调查，调查的范围包括 400 多种产品和服务，以此来测算消费者价格指数。以这些具有代表性的产品和服务为样本，比较根据当年价格计算的商品总价值和根据基年价格得到的商品总价值，得到的比值就是消费者价格指数。

GDP 消胀指数和消费者价格指数都能反映经济的总体价格水平，但它们在三个方面有明显区别。

（1）*GDP* 消胀指数衡量价格时涉及的商品组合更广泛，它包含所有商品和服务的价格信息，而 *CPI* 只衡量消费者购买的代表性产品和服务的价格。

（2）*GDP* 消胀指数仅仅包含本国生产的产品价格，进口产品不计入 *GDP*，因而也不反映在 *GDP* 消胀指数里。而如果进口品在消费中占有比较重要的地位，它就会被计入 *CPI*，因此 *CPI* 往往包括进口品的价格。比如说，从日本进口索尼彩电价格的上升会影响 *CPI*，因为它是本国消费的一部分，但是这并不影响 *GDP* 消胀指数。

（3）*CPI* 所衡量的商品组合的数量是固定的，而 *GDP* 消胀指数所涉及的商品组合的数量是变动的，它取决于每年的产量。假定经济中只生产 *A*、*B* 两种产品，那么 *GDP* 消胀指数由下式得到：

GDP 消胀指数＝名义 *GDP*/实际 *GDP*

＝（当年 *A* 价格×当年 *A* 产量＋当年 *B* 价格×当年 *B* 产量）/（基年 *A* 价格×当年 *A* 产量＋基年 *B* 价格×当年 *B* 产量）　　（2・9）

CPI 则等于：

CPI＝（当年 *A* 价格×基年 *A* 产量＋当年 *B* 价格×基年 *B* 产量）/（基年 *A* 价格×基年 *A* 产量＋基年 *B* 价格×基年 *B* 产量）　　（2・10）

由此可见，*GDP* 消胀指数和 *CPI* 都比较了商品组合的当年价格与基年价格的差异，不同的是 *GDP* 消胀指数使用的是当前的产量，商品数量组合每年不同；而 CPI 使用的是基年的产量，商品数量组合是固定的。

那么，这两种指数究竟有什么区别呢？下面我们举例来说明两种价格指数的区别。假定一个国家生产面包的小麦产区遭受洪水袭击，颗粒无收，当年面包产量降为零，那么从去年留下来的少量面包价格会大幅度攀升。由于面包不是当年产出的一部分，面包价格的上升不会反映在 GDP 消胀指数里，而 CPI 衡量的面包数量固定不变，因此即使当年面包产量为零，面包价格的上涨还是会使 CPI 上升。

GDP 消胀指数和 CPI 虽然有差异，但事实上，从宏观经济来看，因为统计的商品数量较多，很多因素可以相互抵消，两个指数基本上是以相同的比率变化的。至于想分清其中哪一个指数更正确是没有意义的，因为两个指数都存在缺陷。在我们上面的例子中，CPI 指数就高估了面包价格上涨对消费者的影响，因为它使用的是固定的商品组合，忽视了消费者能使用其他商品来替代面包。另一方面，GDP 消胀指数又没有反映出面包价格上涨对消费者产生的影响。

另外，值得一提的是，生产者价格指数（PPI）是被经常使用的第三个价格指数。与 CPI 相似，它使用固定的商品组合。它与 CPI 的差别在于，一方面两者包括的范围有差异，比如说它包括原材料和中间产品。另一方面它衡量的不是消费者实际支付的零售价格，而是销售过程中开始阶段的价格水平。

通过价格指数的变化，我们就可以了解经济的通货膨胀情况。通货膨胀率是反映价格水平变动的一个指标，它由价格在每一期上涨的百分率来表示，如果我们用 P_t 表示 t 期的价格水平，P_{t+1} 表示 $t+1$ 期的价格水平，用 π_{t+1} 表示 $t+1$ 期的通货膨胀率，那么我们就有：

$$\pi_{t+1}=(P_{t+1}-P_t)/P_t \tag{2·11}$$

在表 2·3 的例子中，由于基年 GDP 消胀指数为 1，因此，我们这个简单经济 10 年间的通货膨胀率为 40%［即（1.4－1）/1×100%］。

三、失业的计量

衡量一国经济运行状况的主要标准是看它是否能有效地利用资源，而劳动力资源是一国最重要的资源。短期内，假定资本存量、生产技术要素都保持不变，那么国民经济的产出就取决于经济中的就业人数。一个国家的就业量首先是由这个国家的劳动人口决定的，但是在市场经济中，并不是所有劳动人口都能就业，一国经常会有一部分失业人口存在。失业率被用来衡量失业人口占劳动力的比率，是一个重要的宏观经济指标，对它的准确计量也就显得非常重要。

我们可以将一个经济中的总人口划分为劳动年龄人口和非劳动年龄人口。世界上大多数国家把年龄在 16～60 周岁之间的人口定义为劳动年龄人口。我国一般将 16 周岁作为劳动年龄人口的年龄下限，将法定退休年龄作为上限，即男性 60 周岁，女性 55 周岁。劳动年龄人口又可以划分为劳动力人口和不在劳动力人口，即：

劳动年龄人口＝劳动力人口＋不在劳动力人口 （2·12）

根据各国劳动就业统计的惯例，下列人员一般不被列入劳动力人口：①军队人员；②在校学生；③家务劳动者；④退休或因病退职人员以及丧失劳动能力、服刑犯人等不能工作的人员；⑤不愿工作的人员；⑥在家庭农场或家庭企业每周工作少于 15 个小时的人员。在劳动年龄人口中减去以上六类人员余下的部分就称为劳动力人口。

劳动力人口在总的劳动年龄人口中占的比率被定义为劳动力参与率，即

劳动力参与率＝（劳动力人口/劳动年龄人口）×100％ （2·13）

劳动力参与率反映了一个经济中愿意就业者在适龄人口中所占的比例。

劳动力人口由就业人口和失业人口两部分构成。国际劳工组织关于失业的界定有三条标准，即：①有劳动能力但没有工作；②当前准备工作；③正在寻找工作。失业率是失业人员在劳动力人口中所占的比率。我们有如下的关系式：

劳动力人口＝就业人口＋失业人口 （2·14）

失业率＝(失业人口/劳动力人口)×100％ （2·15）

1992 年美国的劳动年龄人口为 19 160 万人，其中就业人口 11 760 万人，失业人口 940 万人，不在劳动力人口 6 460 万人。根据我们前面的分析和定义，这一年的劳动力人口为：

劳动力人口＝11 760＋940＝12 700（万）

劳动力参与率为：

劳动力参与率＝(12 700/19.160)×100％＝66.3％

失业率为：

失业率＝(940/12 700)×100％＝7.4％

实际上，失业率的测算是比较复杂的，因为就业人口、失业人口和不在劳动力人口三者之间处于不断的变动之中，我们用图 2·2 来加以说明。图 2·2 中三个方框分别表示某一时点上就业人口、失业人口和不在劳动力人口的存量数值。从某一时期看，三者处于相互联系之中，方框之间的箭头表示人口的流动。在某一时期内，失业人口中会有一些人找到工作，成为就业人口；与此同时，也会有一定比率的就业者失去工作，进入失业队伍。失业人口中有一部分人会因长期找不到工作失去信心而退出劳动力市场成为不在劳动力人口或者有部分就业者主动离开工作岗位进入不在劳动力人口，同时不在劳动力人口中有部分人想工作而未找到工作成为失业人口，或是直接找到工作而成为就业人口。正因为这三类人口处于这样一种动态联系之中，失业率的统计往往使用定期问卷调查方式，这一点在导言中已经论及，此处不再重复。

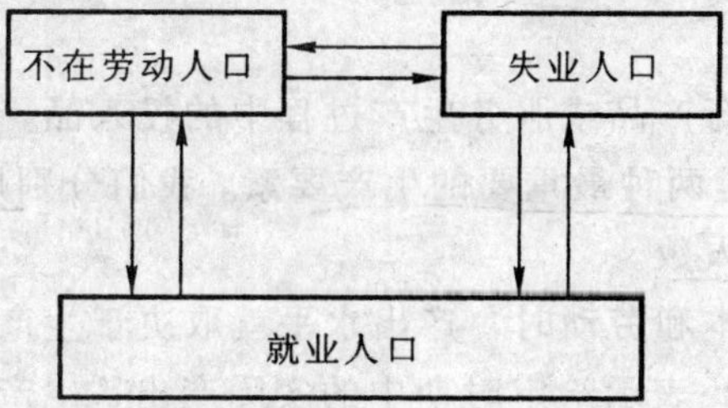

图 2·2　劳动年龄人口的动态分布

四、奥肯定律

在上面的分析中已经提到，短期内，国民经济的产出水平由这个经济中的就业水平决定，就业水平的变化将引起产出水平的变化。既然产出与就业之间存在这样密切的内在联系，那么在实际 *GDP* 和失业率变化之间是否存在一条可靠的规律可循呢？失业意味着生产要素的非充分利用，失业率的上升会伴随着实际 *GDP* 的下降，描述失业率和 *GDP* 之间这一关系的经验规律称为奥肯定律(Okun's Law)，它是以其发现人命名的。阿瑟·奥肯(Arthur M. Okun)曾在 1968—1969 年担任美国总统经济顾问委员会主席，他根据美国的经验数据发现，失业率与 *GDP* 增长率之间存在如下的关系：

$$\text{实际}\ GDP\ \text{变化的百分比}=3\%-2\times\text{失业率变化率} \qquad (2\cdot16)$$

其中 3% 是当失业率不发生变化时，实际 *GDP* 的增长率表示产出的趋势增长，这一增长率由人口增长、资本积累和技术进步决定。失业率每增长 1%，实际 *GDP* 下降 2%。比如说如果要使失业率由 8% 降到 6%，那么实际 *GDP* 的增长率必须要达到：

$$\text{实际}\ GDP\ \text{变化率}=3\%-2\times(6\%-8\%)=7\%$$

也就是说实际 *GDP* 必须提高 4%，也就是以 7% 增长时，才能使失业率下降 2 个百分点。

奥肯定律为产出增长率和失业率变化率之间相互转换提供了一个粗略的估算法则。虽然这一方法只是近似的，但它仍给出了由增长到失业的一种实用性的转换方法，成为宏观经济中可靠的经验规律之一。

第三节　国民收入的生产、分配和消费

一、国民收入的生产

国民经济的产出水平或者说总收入由两个因素决定：一是投入的生产要素，

二是各种生产要素与产出之间的技术关系，通常用生产函数（Production function）来表示。

生产要素是指进行产品或服务生产过程中的投入品，如劳动、资本、土地等。其中资本和劳动是两种最重要的生产要素，我们分别用 K 和 L 来代表经济中的资本存量和就业人数。

当投入一定的资本和劳动时，产出水平就取决于生产的技术状况，可以用生产函数来反映。用 Y 表示给定时期中的实际产出，生产函数具有如下的一般形式：

$$Y=F(K,L) \tag{2·17}$$

此式表明，总产出是投入的资本量和就业量的函数。生产函数反映了在既定的生产技术条件下，各种生产要素与产量之间的技术联系，而任何生产方法和技术水平的改进都会导致新的投入产出关系，使生产函数发生变化。

很多生产函数都具有规模报酬不变的性质。所谓规模报酬不变是指当投入的生产要素增加或减少一定比例时，产出也变化相同的比例。用数学式子来表示，就是：

$$\lambda Y=F(\lambda K,\lambda L),\lambda>0 \tag{2·18}$$

也就是说，当两种生产要素资本和劳动增加相同的倍数 λ 时，产出也增加 λ 倍。在今后的讨论中会发现，这一性质对收入分配有重要的意义。

现在我们以柯布—道格拉斯生产函数（Cobb-Douglas production function）为例来考察规模报酬情况，它的表达式是：

$$Y=F(K,L)=AK^{\alpha}L^{1-\alpha} \tag{2·19}$$

其中 A 为自生增长因素，一般用来反映技术变动状况。当资本和劳动同时增长 λ 倍时，产出变成：

$$F(\lambda K,\lambda L)=A(\lambda K)^{\alpha}(\lambda L)^{1-\alpha} \tag{2·20}$$

也就是：

$$F(\lambda K,\lambda L)=\lambda F(K,L)=\lambda Y \tag{2·21}$$

因此，柯布—道格拉斯生产函数具有规模报酬不变的性质。

在这一章里，我们假定生产要素的量是给定的，也就是说资本存量和就业人数都是不变的，因此生产函数就可表示为：

$$Y=F(\overline{K},\overline{L}) \tag{2·22}$$

我们进一步假定所有的生产要素都被充分利用，即资本不存在闲置，劳动力不存在失业现象，这时经济的产出称为潜在的产出水平，或潜在的 GDP（Potential GDP）水平，用 $\overline{Y}$ 来表示。从长期来看，投入的生产要素和生产的技术水平都会发生变化。当资本存量增加和就业量增加时，产量会提高。另外技术水平的提高也会促使产量提高。

二、国民收入的分配

生产要素的价格就是要素所有者的收入，因此，讨论国民收入的分配，也就是要分析生产要素价格是如何确定的。

为了简化分析，首先假定产品市场和要素市场都是完全竞争的。在完全竞争市场上，企业的行为不会对产品和要素价格产生任何影响，它是市场价格的接受者，也就是说，在当前价格水平上，企业能购买到所需要的任何要素，也能出售想卖掉的任何产品。同时还假定企业生产只需投入两种生产要素：资本和劳动，即企业的生产函数仍然是：

$$Y=F(K,L)$$

其中，Y 是企业的产量，K 和 L 分别是使用的资本量和雇佣的工人数。企业以工资 W 雇佣工人，以租金 r 租用资本，并可以按 P 的价格出售产品。

企业生产的目的是为了使利润最大化，利润（π）等于收益减去成本，企业的收益（R）等于销售量（即产量）乘以价格，企业的成本（C）由工资和租金两部分构成。我们用数学表达式表示上述关系，得到：

$$R=PY=P\cdot F(K,L) \tag{2·23}$$

$$C=WL+rK \tag{2·24}$$

$$\pi=R-C=P\cdot F(K,L)-WL-rK \tag{2·25}$$

企业利润由产品价格 P，要素价格 W 和 r，以及要素投入量 L 和 K 共同决定。由于完全竞争企业是价格的接受者而不是制定者，它只能通过选择不同的要素投入量来使自己的利润最大化。

企业的产量会随着生产要素投入的增加而提高，我们把在其他要素投入不变的情况，增加一单位某种要素投入所增加的产量称为该要素的边际产量。随着要素投入量的增加，要素投入所增加的产量是递减的，这就是要素的边际产量递减规律，也称为边际生产力递减规律。图 2·3 的生产函数说明了边际产量递减规律，当资本投入不变时，劳动的边际产量就是曲线上每一点的斜率，随着劳动投入量的增加，曲线越来越平坦，表明劳动的边际产量不断减少。

企业在决定是否增加雇佣的工人数时（假定资本不变），先要比较多雇一个工人增加的收益和成本之间的大小，收益取决于劳动的边际产量的产品价格，成本取决于要素的价格。当收益大于成本时，它会增加劳动投入量；反之，它会减少劳动投入量，直到两者相等时，企业利润最大。企业的这一决策过程也可以用数学式子表达出来。企业要选择劳动投入量 L 使式（2·25）表示的利润最大化，因此令：

$$d\pi/dL=0 \tag{2·26}$$

得到：

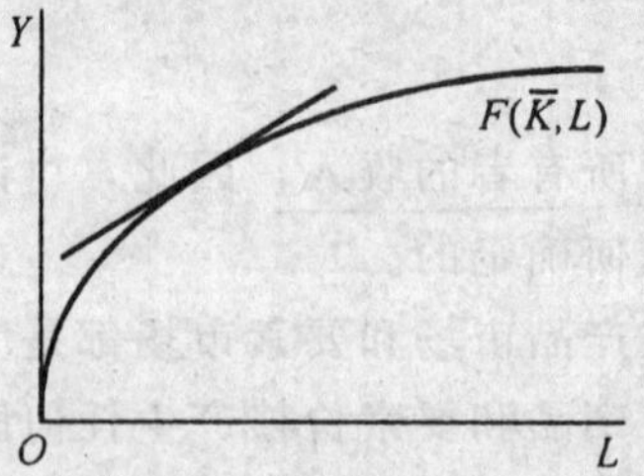

图 2·3　边际产量递减

$$P \cdot F_L(K,L)-W=0 \tag{2·27}$$

其中 $F_L(K,L)=\mathrm{d}F(K,L)/\mathrm{d}L$，就是劳动的边际产量，我们也可以用 MP_L 来表示。因此企业实现利润最大化的条件就是：

$$P \cdot MP_L=W \tag{2·28}$$

$P \cdot MP_L$ 是劳动的边际收益，W 是劳动的边际成本。也就是说，企业雇佣最后一单位劳动的收益必须与花费的成本相等，企业才能达到利润最大化。我们把式（2·28）改写一下，得到：

$$MP_L=W/P \tag{2·29}$$

即企业利润最大化要求劳动的边际产量等于实际工资。从（2·29）式中可以看出，如果实际工资水平下降，劳动的边际产量也必须减少才能满足利润最大化的条件，因此，企业应该增加雇佣工人的数量；而如果实际工资水平上升，劳动的边际产量应该增加才能保证利润极大化，因此，企业就会减少工人雇用量。因此，劳动的边际产量曲线实际上就是企业对劳动的需求曲线，由于边际产量递减，劳动需求曲线是一条向下倾斜的曲线。

假定一定时期内一个经济中劳动的总供给量固定不变，因此劳动的供给曲线 S 是一条垂直的曲线，如图 2·4 所示。由于企业的劳动需求曲线向下倾斜，社会的劳动需求曲线 D 也是一条向下倾斜的曲线。这样，在垂直的劳动供给曲线和向下倾斜的劳动需求曲线的交点 E，整个经济现有的劳动存量正好等于企业所需求的劳动数量，劳动市场达到均衡，此时决定的均衡的实际工资水平为 $(W/P)_0$。从中可以看出，在完全竞争市场上，劳动的报酬就是劳动的边际产量。

对企业资本需求的分析完全类似于劳动需求，只是在这里假定劳动数量保持不变，企业选择资本量 K，使利润最大化，也就是：

$$\mathrm{d}\pi/\mathrm{d}K=0 \tag{2·30}$$

得到：

$$P \cdot F_K(K,L)-r=0 \tag{2·31}$$

其中 $F_K(K,L)=\mathrm{d}F(K,L)/\mathrm{d}K$，是资本的边际产量，也可以用 MP_K 表示。企

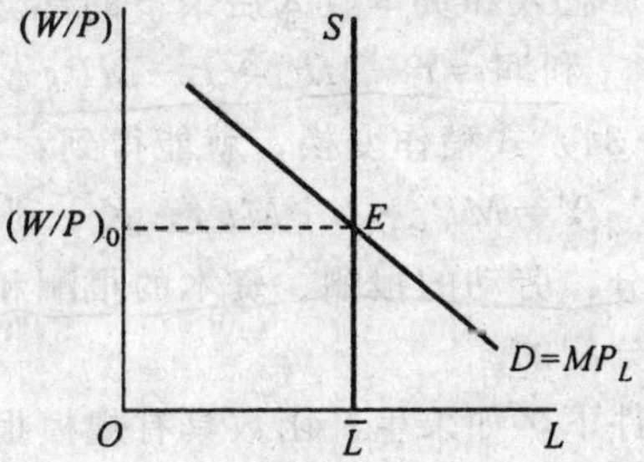

图 2·4　劳动市场的均衡

业利润最大化的条件是使资本的边际收益等于边际成本，即：

$$P \cdot MP_K = r \qquad (2 \cdot 32)$$

也就是：

$$MP_K = r/P \qquad (2 \cdot 33)$$

资本的边际产量等于资本的实际租用价格。因此，如果实际租金下降，企业从利润最大化出发会增加资本使用量；而如果实际租金上升，企业就会减少资本使用量。类似的，由于资本边际产量递减，企业的资本需求曲线也是一条向下倾斜的曲线。

这样，我们就可以得到资本市场的均衡，如图 2·5。假定资本总供给量不变，资本的供给曲线 S 也是一条垂直的曲线。由垂直的资本供给曲线和向下倾斜的资本需求曲线 D 的交点 E 决定的均衡资本价格为 $(r/P)_0$。可见，资本的报酬也就是资本的边际产量。

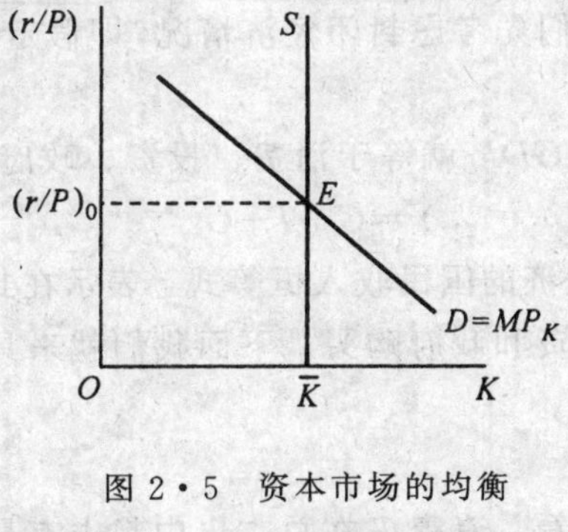

图 2·5　资本市场的均衡

从以上的分析中我们看到，在完全竞争的经济中，每种要素都会按其在生产过程中的边际贡献得到报酬。工人的实际工资等于劳动的边际产量，资本的实际租用价格等于资本的边际产量，因此，总的工资收入是 $MP_L \cdot L$，而总的资本收入是 $MP_K \cdot K$。

总收入中扣除工资收入和资本收入后余下的部分是企业的利润，即：

$$利润=Y-MP_L\cdot L-MP_K\cdot K \tag{2·34}$$

我们只需将（2·34）式稍作变换，就能得到：

$$Y=MP_L\cdot L+MP_K\cdot K+利润 \tag{2·35}$$

国民收入被分成三部分：劳动的报酬、资本的报酬和利润，因而（2.35）式反映了国民收入是如何分配的。

在完全竞争的条件下，如果生产函数具有规模报酬不变的性质，国民收入将正好分配给各种生产要素，这时利润就等于零，这一规律被称为欧拉定理(Euler's theorem)。如果生产函数 $F(K,L)$ 规模报酬不变，根据欧拉定理有：

$$Y=F(K,L)=MP_L\cdot L+MP_K\cdot K \tag{2·36}$$

总收入 Y 正好在资本和劳动之间分配，也就是说，由要素边际产量决定的各种要素报酬之和恰好等于总收入。值得一提的是，这里所指的利润是经济利润，经济利润并不包括企业的正常利润，因此，企业的利润虽然等于零，企业仍然可以获得正常利润，而正常利润已经包括在企业的成本之中。

总之，在一个完全竞争的经济中，每种生产要素都根据它的边际产量获得报酬，而国民收入应该正好等于各种要素的报酬之和。

三、国民收入的消费

上面已经分析了总产出水平是如何决定的，收入是如何分配的，下面我们将讨论人们如何来使用这部分收入，也就是对商品和服务的需求问题。在引入货币作为计量单位后，需求也就是我们前面讨论过的总支出。我们说，*GDP* 从支出角度可分为四个部分：消费（C）、投资（I）、政府购买（G）和净出口（NX）。为了简化分析，我们先考虑封闭经济情况，即假定不存在外国经济部门，这时 NX 就等于零。

在封闭经济中，实际 *GDP* 就等于消费、投资、政府购买之和，即：

$$Y=C+I+G \tag{2·37}$$

式（2·37）被称为封闭经济的国民收入恒等式，表示在封闭经济条件下，国民收入分别被用于消费、投资和政府购买。下面我们就来具体分析这三部分的变化规律。

1. 消费

从各国的统计资料来看，消费 C 在总支出中都占有最大的份额。决定人们消费行为的因素很多，如传统习惯、兴趣爱好、攀比心理、年龄以及气候等等，都会对消费发生影响，但是对消费行为影响最大的因素，还是收入水平。一般来说，收入水平越高，消费水平也就越高。影响人们消费水平的是个人的可支配收入，我们可以用国民收入 Y 减去税收 T 来表示，因此我们可以把消费与收入之间的关系表示为：

$$C=C(Y-T) \tag{2·38}$$

式（2·38）被称为消费函数，消费函数经常被写成线性方程的形式：

$$C=a+b(Y-T) \tag{2·39}$$

其中 a,b 都是大于零的参数，且 $0<b<1$。常数 a 为自生消费（Autonomous consumption），是指不随收入变化而变化的那部分消费。对个人来说，自生消费通常是指为了生存而必须的消费，比如基本的食品、衣服、住房等。自生消费与个人的收入无关，也就是说，当收入水平为零的情况下，个人为了生存，仍然需要基本消费。对一个国家而言，自生消费可以理解为一个社会所需要的基本消费，它与该国的国民收入水平也没有直接的联系。比如，一国在短期内由于战争或其他原因停止了生产和收入，但维持人们基本生活需要的消费不能停止。式（2·39）中的 bY 为派生消费（Induced consumption），是指由于收入增加而导致的消费。随着一国收入增加，由收入派生的消费也会增加。b 为边际消费倾向（Marginal propensity to consume，简称 MPC），是指每增加 1 元收入所增加的消费部分。因此，边际消费倾向实际上表示人们把收入 Y 增量中的多大一部分用于消费，而剩余部分就用于储蓄。例如，$b=0.7$ 表示每增加 1 元收入，0.7 元用于消费，而 0.3 元用于储蓄。

图 2·6 描述了（2·39）式表示的消费函数。曲线与纵轴交于 a 点，表示当可支配收入为零时一个社会的基本消费，也就是自生消费。曲线向右上倾斜，表示收入的增加导致派生消费增加，消费也随之增加。曲线的斜率反映了每增加 1 元收入所增加的消费量，也就是边际消费倾向 MPC。

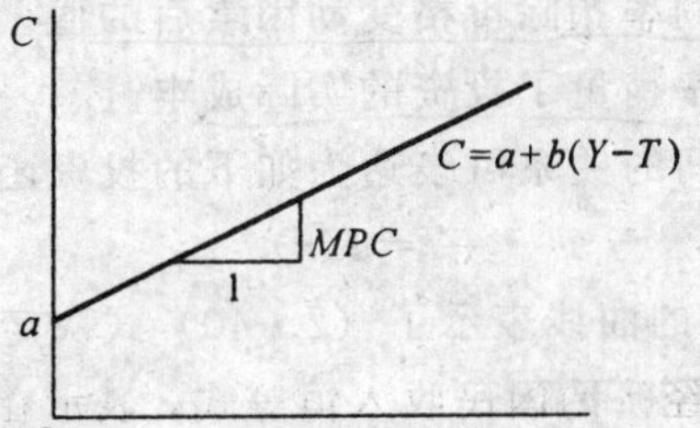

图 2·6 消费函数

总之，从消费函数出发，影响消费的主要因素是可支配收入 $(Y-T)$。至于当前收入的多大一部分会被马上消费掉，则取决于边际消费倾向 b。然而，现在给出的是一个简单的消费函数，如果仔细观察人们的消费行为，会发现消费不一定明显地随着眼前的收入变动而变动，我们将在第十二章对这一问题作进一步地讨论。

2. 投资

我们知道，投资既包括企业购买厂房、设备等资本品，也包括企业库存的增加。在现代经济生活中，投资的相当大一部分是靠借贷来支付的，比如发行有价债券向大众借贷或向银行借贷，这就必须支付利息。而企业投资的数量取决于该投资项目的收益和成本，只有当收益大于成本时，才会进行投资。利息构成投资的成本，当利率较低时，投资的成本就较小，促使投资者增加投资；而利率较高时，投资者会因为盈利机会减少而紧缩投资，因此投资与利率之间是一种反比关系。假如人们不是通过借贷而是由自己来支付其投资的，他们的投资行为仍与利率的变动有关，如果利率较高，把钱存入银行或购买有价债券就可以得到丰厚的回报，人们就不愿进行投资。投资总是人们在比较其他金融资产的收益以后作出的决策，而这些收益与利率有直接关系，从这个意义上说，利率实际上是投资的机会成本。机会成本越低，投资成本越低，投资需求越大；反之亦然。投资者无论是靠借贷还是由自己支付投资额，投资量总是与利率成反比关系。

我们利用利率来计算投资的成本时，必须区分名义利率（i）和实际利率（r）。如果经济中的价格是不稳定的，即存在通货膨胀或通货紧缩时，不区分名义利率和实际利率的话，利率分析将失去意义。举例来说，企业为了购买新的机器设备向银行贷款 1 000 元，如果利率是 10%，一年后企业将还给银行 1 100 元，包含利息 100 元，但是如果这一年的通货膨胀率正好等于 10%，那么一年后 1 100 元货币购买力正好等于一年前 1 000 元的购买力，企业实际支付的利息等于零。这时，利率必须提高到 20%，企业才真正承担 10% 的利息成本。由此可见，实际利率是名义利率扣除价格变动因素后的值。企业的投资行为由实际利率决定，因为实际利率衡量了投资的实际成本。

投资与实际利率之间的关系可表达为如下的投资函数：

$$I=I(r) \qquad (2\cdot40)$$

图 2·7 用一条向下倾斜的曲线表示了（2·40）式决定的投资曲线，表示随着利率的上升，投资需求不断下降。

3. 政府购买

除了消费和投资以外，政府购买是总需求的另一个重要组成部分。政府部门购买各类设备和装备，雇佣军队、警察等人员提供各类服务，出资兴建铁路、公路和桥梁，还出资投入科研、教育等项目，这些都属于政府购买。政府购买只是政府支出的一部分，政府转移支付，如对贫困者的救济金和社会保障金，属于政府支出，但这只是收入的一种再分配，不属于政府购买。

从（2·38）式中可以看出，政府的税收减少了可支配收入，而转移支付对消费需求的作用恰好和税收作用相反，它增加了家庭的可支配收入。在这里，我

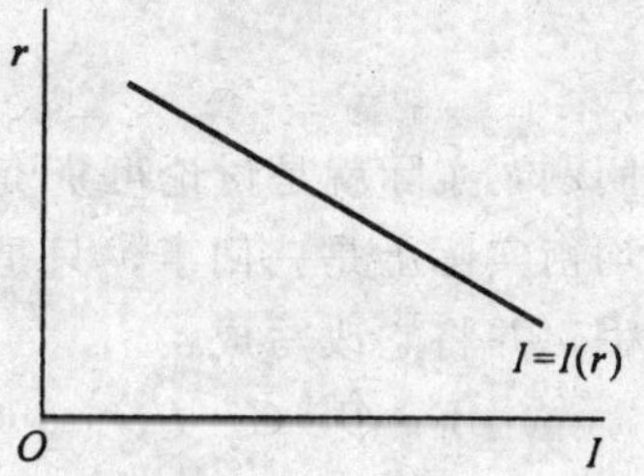

图 2·7　投资函数

们可以把 T 解释为税收减去转移支付后的净值，或者净税收，这时家庭的可支配收入仍可以用（$Y-T$）来表示。

当政府购买等于净税收，即 $G=T$ 时，我们称政府的预算是平衡的；当 $G>T$ 时，政府的支出超过了收入，存在预算赤字；反之，当 $G<T$ 时，政府存在预算盈余。

政府为了实现一定的经济目标，可以有意识地改变政府购买或税收。事实上，G 和 T 的变化由政府的经济政策所决定，与经济模型本身无关。因而在下面的分析中，G 和 T 被作为外生变量（Exogenous variables）来处理，表示它们是由模型以外的因素决定的。

第四节　宏观经济均衡

IS 例度.

一、产品市场的均衡

根据前面的讨论，总需求由消费、投资和政府购买三部分组成，并且消费取决于可支配收入，投资取决于实际利率，政府购买和税收都是外生给定的。于是就有总需求函数：

$$Y=C+I+G=C(Y-\overline{T})+I(r)+\overline{G} \qquad (2\cdot41)$$

确定了总需求以后，再来讨论产品的总供给。总供给也就是经济的总产出水平，由投入的生产要素决定，也就是：

$$Y=F(\overline{K},\overline{L})=\overline{Y} \qquad (2\cdot42)$$

产品市场的均衡条件就是使总需求与总供给相等，即：

$$\overline{Y}=C(\overline{Y}-\overline{T})+I(r)+\overline{G} \qquad (2\cdot43)$$

通过调整实际利率 r，可以使总需求发生变动，从而使总需求与潜在国民收入水平相等。使总需求等于总供给的实际利率水平被称为均衡利率。

二、金融市场的均衡

考察金融市场的均衡问题，实际就是讨论可贷资金（Loanabe funds）的供求问题，它与产品市场的均衡实际上是一回事，只是讨论问题的角度不同。我们仍从国民收入恒等式入手，并将它改写成：

$$Y-C-G=I \tag{2·44}$$

其中，$(Y-C-G)$ 是总收入扣除消费和政府购买后剩余的部分，称为国民储蓄。这样就由国民收入恒等式得到储蓄等于投资这一关系。

国民储蓄又可以分成两部分，即：

$$Y-C-G=(Y-T-C)+(T-G) \tag{2·45}$$

其中，$(Y-T-C)$ 表示可支配收入减去消费，称为私人储蓄。$(T-G)$ 表示政府收入减去支出后的剩余部分，称为公共储蓄，如果政府支出大于政府收入，存在预算赤字，政府储蓄就是负的。

将已知的各项条件代入国民收入恒等式，得到：

$$\overline{Y}-C(\overline{Y}-\overline{T})-\overline{G}=I(r) \tag{2·46}$$

等式左边表示国民储蓄 S，S 由潜在国民收入水平 $\overline{Y}$ 和外生变量 $\overline{G}$、$\overline{T}$ 决定。因此 S 也是不变的，我们用 $\overline{S}$ 表示。由此可以得到金融市场的均衡条件为：

$$\overline{S}=I(r) \tag{2·47}$$

其中 $\overline{S}$ 可以被视为可贷资金的供给，投资是可贷资金的需求。投资由实际利率决定，因此可贷资金的需求也就由实际利率决定。

我们用图 2·8 来描述金融市场的均衡。可贷资金的供给曲线，也就是储蓄曲线是垂直的，它取决于经济的潜在产出和其他外生变量。而可贷资金的需求曲线，即投资曲线是向下倾斜的，随着利率的下降，投资需求不断提高。通过调整利率，可以使投资等于储蓄，这时就实现了金融市场的均衡。储蓄曲线与投资曲线交点决定的利率水平 r^* 就是均衡利率。当利率高于 r^* 时，储蓄大于投资，可贷资金的供给大于需求，其价格即利率就会下降；当利率低于 r^* 时，储蓄小于投资，可贷资金的供给小于需求，其价格即利率就会上升。最终利率会调整到 r^* 水平上，在这一均衡利率水平上，储蓄等于投资，可贷资金的供给与需求相等。

三、财政政策的作用

采用适当的财政政策，可以改变上述模型中两个外生变量 G 和 T 的大小，从而使宏观经济的均衡点发生移动，下面就对其中的作用机制加以分析。

1. 政府购买的变动

如果政府实行扩张性的财政政策，增加了政府购买。从产品市场角度看，总

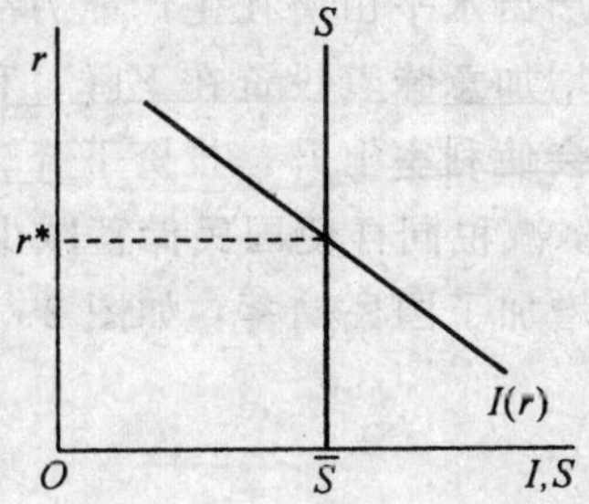

图 2·8　金融市场的均衡

需求似乎马上会提高。但是，从（2·43）式中看到，由于潜在国民收入水平由投入的生产要素决定，是保持不变的，消费也是不变的，政府购买的增加只会引起投资相同幅度的减少，而投资的减少意味着利率肯定是提高了。因此政府购买增加的最终结果是使利率上升，而实际国民收入保持不变。但是，国民收入的构成发生了变化，政府增加的购买正好等于企业减少的投资，也就是说，政府购买“挤出”了投资。

从金融市场角度看，政府购买的增加减少了公共储蓄，由于私人储蓄保持不变，从而总的国民储蓄也降低了。如图 2·9（a）所示，储蓄曲线向左移，由 S_1 移至 S_2。在原来的均衡利率水平 r_1 上，资金的需求（投资）大于资金的供给（储蓄），因此均衡利率会上升，直到 r_2 水平，从使金融市场再次实现均衡。

反之，当政府实行紧缩性财政政策，政府购买减少时，国民储蓄会上升，如图 2·9（b）所示，储蓄曲线向右移动，利率会下降，使得投资上升。

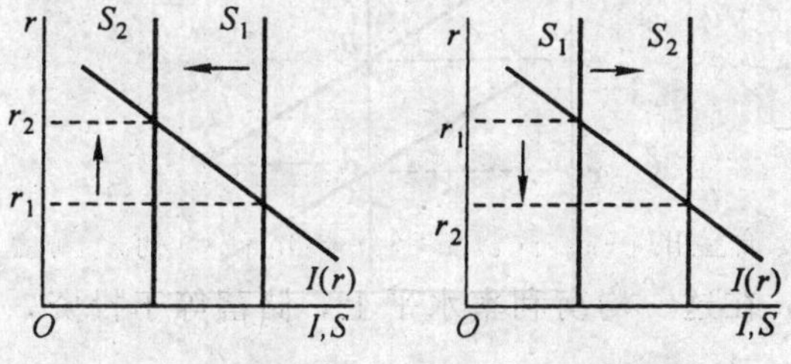

（a）扩张性政策　　（b）紧缩性政策

图 2·9　财政政策效应

2. 税收变动

税收是另一个国家可以控制的重要政策变量。减税的效果类似于增加政府购买。减税使可支配收入上升从而消费会增加，而边际消费倾向越大，减税刺激消费的效果越好。由于产出水平由潜在生产能力决定，是保持不变的，政府购买也是不变的，消费的增加意味着投资在下降，利率在上升。由此可见，减税与增加政府购买一样，会使利率上升，投资下降。

从金融市场角度分析，减税同样使国民储蓄减少，可以用图 2・9（a）来描述其效应。反之，增税则增加了国民储蓄，如图 2・9（b）所示，利率会下降，并刺激投资。

四、投资需求的变动

影响投资需求的因素很多，前面主要讨论了利率对投资的影响，两者之间呈现反向变动关系，其他一些因素同样会影响投资需求，比如说技术进步以及国家的税收政策等。例如，计算机及网络技术的发展，极大地刺激了对信息产业的投资需求。同样，如果政府对企业用于追加投资的利润实行减免税，也会刺激企业投资。利率变动对投资的影响在图形上表现为投资曲线上点的移动，而其他因素对投资需求的影响则表现为投资曲线的移动，因为在相同的利率水平上，由于其他因素的作用使投资需求发生了变动。

图 2・10 反映了投资需求增加的效应。由于技术进步等因素，使得投资需求上升，投资曲线由 I_1 向右移动至 I_2，表明在每个利率水平上，投资需求量都上升了。经济的均衡点由 A 移动到 B。可以发现均衡的投资量并没有因为投资需求的上升而上升，这是因为储蓄在这里被假定为既定不变的。因此固定的储蓄量决定了固定的实际投资量，投资需求的增加只是使均衡利率水平从 r_1 提高到 r_2。

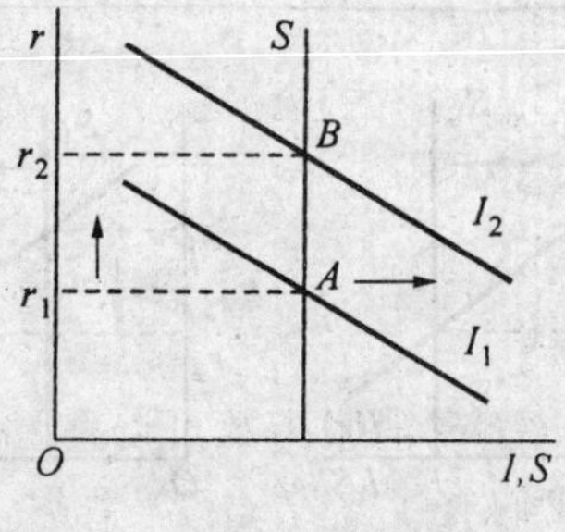

图 2・10　投资需求的增加：储蓄不变

如果储蓄曲线不是垂直的，而是向上倾斜的，就能得到不同的结论。假定随着利率的上升，储蓄的收益提高，人们会减少消费增加储蓄，从而就能得到一条向上倾斜的储蓄曲线。这时，如果投资需求上升，均衡利率和均衡投资量都会上升，见图 2・11。投资需求的增加使利率上升，而均衡利率的上升促使人们减少消费增加储蓄，均衡投资量也就会提高（由 I_1 上升到 I_2）。

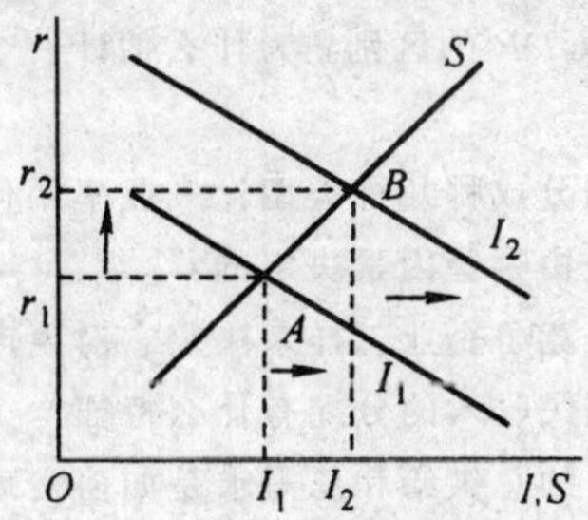

图 2·11 投资需求的增加：储蓄变动

本章小结

国内生产总值（GDP）是衡量宏观经济运行状况的一个重要指标。GDP 是指一个经济一定时期新生产的最终产品和服务的价值总和。GDP 既等于经济中的四类支出：消费（C）、投资（I）、政府购买（G）和净出口（NX）的加总，又等于所有要素收入的加总，不同方法测算出来的 GDP 值是一致的。名义 GDP 的变化既可能由产量变化引起，也可能仅仅由价格水平变化引起，因此用实际 GDP 来衡量不同时期产出的变动情况。价格指数是用以反映不同历史时期价格水平变化的指标。运用价格指数，就可以得到实际 GDP。失业率考察的是经济中想工作而没有工作的人占总的劳动力人口的比例，它是描述宏观经济运行状况的另一个重要指标。由于失业意味着资源的闲置和浪费，失业率的上升将导致 GDP 增长率下降。

国民经济的产出水平由投入的生产要素和技术决定。完全竞争企业对要素的需求量是使要素的边际产量与实际价格相等时的数量。因此，每种生产要素按其边际产出得到报酬。当生产函数具有规模报酬不变的性质时，总收入恰好分配给所有的生产要素。在封闭经济中，经济的产出被用于三方面，消费、投资和政府购买，消费取决于可支配收入，投资取决于利率，而政府购买则是由国家财政政策决定的外生变量。

通过实际利率的变动能够实现产品市场和金融市场的均衡。财政政策的变动会改变国民收入的构成，如政府购买的增加或税收的减少会在使均衡利率上升的同时减少投资。投资需求的增加在储蓄不变的情况下，只引起实际利率的上升；而在储蓄变动的情况下，会提高均衡投资量。

复习思考题

1. 试述国民生产总值（GNP）、国内生产总值（GDP）、国民生产净值（NNP）、国民收入（*NI*）、个人收入（*PI*）和个人可支配收入（*DPI*）之间的关系。

2. 试述名义 *GDP* 和实际 *GDP* 的区别，为什么估计一个国家的经济增长状况时通常使用实际 *GDP*？

3. 经济中的总人口可以划分成哪几种类型？失业率用什么来衡量？

4. 一个经济的产出水平是由哪些因素决定的？

5. 追求利润最大化的完全竞争企业怎样来决定它对生产要素的需求？

6. 当规模报酬不变时，国民收入的分配有什么特征？

7. 宏观经济中产品和服务的总供给和总需求是如何实现均衡的？

8. 政府如果增加税收，会对消费、投资和利率产生什么影响？

9. 如果政府增加一百万的政府购买，会对公共储蓄、私人储蓄、国民储蓄和投资产生什么影响？如果政府是增加一百万的税收，又会对上述变量产生什么影响？（假定 $MPC=0.7$）

第三章

经济增长

经济增长（Economic growth）是指一个国家产出水平的提高，我们放宽第二章中资本、劳动和技术不变的假定，一个国家一定时期内生产的产品和服务总量会不断增多。我们通常用国内生产总值 *GDP* 的变化，更确切地说，用人均 *GDP* 的增长率衡量一国经济增长的情况。

国内生产总值和人均国内生产总值是反映一个国家或地区的经济实力和生活水平最重要的指标，不同国家之间或同一个国家不同时期的经济实力和生活水平的差异，完全可以从国内生产总值或人均国内生产总值的差异和变化中反映出来。例如美国 1997 年的人均国内生产总值是 30 426 美元，而我国只有 730 美元，这正是两国的经济实力和人们生活水平方面差距的实际反映。再如我国改革开放之前的 1977 年，人均国内生产总值只有 339 元，而在 1997 年已经达到了 6 079 元，也充分反映了经过 20 年的改革开放，我国人民生活水平的巨大改善和我国经济实力的大幅度增强。更重要的是，国内生产总值和人均国内生产总值的高低，不仅意味着人们当前收入和消费水平的不同，而且意味着财富或资本积累，这种进一步发展的基础和条件的不同。

国内生产总值和人均国内生产总值的变化和差异的唯一来源，是一个国家的经济增长，或不同国家经济增长速度的差异。因此经济增长对一个国家的强盛和发展、生活水平的改善，以及社会文化和文明的进步，都是十分重要的基础和动力。更进一步，在社会经济和文化的国际竞争中，停滞不前的国家必然会被其他国家赶超，从而会越来越被动甚至走向消亡，因此可以说经济增长关系每个国家的前途和命运。

正是因为经济增长有这样重要的地位，因此各个国家都必然会把促进经济增长作为经济政策的核心目标。但经济增长的目标，特别是持续的经济增长并不容易实现，许多国家为了实现经济增长采用了多种多样的政策和努力，而现实的效果却并不是很理想，或者常常只有很有限的或者短期的效果。那么为什么经济增长很难实现呢？究竟怎样的政策才能实现长期的持续增长？这些都是非常值得研究，有重大理论和实践意义的问题。

本章以索洛模型为基础展开对经济增长的理论分析。第一节分析索洛模型的假设条件和理论框架。第二节考察索洛模型的黄金律稳态过程及其政策含义。在第三节中，我们分析人口增长和技术进步对经济增长的影响。第四节讨论索洛模型的局限性和当代增长理论的发展。

第一节 资本积累

一、基本假设

对索洛增长模型（Solow growth model）的考察首先从索洛模型中供给和需求如何决定资本积累开始。为了简单起见，先让劳动力[①]和技术保持不变，以后会通过引进劳动力的变化和技术进步，逐步放宽这些假设。

首先说明索洛模型关于生产和供给，也就是对生产函数的基本假设。前一章我们已经说明了任何一个经济的生产，都需要资本、劳动和生产技术这几种基本的生产要素，这些因素既是决定产出和收入的根本因素，也是产生产出和收入差距的根本原因。在数量上反映这些生产要素决定总产出水平的是总量生产函数，或简称生产函数。生产函数可以有多种形式，反映不同经济在技术等方面的特征。索洛模型采用的生产函数是新古典主义的，有如同第二章生产函数的基本形式：

$$Y=F(K,L) \tag{3·1}$$

其中 Y 是产出，K 和 L 分别代表资本和劳动。该生产函数表明产出取决于资本存量和劳动力，技术因素则隐含在函数 F 的形式中。

新古典生产函数的基本特征是劳动和资本两种要素彼此之间可以平滑替代，即函数 F 有连续的一阶和二阶导数，并且还满足下面这些重要性质：第一个性质是各要素的边际产出大于 0 且递减，即：

$$\frac{\partial F}{\partial K}>0, \quad \frac{\partial^2 F}{\partial K^2}<0 \tag{3·2}$$

$$\frac{\partial F}{\partial L}>0, \quad \frac{\partial^2 F}{\partial L^2}<0 \tag{3·3}$$

第二个性质是规模报酬不变，即生产函数满足一次齐次性，可用公式如下表示：

$$\lambda Y=F(\lambda K,\lambda L) \tag{3·4}$$

① 为了简单起见，本章中始终假设人口和劳动力人口是一致的，从而分析中的人均值也就是按劳动力数量平均得到的数值。

对任意的正数 λ（3・4）式都成立。这实际上也是生产技术的一个方面的特征。第三个性质是资本（或劳动）趋向于 0 时，资本（或劳动）的边际产出趋向于无穷大，资本（或劳动）趋向于无穷大时，资本（或劳动）的边际产出趋向于 0，即：

$$\lim_{K \to 0} F_K = \lim_{L \to 0} F_L = \infty \tag{3・5}$$

$$\lim_{K \to \infty} F_K = \lim_{L \to \infty} F_L = 0 \tag{3・6}$$

其中 F_K 和 F_L 分别为资本和劳动的边际产出，也即函数 F 分别对 K 和 L 的偏导数。这个条件也称为"稻田条件"(Inada Conditions)。采用新古典生产函数，正是索洛模型被称为新古典增长模型，成为新古典增长理论的主要代表的原因。

为了使分析比较简单，可以把模型中的变量都表示成相对于劳动力规模的人均量。只要令上述 λ 等于 $1/L$，并用小写字母表示人均数量，如 $y=Y/L$ 代表人均产出，$k=K/L$ 表示人均资本，那么索洛生产函数可以写成

$$y = F(k, 1) = f(k) \tag{3・7}$$

即人均产出只与人均资本有关，是人均资本的函数。图 3・1 中的生产函数 $f(k)$，体现了索洛模型生产函数的主要性质和特征。

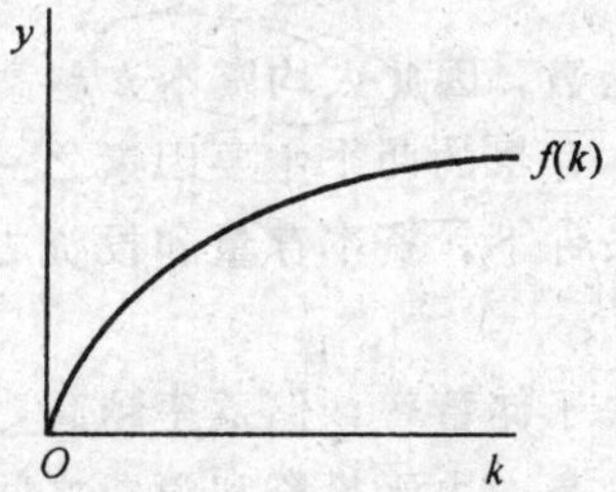

图 3・1　生产函数

现在我们再介绍索洛模型关于需求方面的假定。索洛模型中的需求被分为消费和投资两个方面。换句话说，人均产出 y 被分为人均消费 c 和人均投资 i 两部分：

$$y = c + i \tag{3・8}$$

该方程是与国民收入恒等式一致的。与一般国民收入恒等方程相比，它省略了政府购买和净出口项，并且是用人均数量的形式表示的。

索洛模型假设消费是由下式决定的：

$$c = (1-s)y \tag{3・9}$$

其中 $0 \leqslant s \leqslant 1$ 是该经济的储蓄率。该消费函数表明消费是与收入成比例的，即每单位收入中（$1-s$）用于消费，而 s 用于储蓄。

如果用 $(1-s)y$ 代替国民收入恒等式中的 c，则得：

$$y = (1-s)y + i \tag{3・10}$$

因此：

$$i=sy \tag{3·11}$$

即一个经济的投资等于它的储蓄，这正是产品市场实现均衡时的情况。该式表明投资也是与产出成比例的，储蓄率 s 也是产出用于投资的比例。

二、资本积累和稳态

有了上面对索洛模型生产函数和消费、投资的讨论，就能够进一步讨论长期中一个经济资本存量的变化是如何影响经济增长的。我们先分析一下资本存量的变化是如何引起的。资本存量的改变主要是投资和折旧两方面的力量引起的，因此为了理解资本存量是如何改变的，必须先理解决定投资和折旧的因素。

我们先讨论一个经济中的投资的决定。根据上面的分析已经知道，一个经济按劳动人数平均的投资量（以后称“人均投资”），是每个劳动力产出的一个比例：

$$i=sy \tag{3·12}$$

把生产函数代入上述方程，投资就成了人均资本 k 的函数：

$$i=sf(k) \tag{3·13}$$

由于新古典生产函数是增函数，因此人均资本 k 越高，产出 $f(k)$和投资 i 就越大。由于投资又是影响资本存量的两个主要因素之一，并且是其中更主要的因素，因此在储蓄率一定的条件下，资本存量和投资之间事实上就有一种动态循环的影响和决定关系。

另一方面，投资也取决于储蓄率，储蓄率越高，则在资本存量和产出水平一定的条件下，投资水平越高。由于投资和消费之间存在的替代关系，因此在产出一定的条件下，投资越多则消费越少。图 3·2 反映了投资和消费通过生产函数与（人均）资本存量之间的关系。

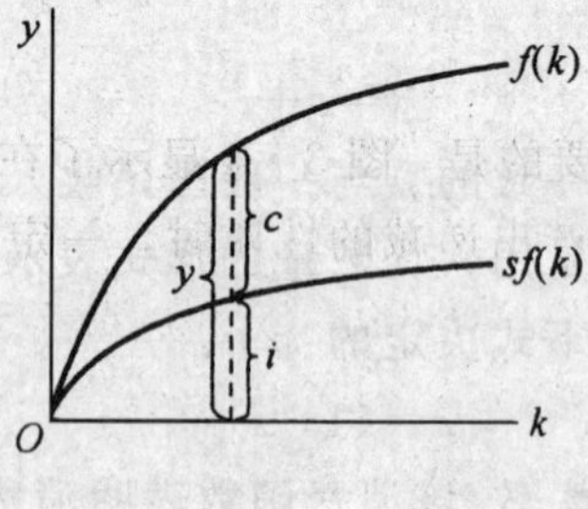

图 3·2 产出、消费和投资

现在再来分析一下决定折旧的因素。折旧就是资本存量随着使用和时间的变化而受到的损耗和减少。为了简单起见，假设一个经济中所有的资本都以一

个固定的比例 δ 折损减少，我们称 δ 为平均折旧率。例如资本平均能够持续 25 年，那么我们按照折旧的直线平均法，认为折旧率就是每年 4%，或 δ=0.04。当折旧率为 δ 时，每年折旧掉的资本数量为 δk，也是人均资本的函数。可以用图 3·3 中的直线反映资本折旧与资本存量之间的关系。

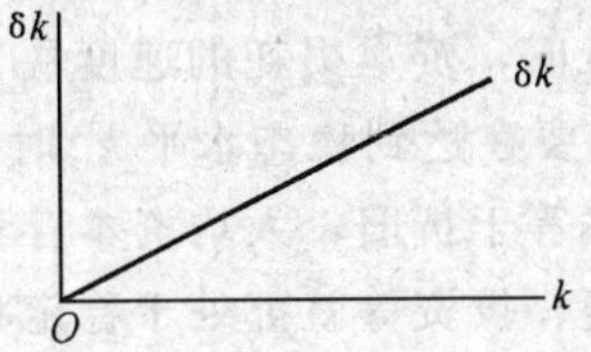

图 3·3　折旧

综合上面的讨论，一个经济中投资和折旧对资本存量的影响能够用下列方程反映：

$$\Delta k = i - \delta k = sf(k) - \delta k \tag{3·14}$$

其中 Δk 是这一年到下一年中间的资本存量变化。该方程表明资本存量的变化等于投资 $sf(k)$ 减去现有资本的折旧，在储蓄率 s 和折旧率 δ 一定的情况下，资本存量的变化只取决于资本存量本身和生产函数的形式。图 3·4 画出了对应不同资本水平的投资和折旧，并隐含给出了资本存量的变化规律。

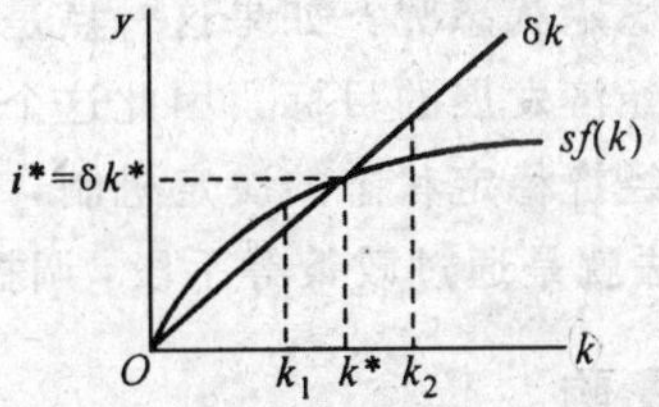

图 3·4　投资、折旧和稳态

从图 3·4 中可以看出，资本存量越高投资越大，同时折旧也越大。资本存量的净变化 Δk 有可能大于 0，也可能小于 0，取决于在当前资本存量水平上投资和折旧的相对大小。更重要的是，图 3·4 显示了在储蓄率一定，折旧率也是固定，而生产函数具有边际产出递减的性质时，一定存在唯一的满足新增投资正好与折旧相同的点，因而 $\Delta k=0$，资本存量会保持稳定不变的水平。我们称这个资本存量水平为资本存量的“稳定状态”(Steady state）或简称“稳态”，记为 k^*。

在索洛模型中，稳定状态既是一个经济的长期均衡，而且具有一种真正的稳定性，因为不管经济的初始资本水平是什么，它最后总是会达到稳定状态的资本水平，并且即使由于某种意外情况的冲击等，经济偏离了原来的稳定状态，它也能够回复到原来的稳定状态。我们首先设一个经济的初始资本水平是图3·4中低于稳定状态水平的k_1，或者是由于某种外来冲击使得资本存量从稳定状态水平偏离到这个水平。在这个资本水平上，投资大于折旧，即新增投资规模大于资本的损耗数量，因此资本存量会不断上升，直到逼近稳定状态k^*。再假设一个经济的初始资本存量水平偏离到图3·4中高于稳态水平的k_2。在这个资本水平上，投资则小于折旧，资本损耗的速度快于被置换的速度，资本存量就会不断下降，这种趋势也要在达到稳态水平k^*时才会停止。一旦资本存量达到稳态水平，那么投资正好等于折旧，人均资本存量既不增加，也不下降，这个经济的产出、储蓄、消费、投资等就都处于稳定状态。

一个经济的稳定状态具有特别重要的意义，因为稳定状态不仅对应一个特定的资本存量水平，而且也对应特定的产出、收入和消费水平。这意味着如果一个国家的稳定状态资本水平较高，那么稳定状态的产出水平也较高，即使短期中资本水平、产出水平仍不理想，但最终肯定会向这个较高的水平收敛。反过来如果一个国家的稳定状态的资本、产出水平较低，那么即使眼前的资本、产出水平并不低(很可能是由于利用外资等的结果)，这种高水平也不能长期维持，因为该经济会向较低水平的稳定状态收敛。因此一个经济的稳定状态的水平对这个经济长期中的产出等是至关重要的。

既然稳定状态对一个经济的长期均衡有着决定性的作用，那么人们或者一个国家能否影响或者选择稳定状态呢？如果这一点是肯定的，那么就可以通过对稳定状态的选择而实现经济发展的目标，因此这个问题具有十分重要的实际价值。事实上，根据一个经济稳定状态的决定机制，并不难找到有效影响稳定状态水平的方法，这个方法就是通过政策等手段，调控一个经济的储蓄率水平。

三、储蓄率对稳态的影响

现在就来讨论一下储蓄率的变化，会对一个经济的稳定状态产生什么影响。图3·5反映了这种影响。假设一个经济中本来的储蓄率为s_1，那么这个经济的稳定状态资本存量就是$k_1{}^*$。如果这个经济的储蓄率由于政策等的作用从s_1提

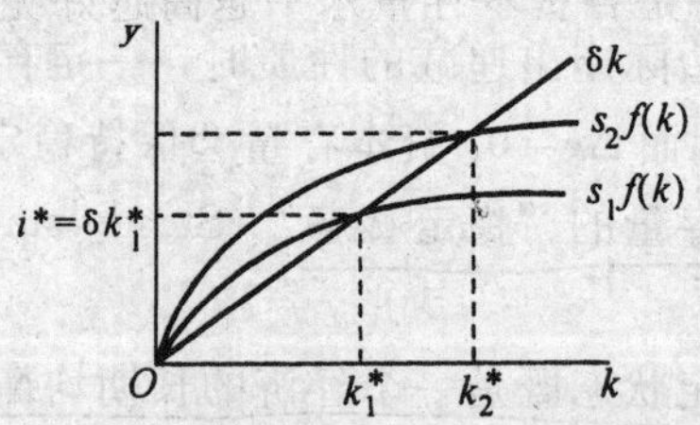

图3·5 储蓄率变化对稳定状态的影响

高到了 s_2，那么这必然引起储蓄曲线 $sf(k)$ 向上移动，从 $s_1f(k)$ 上升到 $s_2f(k)$。这时候 k_1^* 就不再是一个稳定状态的资本存量，因为根据向上移动了的储蓄函数，在这个资本存量水平，投资大于折旧，因此资本存量会上升，直到新的储蓄函数与折旧线相交的点所对应的资本存量水平 k_2^*，k_2^* 是对应储蓄率 s_2 的新的稳定状态。这个稳定状态与原来的稳态相比，有较高的资本存量水平和较高的产出。

反过来，如果一个经济的储蓄率下降，那么就会出现相反的变化，即这个经济稳定状态的资本存量和产出水平等都下降。因此索洛模型表明储蓄率是稳定状态资本存量的一个关键决定因素。如果储蓄率比较高，那么在长期中经济会有较高的资本存量水平和较高水平的产出。如果储蓄率较低，则经济会有较小的资本存量和较低水平的产出。

储蓄率对一个经济稳定状态的影响，说明了储蓄率的高低对经济增长速度的一方面影响。因为较高的储蓄率意味着较高的稳定状态，那么当一个经济的当前资本存量水平一定时，就意味着与稳定状态可能存在更大的差距，这样经济增长就会有较大的空间和速度。但较高的储蓄率导致较快的增长仅仅是暂时的。因为在长期中只要经济达到它的稳态，那么它就不会再继续增长。如果一个经济保持较高的储蓄率，它会保持较大的资本存量和较高的产出水平，但它无法保持较高的增长率，甚至无法保持增长。在模型的假设下，理论上除非增长率不断提高，否则人均意义上的经济增长是不可能长期持续的。

第二节　资本积累的黄金律

上一节分析了储蓄率和稳态资本存量及收入之间的关系，现在进一步讨论什么是最优的资本积累水平这个问题。在第四节中则将讨论政府的政策如何影响储蓄率，这里的分析可以看作是给这些政策提供理论根据。

首先假设政策制定者可以把储蓄率调控到任意水平。因此通过调控储蓄率，政策制定者可以得到任意资本存量的稳定状态。那么政策制定者会选择资本存量水平多高的稳定状态？是否资本存量水平越高越好呢？

一、黄金律

首先可以肯定的是，资本数量和产出不是人们追求的根本目标，人们进行经济活动要实现的根本目标是长期中的消费福利，即他们在长期中能够消费的产品和服务的数量。由于高产出很可能是以高储蓄、高投资为代价实现的，而高储蓄则会减少当前消费的数量，因此高产出有可能不仅不能导致更多的消费，反而会降低消费，因此消费福利与产出并不完全一致。因此，一个以人们的福利为根本目标的政策制定者，应该以尽可能提高人们的长期消费总水平为制定政策和选择稳定状态的标准。也就是说，一个好的政策制定者应该选择长期消费水平最高的稳定状态。长期消费总水平最高的稳定状态被称为资本积累的“黄金律水平”（Golden rule level），记为 k_g^*。

那么一个经济的黄金律稳态水平在哪里呢？怎么能判断出一个经济的稳定状态是否正好是黄金律水平呢？要得到这些问题的答案，必须先知道一个经济稳定状态的人均消费水平是由什么决定的，然后才能知道怎样的稳定状态是使消费最大化的。

为了找到稳定状态人均消费，我们从国民收入恒等式（3・8）$y=c+i$ 开始。把它写成：

$$c=y-i \tag{3・15}$$

即消费就是产出减去投资。要确定稳定状态的消费水平，只要把稳定状态的产出和投资代入上述方程。由于稳定状态的人均稳态产出为 $f(k^*)$，其中 k^* 是人均资本存量，而因为在稳定状态投资等于折旧 δk^*，因此可以用 $f(k^*)$ 代上式中的 y，用 δk^* 代 i，这样我们得到的稳定状态的人均消费为：

$$c^*=f(k^*)-\delta k^* \tag{3・16}$$

即稳定状态的消费是稳态产出和稳态折旧之差。这表明稳定状态资本水平的提高，对稳定状态的人均消费有两种对立的影响，它通过使产出增加提高消费，但同时又因为需要有更多的产出去替代折旧掉的资本而使消费减少，而最终稳定状态的消费究竟是提高了还是降低了则要看两者力度的相对大小。图 3・6 反映了稳定状态消费水平与稳定状态产出和稳定状态折旧之间的关系。该图表明存在一个资本积累水平，能够使得 $f(k^*)$ 和 δk^* 之间的距离，也就是稳定状态消费水平最大化。这个稳定状态资本存量水平当然就是前面定义的黄金律水平 k_g^*。

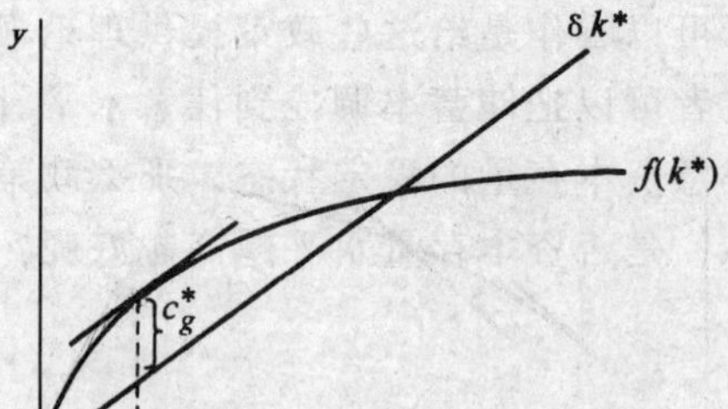

图 3・6　资本积累的黄金律水平

如果资本存量低于黄金律水平，资本存量增加所增加的产出比增加的折旧大，从而消费将会增加。在这种情况下，生产函数比 δk^* 线更陡，从而当资本存量增加时，等于消费的两条线之间的距离倾向于上升。这时候促使稳定状态资本水平上升是有益的，能够提高稳定状态的消费水平。相反，如果资本存量已经在黄金律水平之上，那么资本存量的增加则将会反过来减少稳定状态的人均消费，因为产出增加小于折旧增加。在这种情况下，应该降低稳定状态的资本水平。在资本的黄金律水平，生产函数和 δk^* 线的斜率相同，消费达到最大值，这是应该维持的最佳水平的稳定状态。

再用稍有不同的方法加以说明。假设一个经济初始的稳定状态资本存量水平为 k^*，而政策制定者正在考虑把稳定状态的资本存量提高到 k^*+1。那么增加的产出将是 $f(k^*+1)-f(k^*)$，这就是资本的边际产出 MP_K。由于再增加1个单位资本增加的折旧等于 δ，因此该额外单位资本对消费的净影响为 $MP_K-\delta$，即资本的边际产出减去折旧率。如果稳定状态资本存量低于黄金律水平，那么资本存量的增加会增加消费，因为资本的边际产出大于折旧率。如果资本存量超过黄金律水平，则资本的增加会减少消费，因为资本的边际产品低于折旧率。因此，黄金律的基本条件是：

$$MP_K=\delta \tag{3·17}$$

即在资本的黄金律稳态水平，资本的边际产出等于折旧率。换句话说，在黄金律水平，资本的边际产出减去折旧（$MP_K-\delta$）等于0。

需要注意的是，虽然一个经济会自动收敛于一个稳定状态，但并不会自动收敛到一个黄金律的稳定状态。事实上，要让一个经济有黄金律的稳定状态，要通过对储蓄率的选择，使稳定状态的资本存量水平正好是黄金律水平。图3·7就说明了只要选择储蓄率 s_g 使储蓄曲线 $s_gf(k^*)$ 与 δk^* 线相交于黄金律稳态资本存量，那么该经济的稳定状态一定是黄金律稳定状态。如果储蓄率高于这个水平，则稳态资本存量就会太高；如果储蓄率低于此水平，则稳态资本存量又会偏低，都不能实现长期消费的最大化。

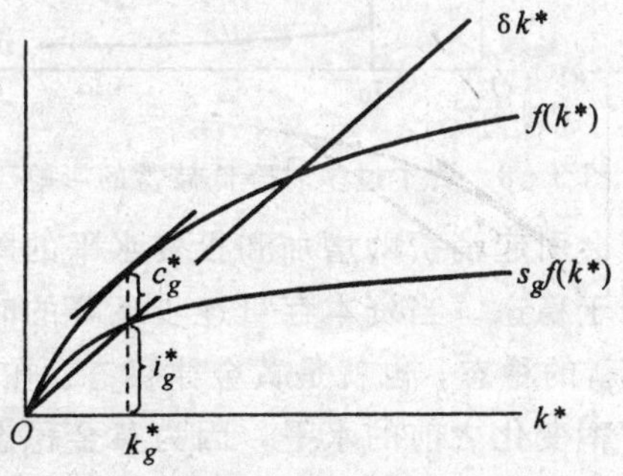

图3·7 通过储蓄率选择黄金律稳态

二、黄金稳态过程

到目前为止，我们一直简单化地假定政策制定者能够通过选择，直接得到想要的稳定状态。在这种情况下，政策制定者选择有最高消费水平的稳态，即黄金律稳态，是理所当然的。但事实上任何一个经济在政策制定者确定它的稳定状态目标的时候，可能已经达到了一个非黄金律的稳态，因此政策制定者要选择黄金律的稳态，意味着必须有一种稳定状态的“变换”。这种在稳态之间的变换很可能会对消费、投资等发生冲击和影响，这些冲击和影响是否会有什么特别的后果，是否会阻止政策制定者去尝试实现黄金律稳态，如果要使政策制定者的选择决策更符合实际，那么这些问题是必须加以讨论的。

需要考虑的有两种情况，一种情况是经济的初始稳态资本存量高于黄金律稳态，另一种是低于黄金律稳态。在这两种情况中，资本过少的第二种情况的问题更棘手，因为第一种情况实现黄金律稳态的手段是采取促进当前消费的政策，这通常阻力会较小一些；而后一种情况则迫使政策制定者必须考虑是否以减少当前消费为代价，提高储蓄率和将来的消费，因此必须对当前的消费利益和将来的消费利益进行评估和取舍。

我们先考虑一个经济的资本存量比它的黄金律稳定状态资本存量更多的情况。在这种情况下，政策制定者将采取降低储蓄率以降低稳态资本存量的政策。假设政策能够成功，储蓄率将在时刻 t_0 降到最终会实现黄金律稳态的水平。图 3·8 反映了当储蓄率下降的时候，对产出、消费和投资分别有什么影响。

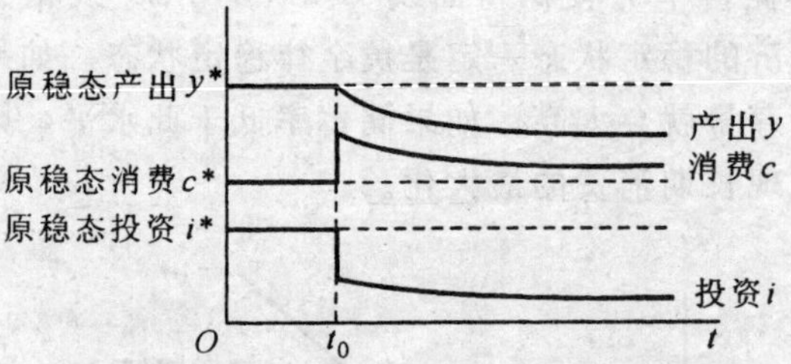

图 3·8 资本过多时降低储蓄的影响

储蓄率的下降立即会引起消费的增加和投资水平的降低。这样投资将低于折旧，因而经济不再处于稳态。当资本存量逐步下降的时候，产出、消费和投资都会逐步下降，直到新的稳态，也就是黄金律稳态。在这个黄金律稳态水平，消费水平肯定高于储蓄率变化之前的水平，因为黄金稳态的定义就是消费水平最高的稳态。而新稳态的产出和投资都比以前要低一些。

很重要的一点是，这种调整不仅在它最后完成后，消费水平得到了提高，而且在整个调整过程中也都高于原来水平。因此当资本存量超过黄金律水平时，采取减少储蓄的措施明显是一种好的政策，因为它会增加每个时点的消费。

但如果一个经济从低于黄金律稳态的资本水平开始，情况就有些不同了。这时候政策制定者必须提高储蓄率以达到黄金律稳态。图 3·9 表明将会发生什么情况。

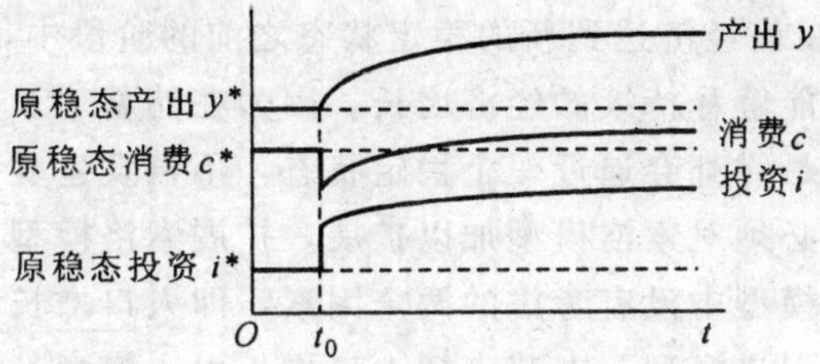

图 3·9 资本过少时提高储蓄的影响

储蓄率在时刻 t_0 的提高马上会引起消费的下降和投资的增加。在长期中，较高的投资将会使资本存量提高，产出和消费等都将相应逐步增加，最终逼近符合黄金律的新稳态水平。在新的黄金律的稳态水平的消费，同样也必然高于原来的稳态消费。

值得注意的是，上述储蓄率变化虽然最终也能够提高人们长期的消费水平，但却并不能保证这种政策是绝对值得肯定的，一定会得到支持和能够顺利实行的。原因是虽然黄金律稳态的消费水平高于当前储蓄水平相应的稳态消费，但要通过提高储蓄率使稳定状态从当前水平调整到黄金律水平，在这种调整的开始阶段消费会下降。这与在任何时点都产生较高的消费的从高于黄金律的稳态开始的情况有很大的差别。这时候政策制定者必须在当前的消费和未来的消费之间进行选择，必须决定是否以牺牲当前的消费为代价追求将来的更多消费。

这种选择和决策是有相当困难的，因为人们通常对当前和将来的消费有不同的评价，对当前的消费要更加重视一些，但究竟这种差别有多大却很难判断，而且当前消费和将来消费之间的选择，常常涉及到不同代人的利益，意味着是否以牺牲当代人的消费利益为代价，提高后代的消费利益。如果政策制定者对当前利益和当代人的利益更关心，就不会采取实现黄金律稳态的政策。而看重长远利益和对各代人的利益一视同仁的政策制定者，则会选择实现黄金律稳态的政策。因此，最优资本积累取决于我们对当代人和后代利益重视的相对程度。

现实的情况是，由于短视和对当前利益的偏爱，以及政治方面的考虑等，政策制定者通常不会选择与实现黄金律稳定状态相完全一致的政策，实际所采取的政策与实现黄金律稳态的要求总是有偏离的。

第三节 人口增长与技术进步

基本的索洛模型表明，高储蓄和高投资率能提高一个经济的稳定状态资本和产出水平，在原来资本水平较低（低于黄金律稳态水平）时也能够提高长期中的消费，并能够在该经济达到新的稳定状态之前的阶段中，促进经济增长，但资本积累本身却不能解释持续的经济增长。因为在储蓄率及其他条件不变的情况下，投资和产出最终都会逼近一个稳定状态，不再发生变化。因此，要解释持续的经济增长就必须对索洛模型加以扩展。扩展索洛模型以解释持续经济增长的方法是将索洛模型中没有考虑的两个因素，即人口增长（也意味着劳动力增加）和技术进步引进模型。本节先把人口增长引入模型，即不再像在前两节中那样假设人口固定不变，而是假设人口和劳动力以固定速率 n 增长。

一、人口增长的影响

首先我们分析一下人口的增长对一个经济的稳态有什么影响。为了回答这个问题，首先分析一下人口的增长与投资和折旧一起，是如何影响人均资本积累的。正如早已知道的，投资会提高资本存量，而折旧则会减少它。现在有第三种力量也对人均资本产生影响，那就是人口或劳动力数量的增长，它会导致人均资本的下降。

我们仍然用小写字母代表人均数量。因此 $y=Y/L$ 代表人均产出，而 $k=K/L$ 表示人均资本，但现在必须记住，这个劳动力数量 L 不再是固定不变的，而是不断增长的。因此，现在人均资本的变化为：

$$\Delta k=i-(\delta+n)k \tag{3·18}$$

该方程表明新投资、折旧和人口增长是如何影响人均资本存量的。新投资会提高 k，同时折旧和人口增长则在降低 k。以前的人均资本变化公式是这个方程在人口不变，即 $n=0$ 情况下的特例。

我们可以把 $(\delta+n)k$ 项看作是一种“平衡投资”，即在存在折旧和人口增长的情况下，为了保持人均资本不变必需追加的投资。平衡投资包括对现有资本的折旧 δk 的弥补，还包括给新劳动力配备资本的投资，必需的数量是 nk，即 n 个新劳动力每人 k 单位资本。该方程表明人口增长在降低人均资本积累方面的影响是与资本折旧相似的，只是折旧是通过资本的折损降低 k，而人口增长则是通过资本存量在一个更大的人口中摊薄而降低 k。

用 $sf(k)$ 代替人均资本变化方程中的投资 i，则方程可以写成：

$$\Delta k=sf(k)-(\delta+n)k \tag{3·19}$$

与图 3·4 一样，可以在图 3·10 中画出储蓄曲线，再画出包括折旧和人口增长因素的平衡投资线，就能够得到考虑了人口增长因素的模型的 $\Delta k=0$ 的稳定状态，图 3·10 中的 k^* 就是这个稳定状态的人均资本水平。

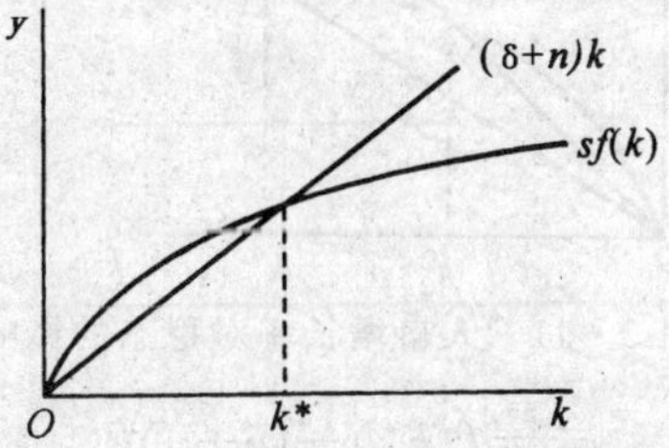

图 3·10　有人口增长时的稳态

如果资本存量 k 小于 k^*，新增投资大于平衡投资，因而 k 会上升；如果 k 大于 k^*，投资小于平衡投资，k 就会下降；当 k 正好等于稳态水平时，新增投资对人均资本存量的正效应，正好与折旧和人口增长的负效应相平衡，k 将保持不变，即 $i^*=\delta k^*+nk^*$，$\Delta k=0$。一旦经济处于稳态，投资只有两个目的，一部分（δk^*）置换折旧掉的资本，其余的（nk^*）给新劳动力提供稳态水平的人均资本。

人口增长在三个方面改变了基本的索洛模型。首先它使得我们离对持续增长的解释接近了一些。因为在有人口增长的稳态，虽然人均资本和产出不变，但由于劳动力的数量以速率 n 增长，因此总资本和总产出也会以速率 n 增长，人口增长虽然不能解释生活水平意义上的持续增长，因为在稳态人均产出没有变化，但至少能解释在总产出意义上的持续增长。

其次把人口增长引进索洛模型，为我们提供了关于为什么有些国家富裕而另一些国家则很贫穷的一种解释。我们用图 3·11 来加以说明。如果假设两个国家在经济各方面的条件基本相同，但两国的人口增长率分别为 n_1 和 n_2，且 $n_1<n_2$。那么这两个国家的稳定状态人均资本将分别是 k_1^* 和 k_2^*，很明显有较高人口增长率的国家的稳定状态人均资本 k_2^* 较低。由于 $y^*=f(k^*)$是 k^* 的增函数，因此人口增长率较高国家的稳定状态人均产出 y^* 也较低。这就是说，在其他条件都相同的情况下，长期中人口增长率较高的国家的人均 GDP 水平较低，从而生活水平也会较低。这就说明人口增长率的不同很可能是不同国家富裕程度差别的重要原因。

最后，引进人口增长率会改变决定资本积累黄金律水平的公式。人均消费为：

$$c=y-i \qquad (3\cdot 20)$$

把引进人口增长因素的稳态产出 $f(k^*)$、稳态投资$(\delta+n)k^*$代入上式，得到有人口增长的稳态消费为：

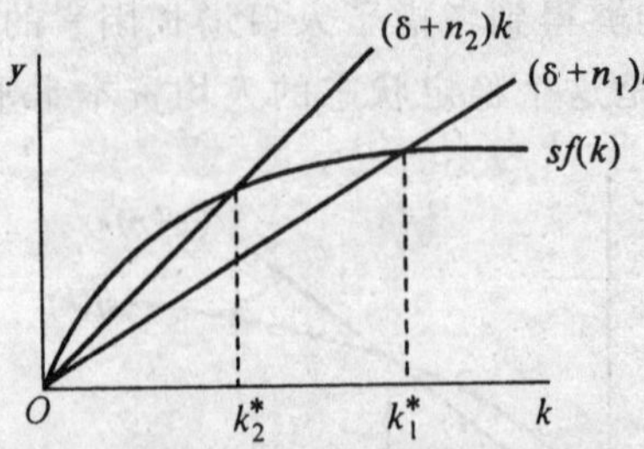

图 3·11　人口增长率对稳态的影响

$$c^*=f(k^*)-(\delta+n)k^* \qquad (3\cdot21)$$

因此能够使稳定状态消费最大化的稳定状态资本水平 k^*，必须满足：

$$MP_K=\delta+n \qquad (3\cdot22)$$

也就是说在黄金律稳定状态，资本的边际产出应该等于折旧率加上人口增长率。

二、技术进步和劳动效率

到目前为止，一直是在仅有资本和劳动两种投入要素，以及生产技术和劳动效率因素是不变的前提下进行讨论的。事实上，这与现实情况之间显然是有差距的，而且排斥技术进步也使得无法解释人均意义上的持续经济增长。现在把技术进步因素结合进索洛模型。

为了引进技术进步，我们回到把总资本、总劳动力和总产出联系在一起的生产函数。到目前为止使用的生产函数都是如（3·1）式的：

$$Y=F(K,L)$$

为了让技术进步在生产函数中反映出来，我们把生产函数写成：

$$Y=F(K,L\cdot E) \qquad (3\cdot23)$$

其中 E 是能够反映或涵盖技术进步的“劳动效率”（Efficiency of labor）变量。该变量反映了一个经济随着生产技术的改进，以及健康、教育或劳动力技能的改善，劳动效率的提高。生产函数中的 $L\cdot E$ 项可以看作是用“效率单位”（Efficiency units）衡量的劳动数量，它考虑进了劳动力的数量 L 和每个劳动力的效率 E。这个新的生产函数表明，总产出 Y 取决于资本单位数 K 和劳动效率单位数 $L\cdot E$ 两个因素。

在有了上述铺垫以后，技术进步可以用劳动效率变量 E 的增长来反映，最简单的是假设技术进步使 E 以一个固定速率 g 增长。如 $g=0.02$，即每个单位劳动力的效率都提高 2%。这种形式的技术进步被称为“劳动增大型”（Labor augmenting），g 则称为“劳动增大技术进步速率”。由于劳动力 L 以速率 n 增长，而每单位劳动力的效率以速率 g 提高，因此劳动力效率单位数 $L\cdot E$ 以速率 $(n+g)$ 增长。

三、有技术进步的稳定状态

用对劳动的“放大”理解技术进步，技术进步的作用就与人口增长很相似了。我们已经讨论过在人口，即劳动力数量随时间增长时经济的稳定状态条件下，人均意义上的资本和产出增长问题。为了把技术进步因素考虑进来，进一步在每劳动力效率单位的意义上，在允许劳动力效率单位数量增长的情况下进行分析。

首先对变量的代数符号进行重新安排，现在 $k=K/(L\cdot E)$，是每劳动力效率单位资本，而不是人均资本；$y=Y/(L\cdot E)$则是每劳动力效率单位的产出，而不是人均产出。原来意义上的 k 和 y 则可以看作劳动力的效率 E 不变且等于 1 时的特例。当 k 和 y 的意义重新定义过以后，有技术进步的生产函数就仍然可以写成：

$$y=f(k) \qquad (3\cdot 24)$$

的形式。不过当确实存在技术进步和劳动力效率提高的时候，必须记住 k 和 y 现在指每劳动力效率单位的数量，而不再是以前的人均数量。

分析的次序仍然与讨论人口增长时一样。现在每劳动力效率单位资本 k 的变化规律为：

$$\Delta k=sf(k)-(\delta+n+g)k \qquad (3\cdot 25)$$

其中新增加的技术进步速率 g 与资本存量 k 乘积一项，是为了补偿技术进步引起的劳动力效率单位的增加，没有这一项，当其他因素不变时，每劳动力效率单位拥有的资本数量会随着技术进步而下降。正如图 3·12 所反映的，当我们对 k 和 y 重新定义过以后，引进技术进步因素，在形式上对一个经济的稳定状态等并不会产生影响，图 3·12 与没有技术进步的图 3·10 之间的差别，只是平衡投资线中多了一个因素 gk。图 3·12 表明在有技术进步时经济同样存在一个资本水平 k^*，在此处资本存量具有稳定性，即这个经济的稳定状态，该稳定状态同样代表经济的长期均衡。

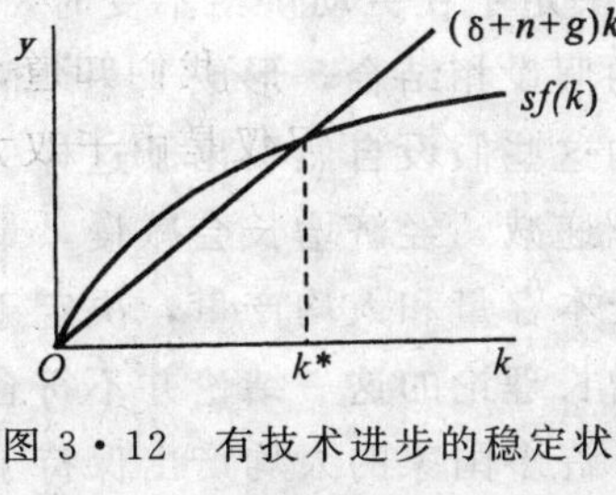

图 3·12　有技术进步的稳定状态

但实际上图 3·12 与图 3·10 所对应的经济之间的差别，并不只有表面上的那么少，因为现在模型中的资本和产出都是每劳动力效率单位意义上的平均数量，而不是原来的人均数量。因此在有技术进步的索洛模型中，虽然在稳定状态每效率单位的资本 $k=K/(L\cdot E)$ 和产出 $y=Y/(L\cdot E)$ 都不变，但人均产出 $Y/L=y\cdot E$ 和总产出 $Y=y\cdot E\cdot L$ 却分别以 g 和 $n+g$ 的速率增长。因此在加进技术进步以后，索洛模型终于能够解释我们所观察到的生活水平意义上的持续增长了，即技术进步能够导致人均产出的持续增长。

由于提高储蓄率只能实现在到达稳态之前的短期中的增长，而不是可长期持续的高增长率，而人口的增长则对人均意义上的增长没有意义，因此索洛模型表明，只有技术进步是一个经济长期持续增长的源泉，能够推动产出和生活水平的不断上升。

引进技术进步因素同样也会改变确定黄金律稳定状态的公式。资本积累的黄金律水平现在是最大化每劳动力效率单位消费的水平。很容易证明每劳动力效率单位的稳定状态消费为

$$c^*=f(k^*)-(\delta+n+g)k^* \tag{3·26}$$

因此稳定状态消费实现最大化的条件是：

$$MP_K=\delta+n+g \tag{3·27}$$

也就是说，在资本积累的黄金律水平，资本的边际净产出（$MP_K-\delta$），应该等于总产出的增长率（$n+g$）。由于现实经济既有人口的增长，也有技术进步，因此这是判断各个国家的资本存量高于还是低于黄金律稳态水平的更加现实的标准。

第四节 经济增长理论的深化

一、索洛模型的缺陷

以索洛增长模型为代表的新古典经济增长理论是现代经济增长理论的基础。索洛模型描述了一个完全竞争的经济，物质资本和劳动投入的增长引起产出的增长。新古典生产函数决定了在劳动供给不变时，资本的边际收益递减。这一生产函数与储蓄率不变的假设相结合，形成了一个简单的一般均衡模型。

新古典经济增长模型的这些假设自然引出了这样一些推论：首先，当资本存量增长时，由于边际报酬递减，经济增长会减慢，最终经济增长将停止。在索洛模型中，稳态的人均资本存量和人均产量，决定于储蓄率、人口增长率和生产函数等因素。新古典增长理论的这一结论并不符合世界各国经济增长的现实。在过去的 100 多年间，许多国家的人均产出保持了正的增长率，增长率并没有长期下降的趋势。对于 16 个统计数据比较完整的发达国家，经济增长率在 1970 年以来确实有所下降，但是近代的经济增长率仍明显地高于 1870 年以后

早期的经济增长率。这一事实与理论的矛盾促使经济学家以假定外生的技术进步弥补基本索洛模型的缺陷。这种方法能用以说明长期的正的人均产出增长率，但并不能帮助新古典经济增长理论家摆脱困境，因为这意味着经济增长的主要动力来自于增长理论研究的范围之外，增长模型不能解释经济的持续增长。

新古典经济增长理论的另一个主要结论是穷国应该比富国增长更快，因为穷国的人均资本存量较低，每单位新增投资能得到较高的报酬率。然而根据118个国家在1960—1985年期间的统计数据，在1960年时较穷的国家并没有显示较高的经济增长率。实际情况是，穷国的经济增长往往更缓慢。

二、新经济增长理论

索洛模型在解释现实经济增长过程中之所以会出现一些问题，关键在于模型中储蓄率、人口增长率、资本折旧率和技术进步都是外生变量。资本折旧率是外生常数容易理解，因为资本折旧速度不容易人为控制，不同经济的资本折旧率不会有明显差距。储蓄率、人口增长率和技术进步是由人们的行为决定的，也是可以通过政策等加以影响的，在不同的经济中其水平很不相同。因此当新古典增长模型不能很好解释增长时，我们自然就会想将储蓄率、人口增长率和技术进步等重要参数作为内生变量来考虑，从而可以由模型的内部来决定经济的长期增长率，这些模型被称作内生经济增长模型。这种以内生经济增长为主要特征的新经济增长理论的诞生，标志着现代经济增长理论进入了一个新的发展阶段。

由于经济增长可以分为由资本或劳动等要素增长推动的和由技术进步推动的两种类型，因此内生经济增长也可以分为“要素投入的内生增长”和“技术进步的内生增长”两种类型。

各种生产要素的增长是经济增长的源泉之一。经济增长理论中考虑的生产要素主要是资本和劳动，因此内生要素增长推动的内生经济增长包括资本投入内生决定的增长和劳动供给内生决定的增长。一个经济的内生资本增长依靠自身的资本积累，而储蓄率是决定资本积累的关键变量。要将储蓄率作为内生变量引入增长模型，就须考察家庭的消费行为，因为储蓄率取决于家庭在消费与储蓄之间的选择。家庭的跨时期最优消费选择模型是内生储蓄率经济增长理论的核心模型。一个经济的劳动供给取决于人口增长率、移民和人们对工作和闲暇的选择，因此居民对生育、移民和工作时间的选择，是从劳动供给内生决定的角度考察内生经济增长的模型。

经济增长除了依靠要素的增长以外，就是靠生产率的提高，而生产率的提高主要依靠技术进步。当一个经济的技术进步速度和路径由这个经济中家庭、企业的行为决定而不是外生决定的常数，这种技术进步就被称为“内生技术进步”。将技术进步内生化的方法很多，归结起来有以下四类内生技术进步增长模型：

1．报酬递增（Increasing returns）的生产函数

通过选择具有要素报酬递增性质的生产函数，可以解释内生经济增长的存在性和原因。罗默（Paul Romer）在他1986年的《收益递增与长期增长》一文中认为，企业通过投资增加资本存量的行为提高了知识的水平，知识是非竞争性的，具有外部效应，这种效应不仅使其自身形成收益递增，而且也使物质资本和劳动等其他投入要素也具有收益递增的特性，而这种收益递增会导致经济的长期增长。

2．人力资本（Human capital）

卢卡斯（Lucas）在《论经济发展机制》一文中，用人力资本解释了长期经济增长。人力资本不同于一般的知识，是关于“特定人的知识或一个民族的特殊的文化”；人力资本也不同于劳动力，必须通过教育和培训成本等的投入才能形成。人力资本可以相互传递，其结果不仅提高了投资者本身的生产率，而且也增加了劳动与物质资本的生产率，从而形成了生产的收益递增。拥有大量人力资本的国家会取得较快的经济增长速度，人力资本水平低下则是不发达国家经济增长缓慢的重要原因之一。

3．干中学（Learning by doing）

干中学模型强调从事生产的过程也是获得知识的学习过程。生产过程中积累了资本品同时也积累了更多的知识，因为新生产的资本品所含的技术水平在提高。干中学积累起来的经验使劳动力和固定资产的效率在生产过程中都有所提高，这就是所谓的知识的溢出效应（Spillover effect）。技术水平随着资本水平的提高而提高，学习参数的提高会促使长期增长率的提高，干中学模型以此来解释经济的长期增长。

4．创新（Innovation）

创新是企业投资进行研究开发（*R&D*）的成果。根据创新产品的类型不同，创新可以分为中间品创新和消费品创新。当创新产品为中间品时，创新表现为中间品品种的增加和质量的上升，实际上意味着消费品生产率的提高。生产率的提高保证了在中间品投入总量不变的情况下消费品总量的上升，从而产生了经济增长。当创新产品为消费品时，在消费总支出不变的情况下创新表现为消费品品种的增加或质量的上升，可以提高消费者的效用，这样经济增长就表现为福利的增加。

三、促进经济增长的政策

在对各种经济增长因素的作用作了理论分析以后，就可以回过头来讨论一

些与促进经济增长有关的政策问题。这可以看作是对经济增长模型的应用。

1. 储蓄率政策

我们讨论的第一个问题是储蓄率的政策问题，包括一个国家应该增加储蓄还是减少储蓄，以及通过怎样的政策去影响储蓄率。

索洛模型解释了储蓄率是怎样影响、决定一个经济的稳定状态资本和产出水平，以及短期中的经济增长情况的，并论证了对一个经济肯定有一个特定的储蓄率，对应长期人均消费最大化的黄金律稳定状态。这至少可以从一个方面帮助我们评估当前储蓄率的高低。也就是说，如果一个国家的经济政策目标是最大化长期消费水平，那么就可以根据实现黄金律稳定状态的标准来判断储蓄率的高低。具体方法就是将资本的净边际回报（$MP_K-\delta$），与人口和技术增长率之和（$n+g$）进行比较，如果（$MP_K-\delta$）$>$（$n+g$），那么意味着储蓄率低于黄金律稳定状态的要求，应该提高储蓄率；反过来如果（$MP_K-\delta$）$<$（$n+g$），就说明储蓄率过高了，应该降低储蓄率。这种比较的前提是对资本的边际产出、折旧率、人口增长率和技术进步率作出估计。

需要注意的是，国家的经济政策并不一定以实现黄金律稳定状态为目标，而是可以有更“短视”、实际的追求较高当前产出和增长率的目标。因为一方面实现黄金律稳态意味着只把长期人均消费的最大化作为惟一目标，既不考虑收入分配，也不考虑当前消费和未来消费，以及当代人消费和后代人消费之间的差异，这显然是不完全符合现实的。另一方面，当前的增长意味着实现收入、就业及政治稳定等多方面的目标。因此，即使有些国家的储蓄率已经高于黄金律稳定状态的要求，也往往不会采取降低储蓄率来减少资本积累的政策。也就是说，评估储蓄率的高低还有另一种以经济增长及其背后的动机本身为目标的标准。

如果一个国家要通过经济政策影响国民储蓄率，那么有两个主要途径，一个是增加公共储蓄，二是鼓励私人储蓄。公共储蓄就是政府收入和政府支出之间的差额。如果政府花费的少于它的收入，那么它就有财政盈余，这就是公共储蓄，它会减少一些国家债务和促进投资。如果政府花费的多于它的收入，那么它就有一个预算赤字，这就是负的储蓄。预算赤字会挤出投资，导致的资本存量减少是留给后代的国家债务负担。公共储蓄是由国家政策直接控制的，因此理论上更容易调控，但实际上它也受到各方面力量的影响和制约，自由化有很大限制。

许多政府政策能够提高或降低私人储蓄和投资的回报率，因此都会影响私人储蓄和投资的水平。如改变存款利率、提高或降低资本收益的税率等，都会增加或减少储蓄的实际回报率，因此都会促进或者抑制储蓄。当然对各种政策手段实际效果的准确测算，特别是预测是很不容易的，这正是不同国家采取不同政策和人们对不同政策有偏好和分歧的原因。

值得重申的一点是，通过提高储蓄率的方法促进经济增长，效果只是短期的，在长期中由于经济最终会进入一个稳定状态，由储蓄率政策导致的经济增长最终将会消失。要实现长期可持续的经济增长，必须从另外的方面想办法。实现人均意义上的持续增长的根本方法是技术进步，不断提高生产效率。下面就讨论这方面的政策问题。

2. 技术政策和人力资本

技术进步对长期经济增长的作用越来越为人们所重视。其中对技术进步的理解是能够提高生产劳动效率，使得单位劳动效率“增大”，技术、组织和管理得以改进和变革等。各国政府在促进和推动技术进步的愿望和态度方面，比促进储蓄方面要更加一致，大多数政府都是计划刺激技术进步的。

大多数国家的推动技术进步的政策包括致力于鼓励私人部门把资源投入技术性的发明。例如建立专利保护制度给新产品的发明者一定时间的垄断权。采取特殊税收制度给从事研究与开发的企业税收方面的减免优惠。对从事高新技术产业开发生产的企业发展，更是从多方面提供优惠和保护。政府还会直接投资从事各种重要的基础理论和基本技术研究，对高等学校等的基础性科研活动提供补贴，鼓励技术的引进工作等。

索洛模型并没有对技术进步的原因和机制进行分析，只是把技术进步作为一种外生的因素，但新经济增长理论讨论了技术进步本身的机制和规律，并把技术进步作为内生变量引进了增长模型。例如有些增长理论把技术进步与投资和资本积累联系起来，认为技术进步是某些投资和生产活动的正的“外部性”，如在投资生产过程中产生的生产方式改进等。索洛模型也没有区分物质资本的具体类型，但事实上不同类型或不同行业的资本或投资，对技术进步的作用是有差异的。从技术进步的角度，应该特别鼓励那些对技术进步有特别推动作用的投资和行业。

实际上，不同类型的资本除了在促进技术进步方面作用有差别以外，本身的边际产出之间也有差别，试图刺激经济增长的政策制定者，必须考虑最需要什么种类资本的问题。当然，政策制定者通常可以依赖市场来选择投资方向，因为具有最高资本边际产出的产业会更愿意以市场利率吸收资金。但政府还是应该积极鼓励特定类型的投资，因为某些类型的资本可能比其他类型有更大的外部性，但这些对整个经济有利的外部性对投资者本身却可能没有效益，没有政府政策的特别扶持，这些资本的投资和发展就会受阻。这显然是对整个社会不利的。但这种“技术政策”的实行，需要政府能够科学衡量各种经济活动的外部性，而这却是相当困难的。这正是政府的产业政策和技术政策的实行有很大难度和分歧，并且往往效果不佳的原因。

政府在公共投资方面的决策选择也有相似的问题，因为衡量公共资本的边际产出比衡量私人资本的收益率要更加困难。因此一个政府在公共资本方面应该投资多少，应该增加还是减少投资，投资在什么上，常常是很难得到确定的答案或共识的。

此外，索洛模型只考虑了物质资本，而没有考虑经济中的另外一种重要资本，那就是通过教育和训练等获得的知识和技能，也就是所谓的“人力资本”。事实上，人力资本在经济增长中是有极其重要的价值和地位的。人力资本在许多方面与物质资本是类似的，人力资本也能够提高我们生产产品和服务的能力，获得和提高人力资本也需要进行投资，投资于教师、图书馆和学习时间等方面。人力资本在经济增长方面的作用至少与物质资本一样重要。从提高生产效率的角度，人力资本与技术进步又是类似的，它甚至也可以被看作是对劳动力的一种“增大”作用。因此人力资本对于实现一个国家的长期持续增长，同样具有非常重要的价值。对文化教育事业的投资，对其他有利于人力资本积累和发展的活动的鼓励，应该在一个国家的增长政策中有重要的地位。

本章小结

索洛模型为研究经济增长提供了一个很好的分析框架。索洛模型以资本积累和新古典生产函数为核心，对资本积累、劳动力增长、技术进步的相互作用，以及它们对产出、增长和消费的作用，以及储蓄率变化、人口增长和技术进步等对经济增长的作用进行了分析。索洛模型相当简洁明了，对理解一个经济生产的动态循环过程和经济增长的相关机制非常有用。

但索洛模型仅仅是一个开始，由于该模型对实际经济作了多方面的简化，只讨论了单一产品、单一资本、外生的储蓄率、外生和单一类型的技术进步，与复杂的现实经济之间是有不少差别的，所以它对于理解复杂的现实经济增长问题，作用是有很大局限的。因此，其他学者已经对索洛模型作了许多的改进和扩展，许多新的增长理论把索洛模型的某些外生变量，如储蓄率、技术进步和人口增长率等都转变为内生变量，讨论它们决定和变化的机制，并考虑多种形式的生产函数，引进人力资本因素，考虑更加复杂的经济环境等。增长理论的这些发展，使得经济增长理论与现实经济之间的吻合程度更高，对现实经济增长问题的解释能力增强，在指导各个国家经济增长的实践方面起了很好的作用。

复习思考题

1. 什么是资本积累的黄金律?长期消费总水平最大化的条件是什么?

2. 在索洛模型中，储蓄率是如何影响稳定状态收入水平，以及稳定状态增长率的?

3. 一个政策制定者调控经济，实现资本积累的黄金律水平的主要手段有哪些?政策制定者一般都希望实现黄金律稳态吗?为什么?

4. 在索洛模型中，人口增长率对一个经济稳定状态的收入水平，以及一个经济的增长率有什么影响？

5．在索洛模型中，技术进步是如何影响资本积累的稳定状态的？技术进步对经济增长的影响如何？

6．为什么说技术进步是长期中人均产出持续增长的唯一源泉？

7．设一个国家的总量生产函数是：

$$y=\sqrt{k}$$

其中 y 和 k 分别指人均产出和人均资本。如果储蓄率为28%，人口增长率为1%，技术进步速率2%，折旧率为4%，该国稳定状态的产出是多少？如果储蓄率下降到10%，而人口增长率上升到4%，其他不变，那么该国新的稳定状态产出是多少？

8．在索洛模型中，人口增长会导致总产出的增长但不会导致人均产出的增长。如果生产函数具有规模报酬递增或递减的性质，这个结论还成立吗？为什么？

第四章

失　业

在第二章里介绍了一个最简单的宏观经济长期均衡模型。在模型里，我们假定在一个封闭的非货币经济中，资本存量、劳动力和技术都是不变的，并且劳动力全部被雇佣，不存在失业现象。这一假定只是为了简化分析，而现实的宏观经济运行相当复杂，上述前提往往是不能满足的。在这一章里，我们就来考察劳动力资源闲置的情况。

失业问题一直是宏观政策制定者和公众关注的焦点。对整个社会而言，失业意味着人力资源的浪费，如果能够充分利用这部分生产要素，全社会的产出水平能得以提高。对失业者个人而言，失业意味着生活质量的下降，因此失业也是一个重要的社会问题。降低失业率一直以来都是宏观政策的主要目标之一。

本章主要讨论古典学派的失业理论。第一节首先分析失业的类型并介绍自然失业率概念。第二节讨论宏观经济处于一般均衡时的失业情况。在第三节中，我们从劳动力市场功能发生障碍角度来分析失业产生的原因。第四节对失业的治理作一初步的探讨。

第一节　失业的类型和自然失业率

一、失业的类型

根据对失业产生原因的不同解释，失业又可以分成两大类：古典失业和凯恩斯失业。

古典失业是与古典学派理论相联系的。在古典学派理论里，失业实际上是劳动力市场上供求不相等的结果。供求失衡的关键在于劳动力市场上的工资率不是在市场出清的水平上。当实际工资水平过高时，劳动力市场供给就会大于需求，就会出现失业现象。如果劳动力市场上工资水平可以充分变动的话，当失业存在时，工资水平可以不断下调，使得劳动需求不断增加，失业现象最终能得到清除，因此劳动市场的价格机制总是能使整个社会达到充分就业的水平。因此，在古典模型，只要工资具备充分伸缩性，失业只可能是摩擦性失业和结构性失业。但是，如果工资水平不能充分调整，比如政府最低工资法规定了工资的下限等，这时失业就不可避免了。在古典失业理论中，失业的持续存在，一定是劳动工资下降受到了市场以外的其他障碍，而只要让劳动市场充分发挥作用，大规模的失业就不可能存在。

凯恩斯失业理论的产生与1929—1933年的经济大萧条密切相关。在经济的全面萧条期，社会总需求急剧萎缩，失业人数高度膨胀，工资水平一降再降，却对缓解失业问题无济于事。凯恩斯认为，失业的增加是因为产品市场上的总需求的下降而引起的，产品市场的过度供给导致了劳动力市场的过度供给。这种由于有效需求不足而引起的失业被称为凯恩斯失业。如果出现凯恩斯失业状态，劳动市场的价格机制就可能失灵。这是因为在总需求不足的情况下，产品市场上供大于求的现象不可能消除，而由于对劳动力需求是对产品需求所引致的需求，劳动力市场上供大于求的现象也不可能消除。而要恢复到充分就业，必须提高总的有效需求，只有当产品市场供大于求状态消失后，劳动力市场的供求关系才有可能趋于一致，从而实现充分就业。在凯恩斯看来，引起失业的根本原因是周期性的经济萧条，因此凯恩斯失业也称为周期性失业。周期性失业问题将留在本书的第二篇中进行讨论，在本章的以后分析中，均不考虑周期性失业问题。

二、自然失业率

在排除了经济周期的影响以后，每个经济仍然总会存在一定比例的失业人口，近年来这一比例还有上升的趋势。即使是经济繁荣时期，这部分失业仍难以消除，因此一般认为，这些失业人口是在经济的动态变动过程中不可避免的。弗里德曼在《货币政策的作用》一文中把这种失业称之为自然失业，自然失业对总劳动力的比率被称为自然失业率。自然失业率是在一个给定的一般均衡的经济结构中，不断重复出现的具有收敛点的失业率。也就是说无论经济如何波动，自然失业率一般被认为是社会难以清除的。这种失业率的存在和大小与劳动力市场结构、信息完备程度、劳动力转移成本等多种因素有关，而与市场经济运行本身无关。

从长期来讲，失业率最终会回到自然失业率的水平，因此在近年来国外失业理论文献中，自然失业率是一个更为重要的概念。动态地看，失业率的决定是两种自然力量共同作用的结果：一方面部分失业人口经过一段时期以后能重新找到工作；另一方面，就业人口中又会不断游离出新的失业人口。这里，我们用一个简单的动态模型来讨论自然失业率的决定。

我们用 L 表示劳动人口，E 表示就业人数，U 表示失业人数，它们三者之间的关系如下：

$$L=E+U \tag{4·1}$$

失业率可以用 U/L 来表示。

为了考察动态系统中自然失业率的决定因素，假定经济处于长期均衡状态，劳动力人口数保持不变。因此就业人口中游离出来的人口数应该等于失业人口中重新找到工作的人数，可以将其表示为：

$$fU=sE \tag{4·2}$$

其中 f 表示失业人口中重新就业的比率，s 表示就业人口中离职的比率。假定 f 和 s 都是常数，利用式（4·1），可以改写成（4·2），得到：

$$fU=s(L-U) \tag{4·3}$$

根据(4·3)式，求解 U，得：

$$U=sL/(s+f) \tag{4·4}$$

因此失业率由下式决定：

$$U/L=s/(s+f) \tag{4·5}$$

这一等式表明，经济处于长期均衡时的失业率由失业人口重新就业比率 f 和就业人口离职比率 s 共同决定。离职比率越高，失业率就会越高；重新就业率越高，失业率越低。

表 4·1 给出了 1988 年一些国家的重新就业比率和离职比率以及失业率的数据。我们发现，重新就业比率大大高于离职比率，几乎所有的国家重新就业人口数都要大大高于失业人数。

表 4·1 1988 年部分国家的失业率（%）

国家	流入率（s）	流出率（f）	失业率
美国	2.61	45.7	5.4
澳大利亚	1.35	18.2	6.9
加拿大	2.57	30.8	7.7
法国	0.63	5.7	10.0
德国	0.42	6.3	6.2
日本	0.44	17.2	2.5
西班牙	0.31	1.3	19.1
瑞典	0.49	30.4	1.6
英国	0.88	9.5	8.5

资料来源：Daniel S. Hamermesh & Albert Rees "The Economics of Work and Pay", fifth edition, p273.

这一简单的自然失业率决定模型有着非常直观但同时很重要的政策含义。为了实现降低失业率的政策目标，就应努力使重新就业率提高，并使离职率降低。比如说劳动力市场服务体系的完善，使失业者能更容易地找到新工作，就能使失业率降低。

尽管这一模型通过对失业人口的动态分析，决定了自然失业率，但是它并没有解释最初的失业人口从何而来。并且模型中假定了失业人口不能马上找到工作，却并未解释其原因。在下面就要从理论上进一步探讨失业的原因，其中既有劳动力市场以外的技术因素和制度因素影响产生了摩擦性失业和结构性失业，又有劳动力市场发挥作用的功能受到某种障碍导致工资刚性进而引起的失业。

第二节 摩擦性失业和结构性失业

一、基本概念

在导言中，已经介绍了摩擦性失业和结构性失业的概念，现在再作进一步讨论。我们知道，失业是一个动态的概念，经济中总有一部分劳动力处于不断退出和进入失业队伍的状态。当一部分人正在进入工作岗位而另一部分人从工作岗位下来而没有找到相应工作时，他们就处于失业状态，即使在经济繁荣期，这种状况也不会改变。因此一个经济在任一时点上总会有一定水平的失业率，这种自然失业率的形成与某种摩擦性因素和结构性因素有关。

就整个劳动力市场而言，空缺的岗位和失业并存，但是由于信息的不通畅或者劳动者与岗位的匹配需要时间等诸多因素的作用，社会中总是有一些人处于失业状态，这部分失业人口称为摩擦性失业。产生摩擦性失业的原因是寻找工作需要成本。在一个处在长期均衡状态的经济中，岗位的空缺和失业会达到一种动态的平衡，而如果劳动者一旦失业就能发现和找到相应的空缺岗位，摩擦性失业率就等于零。但事实上，劳动者并不可能了解所有空缺岗位的信息，因为获得信息需要时间和成本，如买报看招聘广告、打电话询问、应聘的交通费用等。尽管在网络经济高度发达的今天，搜寻工作岗位信息的成本可以降到最低限度，但上网仍然需要时间和费用，联系工作也需要花费代价和精力，这些都构成了寻找工作的成本。并且，在现实生活中，雇主一般不可能就把工作给第一个求职的人，而求职的人也不大可能只寻找一次工作，双方都有可能认为“最好的在最后”，因而需要经历反复的考察和搜寻，一直到雇主认为他找到了满意的雇员而求职者认为他找到了满意的工作为止，因此岗位空缺与劳动者相匹配也需要时间和成本。因此，即使在有大量空缺岗位的社会中，失去工作的人也不可能马上找到工作，他们会处在一种失业状态，摩擦性失业也就产生了。

另一方面，在经济的发展过程中，随着需求结构的变动和技术进步，产业结构会处于不断变动的过程中，各产业部门的分化组合，此消彼长，也会产生失业人口，这部分失业人口称为结构性失业。结构性失业产生的主要原因是劳动力在各个部门之间的转移和流动需要成本，如重新职业培训、再教育等。当产业结构发生变动时，就业结构也会发生相应的变动，要求劳动力从夕阳产业部门转移出来，流入到新兴的产业部门。新兴产业部门的出现一般都对劳动者的技能提出了新的要求，而从旧产业部门转移出来的劳动者如果不经过专门训练就不能在技能上符合新兴部门的要求，也就会在产业结构转变中成为流落街头的失业者。结构性失业是各国经济发展中存在的一个普遍现象。随着技术的突飞猛进和产业结构的变动，大量的非技能劳动者无所适从，他所熟悉的传统产业部门已被无情淘汰，而他们不熟悉的新兴产业部门却欣欣向荣，因此对转移出来的劳动者进行再教育和培训，使他们达到新兴部门需要的人力资本的要求，已经成为各国政府和企业日益关注的事情。

就业结构性矛盾引起的失业规模大小，与转移成本高低有直接联系。产业结构的变动导致了劳动力的结构性转移，这种转移需求成本，转移的成本越高，花费的时间越长，失业问题就越严重。在不考虑职业搜寻成本的前提下，转移成本高低取决于两方面的因素：一是不同产业部门之间的差异程度。部门之间的差异程度越大，转移所需的成本也就越大，如钢铁生产部门的工人转移到计算机软件生产部门。二是劳动者的初始人力资本及培训机制。劳动者初始人力资本较高的话，就比较容易接受新技能的培训，同时完善的培训机制也能降低转移成本。

二、职业搜寻理论

在对摩擦性失业和结构性失业有了一定直观认识的基础上，我们进一步把对失业问题的分析纳入到新古典的理论框架里。首先介绍职业搜寻理论。

职业搜寻理论模型以劳动力市场信息不完全为出发点分析摩擦性失业问题，它有以下几个基本假设条件：

（1）劳动力市场信息是不完全的，劳动者来到劳动力市场时，他并不知道自己适合什么工作，也不知道有哪些职位是空缺的，他为了获得满意的工作，必须不断地在劳动力市场寻找。

（2）在劳动力市场上，每个企业对劳动者的报酬是不同的，劳动者搜寻时间越长，信息就越充分，找到报酬更高工作的可能性也就越大。

（3）劳动者离开原来工作岗位去寻找新的工作比保留原来工作同时寻找另一份工作更有效率，因此失业是寻找高报酬工作的一种投资。

(4) 获取有关报酬的信息和职业岗位的信息是要花费成本的。

虽然劳动者寻找时间越长，他可能获得的工作报酬也就越高，但是报酬提高的幅度随着搜寻时间的延长是递减的。因为，劳动者寻找时间越长，未发现工作的报酬高于他已经找到的最高工作报酬的可能性也就越小。如果用$W(t)$表示劳动者的工资水平，$W(t)$是职业搜寻时间t的增函数，但是其增长幅度是递减的，在数学上表示为一阶导数是大于零的，而二阶导数小于零，即：

$$\partial W(t)/\partial t>0, \quad \partial^2 W(t)/\partial t^2<0 \tag{4·6}$$

同时，搜寻职业是要花费成本的，这些成本包括为获取关于工作岗位及报酬的信息支付的成本、应聘花费的时间、失业期损失的机会成本等。我们假定搜寻工作的成本随着时间的延长而提高，且增加的成本是递增的。这是因为，求职者如果只进行粗略的市场搜寻，只要抽出一部分正常时间即可，时间的机会成本很低，但随着搜寻的继续，求职者不得不挤占本来可能有重要安排的时间，单位搜寻的机会成本是递增的。另一方面，求职者搜寻的范围通常从附近的企业和自己较为熟悉的部门开始，随着搜寻范围的扩大，求职者不得不转向那些较远的企业和自己并不太熟悉的部门，此时增加的交通费用和获得有关信息的费用等搜寻成本也是递增的。我们用$C(t)$表示搜寻成本，它是时间的增函数，而且增长幅度递增，也就是一阶导数大于零，二阶导数也大于零：

$$\partial C(t)/\partial t>0, \quad \partial^2 C(t)/\partial t^2>0 \tag{4·7}$$

根据这些假定，理性的劳动者选择搜寻工作时间时，应当使自己的边际收益等于边际成本，即

$$\partial W(t)/\partial t=\partial C(t)/\partial t \tag{4·8}$$

这时他的净收益最大。我们可以从几何图形上更直观地表示这一关系，在平面直角坐标系里分别作出工资曲线$W(t)$和搜寻成本曲线$C(t)$（见图4·1）。$W(t)$曲线向上倾斜但凹向横轴，表示随着搜寻时间的增加，总收益增加但边际收益递减；而$C(t)$向上倾斜且凸向横轴，表示随着搜寻时间的延长，总成本增加而且边际收益递增。

从图4·1中可以看到，求职者可能得到的工资和搜寻成本都是搜寻时间的增函数，但是随着时间的延长，可能得到的工资上升的幅度（工资曲线的斜率）越来越小，而搜寻成本上升幅度（搜寻成本曲线的斜率）越来越大。当工资的增长幅度高于搜寻成本的增长幅度时，也就是搜寻的边际收益大于边际成本时，每增加一个岗位的搜寻带来的增加的工资大于增加的成本，劳动者就会继续增加搜寻时间；而当搜寻的边际收益小于边际成本时，搜寻得不偿失，劳动者就会减少搜寻时间。只有当搜寻的边际收益恰好等于边际成本时，劳动者的净收益最大，这时的搜寻时间是最优的。也就是说，劳动者在最后一家企业应聘时所得到的增加收益（其工资报酬高于其他工作报酬的部分）正好等于他

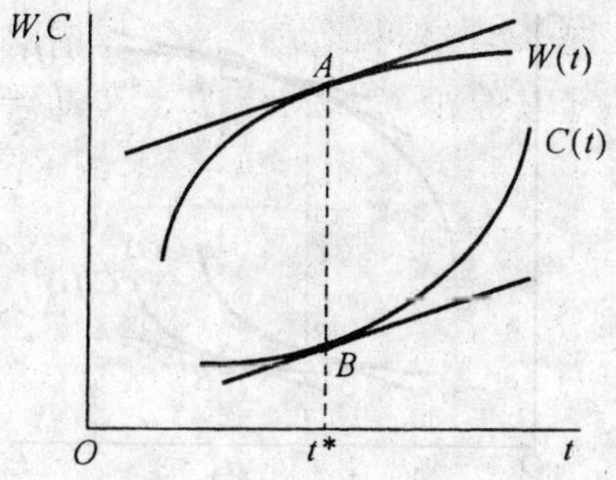

图 4·1 最优搜寻时间的确定

为寻找这份工作所付出的成本，劳动者就会停止寻找工作，此时他的收益达到最大。在图 4·1 中，最优搜寻时间为 t^*，因为对应于 t^* 可以在 $W(t)$和 $C(t)$两条曲线上分别找到 A、B 两点，A、B 两点的切线斜率相等，也就说明在时间 t^* 上，劳动者搜寻的边际收益正好等于边际成本。

上述劳动者的最优决策行为决定了劳动者为寻找满意的工作，其搜寻的最优时间长度，也就是他自愿的失业时间，劳动者在搜寻工作所处的失业状态也称为自愿性失业。影响最优的搜寻时间的因素很多，我们都可以将其归结为 $W(t)$和 $C(t)$曲线的移动。比如说失业保险和失业救济就会改变 $C(t)$的位置。发放失业保险和救济金是减轻失业者的痛苦，维护社会公平的一种方式，但它又会对劳动者搜寻工作造成影响。那么，在这个模型里，其影响具体体现在什么地方呢？一个明显的作用是失业保险和救济金降低了求职者的搜寻成本。比方说，在没有领到失业救济金时，求职者可能是乘公共汽车参加应聘；而有了失业救济金后，收入提高了，他就有可能乘出租车参加面试，从而节约了搜寻时间。从图 4·2 上来看，由于失业期间增加了失业救济和保险这项收入，使劳动者搜寻成本降低，搜寻成本曲线由 $C(t)$变动为 $C'(t)$，表示每一次求职活动的单位成本降低。相应地，最优搜寻时间就由 t^* 移到 t_1^*，也就是说，劳动者自愿失业的时间延长。可见，失业救济金或保险金虽然提高了失业者的收入，但同时也增加了失业。

失业保障制度对失业率的影响还可以从另一个角度来分析。对于现实经济中的求职者来说，一般而言，他并不预期工资水平会随着时间的延长而不断上升，而是根据自身能力水平和观察到的劳动力市场上的工资分布，对自己未来职业的工资有一个预期。当雇主开出的工资水平高于他预期的心理价位时，他就会接受这份工作，否则他就会拒绝这份工作。这一工资水平被称为“保留工资”(Reserved wage)。从理论上来说，在保留工资水平上，劳动者接受工作的

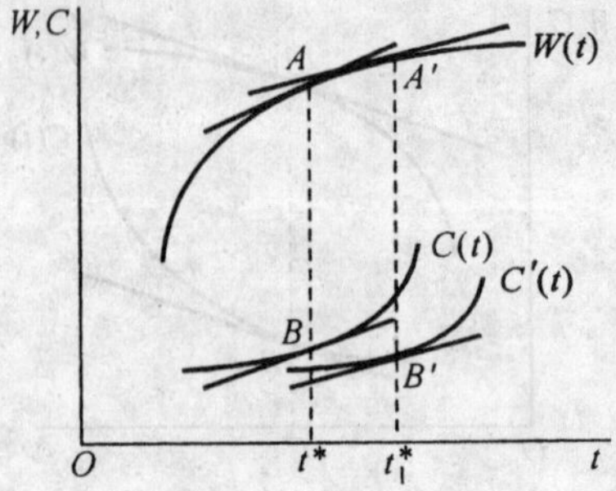

图 4·2　失业救济和保险对失业的影响

满意程度和其在失业状态中的满意程度是等价的。因此，当雇主开出的工资水平低于保留工资时，求职者宁愿失业，继续寻找工作；而当雇主向求职者建议的工资水平高于保留工资时，他就愿意接受这个工作，退出失业队伍。在一个失业保障制度比较完善的经济中，失业救济和保险都增加了劳动者在失业状态时的满意程度，从而提高了保留工资水平，这样，他对未来工作的工资水平预期的心理价位也会提高。也就是说，失业者一旦能够领取失业救济金或保险金，搜寻工作的热情和动力就会大大减弱，找到满意工作的概率就会降低。这时，如果雇主提出的工资水平高于没有失业保障制度下的保留工资，劳动者仍然有可能选择失业而不愿意工作，从而使摩擦性失业增加。

三、贝弗里奇曲线

职业搜寻理论从劳动力市场信息非充分入手，分析了劳动者的最优决策如何使部分劳动者自愿选择失业问题。劳动者离职的原因很多，其中与失业率本身有很大的关系。

我们知道，在摩擦性失业和结构性失业中，工作机会和失业人数是相当的，仅仅是由于双方没有及时找到对方，也就是说，劳动市场中存在着劳动供给与需求结构的不相称。由于这种结构的不对称，在一个经济中一方面是大量的劳动者找不到工作，另一方面又有许多工作岗位人手短缺，特别是在一个经济高速增长时期，这一现象会更加明显。因此，可以把劳动力市场划分为两大类市场，一类是存在空缺的市场，在这一类市场上，劳动的需求大于劳动的供给，工作岗位大量闲置；另一类是存在失业的市场，在这个市场上，劳动的供给大于劳动的需求，许多人处在失业状态。劳动者由于信息、技能、性别、年龄、教育程度等方面的原因很难在这两类市场中转移，因此，这两类劳动力市场上岗位空缺和失业并存的现象将持续存在下去。但是，它们之间毕竟存在着某种联系。如当失业率很高时，就很少有人辞职再去寻找更加满意工作，岗位空缺率就可能下降；同样地，岗位空缺的大量存在，会使劳动者再就业更加方便一些，再就业的概率就会提高，因此失业率就会下降。

岗位空缺率与失业率之间此消彼长的负相关关系可以用图 4·3 所示的贝弗里奇曲线（Beveridge curve）来描述。在图中，用 U 表示劳动力市场的失业率，用 V 表示劳动力市场的岗位空缺率，曲线 AA 为贝弗里奇曲线，表示在一个给定的劳动力市场结构中岗位空缺率与失业率之间的负相关关系。从中可以看出，失业率越高，岗位空缺率就越低；而岗位空缺率越高，失业就越低。经济中很多因素的变化会引起曲线上点的移动。比如当经济出现繁荣时，失业率会下降，岗位空缺数会上升，使得曲线上的点向左移动；同样地，当经济出现衰退时，曲线上的点向右移动。短期波动引起的失业不是本章研究的对象，但是可以利用贝弗里奇曲线来区分不同类型的失业。

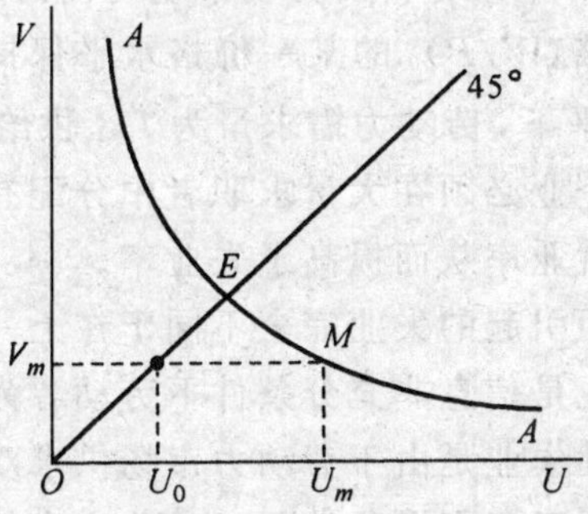

图 4·3 贝弗里奇曲线

从原点出发作一条 45°的斜线，这条线上的每一点都表示岗位空缺数与失业人数相等的情况。这条曲线是区分不同类型失业的基础。在 45°线右侧的失业属于其他类型的失业，在 45°线上的点对应的失业属于摩擦性或结构性的失业。假如劳动力市场当前处于曲线 AA 上的 M 点，那么失业率为 U_m，岗位空缺率为 V_m。其中 OU_0 等于 V_m，表示摩擦性或结构性的失业，而 U_0U_m 则表示其他类型的失业，如周期性失业。

因此，如果能够确定由于摩擦性和结构性原因导致的岗位空缺和失业是相等的，那么只要能够获得经济中有关岗位空缺的数据，那么余下的失业者就一定是其他原因引起的失业。在一个市场连续出清的古典经济中，不存在其他类型的失业，因此，劳动市场的均衡应该始终处在贝弗里奇曲线与 45°线的交点，也就是图中的 E 点。

第三节　实际工资刚性

一、最低工资法

在近 20 年来的宏观经济学发展中，经济学家们对自然失业率的形成作出了很多新的解释，除了摩擦性因素和结构性因素以外，失业产生的另一个原因来自于实际工资刚性。实际工资刚性是指实际工资无法充分调整到使劳动力供需平衡的水平。现实经济中，劳动工资并非完全可以自由变动，很多时候实际工资会高于市场出清的水平。在图 4・4 中 D 是劳动需求曲线，随着劳动工资的上升，企业对劳动要素的需求下降；劳动供给曲线 S 是一条垂直的曲线，表示社会的劳动总供给量不变。如果劳动的实际工资等于$(W/P)_0$时，劳动力市场的供给恰好等于需求，劳动者能够充分就业，均衡点为 E，就业量为固定不变的劳动供给量$\overline{L}$，这也就是在第二章中分析的劳动市场均衡的情况。当实际工资出现刚性时就会在高于均衡价格$(W/P)_0$的某一价格水平保持不变，在图中就表示为$(W/P)_1$。在这一工资水平下，劳动力需求量为 L_1，供给量仍为$\overline{L}$，供求缺口$L_1\overline{L}$就是失业人口数。这时企业必须在大量求职者中分配有限的工作岗位，因此实际工资刚性降低了重新就业率从而提高了失业率。

由于实际工资刚性而引起的失业完全不同于在上一节讨论的摩擦性失业和结构性失业。摩擦性失业是信息非充分条件下劳动者为获得满意工作而作出的一种最优选择，而结构性失业是由于劳动力市场供求双方结构不相称导致岗位空缺和失业并存。在实际工资刚性条件下，失业产生的原因是劳动供给大于劳动需求，这时劳动力市场的自动调节机制必定发生了某种障碍，否则当工资水平高于均衡工资，供给大于劳动需求时，企业应该降低工资。产生实际工资刚性的原因之一就是最低工资法。

为了保障劳动者的基本生活需要，各个国家都规定了最低工资水平，某些情况下，这会导致工资无法下降到均衡水平。对大多数劳动者而言，最低工资法对他们不起任何作用，因为他们的工资水平远远高于这一水平，但是对某些非技能劳动者而言，最低工资水平提高了他们的实际工资水平，从而使企业对他们的需求量下降。

经济学家一般认为最低工资对青年人的失业影响最大。青年人的均衡工资水平比较低，一方面是由于青年人往往是劳动人口中技能和经验都比较低的群体，因此他们的劳动的边际生产力也比较低，同时企业对青年在职培训方面的投资是对其较低工资的一种补偿。因此最低工资法往往会对青年人的工资水平产生直接影响，国外的实证研究表明，最低工资水平提高 10%，青年人就业数

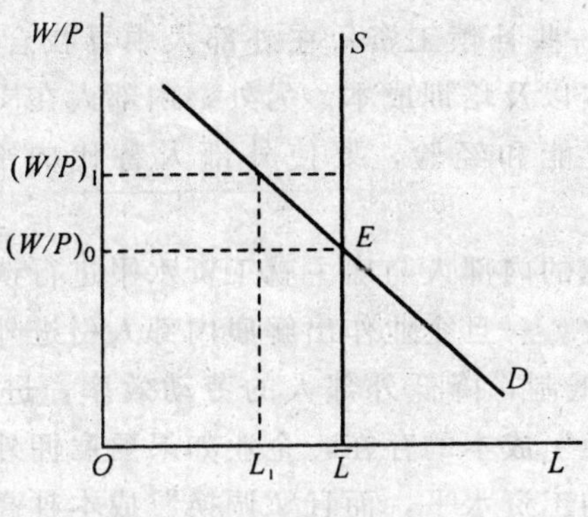

图 4·4 实际工资刚性和失业

就降低 1%到 3%。

对于最低工资法的制定存在很大的争议。最低工资的确定使得劳动者之间的收入差距不至于拉得太大，尽管它所能提供的生活水平是很低的，但是这一制度会影响到劳动者的就业成本，从而提高失业率，又可能加剧社会的不平等。特别是它增加了青年人的失业率，降低了他们获得职业培训和工作经验的机会。因此，很多经济学家主张对贫困者实行减免收入税政策，来取代最低工资。对于一些低收入家庭来说，减免的收入税收额甚至高于需支付的税收，也就是政府还会给家庭支付补贴。与最低工资相比，这一政策不会提高劳动力成本，从而不会降低企业对劳动力的需求，但是它会减少政府的收入。

二、内部人—外部人模型

工会力量的存在是工资刚性的另一个原因。工会代表劳动者集体与雇主就工资水平进行谈判时，讨价还价的能力大大加强。这时工会工人的工资水平就不是由劳动力市场的供求均衡水平决定，而是由集体谈判的结果决定，工资水平往往高于市场工资水平，使得企业减少对劳动者的雇佣量。工会的存在不仅影响了自己所在企业的工资水平，同时也会对那些没有成立工会的企业的工资水平产生间接影响。企业工会的成立不仅会提高工资，而且也提高了劳动者在其他方面的谈判能力，如要求缩短工作时间、改善工作环境等，从而提高了企业的成本。没有工会的企业为避免成立工会的威胁，也会主动提高工资以防工人不满而成立工会。

工会对劳动力市场就业的影响可以用“内部人—外部人”模型来描述。所谓内部人是指已经就业的劳动者，“外部人”是指劳动力市场上的失业者。内部人在工资决定上有较强的讨价还价能力，因为对企业来说，解雇已经就业的内部人和雇佣外部人是要花费成本的。解雇内部人需要根据原先的合同条款作出某些补偿，比如支付一些补偿工资；在外部人中寻找合适的替代者需要搜寻成本、会面、考核成本以及培训成本。另外，内部人在岗位上通过干中学已经积累了一定的职业技能和经验，要使外部人替代内部人必须投入大量的成本。

工会代表已经就业的内部人与雇主就工资水平进行谈判，只代表内部人利益而不考虑外部人利益。一旦企业作出解雇内部人引进外部人的决策，内部人之间会团结起来加以抵制，降低外部人的劳动效率，进一步提高雇主的“调换”成本。由于“调换”成本的存在，企业如果要雇佣外部人，事先就要对外部人提出低于内部人的工资水平，而且“调换”成本越高，外部人所能获得的工资水平就越低。总而言之，一方面工会保护已经就业的内部人，代表内部人与雇主签订合同，他们要求较高的工资而不管失业的存在。另一方面，企业解雇内部人需要支付一定的成本，而用外部人替代内部人进入生产过程同样要花费成本。在这两方面因素的作用下，劳动工资就可能维持在高于劳动力市场出清的水平，内部人享受高工资的好处，而失业者尽管愿意接受比现行实际工资水平低的工资却仍然失业。这样就可以从内部人、外部人处于不同竞争地位出发，解释了虽然劳动力市场供过于求，企业并不降低工资来雇用更多的工人。

三、效率工资理论

最低工资法从制度因素方面阐述了劳动力市场上的实际工资刚性。在“内部人—外部人”模型里，内部人凭借已经就业的优势可以对工资水平产生一定程度的控制，使得劳动力市场上的工资调节难以进行。下面要讨论的效率工资模型是雇主主动（不是由于工会力量所迫或最低工资所限）把本企业职工的工资定在高于劳动力市场出清的均衡水平上。这一理论模型假定，工人在生产中发挥的效率是与工资相关的，工资水平的提高会提高工人的工作效率。如果工资定在较低水平上，尽管企业工资成本降低了，企业内的工人可能不提供最佳效率，使企业利润水平下降。因此企业为了提高工人的劳动效率，愿意把工资定在较高的水平上。在这一工资水平上，劳动力市场上供给大于需求，就会存在失业。

我们讨论工资对劳动效率的影响可以从不同的角度展开。对效率工资的一种解释是工资水平的提高，可以使劳动者更加安心在本企业工作，降低企业职工的离职比率，从而可以降低企业为了代替离职工人而招募新人必须支付的搜寻成本以及培训成本。

在劳动力市场上，由于交换的商品的特殊性，对劳动者而言，他会对自己拥有的劳动力质量有一个评价并对工资水平形成一种预期，因此工资水平的高低就会影响企业的劳动力平均质量。若企业工资水平定在较低的水平，企业中较高素质的劳动者会另谋高就，留在企业中的那部分劳动者属于平均质量较低因而选择机会有限的那些人。对于雇主来说，他们也往往把劳动者的工资开价看作是表示劳动力“档次”的信号，因此雇佣低工资的劳动者，他也不一定满意。

对效率工资的另一种解释基于这样的假定：工人在生产过程中会尽可能少出力，劳动效率的提高必须有人监督。在信息不完全条件下，对劳动的外在监督是很困难的。在企业不能有效监督劳动者行为时，劳动者就会选择偷懒，在经济学上，这种行为被称为道德风险（Moral hazard）。劳动者偷懒也会付出代价，因为一旦被发现将被解雇，一旦失去工作，即使能领到失业救济也要大大低于目前领取的工资。因此要提高工人的努力水平，可以运用两种激励机制：一是把工资定在较高的水平，二是提高因偷懒而失去工作的威胁，这时劳动者偷懒的成本会大大提高，从而有助于降低道德风险，提高劳动效率。在一定范围内，工资越高，工人付出的努力水平越高，劳动效率越高。

许多实证研究证实了工资水平与工人在工作中的努力程度在一定范围内的正比关系。1914 年，福特汽车公司开始向其职工支付每天 5 美元的工资，而当时市场工资水平是每天 2 至 3 美元。高工资并没有导致高成本，相反降低了企业的劳动力成本，因为职工对企业的忠诚度和个人效率都大大提高了。比如说缺勤率降低了 75%，证明了工资水平的提高的确能够提高职工的努力水平。

第四节 失业的构成和治理政策

一、短期失业和长期失业

人们常把失业错误地理解为有一部分人始终找不到工作，在失业人口中的确有一部分人处于这种状态，但并非是全部。正如在第一节里描述的那样，失业是个动态概念，人们在不断地进入或退出失业队伍，在任何时点上，总有一些人第一次找到工作或重新回到劳动队伍，还有一部分人自愿离开现有岗位开始寻找其他工作或虽被暂时解雇，仍有希望重新回到劳动队伍中来。

将短期失业和长期失业区分开来非常重要，因为这两种失业产生的原因和造成的影响完全不同。短期失业一般来说属于一种摩擦性失业，主要原因是由于寻找工作需要一定的时间，在这种情况下，失业的负担分散给许多人，因为有许多人不断地进入和离开失业队伍，每个人受到的损失较小。而长期失业就不能简单归因于搜集信息、寻找工作需要时间，可能是由于工资刚性造成劳动力市场的供大于求，这时失业的负担主要由少数人承担，失业引起的社会成本较高。

美国一些经济学家分析了美国的失业构成，他们认为在劳动力市场上总有相对少的人长期没有工作，但短期失业只占失业的一小部分，我们观察到的大部分失业是因为长期不能或不愿就业。也就是说虽然大部分人的失业属于短期失业，但失业中的大部分属于长期的失业。举个简单的例子来说，假定一个经济中有 100 个失业者，其中 80 个人失业一个月，另外 20 个人失业的时间为一年，那么 80%的失业人口属于短期失业，但是在总的失业时间中有 240 个月属于长期失业，占总失业量 320 个月的 75%。确定一国的失业主要是由短期失业构成还是由长期失业构成对选择对应的治理政策有着重要的意义。如果政策目标是为了降低失业率，就应着重治理长期失业。然而政策选择必须得当，因为毕竟失业人口绝大多数属于短期失业。

二、失业人员的构成

在任何一个经济中，并不是所有劳动者都面临着同样的失业危机，为了把握一个国家失业的总体情况，需要进一步考察哪些人最容易成为失业者，这就引发了对失业人员的构成的分析。根据不同的标准，可以将失业人员进行不同的分类。一种分类方法是按劳动者本身的状况进行分类，比如说根据劳动者不同的年龄、性别、文化程度区分，来比较他们不同的失业状况。另一种分类方法是按劳动者所处的产业、行业、职业来划分。通过分类，大致可以了解一个国家中哪些人容易受到失业威胁，从而为治理失业提供现实的依据。

在对各国失业率分布进行分析的基础上，可以发现一些共同的趋势性特征。首先，青年人的失业率高于成年人的失业率（见表 4·2）。可以利用自然失业率决定模型来对这一现象作出解释。在这一模型中，引起高失业率有两个原因——离职的比率比较高和找到工作的比率比较低。青年人由于刚刚进入劳动力市场，对自己的能力和特长还没有形成完整的认识，因此倾向于尝试不同的职业以帮助自己确定最适合自己的岗位，这就造成青年人的离职比例较高。另一方面，青年人由于工作时间比较短，甚至是初次就业，缺乏通过岗位上“干中学”得到的专门知识和技能积累，容易被抛向失业大军。其次，失业率的高低与劳动者的受教育程度有很大关系，受过高等教育的劳动者的失业率要大大低于没有受过高等教育的劳动者。这说明在现代经济生活中，对劳动者的素质要求日益提高，日益复杂的工作岗位需要更高的人力资本与之相匹配。另外，从失业人员的性别构成来看，传统的观点是女性失业率要高于男性失业率。但是随着三产服务业的兴起，创造了很多适合女性就业的岗位，使妇女的劳动力参与率和就业比率都大大提高，目前西方国家女性失业率与男性失业率相差不明显。

表 4·2 部分国家按年龄分类的失业率情况（1989 年）

国家	总体	15～19*	20～24	25 岁以上
美国	5.3	15.0	8.6	4.0
澳大利亚	6.2	14.8	8.4	4.6
加拿大	7.5	13.1	10.1	6.6
法国	9.7	19.5	20.9	8.2
意大利	7.8	29.2	21.5	4.7
日本	2.3	7.2	3.8	2.0
瑞典	1.3	3.2	2.9	1.0
英国	7.2	10.5	9.8	6.4

* 在美国、英国、瑞典这一年龄段为 16～19 岁

资料来源：同表 4·1，p284.

失业人员构成的另一种分类是从产业和行业结构的角度进行的。在经济发展过程中，不同产业和行业在整个经济中发挥的作用和占有的比重不断发生变动，其中某些部门的失业率趋于上升，而另一些部门的失业率趋于下降。我们可以利用各部门就业增长率的数据来考察其失业状况，因为一般说来，新兴产业和行业吸纳劳动力的能力比较强，就业增长率比较高，失业率就比较低；反之，一些传统的产业和行业吸纳新劳动力的能力较弱，且伴随结构调整往往会产生过剩劳动力，就业增长率较低，失业率比较高。20 世纪初以来，从就业的产业分布来看，一个总的趋势是第一产业（即农业）的就业人数及比重不断下降，第二产业（工业）的就业人数经历了一个先上升后下降的过程。我国仍处于工业化阶段，故工业就业人数一直呈上升趋势，同时第三产业的就业人数及比重也经历了不断上升的过程，如表 4·3 所示。

表 4·3 中国就业的产业结构变动（占总就业的百分比）

年份	第一产业	第二产业	第三产业
1955	83.3	8.6	8.2
1965	81.6	8.4	10.0
1975	77.2	13.5	9.3
1985	62.5	21.1	16.4
1995	52.2	23.0	24.8

资料来源：《中国劳动统计年鉴》，1997 年

三、自然失业率的上升及其原因

我们把自然失业率定义为经济处于长期均衡时具有收敛点的失业率，它排

除了经济短期波动的因素，因而长期来看应该是比较稳定的。但是综观世界各国失业情况，除了20世纪50、60年代是欧美就业的黄金时代，失业率很低，进入70年代以后，各国失业率都有明显提高。特别是欧洲，70年代的平均失业率仅为4.2%，但80年代却上升为近10%经济学家一般认为实际失业率不可能长期偏离自然失业率，因而上述现象意味着自然失业率可能有了很大程度的上升。对于自然失业率的上升，经济学家从多方面作出了解释。

60、70年代西方经济高速增长，特别是三产服务业的飞速发展，吸引了大批妇女加入到劳动队伍中，妇女劳动参与率的提高，加速了劳动力供给的增长，增加了失业人口。同时，产业结构调整速度的加快也增加了失业人口的规模。产业结构调整速度加快既有内部科技进步的推动，也会受到外部因素的影响，比如说70年代的石油危机迫使许多工业部门进行结构调整。

当实际失业率很高的情况下，既存的失业本身可能会使自然失业率上升，这就是失业的回滞（Unemployment hysteresis）理论。当实际失业率很高时，原先受工会保护的内部人有一部分会因失业而变成外部人，不再受工会的保护，根据内部人—外部人模型，实际失业率上升使外部人增加内部人减少，工会只为内部人利益考虑，会把工资水平抬高到不可能雇佣外部人的位置。另外，实际失业率很高时，许多人处于一种长期失业状态，随着时间的推移，其人力资本不断折旧，从而可能失去工作所需的知识技能、信心和再培训的机会，重新就业将十分困难。那些潜在雇主的行为会加剧这一问题，例如他们会相信一个长期失业者会丧失工作的热情和能力。劳动者长期失业会给企业提供该劳动者不称职的信号，即使事实并非如此。因此较高的实际失业率会再生出一个较高的自然失业率。

四、主动和被动的失业治理政策

关于失业的治理政策，大致上可以分为两大类：主动的失业治理政策和被动的失业治理政策。主动的失业治理政策首先从劳动力的供给角度作文章，使劳动力供给在数量、结构和质量上符合劳动力需求。任何形式的失业首先表现为劳动力的供给总量大于劳动力的需求总量，因此失业治理的首要问题也就是如何控制劳动力的供给规模。我们可以采取延长劳动者受教育时间的方法，这一方面可以推迟青年人进入劳动力市场的时间，直接起到缓解失业的作用；另一方面还能提高劳动者的素质，降低结构性失业的可能性。

在前面分析失业的构成时已经提到，不同的劳动者面临的失业风险是不同的，一个社会中总有一些人特别容易受到失业的侵袭，如青年人、妇女就业者、低技能劳动者以及有长期失业经历的人等等。为了降低这部分人的失业率，一方面可以通过降低这部分人的最低工资来实现，另一方面就是要加强职业培训。

在现代经济中，各种职业的专用性不断提高，因此职业培训既对失业者转岗有意义，也对就业者提高自身素质有意义。从而使劳动力供给不仅在质量上，而且在结构上符合劳动力需求。从理论上讲，职业培训对消除结构性失业从而降低自然失业率具有特别重要的意义。

主动的失业治理政策还包括提供就业的信息服务，加速劳动力的自由流动以及采取一定的措施提高工资变动的灵活性，如寻求工资谈判分散化和提倡工资非指数化等等。

所谓被动的失业治理政策基于这样的信念，在市场经济条件下，要彻底消除失业现象是不可能的，就业水平由一个国家的经济活动水平所决定，是难以改变的。既然消除失业现象是不可能的，减少失业人数也很困难，而失业又会造成社会成员收入的巨大差异，那么就应该实施被动的失业治理政策，对失业者进行救济，也就是建立起一套完善的失业保障体系。通过发放失业救济和失业保障，使失业者能维持基本的生活水准，达到社会公平的目的。当然，失业保障和失业救济也可能产生负面效应，比如说欧洲各国，就是因为失业保障和救济金额逐年上升，使得劳动力成本不断上升，加剧了失业问题。

主动的失业治理政策和被动的失业治理政策在实际生活中是互补的，因为每种政策措施都有自己的局限性和片面性，都需要对方作为补充。主动的失业治理政策虽能改善失业状况，但不可能解决所有的失业问题，对于那些失业者我们应当为他们提供保障和失业救济。而被动的失业治理政策，如果没有主动的治理政策相伴，失业人数可能会不断上升，最后使被动政策难以为继。

本章小结

自然失业率是经济处于一般均衡时的失业情况。自然失业率是经济中的离职比率和就职比率共同决定的。离职比率的提高和重新就业率的降低都会使失业率提高。

由于寻找工作需要信息、时间和成本，经济中总会有一部分人处于失业状态，我们把这部分失业称为摩擦性失业。在经济发展过程中，随着需求结构的变动和科学技术的进步，产业结构和就业结构不断变动，部分劳动者不能适应新兴产业的需求，就会成为失业者，这种失业被称为结构性失业。我们从理论上分别对摩擦性失业和结构性失业作了分析。我们还发现，宏观政策如失业保障制度会对摩擦性失业产生影响。

自然失业率的产生除了摩擦性因素和结构性因素以外，主要是由于实际工资刚性造成的。实际工资无法自由调整到市场出清的水平造成了劳动力的供给大于需求。实际工资刚性产生的原因很多，比如说最低工资法、工会的集体谈判等。经济学家还用效率工资来解释实际工资刚性，这一理论认为企业为了提高工人的劳动效率，会自动把工资维持在较高的水平上。

为了把握一个国家的总体失业情况，我们需要区分短期失业和长期失业。另外我们还需考察哪一部分人最易成为失业者，研究表明，青年人、妇女就业者和低技能劳动者的失业率比较高。近年来，失业率的持续上升使我们意识到自然失业率并不是固定不变的，也会逐渐上升。自然失业率的提高可以用妇女劳动参与率的提高和产业结构调整加快来解释，也可以用回滞理论加以分析，即实际失业率的上升会再生出新的失业，使自然失业率上升。失业治理政策可以分为主动的和被动的两大类。两者是互补的。

复习思考题

1. 自然失业率由哪些因素决定？

2. 职业搜寻理论是如何解释摩擦性失业的？

3. 实际工资刚性产生的原因有哪些？

4. 经济学家如何解释近年来自然失业率的上升？

5. 讨论下列变化将如何影响自然失业率，并评论一下这些变化的负作用。

(1) 取消工会；

(2) 劳动力市场中妇女就业比重增加；

(3) 增加职业培训机构；

(4) 失业救济金的增加；

(5) 取消最低工资标准。

6. 利用《中国劳动统计年鉴》，找出我国去年按性别、年龄和受教育程度划分的不同劳动者的失业数据，加以分析和解释。

第五章

通货膨胀

上一章介绍了宏观经济学对于失业的主要看法。在本章中，将介绍宏观经济学所关注的另一个重要话题——通货膨胀。所谓通货膨胀，就是指普遍的价格上涨。价格上升的百分比被称为通货膨胀率。通货膨胀率在不同时期不同国家各不相同。80 年代末，我国的通货膨胀率曾超过 20%，而自 1997 年以来，物价水平大幅回落，甚至出现通货膨胀为负。美国 60 年代的通货膨胀率为 2.7%，70 年代为 7.1%，80 年代为 4.9%，这些通货膨胀率都属于相对温和的通货膨胀率。有时价格水平会以非常高的速度增涨。例如，80 年代早期，以色列的通货膨胀率达到 100%，而 80 年代末，巴西、阿根廷的通货膨胀率甚至高达 1 000%，这样的高通货膨胀被称为恶性通货膨胀。

通货膨胀被普遍视为一个重要的社会问题。70 年代，美国总统福特曾将通货膨胀列为“头号公敌”。1994 年我国政府曾将控制通货膨胀作为首要工作来抓。由此可见，通货膨胀是关系到宏观经济运行的一个重要问题。

本章将对通货膨胀的成因、后果及所造成的社会成本进行分析。由于通货膨胀表现为价格的上升，而价格则是通过货币来体现的，因此，首先必须理解货币的概念、职能和供给等问题，这些将在第一节中加以介绍。第二节将分析货币的数量如何决定价格水平。第三节讨论通货膨胀与利率之间的相互关系。第四节对通货膨胀的社会成本加以讨论。通过本章的介绍，试图说明古典学派是如何理解通货膨胀这一宏观经济现象的。

第一节　货币的概念

一、货币的职能

现实生活中，我们每天都在同货币打交道。通常的理解认为货币就是钱，一个人有钱就说明他拥有很多财富。然而，从经济学的角度来理解，货币并非代

表一般意义上的财富，而是一种特殊的财富。货币是可以方便地用来进行交易的资产。换句话说，货币是指那些流动性偏好高的人们普遍愿意接受的资产。在我国人民币是被人们普遍接受的，因此可以随时用来同别的物品相交换，因此公众手中持有的人民币数量属于我国的货币存量。

货币的这种性质是由它的职能决定的。一般而言，货币有三种基本职能：计价单位、交易媒介和价值贮存。

1. 计价单位

作为计价单位，货币为衡量千差万别的商品的相对价格提供了标准。微观经济学告诉我们，资源是按照商品和劳务的相对价格来进行配置的。然而当走进百货商店，却看见一双耐克运动鞋的标价为 500 元，一双回力运动鞋的价格为 50 元，而不是一双耐克运动鞋价格为 10 双回力运动鞋，或一双回力运动鞋价格为 0.1 双耐克运动鞋。可见，商品之间的相对价格是通过它们各自与货币相交换的比例反映出来的。如果没有货币作为计量单位，在众多的商品中进行价值比较将是一件十分困难的事情。试想，如果没有货币这样的价值尺度，怎么能比较美国和日本的经济实力呢？在丰富多彩的商品世界里，货币充当了衡量交换价格的标尺，使我们有了一个统一的衡量标准。

2. 交易媒介

货币作为交易媒介的职能表现为，人们可以用货币来购买任何所需要的商品或劳务。换句话说，货币是被普遍接受的法定等价物。通过这一法定等价物，不同商品的生产者可以互相交换自己的劳动成果。为了更好地理解货币的交易媒介职能，不妨想像一个没有货币的世界：一个物物交换的经济。在这个经济中，交易的达成需要双方恰好同时需要交换对方的商品。设想有一个农民想用他的稻米交换铁匠生产的锄头，而此时这个铁匠却不想要稻米，而想用锄头去换养猪人生产的猪肉。可是锄头对养猪人来说并没什么用处，养猪人想用猪肉作为报酬请一个木匠来修好他的猪圈。不巧的是，这个木匠是个素食主义者，从不吃猪肉，他需要的是农民的稻米。这样，这位想要得到一把新锄头的农民在先后征求了铁匠和养猪人的意见后，终于幸运地找到了想要稻米的木匠。他必须说服木匠为养猪人修猪圈换取猪肉，再用自己的稻米从木匠那里换来猪肉，再拿猪肉去跟铁匠交换，这才终于获得了一把新锄头。如果木匠需要的不是稻米，而是新疆的葡萄，那么这可怜的农民看来只能自己动手打一把锄头凑合着用了。如果有了货币，这样的交换就能够变得轻而易举。这位农民只需将稻米换成钱，再用钱去买锄头就可以了。而铁匠拿了这钱可以去买猪肉，养猪人又可以用卖猪肉得来的钱去付木匠的工资，木匠则用工资去农民那里买稻米。现代经济中存在着千百万种商品，人们的偏好也复杂得多，如果没有货币，经济将寸步难行。

3. 价值贮存

作为价值贮存的职能，货币提供了将当前的购买力转移到未来的手段。设想在一个部落经济中，人们都依赖某种易腐的食物为生。年轻人从事生产，而老年人因体力衰弱，无法进行生产。这时，对一个人来说，他最优的经济安排应该是将年轻时生产的一部分食品储存起来，以备年老力衰时所需。但是由于食品是易腐的，无法长期保存，因此这一方案无法实施，人们便会在年轻时吃光所有食品，而在年老时一无所有。如果在这个部落经济中引入货币，则这一问题就可得到解决。部落发行了货币，并把这部分货币无偿送给老年人，同时规定货币是法定支付手段。现在，年轻人可以将多余的食品卖给老年人，换取货币，而等到他老了，再用货币去换取下一代年轻人的食品。这样，最优的经济安排就可以实现了。从这个例子可以看出，虽然有些产品（而且大多数产品）是无法长期贮存的，但是货币可以使这些产品不是在实物形态上而是在价值形态上得到贮存。货币的这种价值贮存的职能使得人们可以在不同时期有效配置资源，以实现福利的最大化。

不妨再想一下，很少有人会在领到工资的当天就将它全部花完，大多数人会将它贮存起来，以备整个月乃至整个一年的生活所需。虽然未来的物价有可能上涨，但人们还是会持有一部分货币用来购买未来所需的商品或劳务。

二、货币的类型

今天，大部分国家所使用的货币都是纸币。然而在历史上货币曾有过其他形态。例如，我国唐代的农民就用谷物直接作为地租支付给地主，还用布匹作为税款交纳给政府。这样的货币被称为实物货币。由于一些贵金属如金银等具有质地均匀、易分割、便于携带等相对优势，因而它们逐渐成为实物货币的主体。但是使用金银作为货币，人们在每次交易的时候，都要对金银的成色、质量进行检验和称量，很不方便。为了降低交易的成本，政府按照统一的标准将贵金属铸成钱币，例如金币、铜钱、银元宝等。后来，政府开始发行可与金银兑换的票证作为货币，这时日常生活中人们很少使用金银，而使用纸币作为交易媒介,但是人们可以随时将手里的纸币按照政府事先承诺的标准兑换成金银。最后，人们发觉手中的票证是否能够兑换成金银已经无关紧要，因为这些票证可以被广泛接受。这时实物货币就完全被纸币所代替了。目前世界上所发现的最早的纸币是发行于我国北宋时期的“交子”。

三、货币的数量

一个经济中能够获得的货币的数量被称作货币供给。在一个使用实物货币的经济中，货币供给就简单地由那种充当货币的商品的数量所决定。而在一个使用纸币的经济中，货币供给则可由政府来控制。在大多数国家，控制货币供给的权力掌握在一个相对独立的机构手中，这就是中央银行（Central bank）。中央银行对货币供给的控制和调节被称为货币政策。我国的中央银行是中国人民银行。1995 年 3 月，我国颁布了《中央银行法》，对中国人民银行独立执行货币政策的权力进行了规定。

美国的中央银行是联邦储备体系，简称美联储。美联储调节货币供给，通常是通过公开市场操作来进行的，即在国债市场上买进和卖出未到期的政府债券。如果要增加货币供给，美联储就购进政府债券，这样货币就流入公众的手中。如果要减少货币供给，美联储就卖出政府债券，于是公众手中的货币就流回到中央银行的保险箱里。

可是，如何来衡量经济中货币的数量呢？

我们知道，货币是指专门用来进行交易的资产，因此，货币的数量也就是经济中此类资产的存量。然而，由于现代经济中，可用于交易的资产多种多样，于是货币数量的测算也就比较复杂。

现金是最显而易见的可用于交易的货币。现金包括人们手中持有的纸币和硬币。很多日常交易活动都是通过现金来进行的。

除了现金之外，活期存款（Demand deposits）也是常用的交易支付手段。活期存款是指那种可开列支票，可随时提取的存款。如果在买卖中，卖主愿意接受买主开出的支票，则活期存款几乎与现金一样可以随时用于交易。

一旦承认活期存款也属于货币，则另外几种资产便也有资格进入货币的行列。例如，储蓄账户里的资金，可以较为方便地转为活期存款。证券市场中的一些资产也可以随时转换成活期存款或现金。

货币在交易过程中的便利性就是它的流动性，流动性越强的资产就越方便人们的交易，就越具备交易媒介的功能。实际上，其他资产转换成交易手段总是没有现金那么方便。有些小额交易就不需要支票，把储蓄存款转换为活期存款或现金或多或少总是要花费一定的时间和精力。因此，从货币资产流动性的角度出发，就有不同的货币数量的测算口径。按照对货币资产流动性的要求，我们分别有 C、M_1、M_2 等的测算方法。C（现金）是最具备流动性的资产，它作为货币当然是没有争议的。如果我们略为放松对流动性的要求，就有 M_1 的概念；如果进一步放松，则货币资产的范围扩大到 M_2。各国的测算口径大体一致，但也不尽相同。表 5·1（a）和（b）分别列出了 1997 年我国和美国的货币数量分类的统计口径。从表中可以看出，一般来讲，流通中的现金流动性最强，其次是活期存款。在美国，因为个人活期存款可以随时开支票，在很大程度上起到和现金相同的作用，因此它和现金等属于流动性较强的 M_1。储蓄存款的流动性又次于活期存款，因为它要转为交易媒介没有活期存款方便，而定期存款又次于储蓄存款，它们和 M_1 一起，使货币的概念扩大到了 M_2。

表 5·1(a) 1997 年中国的货币数量测算口径分类

口径	货币资产种类
C	流通中现金
M_1	C＋企业的活期储蓄存款＋政府部门、社会机构和部队的储蓄存款＋农村储蓄存款＋个人信用存款
M_2	M_1＋城乡居民定期储蓄存款＋企业定期存款＋外汇储蓄＋信托储蓄

表 5·1(b) 1997 年美国的货币数量测算口径分类

口径	货币资产种类
C	流通中现金
M_1	C 旅行支票（Traveler's checks） 商业银行的活期存款（Demand deposits）
M_2	M_1 储蓄存款（Savings deposits） 小额定期存款（Time deposits） 货币市场共同基金（MMMF）和其他存款

在各种测算口径中，并没有孰优孰劣之分，根据不同的需要，可以选择不同的口径。在经济学对货币问题的研究中，最常用的分类为 M_1 和 M_2。有时候，各种口径的货币数量的变动方向不一致，这时，对货币政策的衡量是一个麻烦的问题。好在大多数情况下，以各种口径测算的货币数量是同方向变动的，因此可以辨别货币数量是在增加还是在减少。

尽管在实际生活中，对货币资产的范围有不同的测算方法，但从最基本方面看，货币只由二部分构成：现金和存款。据统计，美国 1997 年 M_2 数量为38 260 亿美元，其中货币市场共同基金为 5 290 亿美元，定期存款为 9 490 亿美元，储蓄存款为 12 710 亿美元，M_1 为 10 770 亿美元。在 M_1 中，现金（包括旅行支票）和活期存款分别为 4 040 亿和 6 730 亿美元。因此，在现代经济中，在货币中占有最大比重的是存款而不是现金。

值得提醒大家注意的是，支票本身并不是货币。人们可以用支票进行交易，但支票的作用只是将存款从一家银行转移到另一家银行，并不能增加存款的数量，也不能增加整个社会货币的数量。同样情况也适用于信用卡。信用卡的使用大大方便了交易，但没有银行存款作为后盾，任何信用卡都是一张普通的塑料片，因此，信用卡本身也不是货币。

第二节 货币数量论

一、数量方程式

在理解了有关货币的基本概念后，我们来讨论货币数量会对经济产生什么影响。为此，首先需要明了货币与其他经济变量之间的关系。

人们持有货币是为了便于进行交易。由此推想，人们进行的交易越多，所持有的货币也应该越多。因此，货币的数量与经济中的交易额应该密切相关。货币数量与交易额之间的关系可以通过数量方程式（Quantity equation）反映出来：

$$\text{货币数量}(M)\times\text{货币的平均流通速度}(V)=\text{价格}(P)\times\text{交易数量}(T) \tag{5·1}$$

方程式的右边反映了交易的情况。T 代表一段时期内交易的数量，P 代表每次交易的平均价格，二者的乘积构成了一段时期内交易的总额。方程的左边反映了用于交易的货币的情况。M 代表货币的数量，V 代表货币的平均流通速度，用来衡量单位货币在一段时期内换手的次数。显然，一个时期内支出的货币数量等于该时期内购买的产品和服务的总值。

比方说，假设一个经济中有 100 千克大米，每千克大米 0.90 元。则数量方程式的右边就等于：

$$100\text{ 千克/年}\times 0.90\text{ 元/千克}=90\text{ 元/年}$$

再假设该经济中的货币数量为 30 元。我们可以计算出货币的平均流通速度：

$$\begin{aligned} V &= PT/M \\ &= 90\text{ 元/年}\div 30\text{ 元} \\ &= 3\text{ 次/年} \end{aligned}$$

所以，每元钱在一年中平均换手 3 次。

需要强调的是，数量方程式是一个会计恒等式。只要对式中的四个变量作出如上定义，则等式自然成立，无须依赖更多的逻辑前提。数量方程式的意义在于揭示了四个变量之间的互动关系。如果式中的一个变量发生了变化，其余变量中至少有一个也必须相应变化，以保持等式的成立。例如，如果货币供给增加，而货币流通速度保持不变，则价格和交易数量中至少有一个必须上升。

另外，值得注意的是，由于存在着不同的测算货币数量的口径，因此也就有不同的货币流通速度。针对 C、M_1、M_2，分别可以通过数量方程式计算出 VC、V_1、V_2。例如 1989 年美国的 V_1 为 6.5 次/年，V_2 则为 1.6 次/年。可以看出，口径越大，货币的流通速度则越小。

二、货币供给和通货膨胀

如果将经济中的交易区分为现有资产的交易和当期产出的交易，同时着重考虑后者，则可以得到数量方程式的另一种形式：

$$MV = PY \tag{5·2}$$

式中的 Y 代表当期产出的数量。与此同时，P 与 V 的定义也需稍加修正。P 是当期产出的平均价格水平而不再是所有交易的商品和劳务的平均价格水平。V 是货币的收入速度。方程式的右边 PY 则是按当前价格衡量的产出价值。按照在第二章中介绍过的国民经济账户体系，Y 即为实际 GDP，P 则为 GDP 消胀指数。

我们容易看出（5·1）式与（5·2）式的区别。如果一个大学新生从一个毕业生那里购买了一台旧电脑，则这笔交易将被计入（5·1）式中，而不被计入（5·2）式中。一般而言，经济中的资产的存量总是大于收入的流量，因此 T 总是大于 Y，因此以全部交易计算的货币流通速度通常大于货币的收入速度。

与（5·1）式一样，（5·2）式也是一个会计恒等式。该恒等式为我们提供了分析这四个变量如何变化的框架。如果我们对 V 和 Y 的值进行某些假定，方程就变成了价格决定的理论。例如，V 可以看作是取决于社会的制度和技术因素。如果人们的工资是按天支付而不是按月支付，则 V 就变得更大。自动取款机的普及也使得 V 变得更大。如果我们假设制度的演变和技术的变迁是相对缓慢的，就有理由认为在一定的时期内 V 是一个制度决定的常数。第二章已经讨论过，Y 在一定时期内可以被看成是由技术因素和潜在产出水平决定的常数。而货币数量 M 是由货币当局所控制的变量。这时，价格水平 P 就变成了方程中的从属变量。M 的变化必然引起 P 的同比例变化。

为了更好地说明这一点，将（5·2）式写成变化率的形式：

$$\Delta M/M + \Delta V/V = \Delta P/P + \Delta Y/Y \tag{5·3}$$

分别考虑式中的每一项。第一项是货币数量的变化率，这完全由中央银行来决定。第二项是货币流通速度的变化率，已经解释过，这是由社会的制度和技术因素所决定，可假设为常数。第三项是价格变化的百分比，也就是通货膨胀率，这正是我们所关心的变量。第四项是产出的变化率，按照在第二章中的分析，该项取决于生产函数的技术结构和投入要素的数量，在长期内也是一个常数。于是，通货膨胀率就完全由货币供给的变化率所决定。

因此，货币数量理论认为，中央银行的货币供给行为最终决定着经济中的通货膨胀率。如果中央银行能够保持货币的稳定，则物价水平就会稳定；如果中央银行增加货币发行量，则物价就会上涨。正如著名的货币主义者弗里德曼所说："通货膨胀无论在哪里都只是一种货币现象。"

三、古典两分法

货币数量论反映了古典经济学家们的一个共同观点，即名义变量对实际变量没有影响。名义变量是指由货币计量的一些经济变量，如价格水平、名义利率等等。实际变量是指经济中那些不依赖货币而存在的变量，如商品的相对比价、实际利率、总产出、就业量、失业量等等。在古典经济学家看来，实际变量由经济中各市场的一般均衡来决定，而名义变量则取决于货币的供给数量。货币供应数量增加，只会导致普遍的价格水平的上升，而不会改变各种商品的相对价格，所以货币数量的变动不会改变厂商和家庭的决策，也不会改变产出和就业这类实际变量。由于这种观点将名义变量与实际变量分割开来犹如泾渭分明，互不影响，因此这种观点被称为古典两分法（Classical dichotomy）。

四、铸币税

从货币数量论可以推出一个结论，即如果中央政府通过发行货币来为其预算开支进行融资的话，那么融资会导致物价水平的上升，使得公众手中货币的实际购买力下降。因此，发行货币以提高政府收入就如同向广大的货币持有者征收了一笔通货膨胀税，通常也被称为铸币税（Seiniorage）。当经济陷入恶性通货膨胀的时候，铸币税往往是政府主要的收入来源。解放战争期间，国民党政府通过大量发行钞票来维持其庞大的军费开支，当战事不利的时候，为了尽可能地掠夺经济中的资源，更是拼命发行货币，结果导致了恶性通货膨胀。

第三节 通货膨胀与利率

一、实际和名义利率

上面我们介绍了货币供给和通货膨胀之间的关系，现在，我们将进一步分析通货膨胀和利率之间的关系。

我们知道，银行存款到期后，存款人将从银行获得一笔利息，该利息与本金的比例就是利率。人们之所以要对存款要求一定的利率，一个重要的原因在于人们的时间偏好，即人们总是偏好当前的快乐更甚于未来的快乐。债权人将钱存入银行或借贷给别人，他就牺牲了当前消费所带来的效用，因此在未来当他取回本金的时候，他有理由要求一个补偿。利率就反映了这种对债权人的补偿。

但是按照利率所支付的利息是否就是对债权人的实际补偿呢？回答这一问题的关键是要考虑到通货膨胀的因素，假如你存了100元的一年期定期储蓄，利率是3%，到期后你得到本息共为103元。如果这一年的通货膨胀率是1%，则你到期时拿到的103元只相当于一年前的102元，你所得到的实际补偿只是2元，实际的补偿比率为2%。如果这一年间的通货膨胀率为5%，则你到期时的本息103元只相当于原先的98元，实际的补偿比率为−2%。可以看出，由于通货膨胀的原因，债权人的实际补偿要低于银行的利息。相反，如果这一年间物价下降了，通货膨胀率为负，则债权人的实际补偿将高于银行利息。

由此，将实际利率（Real interest rate）与名义利率（Nominal interest rate）区别开了。银行所支付的利率是名义利率，而考虑了通货膨胀因素的利率是实际利率。从上文的例子中，可以发现，实际利率和名义利率存在着如下关系：

实际利率＝名义利率－通货膨胀率

用r表示实际利率，i表示名义利率，π代表通货膨胀率，则三者关系可用下式表示：

$$i=r+\pi \tag{5·4}$$

该等式被称为费雪方程（Fisher equation），因为经济学家欧文·费雪（I. Fisher）首先阐述了这一关系。费雪方程表明，名义利率的变动可以由两方面的因素引起：一个是实际利率的变动，另一个是通货膨胀率的变动。已经知道，实际利率由可贷资金市场的均衡决定。货币数量论又告诉我们，通货膨胀率由货币供给的增长率所决定。于是可以借助费雪方程式将以上两个理论结合起来，得到一个关于名义利率如何决定的理论。通过费雪方程，可以看出，通货膨胀率和名义利率之间具有一对一的关系，即通货膨胀率上升一个百分点，名义利率也上升一个百分点，这一关系被称为费雪效应（Fisher effect）。而根据货币数量论，货币供给增长率上升一个百分点，通货膨胀率也将上升一个百分点。因此，货币供给增长率上升一个百分点，名义利率也将上升一个百分点。

二、事前和事后利率

对于实际利率而言，有一个重要的区分，即事前实际利率（Fx-ante real interest rate）和事后实际利率（Ex-post real interest rate）。所谓事前实际利率，是指借款人和贷款人在签订借贷合同时所期望的实际利率。而事后实际利率，则是指按照借贷合同上的名义利率所最终实现的实际利率。在签订合同的时候，人们会考虑到通货膨胀率对实际利率的影响，但是合同期内的通货膨胀率是未知的，人们只能用预期的通货膨胀来修正名义利率。如果用π^e表示预期的通货膨胀，则人们所期望的实际利率为$i-\pi^e$，而最终实现的实际利率却是i-π。因此，当人们预期的通货膨胀与实际的通货膨胀不相等时，事前实际利率便不等于事后实际利率。

认识到事前实际利率和事后实际利率的区别，对理解名义利率和费雪效应非常重要。由于名义利率是人们在签订合同时所形成的，而在签订合同时人们尚不知道未来的实际通货膨胀率，因此名义利率只能基于预期的通货膨胀率进行调整。于是费雪方程将变成如下形式：

$$i=r+\pi^e \tag{5·5}$$

其中 r 由可贷资金市场的均衡所决定。从该式中可以看出，名义利率将随着预期通货膨胀率的变动而变动。

三、名义利率和通货膨胀

在了解了利率的概念之后，可以进一步来讨论利率对通货膨胀的影响。

已经知道，货币数量论将通货膨胀的原因解释为货币供给的增加。但是货币数量论含有一个假设，即经济中的货币完全是用来进行交易的。换句话说，人们持有货币的动机只是为了利用货币来进行交易。在此假设下，经济中所需要的货币数量只是交易额或收入额的一个比例。任何增加的货币量都不会被人们所持有，而只会进入商品交易过程，从而导致交易价格的同比例上升。

然而，货币不仅有交易媒介的功能，还有价值贮存的职能。人们总要保留一部分货币在手头，以备不时之需。这部分拿在手头上的货币将无法获得利息收入。而如果用这部分货币去购买政府债券，却可以得到按名义利率计算的利息。因此，持有货币的机会成本就是名义利率。

换个角度思考这一问题。货币所有者有两种选择：持有货币和购买债券。购买债券的期望收益是实际利率 r，而持有货币的期望收益是负的预期通货膨胀率（$-\pi^e$）。二者的收益差构成了持有货币的机会成本，等于 $r-$（$-\pi^e$）。按照修正的费雪方程式，这一机会成本就是名义利率。

由于持有货币的机会成本等于名义利率，因此，人们对货币的需求应该和名义利率成反比。将这一结论同货币数量论相结合，可以得到人们对货币的需求函数：

$$(M/P)^d=L(i,Y) \tag{5·6}$$

式中左边表示人们对经济中实际货币余额的需求。右边表示这一需求量是名义利率和实际收入的函数。收入越高，人们所需求的用于交易的货币就越多。名义利率越高，人们愿意保留在手头的货币就越少。

从（5·6）式中可以看出，名义利率将对价格水平构成影响。给定实际产出水平 Y 和货币供给 M，则名义利率 i 越高，货币需求就越低，于是价格就越高。

现在将（5·5）式所反映的费雪效应代入（5·6）式，就得到（5·7）式：

$$M/P=L(r+\pi^e,Y) \tag{5·7}$$

式（5·7）揭示出了货币供给影响价格水平的另一条途径。按照货币数量论，当货币供给增加，价格水平上升，这意味着通货膨胀。费雪效应告诉我们，通货膨胀使得名义利率上升，而名义利率的上升将导致价格水平的进一步上升，直到使得经济中的实际货币余额与人们所愿意持有的实际货币余额相等。

由于影响名义利率的往往是预期的通货膨胀，因此，（5·7）式反映了未来的货币供给对当前价格水平的作用。比如，中央银行宣布将在未来增加货币供给。根据货币数量论，这将导致未来的通货膨胀，而不会导致当前价格上升。然而人们在接收到中央银行要在未来增加货币供给这一信息后，将会预期到未来价格水平将要上升。这一对未来通货膨胀的预期将导致当前名义利率的上升，从而导致当前价格的上升。由此可见，不仅当前的货币供给会影响价格，未来的货币供给同样会影响当前价格。

第四节　通货膨胀的社会成本

一、预期到的通货膨胀

很多人认为通货膨胀之所以有危害，在于它使货币的购买力下降，因而使得人们的实际收入水平下降了。但是我们知道，劳动者的实际收入取决于劳动的边际产出，而劳动的边际产出又取决于资本数量和技术水平，因此实际收入的决定与通货膨胀并没有关系。

那么，通货膨胀到底会造成哪些危害呢？会带来哪些社会成本呢？为此，先得区分未预期到的通货膨胀和预期到的通货膨胀，这一点在导言中已经提到。在经历了一段时间的通货膨胀后，人们会对未来的价格走势产生预期。人们的预期当然有对也有错，预期对的称为预期到的通货膨胀，预期错的则是未预期到的通货膨胀。通货膨胀引发的问题与其是否被正确预期有很大的关系。

在低通货膨胀率下，预期到的通货膨胀不是个大问题，因为它不会对人们的决策行为产生太大的冲击。但通货膨胀率越高，这一问题就越严重。在很高的通货膨胀率下，人们知道货币将以非常快的速度贬值。货币贬值的比率就是持有货币的机会成本。这种机会成本越高，人们持有货币的意愿就越低，也就越倾向于将收入转化为商品。对企业来讲也是一样，它们会以最快的速度将销售收入以工资的形式付给工人。在20世纪20年代的德国、波兰、匈牙利等国，通货膨胀率达到惊人的高度，甚至超过每月50%。这被称为恶性通货膨胀。在这种情况下，企业常常是一天发两次工资，而工人们一领到工资，就立即冲进商店，以赶在货币贬值之前将它用掉。这种预期到的通货膨胀会造成极大的经济混乱。

即使通货膨胀率并未达到恶性的地步，预期到的通货膨胀仍会带来一定的危害。一个在较高水平上不断变化着的通货膨胀率会使资源配置由生产领域向通货膨胀预测领域倾斜。准确地预测通货膨胀率将比发明一种新产品更加有利可图。于是，律师、医生、会计师纷纷放弃自己的职业专长，摇身一变为业余经济学家和通货膨胀预测师。从整个社会的角度来看，这种由通货膨胀引起的职业转向是对有限的人力资源的极大浪费，而这正是通货膨胀的最大危害。

此外，通货膨胀还会导致税收的扭曲。很多税收条款都没有考虑到通货膨胀的后果，而通货膨胀往往会使得税赋发生扭曲。例如，个人所得税的税率通常是累进的，即收入越高，税率就越高，如果公司和个人预期到了通货膨胀，则会增加名义工资水平以维持不变的实际工资。但名义工资的增加使得个人进入到了更高的纳税等级，得按更高的税率来纳税。由于税法通常是根据名义收入而不是实际收入来征收所得税，因此，通货膨胀会导致税赋的扭曲。

二、未预期到的通货膨胀

以上分析了预期到的通货膨胀的社会成本，接下来讨论另一种情况，即未预期到的通货膨胀。未预期到的通货膨胀除了造成上述各种社会成本以外，还具有一个特征，即财富再分配的效应。

未预期到的通货膨胀之所以会带来财富再分配的效应，是因为它使货币的价值发生预料之外的变化。如果货币的价值出现意料之外的变化，交易双方的付出和所得就可能会与他们的契约发生出入，这就如同用一把有弹性的尺去量取布料一样。以下分别就借贷关系和劳资关系两种交易形式加以分析。

1. 借款者与贷款者

在前面曾经讨论过事前利率和事后利率，由于存在着未预期到的通货膨胀，二者往往并不相等。看看下面的例子，就可以进一步知道是怎么回事了。假定消费者看中了一台标价 5 500 元的空调，但手头的现金只有 5 000 元。于是他决定推迟一年购买，同时将手头的 5 000 元以 10%的年利率存入银行的一年期储蓄账户。这样，消费者成为一名贷款者，而银行是借款者，银行马上可以将这 5 000 元用于其他用途。一年后，当他如期从银行取出 5 500 元时，那台空调的标价却由于通胀而涨到了 6 000 元，结果还是买不起。消费者成为通货膨胀的受害者，实际上未获得任何利息收入，银行相当于无偿的借用了他的 5 000 元。

这时，在贷款者和借款者之间便发生了实际财富的转移。如果实际的通货膨胀高于签订合约时预期的通货膨胀，则未预期到的通货膨胀为正，贷款者受损失，而借款者得益。如果实际的通货膨胀低于预期的通货膨胀，则未预期到的通货膨胀为负，于是按照名义利率计算，贷款者得益，而借款者受损。于是可以得到这样的结论，给借贷双方带来损失的实际上不是通货膨胀本身，而是对通货膨胀的错误预期。

其实，这样的事情是可以避免的。如果消费者和银行正确地预期了通货膨胀，他们就可以将利息调高到恰好抵消通货膨胀影响的水平——20%。这样，消费者就可以如愿以偿地买下那台空调。在消费者得到的20%利息中，有10%是对通货膨胀引起货币贬值的补偿，这被称作保值贴补率，而他所得的实际利息率为10%，这也正是银行所真止付出的利率。

然而，人们并非总能准确地预期通货膨胀，未预期的通货膨胀就会给交易双方之一带来损失，有时甚至会对一国的经济造成冲击。在20世纪70年代末和80年代初的高通货膨胀时期，墨西哥和巴西借入大量外债。由于当时人们预期高达两位数的通货膨胀率会继续下去，因而采用了较高的利率。但通货膨胀率在这以后出现较大幅度的下降，这两国由此陷入了高利息债务的泥潭，这被认为是它们分别于1994年和1998年发生金融危机的原因之一。

2. 工人与雇主

未预期到的通货膨胀同样会带来工人与其雇主之间的收入再分配。前面关于借贷双方的讨论一样适用于雇佣双方。当通货膨胀率超过人们的预期，原先定的工资就显得低了，无法买到预期数量的物品，而雇主的利润相应地高于原先的预期。相反，当通货膨胀率低于预期的水平时，原先定的工资则显得过高，雇主的利润被挤占了。

出现较大幅度的未预期到的通货膨胀率变化，进而造成收入购买力的波动在现实世界中时有发生。例如20世纪90年代后半叶，在中国的外资企业预期到中国的通货膨胀率的降低，不同程度地调低了工资提升的幅度和频率。但与其后一度保持负数的通货膨胀率相比，人们的预期还是高了。外企员工收入增长的步伐虽然有所放慢，但收入的购买力却加速上升，成为未预期到的通货膨胀率下降的最大受益者之一。

对那些生活来源是固定津贴的人来说，未预期到的通货膨胀是一个严厉的打击。例如，依靠养老金生活的退休工人，他们相当于是过去所签订的保险合同的债权人，在他们年轻时，并没有获得完全补偿的劳动收入，而是将这部分收入贷给了公司，在退休后作为养老金。由于当初无法预期到退休后的通货膨胀，因此他们所获得的养老金的实际价值将小于当初签订合同时的价值。

在上述情况中，未预期到的通货膨胀使得未来的实际债权和债务、实际收入等重要经济变量具有了不确定性。价格波动幅度越大，未预期到的通货膨胀的变化也就越大，从而这种不确定性也就越高。由于大部分的人们都是风险规避者，因此这种由未预期到的通货膨胀所产生的不确定性降低了人们的福利，从而造成了社会成本。

对于未预期到的通货膨胀，一个可行的方法是将合同中的价格条款指数化，即根据实际利率、实际收入等实际经济变量来签订合同，而不按名义变量来签订合同。在前面的例子当中，消费者可以与银行签定一份浮动利率协议，确保最终采用的利率准确地反映通货膨胀率的变化。同样，工资支付也可以模拟价格指数的波动，以避免通货膨胀引起的货币购买力变化。例如，在一些通货膨胀率较高的国家里，人们按照某种相对稳定的外币来签订合同。1993—1995 年，我国的通货膨胀率达到了两位数，当时银行的存款利率就采取了保值贴补率，银行的名义利率根据每月公布的通货膨胀率加以调整，以保证存款人获得稳定的实际利率。然而，指数化的成本是相当高的。由于多种价格指数的存在以及选取不同指数带来结果的巨大差异，要达成最终的指数化协议是一件极其复杂的工作。

值得注意的是，高通货膨胀同时也是波动较大的通货膨胀。各国情况表明，通货膨胀较高的国家，其通货膨胀的波动幅度也较大。这一点意味着，高通货膨胀往往是难以预期的通货膨胀，因而造成的不确定性也就越大。

三、恶性通货膨胀

对于通货膨胀的社会成本，经济学家仍然存在着不同的看法。总的说来，大部分经济学家认为温和的通货膨胀对经济并无大害，但是恶性通货膨胀情况就不一样了。

恶性通货膨胀（Hyper inflation）一般是指月通货膨胀率超过 50%的通货膨胀。按照复利计算，50%的月通货膨胀率相当于一年内价格上涨 100 多倍，三年内价格上涨 200 多万倍。虽然经济学家们对温和的通货膨胀有不同的看法，但是都一致认为恶性通货膨胀会导致非常高昂的社会成本。恶性通货膨胀的社会成本与前面所讨论过的通货膨胀的各种成本并无本质上的差异，只是表现得要严重得多。

在恶性通货膨胀下，交易成本非常高，因此人们不得不花大量精力来管理自己的现金。由于恶性通货膨胀下，物价几乎一天一个样，甚至有的商店来不及印发新的价目单，而直接雇人报价。在恶性通货膨胀下，反映资源稀缺性的相对价格几乎失去了意义。消费者也无法根据相对价格来作出消费决策。事实上，恶性通货膨胀下的消费者为避免损失，往往囤积商品。税收体系也会由于恶性通货膨胀而严重扭曲，政府的实际税收将大幅下降。这时政府的收入主要来源已不再是税收，而是靠发行货币，而这又会进一步助长通货膨胀。由于上述种种原因，在长时间恶性通货膨胀的经济里，货币往往已无法继续执行其计价单位、价值贮存和交易媒介的职能。物物交换将成为恶性通货膨胀下的普遍现象。

本章小结

货币在现代经济中的地位称得上举足轻重。货币的基本职能是充当计价单位、交易媒介和价值贮存手段。对宏观经济能够产生直接影响的是货币供给，中央银行主要通过公开市场业务对货币供应量加以调节和控制。对货币数量的测算根据不同的需要，可以使用不同的口径。

古典经济学从货币数量论开始展开对货币作用的分析。由数量方程式可以得到，货币供给量的变化会造成价格水平的变动，或者说造成通货膨胀。但是货币增长对实际经济活动的影响是中性的。古典主义认为实际经济和货币经济是两分的，实际经济决定就业、产出和投资等实际变量，货币经济则决定一般价格水平。通货膨胀与利率之间的关系通常用费雪方程来表示。费雪方程表明，名义利率等于实际利率和通货膨胀率的和。将货币数量论和费雪方程相结合，可以发现名义利率与货币供给是同方向变动的。人们对货币的需求和名义利率成反比，当实际产出水平和货币供给量给定时，名义利率越高，价格水平就越高。

当存在通货膨胀时，货币就会贬值。通货膨胀会对社会造成诸多危害，在很高的通货膨胀率下，预期到的通货膨胀会造成价格体系和税收体系的混乱，并导致资源的无效配置。未能预期到的通货膨胀则引起了社会财富在债权人和债务人之间的重新分配。价格指数化是避免通货膨胀危害的一种方法。但是当通货膨胀极为严重时，货币几乎无法发挥其职能。

复习思考题

1. 货币有哪些基本职能？通常有哪些指标可以用来测算货币数量？

2. 什么是古典两分法？现实经济中，货币是中性的吗？

3. 货币数量论、费雪方程是如何将货币供给、通货膨胀和名义利率联系起来的？

4. 恶性通货膨胀最终会对实际货币余额产生什么影响？

5. 结合20世纪80年代末中国的高通货膨胀谈谈通货膨胀会引起哪些社会成本？

6. 在一个经济中，货币流通速度是常数，实际GDP的年增长率为5%，货币存量每年增长14%，名义利率是11%，则实际利率为多少？

7. 有一种观点认为“通货膨胀就是拒偿债务”。你同意这种观点吗，请说出你的理由。预期到的通货膨胀和未预期到的通货膨胀在这里的效应有何不同？

8. 一些经济史学家发现，在实行金本位的时期中，常常在长时间的通货紧缩之后发现新的金矿。这种情况有什么道理吗？

第六章

开放经济

迄今为止，对经济的讨论都没有涉及到国际贸易。也就是说，前面各章的分析都是在封闭经济的假定下进行的。在这一章里，我们将放宽这一假定，将国际贸易以及国际资本流动纳入分析的范围。

从图 6·1 可以看出，我国的进出口总额占 *GDP* 的比重是不断上升的，改革开放以来，这种上升的趋势尤其明显。1978 年出口占 *GDP* 的比重不足 5%，而 1998 年，这一比重已高达 19.5%。

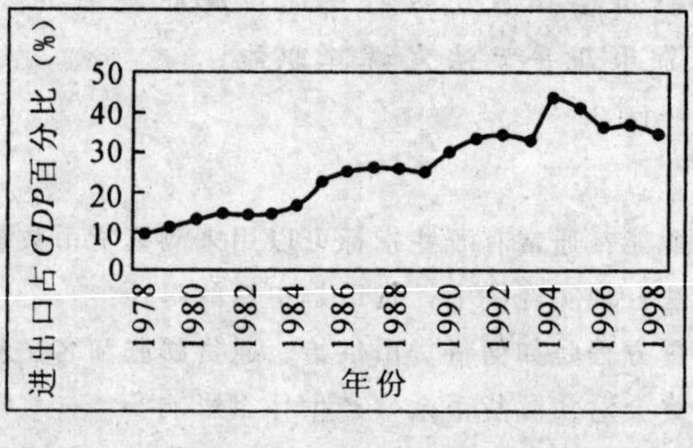

图 6·1　中国的进出口占 *GDP* 的历年数据

放眼世界，可以发现，这种贸易增加的趋势并不只是中国特有的情况，而是世界范围内的共同趋势。从图 6·2 中，可以看出，西方七个主要工业化国家的贸易占 *GDP* 的比重都相当高。这一趋势反映了经济全球化的发展方向。在这样的背景下，任何国家的经济发展都无法在与世隔绝的情况下闭门造车，而对外开放就成了一个经济持续发展的重要条件。因此，要对开放经济中的宏观经济活动进行分析。

本章共分四节。第一节介绍国际贸易在宏观经济账户中的反映。第二节将介绍一个模型，讨论小国开放经济中政策对贸易的影响。第三节讨论贸易价格的决定。第四节将分析扩展到大国开放经济。

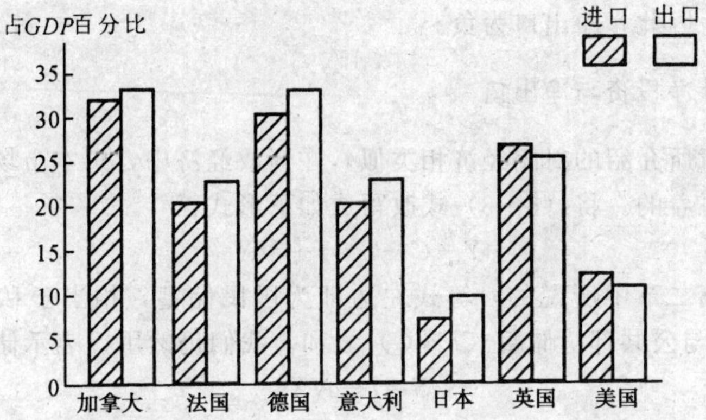

图 6·2 1994 年西方七国进出口占 GDP 的比重

第一节 国际贸易与国际资本流动

一、开放条件下的总支出

在开放条件下，一国的总产出从支出的角度来看，可以由四部分构成：

$$Y=(C-C^f)+(I-I^f)+(G-G^f)+EX \qquad (6\cdot1)$$

其中，C 是私人部门用于消费的总支出，I 是私人部门用于投资的总支出，G 是政府部门的总支出，C^f 是私人消费中用于购买外国产品或劳务的支出，I^f 是私人投资中用于购买外国产品或劳务的支出，G^f 是政府部门用于购买外国产品或劳务的支出。EX 是外国所购买的本国产品或劳务的支出。(6·1) 式是国民收入账户中的一个会计恒等式，对各变量的定义使得等式自然成立。(6·1) 式可改写成如下形式：

$$Y=C+I+G+EX-(C^f+I^f+G^f) \qquad (6\cdot2)$$

式中右边括号中的项就构成了一国的进口的全部产品和劳务的总和。将一国所出口的产品和劳务的价值总和减去所进口产品和劳务的价值总和后得到的净值定义为净出口，用 NX 表示，则 (6·2) 式可改写为：

$$Y=C+I+G+NX \qquad (6\cdot3)$$

该等式表明，一国的总产出可以表示为私人消费、私人投资、政府支出和净出口之和。这一等式反映了本国产出、本国支出和净出口之间的会计关系。因为 $(C+I+G)$ 构成了本国的总支出，所以净出口就等于本国总产出减去本国的总支出。如果总产出大于总支出，则本国产出有剩余，因此，净出口为正；若总产出小于总支出，则说明本国的产出不足以满足本国的支出，须从国外进口以填补差额，因此，净出口为负。

二、对外净投资与净出口

与第二章所介绍的封闭经济相类似，在开放经济中，资本市场和商品市场也是密切联系着的。将（6·3）式改写成如下形式：

$$Y-C-G=I+NX \tag{6·4}$$

如同在第二章中所说的，等式左边即为国民储蓄，相当于私人部门储蓄（$Y-T-C$）与公共部门储蓄（$T-G$）之和。我们仍然用S表示储蓄，于是，

$$S=I+NX \tag{6·5}$$

两边同时减去I，我们便可以得到，

$$S-I=NX \tag{6·6}$$

该式反映了用于资本积累的资金在国际间的流动与商品和劳务在国际间的流动之间的关系。等式左边是本国的对外净投资，是国民储蓄超出国内私人部门投资的部分。对外净投资等于本国借贷给外国的资金数量减去外国借贷给本国的资金数量。等式右边的净出口也被称作贸易余额，等于本国的出口总额减去进口总额后的余额。应该注意，（6·6）式是从国民收入账户的会计恒等式推出的，本身也是一个会计恒等式，对各变量的定义保证等式自然成立。这一恒等式意味着，在国民收入账户体系中，对外净投资总是等于净出口。

这种对外净投资和净出口之间的恒等关系，也是国际间资金流动和商品流动的自然反映。当本国储蓄大于国内投资时，多出的资金就用来贷给了外国人，而外国人恰好需要这笔资金，因为外国所购买的本国的商品和劳务要多于本国向外国购买的商品和劳务，这意味着本国在贸易上处于顺差，即净出口为正。同样，当本国的储蓄小于本国投资时，其间的差额需要通过国际金融市场来融资，于是本国将从外国借入资金，以购买更多的外国商品和劳务，这意味着本国在贸易上处于逆差，净出口为负。

要透彻地理解贸易和对外净投资的关系，只需理解这一点：贸易要求两国产品或劳务的等价交换。换句话说，从长远来看，不可能和净出口永远为负的国家做生意，这意味着外国总是从本国得到货物或劳务，却不拿东西来同本国交换。因此，当本国净出口为正时，必然意味着外国作出了某种承诺，即在未来某个时刻，将向本国提供货物或劳务，并附加利息，作为对等的交换。而这正是对外净投资的含义。因此，对外净投资和贸易余额只是同一件事物从不同角度加以考察的结果。二者之所以是同一件事物，是因为投资国相信贸易伙伴是信守承诺的。

另外，值得注意的是（6·3）式中右边各项的现实含义。我们说过（$C+I+G$）代表了国内支出的总和，而 NX 实际上就是外国对本国产品的净支付。在这各项中，要特别注意私人投资 I，这里的投资是指实际支出，并不一定等于厂商的意愿投资支出。而其余各项支出都必然等于经济中各主体的意愿支出。我们必须认为国内的消费都是理性的，因此国内实际发生的消费支出 C 必然反映了消费者意愿的支出。同样的，政府和外国所实际购买的东西也必然是他们想购买的东西，因此在数量上 G 和 NX 部分的实际支出也与意愿支出相等。然而国内私人投资 I 就不一样了，如果厂商所生产的一部分私人消费品或政府办公用品或准备打入国际市场的某种产品没有卖掉，那么这些东西就只能放在仓库里使厂商的存货增加，这部分存货的增加显然不是厂商所意愿的，但仍将作为厂商对自己存货的投资而计入国民收入账户。因此，（6·3）式中的 I 是实际发生的投资，这其中包括了厂商非意愿的存货变动，没有什么能够保证这里的 I 与厂商所购买的投资品恰好相等。正是这一点保证了那部分没卖掉的产品也未被遗漏地计入了总产出，从而使（6·3）式成为了一个恒等式。

第二节　小国开放经济模型

在上一节中，通过对一些经济变量加以界定，揭示了这些变量的相互关系，这种关系是由国民收入账户体系反映出来的恒等关系，比如，净出口恒等于国民储蓄减去私人部门投资。在本节中，将考虑一个小国开放经济的市场均衡模型，以此模型来探讨净出口如何随着其他经济变量的变化而变化。在这一模型的基础上，可以分析各种经济政策将会对净出口产生怎样的影响。

一、模型的基本框架

第二章中分析了封闭经济的市场均衡，即整个经济中的总产出恰好等于整个经济对产出的总需求。要实现这一均衡，关键在于国民储蓄要与私人部门的意愿投资相等，这是通过可贷资金市场的均衡来体现的。可贷资金市场上对资金的需求反映了私人部门的意愿投资，对资金的供给反映了国民储蓄。在长期中通过利率的波动，使得资金的供给和需求二者相等，于是储蓄和意愿投资就相等了。

在开放经济条件下，情况有所不同。首先，一国的可贷资金市场和国际金融市场是相联系的，该国的投资者可以到世界的资金市场上贷出或借入资金，因此，一国的均衡不再仅仅要求储蓄与投资相等，而要求储蓄等于本国私人部门意愿投资加上本国对外净投资。其次，市场的均衡不再由本国的实际利率波动所决定，而是由世界市场上的利率所决定。由于均衡受到了国际资金市场的影响，因此本国的意愿投资要受到世界市场上的利率的影响。而对一个小国来说，它在世界市场上的资金供给量和需求量都微乎其微，对世界市场上的利率几乎没有影响力。利率可以看成是由世界市场上的资金供给和需求的均衡给定的，该小国只是国际市场均衡利率的接受者。这就类似于在完全竞争市场上，对任何一个厂商来说，价格是给定的一样。我们用 r^* 代表世界市场上的均衡利率，于是有：

$$r=r^*$$

不要忘记这里的利率指的是实际利率，而不是名义利率。

在这个小国开放经济模型中，可以借用第二章中的三个假设：

第一，产出由投入要素的数量和生产函数所反映的技术关系决定。由于在长期中，投入要素的数量是固定的，同时，我们认为这里的长期还没有长到足以使技术发生巨大的变化，因此，产出就成了一个固定的值，可以由下式反映：

$$Y=\overline{Y}=F(\overline{K},\overline{L})$$

第二，假定私人消费与私人部门的可支配收入正相关，其间的函数关系用 C 表示。私人部门的可支配收入等于总收入减去税收，即 $(Y-T)$，于是消费用函数表示如下：

$$C=C(Y-T)$$

注意这里等式右边的字母 C 表示的是函数关系，而不是变量。

第三，私人部门的意愿投资与实际利率成反比，用公式表示如下：

$$I=I\ (r)$$

这三个假设是构造模型的要件。其中第一个假设反映了新古典经济学的核心思想，即认为长期中产出固定于充分就业时的水平。对于消费和投资函数的假设是非常简化的关于经济主体行为的假设。其实，私人消费和私人投资行为比我们的假设要复杂得多，关于这一点，将在第十二和十三章中作更详细的介绍。在这里，为了简化起见，仅作出简单的假设，好在这样的假设不会对基本结论构成重大威胁。

在开放经济中，国民收入账户体系中存在如下的恒等式：

$$NX=Y-C-G-I \tag{6·7}$$

$$NX=S-I$$

将上面的三个假设代入（6·7）式，同时令实际利率等于世界资金市场利率，则有：

$$NX=[\overline{Y}-C(\overline{Y}-T)-G]-I(r^*) \tag{6·8}$$

$$NX=\overline{S}-I(r^*) \tag{6·9}$$

请注意，（6·7）式还仅仅是一个会计恒等式，而（6·8）式和（6·9）式则是反映市场均衡的等式。因为在我们进行代换的时候，实际上是在令私人部门的意愿投资刚好等于国民收入会计账户上的实际投资，这意味着厂商的非意愿存货变动为零，所以市场恰好是出清的。

(6·8) 式说明了储蓄 S 和投资 I 是如何被决定的。由于二者的差即为净出口 NX，因此 (6·8) 式也就说明了净出口是如何被决定的。从式中可以看出，储蓄与政府支出负相关，与税收正相关，这意味着政府的财政政策将会影响储蓄。投资则取决于世界资金市场上的实际利率 r^*，这可以看作是给定的。因此，贸易余额也就由这些变量的取值所决定。我们可以用图 6·3 来说明这种情况。

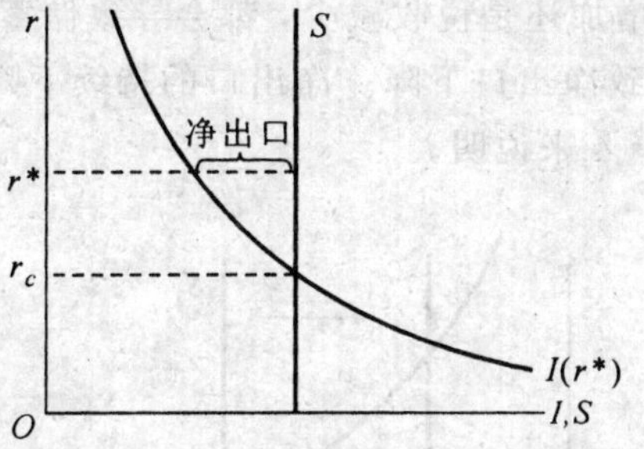

图 6·3　小国开放经济的储蓄和投资

在我们的假定下，S 取决于财政政策，与利率无关，因此在图 6·3 中是一条垂线。投资与利率负相关，因此是一条向右下倾斜的曲线。在第二章所介绍的封闭经济模型中，实际利率的波动使得储蓄和投资相等，均衡利率 r_c 由储蓄和投资曲线的交点决定。而小国开放经济模型下，利率由世界市场上的均衡利率决定。在这一利率水平下，私人部门的意愿投资为 $I(r^*)$，贸易余额净出口就等于储蓄和投资水平之间的差额。在图 6·3 中，世界市场均衡利率 r^* 大于国内均衡利率 r_c，因而使投资小于储蓄，其差额即为净出口。需要再次强调的是，此时国内的产品市场是出清的，即厂商的非自愿存货变动为零，厂商的意愿投资恰好等于实际的投资品数量。

我们还可以从另外一个角度来看待这个问题。在开放经济条件下，当本国的储蓄大于私人投资时，多余的储蓄可以流向世界资金市场，形成对外国的投资；当本国的储蓄小于私人的意愿投资时，则缺乏资金的私人部门可以到世界资金市场上去融资，形成外国对本国的投资，即本国对外国的投资为负。因此，储蓄与国内私人投资的差额就构成了本国的对外净投资。而根据上一节介绍的国民收入账户中的会计恒等式，对外净投资恒等于净出口。所以净出口即等于储蓄减去国内私人意愿投资之差。同样，由于这时私人的意愿投资刚好通过国内外的资金市场实现，因此，市场是均衡的。至于究竟是什么机制使得国际间的商品净流动，即净出口，恰好等于国际间的资本净流动，即对外净投资，我们将在下一节进行讨论。

二、宏观政策对贸易余额的影响

利用构造的这个简单的小国开放经济模型，我们可以讨论不同的经济政策将会对一个小国的贸易产生何种影响。

首先，考虑本国财政政策的影响。当本国政府实行扩张性财政政策时，政府支出增加，或税收减少，或者二者同时发生。由于 $S=Y-C(Y-T)-G$，因此，无论是政府支出增加还是税收减少，都会导致储蓄下降。由于 $NX=S-I$，因此，储蓄下降会导致净出口下降。净出口的持续下降将使得贸易收支陷入赤字。这可以通过图 6·4 来说明。

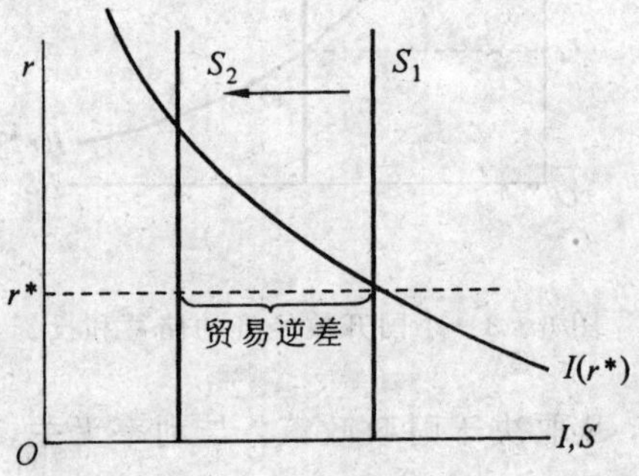

图 6·4 小国开放经济中的财政扩张

图 6·4 中原先该国处于贸易平衡，政府实行扩张性财政政策时，储蓄曲线从 S_1 左移至 S_2，S_2 与 $I(r^*)$ 之间的差额就是贸易逆差。

由于扩张性财政政策往往导致政府的财政收支也陷入赤字，因此持续的财政扩张会使经济陷入财政和贸易的双重赤字。美国自 20 世纪 80 年代以来，由于里根政府长期实行财政扩张政策，使得经济长期陷入双重赤字的境地。

同样的道理，可以推出，如果本国实行紧缩性财政政策，即减少政府开支，增加税收，则储蓄将上升，净出口将增加。持续的财政紧缩将使贸易余额向顺差方向变动。

接下来，让我们考虑外国的财政政策会对本国贸易发生什么的影响。如果外国政府普遍实行扩张性财政政策，则各国的储蓄都会相应下降，于是世界资金市场上的资金供给将下降，这会导致世界市场上的均衡利率 r^* 上升。由于本国的投资与世界市场利率负相关，因此本国投资将下降。由于 $NX=S-I$，所以净出口将上升。如图 6·5 所示：

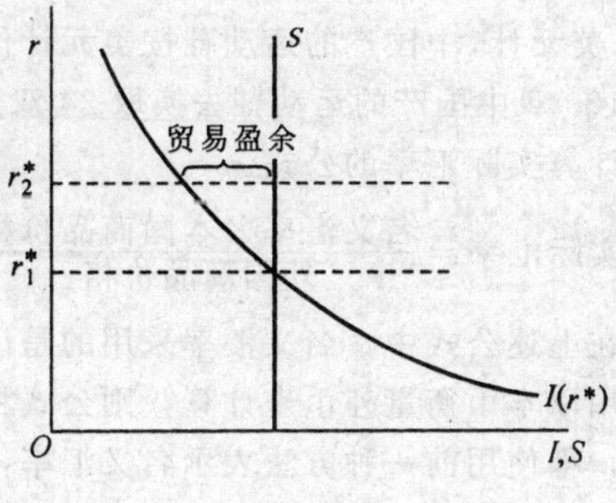

图 6·5 外国财政扩张的效应

在图 6·5 中，假设本国原先处于贸易平衡状态，即净出口为零，在 r_1^* 这一利率水平下，国内意愿投资正好等于国内储蓄。外国政府实行扩张性财政政策，导致世界市场上利率从 r_1^* 上升至 r_2^*。于是本国的投资从 I（r_1^*）下降到 I（r_2^*），使得本国净出口增加。

按照同样的逻辑，可以推出，如果外国政府实行紧缩性财政政策，将使世界市场上利率下降，进而使得本国净出口下降。

第三节 汇 率

前面介绍了商品和资本的国际间流动，本节将探讨两国间贸易的价格是如何决定的。汇率作为本国货币相对于外国货币的价格，在国际经济活动中起着重要作用。在这一节里，先讨论汇率是如何衡量的，然后分析汇率的决定机制和影响因素。

一、名义汇率和实际汇率

经济学上将汇率区分为名义汇率和实际汇率。名义汇率是指两国间货币的相对比价。例如，人民币和美元的汇率是 1 美元兑换 8.3 元人民币，这意味着在外汇市场上，如果一个中国人想得到美元，他要为每一个美元支付人民币 8.3 元；如果一个美国人想得到人民币，他可以用一个美元换取 8.3 元人民币。人们通常所说的汇率即指名义汇率。

实际汇率是指两国间商品的相对价格。实际汇率也被称作贸易条件，它表明两国在进行贸易时，商品是按照什么比例交换的。

我们可以通过考察不同国家所生产的同一种商品来看看名义汇率与实际汇

率之间的关系。以运动鞋为例。假设中国所生产的运动鞋每双售价100元人民币，美国所生产的运动鞋每双售价50美元。如果人民币与美元之间的名义汇率以1元人民币兑0.12美元计，中国产的运动鞋按美元计价则为每双12美元。于是可以发现，可以用100双中国产的运动鞋去换取24双美国产的运动鞋。通过这个例子，可以推出计算实际汇率的公式：

$$\text{实际汇率}=\frac{\text{名义汇率}\times\text{本国商品价格}}{\text{外国商品价格}}$$

值得注意的是，在上述公式中，名义汇率采用的是以外币来衡量本币的算法，如果名义汇率采用以本币衡量外币来计算，则公式将作相应的修正。在本书中，如无特别说明，都使用前一种方法表示名义汇率，这样，名义汇率就是以外币表示的本币价格。

上述例子仅仅是按照某一种商品来计算实际汇率。现实中实际汇率通常按两国间的一般物价水平来计算。如果用e表示名义汇率，P表示本国物价水平（以本币计），P^*表示外国物价水平（以外币计），则实际汇率ε可用下式表示：

$$\varepsilon=e(P/P^*) \tag{6·10}$$

其实，实际汇率相当于以外国商品表示的本国商品的价格。如果实际汇率较高，说明外国商品相对较便宜，本国商品相对较贵；如果实际汇率较低，则说明外国商品相对较贵，本国商品相对较便宜。

二、实际汇率的决定机制

按照上述理解，不难发现，如果实际汇率上升，则本国商品价格相对上升，外国商品价格相对下降，本国将购买更多的外国商品和劳务，外国对本国商品和劳务的需求将下降，于是本国的净出口将减少。同理，如果实际汇率下降，则本国商品价格相对下降，外国商品价格相对上升，本国对外国商品的需求量将下降，而外国对本国商品需求量将上升，于是本国净出口将增加。由此可见，净出口是实际汇率的减函数。我们将这一关系用图6·6来表示。图6·6中净出口曲线NX向下倾斜，表明随着实际汇率ε上升，净出口将不断减少。

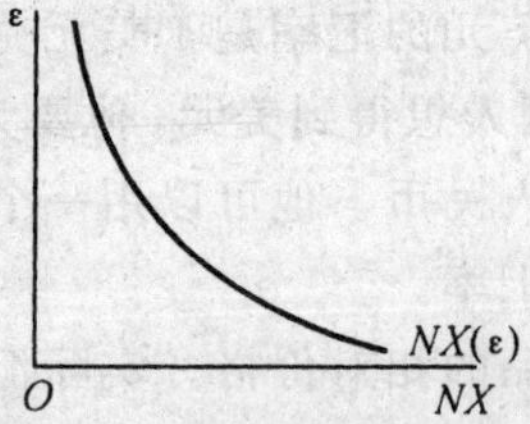

图6·6 净出口与实际汇率

在说明了净出口和实际汇率之间的关系之后，可以通过上一节所介绍的小国开放经济模型来说明实际汇率是如何决定的。实际汇率与净出口负相关，而净出口又必须等于对外净投资，即国民储蓄减去投资后的净值。储蓄由私人消费函数和政府财政政策决定，投资则由世界资金市场上的均衡利率所决定。于是净出口与对外净投资的相等便决定了实际汇率。如图 6·7 所示。

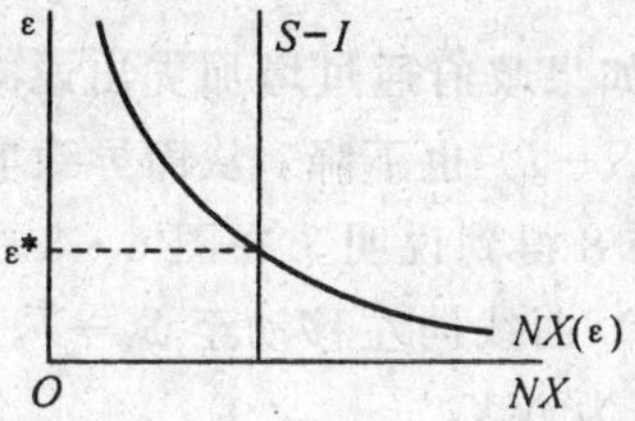

图 6·7 实际汇率的决定

图 6·7 中，NX 与 ε 负相关，由一条斜率为负的曲线表示。对外净投资则与 ε 不相关，在这里由一些外生因素给定，可视为常数，因此表示为一条垂线。两条曲线的交点给出了均衡的实际汇率 ε^*。

图 6·7 可以看作是对出口商品市场均衡的描述。图中的两条曲线可看作是对本国出口产品的净需求和净供给。NX 曲线是外国对本国产品的净需求，即外国对本国产品的需求减去本国所进口外国产品后的净值。这一外国对本国产品的净需求与本国产品的价格负相关。以外国产品表示的本国产品价格越高，即实际汇率越高，这一净需求越小；反之则相反。$(S-I)$ 相当于本国对净出口产品的供给，即本国所能供给的出口产品数量减去本国所进口的产品数量后的净值。本国所能供给的出口品数量等于 $(Y-C^d-G^d-I^d)$，其中 C^d、G^d 和 I^d 分别表示消费、政府支出和私人投资中对本国产品的需求。本国所进口的数量为 $(C^f+G^f+I^f)$，其中各项分别为消费、政府支出和私人投资中对外国产品的需求，则三项之和即为本国的进口数量。以本国所能供给的出口产品数量 $(Y-C^d-G^d-I^d)$ 减去本国进口的产品数量 $(C^f+G^f+I^f)$，得到 $(Y-C-G-I)$，即为 $S-I$。由于在我们所分析的长期中，本国产出由要素数量和技术所决定，为一常数；而 C 和 G 皆与 ε 无关，同时 I 仅由世界市场上的均衡利率决定，因此 $S-I$ 与 ε 无关。在本国出口产品市场上，净需求和净供给的相等使市场处于均衡状态，实际汇率也就被决定了。

与本章第一节所介绍的恒等式不同，这里的投资 I 是指私人部门的意愿投资，因此实际上暗含假定了私人投资品市场是均衡的。不存在厂商的非意愿存货的变动。因此，虽然仅仅考察了出口商品市场的情况，但这里所反映的是全部商品和劳务市场都达到均衡时的情况。这一点与我们所分析时期的特点是一致的：在长期内，任何厂商的非意愿存货的增加或减少，都会通过各个市场上的价格变动而消除。

三、经济政策对实际汇率的影响

理解了决定实际汇率的机理，可以分析和讨论不同的经济政策如何影响实际汇率。

首先来看财政政策。如果政府通过增加支出或减税来实施扩张性的财政政策，则本国储蓄将下降，$(S-I)$ 也下降，从而导致实际汇率的上升和净出口的减少。这一情况可由图 6·8 得到说明。在图 6·8 中，政府支出的增加使本国储蓄由 S_1 降为 S_2，$(S-I)$ 曲线向左移动至 S_2-I。相应地，实际汇率由 ε_1 升至 ε_2，净出口则由 NX_1 降为 NX_2。

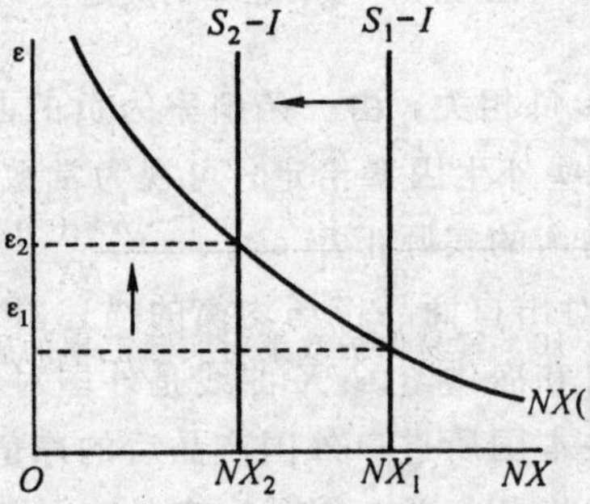

图 6·8　本国财政扩张对实际汇率的影响

如果外国政府增加支出或减少税收，将对实际汇率产生什么影响呢？我们在第二节已经分析过，外国政府支出增加，将提高世界市场利率，导致本国投资下降，$(S-I)$ 将增加。通过图 6·9 可以看出，由于世界市场利率的提高，本

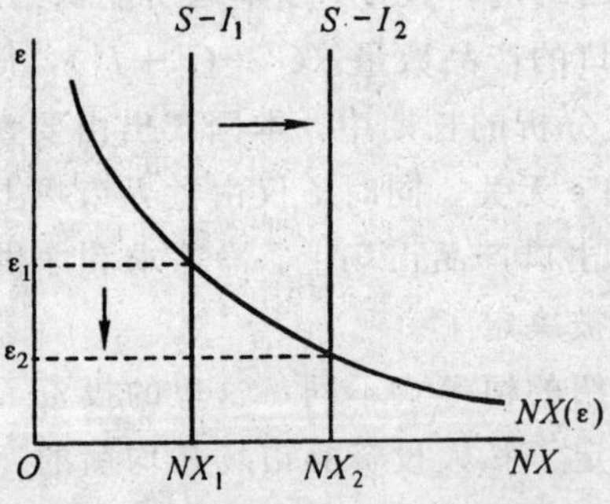

图 6·9　外国财政扩张对实际汇率的影响

国投资由 I_1 减为 I_2，（$S-I$）曲线向右移动至 $S-I_2$，从而导致实际汇率下降（由 ε_1 降为 ε_2）和净出口增加（由 NX_1 增至 NX_2）。

其次，贸易政策对实际汇率的影响也可以通过模型来分析。贸易政策一般是指限制进口政策，通常用于保护本国产业免受外国产品的竞争。常用的贸易政策有关税壁垒和进口配额两种。无论是关税壁垒还是进口配额，都会使得净出口水平上升，这在图 6·10 中表示为 NX 曲线向右上移动，从而使得实际汇率上升。在图 6·10 中，NX 曲线由 NX_1 向右移至 NX_2，均衡的实际汇率水平也由 ε_1 上升到 ε_2。

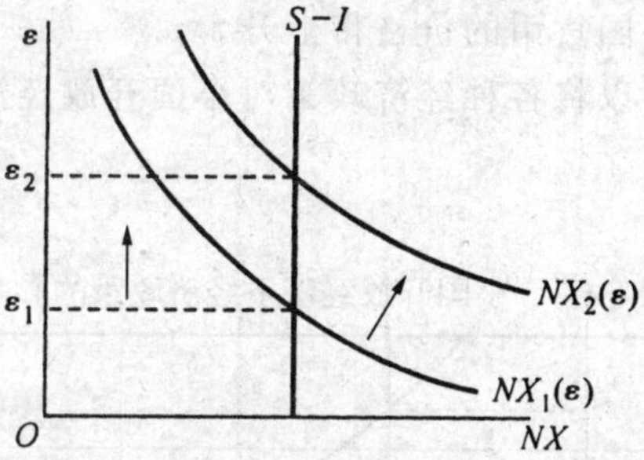

图 6·10　贸易保护政策对实际汇率的影响

从图 6·10 中，可以得到一个有趣的结论：限制进口的贸易保护主义政策并没有增加净出口产品数量。这是由于限制进口导致了实际汇率的增加，从而提高了本国产品的相对价格，减少了本国产品的出口数量，抵消了进口的减少。但是限制进口会影响贸易总额，虽然净出口数量不变，但是进口和出口数量都下降了，所以贸易总额下降了。

四、名义汇率的决定

利用（6·10）式所描述的实际汇率与名义汇率的关系，可以进一步分析名义汇率的决定。将（6·10）式改写如下：

$$e=\varepsilon\ (P^*/P) \tag{6·11}$$

该式表明，名义汇率取决于实际汇率以及两国的价格水平。如果外国价格水平上升，意味着外币的购买力下降，则本币可以换取更多的外币，这说明名义汇率将上升。如果本国的价格水平上升，则本币的购买力将下降，于是本币的名义汇率将下降，本币将贬值。

为了更清楚地揭示名义汇率变动情况，我们将（6·11）式改写成变化率的形式：

$$\frac{\Delta e}{e}=\frac{\Delta\varepsilon}{\varepsilon}+\frac{\Delta P^*}{P^*}-\frac{\Delta P}{P}$$

上式右端的最后两项即为两国通货膨胀率之差。于是有：

$$\frac{\Delta e}{e}=\frac{\Delta \varepsilon}{\varepsilon}+(\pi^{*}-\pi) \tag{6·12}$$

（6·12）式表明，名义汇率的变化率等于实际汇率的变化率加上两国通货膨胀率之差。假定其他情况不变，如果外国的通货膨胀率相对较高，那么本国货币的汇率将上升；如果本国的通货膨胀率较高，则本国货币的汇率将下降。

通过以上分析，可以发现货币政策对名义汇率的影响。从第五章，可以知道，货币供给的增加将导致通货膨胀的上升。（6·12）式告诉我们，这一结果将进一步导致本币的贬值。因此，货币供给的增加不仅将导致物价的普遍上涨，也使得以本币衡量的外国货币的价格将上升。

到此为止，我们可以将各种经济政策对小国开放经济中各变量的影响总结如表6·1所示：

表6·1　小国开放经济下经济政策的影响

政策	Y	ε	e	NX
财政扩张	0	↑	0	↓
货币扩张	0	0	↓	0
限制进口	0	↑	0	0

注：0表示无影响；↑表示增加或上升；↓表示减少或下降。

长期内，一国的产出由要素数量和生产技术所决定，这些因素都不受经济政策的影响，因此，产出不受经济政策影响。财政政策可以影响实际汇率，从而影响净出口；货币政策只能影响名义汇率，对任何实际变量均不产生影响。这与我们在第五章中所分析的货币中性是一致的。由于我们所使用的小国开放经济模型仍然坚持古典的基本假定，因此，货币在这里仍然具有“古典的二分性”，即只能影响名义变量，对实际变量不构成影响。

第四节　大国开放经济模型

到此为止，主要分析了小国开放经济中的情况。本节将修改某些假定，将前面的分析推广到大国开放经济中去。

一、对外净投资

大国开放经济和小国开放经济的一个关键区别在于对外净投资和利率的关

系。在小国模型中，资金可以按照某个固定的利率自由流进和流出。而在大国模型中，这一点就不适用了。为了清楚地说明这一点，让我们来考察对外净投资和实际利率的关系。

对外净投资等于本国对外国的投资减去外国对本国的投资。在一个开放经济中，投资者既可以投资于本国，也可以投资于外国，影响他们投资决策的一个重要因素是利率。如果本国利率较高，则投资于本国的回报率较高，流入本国的资金就较多，而流入外国的资金就较少，于是对外净投资较低；如果本国利率较低，则本国投资者就偏向于将资金贷给利率较高的外国，于是流入外国的资金较多，而流入本国的资金减少，对外净投资较高。因此，由于国内外投资者理性的资产选择行为，对外净投资（NFI）与本国的实际利率呈负相关。图 6・11 说明了这一关系。在图 6・11 中，NFI 曲线向下倾斜，表明随着本国利率的提高，对外净投资将不断减少。

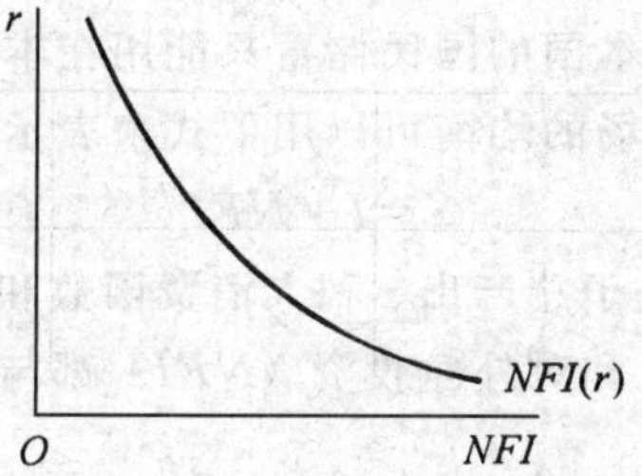

图 6・11　大国开放经济：对外净投资与利率

小国开放经济是以上关系的一个特例。对小国开放经济来说，资金的流入和流出相对世界市场上的资金流动规模较小，无法对世界市场利率产生影响，因而本国只是世界市场利率的接受者。这意味着，在给定的世界市场利率之下，该国可以借入或借出任意数量的资金。因此，对外净投资相当于一条水平线，如图 6・12 所示。

图 6・12　小国开放经济：对外净投资与利率

而对于资本市场规模较大的国家，例如美国，资金的流动则会影响世界市场利率。如果美国的对外投资较大，则意味着美国向世界资金市场上供给的资金较大，这会导致世界市场上利率下降。如果美国引进的外国投资较大，这意味着美国在世界市场上对资金的需求较大，这会导致世界资金市场上利率的上升。所以对于美国这样的大国开放经济来说，对外净投资与利率成反比。其实，这里所谓的大国，就是指资本市场规模足够大以致能够影响世界资金市场上的利率。

二、大国开放经济模型

在明确了大国开放经济与小国开放经济的区别后，可以来考虑大国开放经济中利率和汇率的决定。与前面对小国开放经济模型所做的分析类似，我们需要考察两个市场的均衡情况：可贷资金市场和进出口商品市场。

在可贷资金市场上，构成供给方的是国民储蓄，构成需求方的是本国私人投资与对外净投资之和。本国的国民储蓄只能用在本国投资和对外净投资两种用途上。因此可贷资金市场的均衡可以用下式来表示：

$$S=I+NFI$$

其中，储蓄（S）取决于总产出、私人消费函数和政府的财政政策，与利率无关；国内私人投资（I）和对外净投资（NFI）都与实际利率负相关。于是可以将上式改写为：

$$\overline{S}=I(r)+NFI(r) \qquad (6 \cdot 13)$$

我们用图 6·13 说明可贷资金市场的均衡情况。由于储蓄 S 与利率不相关，所以在图中用一条垂直线表示。国内投资 I 和对外净投资 NFI 之和与实际利率负相关，可用一条向右下倾斜的曲线表示。两条曲线的交点决定了市场的均衡利率 r^*。

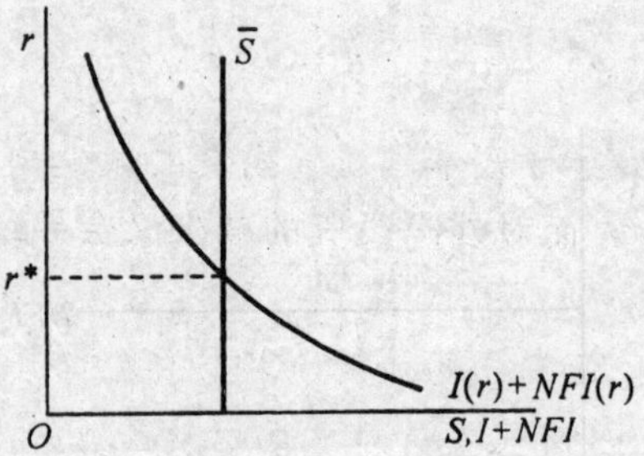

图 6·13 大国开放经济可贷资金市场均衡

在进出口商品市场上，大国开放模型与在上一节分析的小国模型是一样的。

国民收入的会计恒等式要求：

$$NX=S-I$$

其中，净出口 NX 是实际汇率的函数，而国民储蓄 S 减去本国国内私人投资 I，即为对外净投资 NFI，因此可以将上式改写为：

$$NX(\varepsilon)=NFI \tag{6·14}$$

上式左边相当于对本国净出口产品的需求，右边相当于对本国净出口产品的供给，实际汇率的调节使得市场处于均衡状态。如图 6·14 所示。图 6·14 中向下倾斜的 NX 曲线与垂直的 NFI 曲线决定了均衡的实际汇率水平 ε^*。

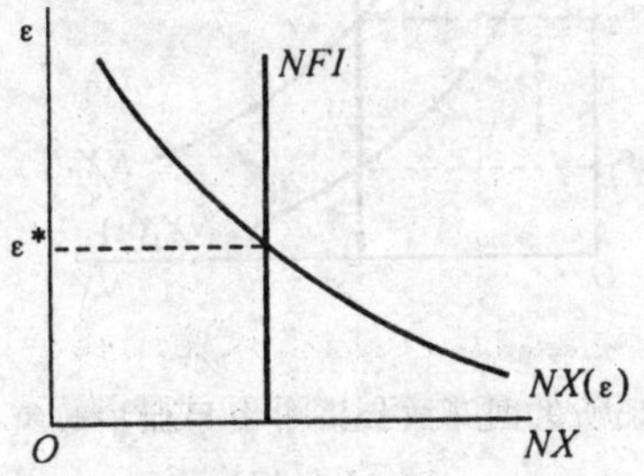

图 6·14 大国开放经济进出口商品市场均衡

与小国模型一样，名义汇率由实际汇率和国内外的价格水平决定：

$$e=\varepsilon(P^*/P)$$

其中，实际汇率由进出口产品市场的均衡决定；本国和外国的价格水平由各自的货币供给政策决定。名义汇率随着这些因素的变化而变化。

三、经济政策效果

利用我们所构造的这个大国开放经济模型，可以分析各种经济政策的效果。

首先，本国财政政策将会影响净出口和汇率。如果本国实行扩张性财政政策，将导致国民储蓄的减少，于是，可贷资金市场会出现供不应求的情况，导致利率上升。利率的上升会导致本国对外投资的减少和外国对本国投资的增加，于是对外净投资将减少，而对外净投资的减少又会导致进出口市场上实际汇率的上升和净出口的下降。如果实行紧缩性的财政政策则效果刚好相反。

注意，在这里财政政策的作用与封闭经济和小国开放经济情况下有所区别。在三种经济中，扩张性的财政政策都会导致储蓄下降。所不同的是，在封闭经济中，储蓄的下降导致投资的同比例下降，财政政策挤出了私人投资；在小国开放经济中，投资由世界市场上的利率水平决定在一个常数上，储蓄的下降导致同比例的净出口下降。而在大国开放经济中，储蓄的下降将同时导致国内私人投资的下降和净出口的下降。

其次，限制进口的贸易政策对大国开放经济与小国开放经济的作用是类似的。对进口的限制使得净出口曲线向右平移，导致实际汇率上升，而净出口数量并不发生变化。如图 6·15 所示。图 6·15 中进口减少使 NX 曲线由 NX_1 向右移至 NX_2，实际汇率由 ε_1 升至 ε_2，而由于 NFI 是一条垂直线，因此净出口数量不变。

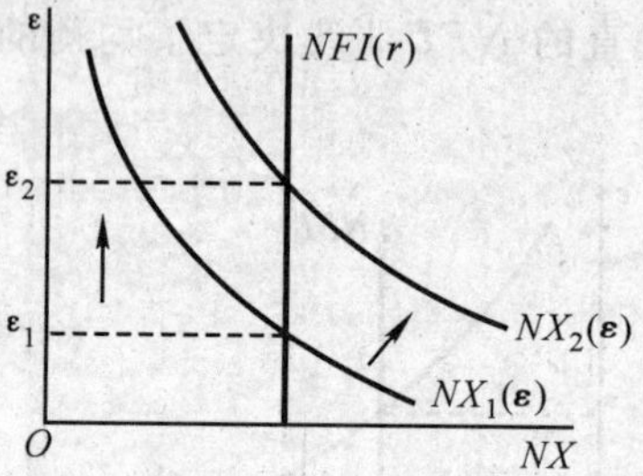

图 6·15　大国开放经济中贸易保护政策的影响

本章小结

本章介绍开放条件下宏观经济学的基本内容。

在开放经济中，一国的总支出由消费、投资、政府支出和净出口四部分构成。本国储蓄扣除本国投资后的节余部分构成对外净投资。在国民经济账户体系中，对外净投资恒等于净出口。

小国开放经济是世界资金市场利率的接受者，并以此决定国内投资水平；产出由技术和要素数量决定，在短期中是常数，在一定的税收和政府支出水平下，可得到储蓄水平。储蓄与投资的差就是净出口水平。财政政策将会影响一国的储蓄水平，从而影响到净出口。

名义汇率是两国间货币的比价，实际汇率是两国间的贸易条件。净出口是实际汇率的减函数。净出口与对外净投资的均衡决定了实际汇率水平。财政政策和贸易政策都会对实际汇率产生影响。名义汇率取决于实际汇率和两国间的物价水平。

大国开放经济可对世界资金市场上的利率水平发生影响。国内投资和对外净投资都与利率负相关。储蓄与投资之国的均衡决定了均衡利率水平。对外净投资与净出口的均衡决定了实际汇率水平。财政政策将通过影响储蓄分别影响国内投资和对外净投资，从而对净出口和汇率产生影响。贸易政策的效果与小国开放经济中情况类似。

复习思考题

1．试说明对外净投资和贸易余额的关系。

2．名义汇率和实际汇率的关系是怎样的？

3．运用小国开放经济模型预测，当下述情况分别发生时，贸易余额、名义利率和实际利率将如何变化？

（1）由于对未来的信心下降，消费者减少当前的消费以增加储蓄。

（2）限制长江流域森林的砍伐，使得我国进口更多的东南亚木材。

（3）自动取款机的普及导致人们对货币的需求下降。

4．考虑以下方程式所描述的一个经济：

$$Y=C+I+G+NX$$

其中，$Y=5\,000$；$G=1\,000$；$T=1\,000$；$C=250+0.75\ (Y-T)$；$I=1\,000-5\,000r$；$NX=500-500\varepsilon$；$r=r^{*}=5\%$。

问：

（1）这个经济中国民储蓄、投资、贸易余额、均衡汇率各为多少？

（2）假如政府支出增加250，则国民储蓄、投资、贸易余额、均衡汇率又分别为多少？并解释这些变量为什么会发生变化。

（3）假如世界市场上的利率从5%上升到10%，结果又会怎样？解释你的答案。

第二篇

宏观经济的短期模型

在上一篇中，所讨论的宏观经济的长期模型主要是建立在古典经济学的理论基础之上的。在一个完美的古典经济中，由于存在价格、工资可以自由变动的假设，名义变量的变动不会导致实际变量的变化，从而产出和就业量会稳定在自然率的水平上。因此，如果名义变量的变动引起整个宏观经济的失调，灵活的价格机制会很快地使经济恢复到充分就业的水平。

然而，在现实世界中，古典模型只是一个理想的状态。人们发现，在短期内价格、工资在很大程度上缺乏伸缩性。一项调查表明，美国39%的企业只在一年中平均变动一次价格，而10%的企业甚至在一年中变动价格的平均次数小于1。宏观经济短期内的价格、工资粘性引起了经济学家浓厚的兴趣，也构成了凯恩斯经济理论的基石。因此，在这一篇中，主要以短期内价格、工资粘性为出发点，讨论凯恩斯主义的宏观经济理论。

要指出是，价格行为在长期和短期中的不同假设会带来截然不同的结果。假定政府突然决定减少5%的货币供应量，那么，这会带来什么样的长期和短期效应呢？首先考虑长期的情况。根据古典两分法的原则，货币供应量的变动只会影响到经济生活中的名义变量，而不会影响到实际变量的变动。更具体地讲，在费雪方程式中，我们有“名义利率＝实际利率＋通货膨胀率”的公式。政府减少5%的货币供给量以后，通货膨胀率和名义利率都降低5%，而体现资本要素实际价格的实际利率却保持不变，从而产出和就业也保持不变。在短期中情况就完全不同了。由于价格、工资粘性的假设，5%的货币供应量的下降无法使名义变量同比例地下降，从而使经济生活中的实际变量受到影响。比如在劳动力市场上，在名义工资水平不变的情况下，价格水平的下降会使实际工资水平上升，厂商会选择减少雇工人数而降低产量的做法，从而引起短期的经济波动，包括产出和就业的下降。

因此，在短期模型中，经济会出现波动，市场均衡会偏离充分就业的自然水平。宏观经济的短期模型实际上就是研究短期中宏观经济偏离长期均衡的均衡状态，以及回到长期均衡的可能性和条件。

本篇共有五章构成。在第七章中，简单介绍总需求—总供给的模型，这个模型是以后分析的基础和概括。第八章将分别从产品市场的均衡和货币市场的均衡出发推导出 *IS* 曲线和 *LM* 曲线，并且进一步讨论两个市场同时达到均衡时的各种情况，以及总需求曲线的推导。这一章是凯恩斯总需求理论的核心内容。第九章分析短期总供给曲线，将讨论短期总供给曲线向右上方倾斜的原因，工资粘性模型、价格粘性模型、工人错觉模型和不完全信息模型等提供了各自的解释。并且，反映宏观经济变量相互关系的一个重要模型——菲里普斯曲线也将根据总供给曲线求出。在第八章的基础上，第十章运用 *IS—LM* 模型，试图对开放条件下宏观经济中的各种短期波动作出解释。第十一章是全篇内容的总结和深入，将介绍宏观经济政策的有关争论和经济周期理论的最新进展。

第七章

总需求与总供给

在短期内，一个经济总要经历收缩、谷底、扩张和顶峰四个阶段，在衰退和繁荣的交替中运行。在衰退期内，产出、收入、就业和贸易等宏观经济的实际变量都会出现明显的下降；而在繁荣期内，这些宏观经济变量又会出现显著上升。短期经济波动是宏观经济理论的永恒话题，也是宏观经济政策制定者十分关注的问题。本章将建立一个简单的总需求和总供给模型来分析宏观经济的短期波动与均衡，这个模型是本篇以后各章分析的基础和概括。

本章第一节分析总需求曲线，讨论总需求曲线的构成、形状和变动。第二节考察总供给曲线，在这一节中，要区别长期总供给曲线和短期总供给曲线。在第三节中，进一步分析宏观经济总量的短期均衡及其与长期均衡的关系。

第一节　总需求曲线

一、总需求和总需求曲线

总需求（Aggregate demand）是指社会在一定价格水平下所愿意购买的产品和服务的总量，也就是对国内生产总值的需求。因此，总需求反映了价格水平和总需求量之间的关系。

按照总需求的定义，用 AD 代表总需求，总需求由以下四个部分构成：

$$AD=C+I+G+NX$$

(笔记更复杂些)

其中 C 代表消费需求，是指国内居民对产品和服务的需求；I 代表投资需求，是指企业购买资本品的需求；G 表示政府需求，是指政府采购产品和服务的需求，NX 代表净出口需求，是指外国购买本国产品和服务的净需求。总需求的四个构成部分实际上也是总支出的四个组成部分，我们在第二章已经进行了讨论，此处不再重复。

我们可以用总需求曲线 AD 来表示总价格水平和总需求量之间的关系，如

图 7·1 所示。从图中可以发现，总需求曲线向右下方倾斜，表示随着价格水平的提高，人们愿意购买的商品总量不断下降；而随着价格水平的下降，人们愿意购买的商品总量则不断上升，这一性质和我们在微观经济学中讨论的需求规律相同。但在微观经济学中，我们分析是单个市场的情况。比方说，当猪肉的价格上涨时，牛肉变得相对便宜，消费者就会用牛肉来替代猪肉，从而减少对猪肉的需求量，因而对猪肉的需求曲线是向下倾斜的。在宏观经济领域，这种个别产品间的替代效应已经失去意义。因为，当价格水平发生变动时，产品间的替代效应意味着一种商品需求量的增加势必带来另一种商品需求量的减少，社会需求总量仍然没有发生变化，而仅仅是消费者的需求结构发生了变化。而宏观经济学考察的是商品总需求量的变化，并不是单个商品需求量的变化。那么，是什么原因导致了向下倾斜的总需求曲线呢？

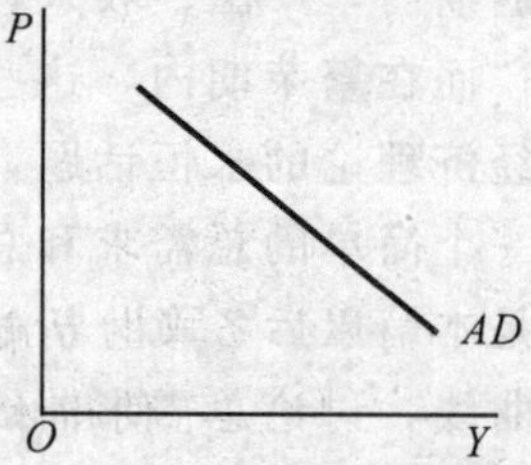

图 7·1 总需求曲线

我们说，总需求曲线向下倾斜主要取决于实际资产效应、跨期替代效应和开放替代效应等三个因素。

1. 实际资产效应

事实上，人们会由于各种原因持有一定数额的资产，如货币、基金、股票、债券等。人们保存一定数额资产的原因可能是为了准备自己或子女上大学的费用，也可能是为了退休后过上一个安逸舒适的生活，还有可能是为了购买一幢面积更大的房子。当价格水平上升时，人们手中名义资产的数量不会改变，但以货币实际购买力衡量的实际资产的数量会减少，这就意味着他原来的计划可能要大打折扣，如学费上涨后交不起学费等。为了实现未来的计划他必须保持实际资产数额不变，因此，人们在收入不变的情况下就会减少对商品的需求量，增加名义资产存量。因此，随着总价格水平的上升，人们会减少对商品的需求量而增加名义资产数量以保持实际资产数额不变；而随着总价格水平的下降，情况就会相反，这就是实际资产效应。实际资产效应的结果使价格水平上升时，人们所愿意购买的商品总量减少；价格水平下降时，人们所愿意购买的商品总量增加，总需求曲线因此向下倾斜。

2. 跨期替代效应

一般来讲，价格上升时会抬高利率水平，这一点在第八章中要进一步论述。不过，现在可以直观地体会到这一点。当价格水平上升时，流通中的实际货币数量就会减少，在利率不变的情况下，就会出现货币市场上对实际货币的过度需求，为了平衡人们对货币的过度需求，利率水平必然上升。这样，价格水平上升必然带来利率水平的提高。我们知道，利率水平的提高也就意味着当前消费的机会成本增加而未来消费的预期收益提高，因此，人们会减少当前消费量，增加未来消费量。因此，随着总价格水平的上升，人们会用未来消费来替代当前消费从而减少对商品的需求总量；而随着总价格水平的下降，人们则会用当前消费来替代未来消费从而增加对商品的总需求量，这就是跨期替代效应。跨期替代效应也会导致总需求曲线向下倾斜。

3. 开放替代效应

在开放经济的条件下，替代效应还表现为开放替代效应。当一国价格水平上升时，在其他因素不变的情况下，其他国家生产的产品就会变得相对便宜，本国居民就会用外国产品来替代本国产品，增加对进口品的需求；而外国居民则用本国产品替代外国产品，减少对出口品的需求，因此净出口需求量从而商品总需求量会减少。因此，总价格水平上升，人们会用进口来替代出口从而减少对国内商品的需求量；而总价格水平下降，人们则会用出口来替代进口从而增加对国内商品的需求量，这就是开放替代效应。当一个经济对外开放时，开放替代效应就构成了总需求曲线向下倾斜的另一个原因。

二、总需求曲线的变动

总需求曲线表达了在其他因素不变的条件下，价格水平与商品总需求量之间的一种关系，而其他因素发生变动就会造成总需求曲线的移动。从宏观经济的角度来看，造成总需求曲线移动主要有以下几个因素：

1. 预期

预期包括预期收入、预期利润率、预期通货膨胀等。人们预期未来收入提高时会增加他们当前的个人消费需求，从而增加总需求，使总需求曲线向右移动，如图 7·2 所示，总需求曲线由 AD_0 右移至 AD_1，表示在任一价格水平下，消费者的需求量都增加了。而人们预期收入下降的作用正好相反，总需求曲线会由 AD_0 向左移至 AD_2，表示总需求的减少。预期利润率的提高会扩大企业的投资需求，其作用与预期收入相同。预期通货膨胀上升会使当前商品的价格变得相对便宜而未来商品价格变得相对昂贵从而扩大对当前商品的总需求；预期通货膨胀下降则相反。

2. 政府政策

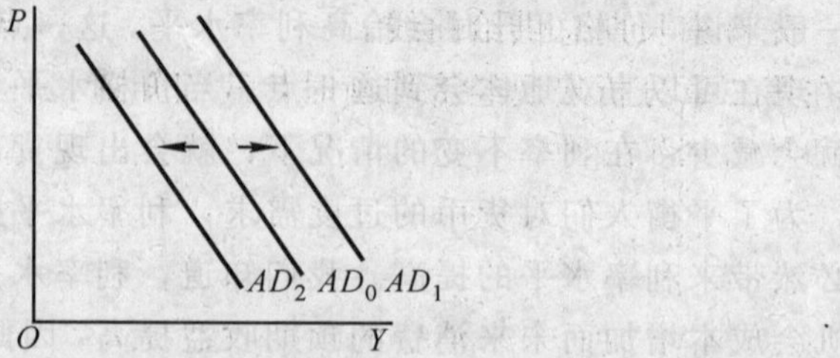

图 7·2　总需求曲线的移动

政府的宏观经济政策是影响总需求的一个十分重要的因素。政府实行扩大政府购买支出的财政政策会直接增加总需求，总需求曲线就会向右移动；而缩减政府开支就会使总需求下降。货币政策对总需求曲线的影响比较间接。当政府采取扩大货币供应量的货币政策时，利率水平会下降从而导致投资需求增加，总需求曲线向右移动；而减少货币供应量的结果恰好相反。

按照对总需求的不同作用，政府宏观经济政策大致可以区分为扩张性政策和紧缩性政策两类。从财政政策来看，凡是能够刺激增加总需求的财政政策，通常的手段包括增加政府购买、降低税收等，被称作扩张性财政政策。反过来，凡是能够抑制总需求的政策，政策手段包括减少政府支出、提高税收等，被称作紧缩性财政政策。从货币政策来看，凡是能够增加货币供应量从而刺激总需求的货币政策，被称作扩张性货币政策。反过来，凡是能够减少货币供给量从而抑制总需求的政策，被称作紧缩性货币政策。

3. 世界经济

世界经济会通过各种渠道来影响一国的总需求，其中主要体现在两个方面：汇率和外国收入的变动。汇率上升意味着本国商品的相对价格上升，外国商品相对价格下降，本国将扩大对进口的需求而外国将减少对出口的需求，于是，本国净出口将减少，总需求下降；汇率下降的作用相反。外国收入增加会扩大对本国商品的需求，在进口不变的情况下增加净出口需求，总需求上升；反之则相反。

第二节　总供给曲线

一、长期总供给曲线

总供给（Aggregate supply）是指在任一价格水平下，企业所愿意提供的产品和服务的总量，因此，总供给曲线反映了价格水平和总供给量之间的关系。和总需求曲线的情况有所不同，在这里首先要区分长期总供给曲线和短期总供给曲线。先考察长期总供给曲线。

在第二章分析宏观经济均衡时，我们知道，一个社会长期的总产量取决于既定的技术水平和这个社会现有的生产要素的存量。而在任一时期，技术水平是不变的，生产要素的数量也是不变的，因此生产函数就可表示为：

$$Y = F(\overline{K}, \overline{L})$$

在古典经济中，由于价格、工资可以灵活变动，因此所有的生产要素都被充分利用，即资本不存在闲置，劳动力达到充分就业，这时经济的产出称为潜在的产出水平，用 $\overline{Y}$ 来表示，这也就是长期总供给。因此，长期总供给曲线（Long-run aggregate supply curve，简称 LAS）表现为一条与横轴垂直的直线，如图7·3所示。垂直的长期总供给曲线表示一个社会长期总产出不受价格变动的影响，而是由技术进步和资本、劳动等要素投入数量决定。由于生产要素都得到了充分利用，因此，在长期总供给水平上失业率等于自然失业率。

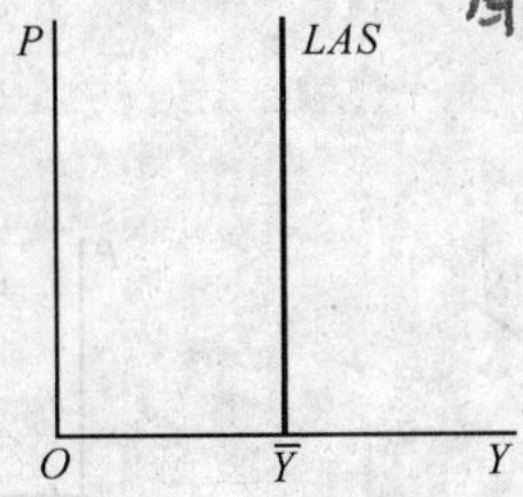

图 7·3　长期总供给曲线

在实际世界中，长期总供给往往可以认为是一国在相当长一段时间内的平均产出，也就是由长期平均增长率决定的产出。在 1960—1995 年期间，美国实际 GDP 的年平均增长率约为 3%，这一水平被认为是长期的自然增长率，显然，这一产出率与价格因素无关，而是由劳动生产率（技术进步）和人口、资本的增长速度决定的。

在图 7·3 中引进向下倾斜的总需求曲线就可以考察古典模型中的长期均衡。如图 7·4 所示，如果总需求曲线为 AD_0，宏观经济的均衡点为总需求曲线与垂直总供给曲线的交点 A，此时，均衡的价格水平为 P_0，总产量为固定不变的长期产量 $\overline{Y}$。假定政府采取增加货币供应量的扩张性货币政策，使总需求曲线由 AD_0 移动至 AD_1，相应的均衡点变为 B，价格水平从 P_0 上升到 P_1，而总产出 $\overline{Y}$ 仍然保持不变。由此可见，货币供应量的增加只是抬高了价格水平等名义变量，实际经济变量在调整过程中并未发生任何变化，这正是古典模型中二分法的结论。

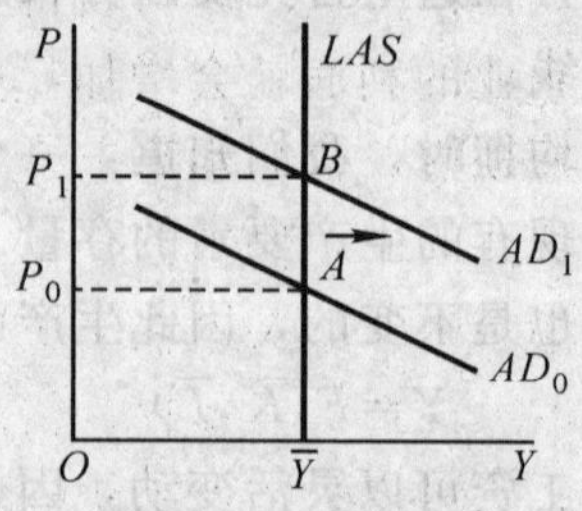

图 7·4　长期均衡

二、短期总供给曲线

与长期总供给曲线不同，短期总供给曲线（Short-run aggregate supply curve，简称 *SAS*）向右上方倾斜，如图 7·5（a）所示，表示短期内随着价格水平的下降，企业所愿意提供的产品和服务总量不断减少；而价格水平上升时则相反。

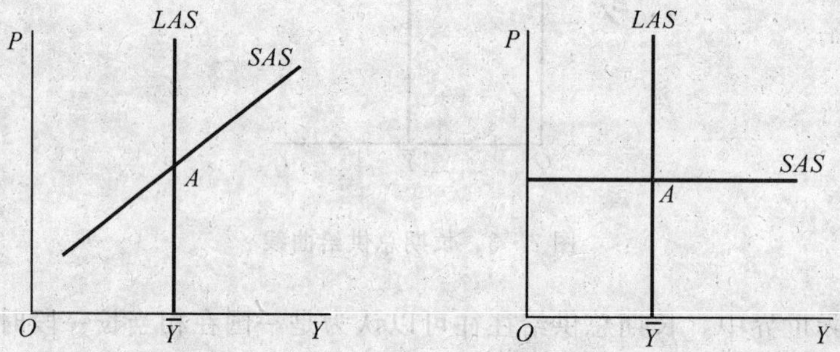

（a）向上倾斜的短期总供给曲线　　　（b）水平的短期总供给曲线

图 7·5　短期总供给曲线

为向上倾斜的短期总供给曲线提供理论解释是宏观经济学争论的核心部分。对此，经济学家进行了深入和广泛的探讨，在第九章中，将有较为详细的介绍。在这里，可以作一简单的推论。一般来讲，短期内的劳动价格——工资表现为相对稳定，因为工资水平是由劳资双方的工资合同决定的。我们知道，工资合同一旦签订就会在一段时间内保持稳定（任何合同都不可能随时随意修改），一般是 2～3 年时间甚至更长，因此工资在短期内就不具备伸缩性。原材料价格也有同样的情况。企业的原材料一般都是大宗产品，如钢材、石油、煤等，大宗产品的交易经常也是采取合同方式进行，因此在一定程度上也会缺乏伸缩性。这样，由于企业的成本（工资、原材料价格等）在短期内表现出相对稳定，当产品价格上升时，企业的利润就会增加，企业就会扩大生产，社会总产量也就随之增加。因此在短期内，价格水平上升，厂商所愿意提供的总产量就会增加，表现出短期总供给曲线向上倾斜。

因此，总供给曲线向上倾斜的原因关键在于决定总供给的价格因素——货币工资在短期内不具备充分的灵活性。只要在价格水平变动时，名义货币工资变动滞后于价格的变动，实际工资就要发生变动，企业的利润也要发生变动，从而企业就会按照变动的价格来调节生产，短期总产量就有可能发生变动。如果考虑一个极端的例子，就是名义工资完全缺乏伸缩性，也就是不论价格如何变动，工人的工资始终保持不变，那么短期总供给曲线就是一条与横轴平行或者接近与横轴平行的水平线，如图 7·5（b）所示。水平的短期总供给曲线是凯恩斯理论的极端情况，它表明由于名义货币工资保持不变，当价格一旦上升，企业就可以在成本完全不变情况下生产社会所需要的任一水平的产量，或者说，企业可以在现行工资水平下获得他们所需要的任意数量的劳动力。比较图 7·5 和图 7·3 可以知道，如果假定价格、工资完全具备伸缩性，那么总供给曲线就是一条与价格无关的垂直的曲线；如果假定价格、工资在一定程度上不具备伸缩性，那么总供给曲线就是一条与价格相关的向上倾斜的曲线；而如果假定价格、工资完全不具备伸缩性，那么，总供给曲线就是一条与价格完全相关的水平的曲线。它们分别代表了宏观市场机制完全有效、部分失灵和完全失灵的三种情况。大部分经济学家都认为，第一种情况代表了宏观经济的长期趋势，第二种情况在很大程度上反映了宏观经济的短期均衡，而第三种情况在现实生活中较少出现，但作为一种分析工具，还是具有一定的理论价值。在这一篇的分析中，我们主要考察向上倾斜的总供给曲线。

值得指出的是，与任意一条长期总供给曲线相对应，都存在一条短期总供给曲线。也就是说，在任一时期，一个社会都存在着两种产量：现实产量和潜在产量，短期总供给曲线代表现实产量，而长期总供给曲线代表潜在产量。现实产量与价格变动有关而潜在产量与价格变动无关。在图 7·5 中，长期总供给曲线与短期总供给曲线的交点 A 表明社会的现实产量正好等于潜在产量，而在短期总供给曲线的其他地方，现实产量都会偏离潜在产量，而造成这种现象的原因就是价格、工资在短期内缺乏伸缩性。

三、总供给曲线的变动

由于存在两条总供给曲线，因此总供给曲线的变动分为长期和短期两种情况，我们分别进行讨论。

1. 长期总供给曲线的变动

一个社会长期总供给主要受人口(劳动力)、资本存量和技术等因素的影响，因此人口和资本存量增加以及技术进步都会增加总供给；反之则相反。假定一项新的电脑技术被广泛引入到生产过程，提高了整个社会的劳动生产率，使社会总产量提高，总供给曲线向右移动，如图 7·6 (a) 所示。在图中，可以看到，技术进步使长期总供给曲线由 LAS_0 向右移至 LAS_1，整个社会的潜在产出水平由 $\overline{Y}_0$ 提高至 $\overline{Y}_1$，这种产量增长属于自然增长，因为整个增长过程与价格变动无关。

长期总供给的增加意味着与之对应短期总供给也会增加，这是因为在短期内短期总供给量和长期总供给量会出现偏离，但在长期内两者必须相等，也就是说，长期总供给是短期总供给的基础。从图 7·6 (a) 中可以看出，与长期总供给曲线对应的短期总供给曲线由 SAS_0 平行右移至 SAS_1，代表潜在产量与现实产量一致的两条曲线的交点也由 A 右平移至 B，表明在任一价格水平下，由于潜在的社会总产量增加，企业所愿意提供的总产量也随之提高。

2. 短期总供给曲线的变动

一个经济的短期总供给主要受工资、原材料价格的影响，工资水平和原材料价格的上涨会带动成本上升从而导致短期总供给减少，而工资水平和原材料价格的下降则会造成短期总供给增加。假定工会的成立增强了工人集体谈判的能力，使工人的工资水平增加，在产品价格不变的情况下企业的利润减少，因此企业会减少总供给量，使短期总供给曲线向左移动。在图 7·6 (b) 中，短期总供给曲线由 SAS_1 向左移至 SAS_2，表示在既定价格水平下，成本的上升使厂商所愿意提供的总产量减少。

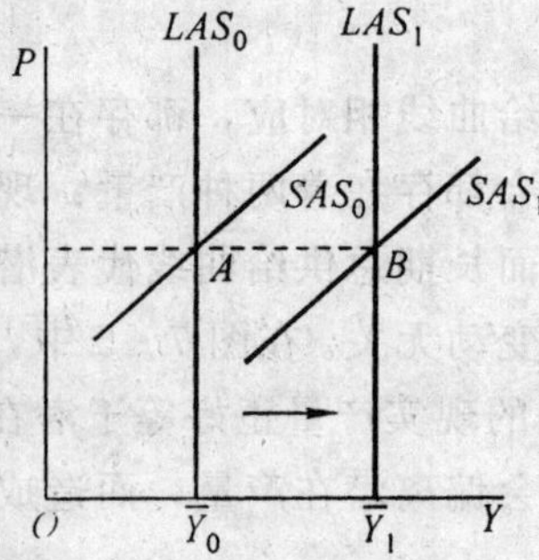

(a) 技术进步的影响

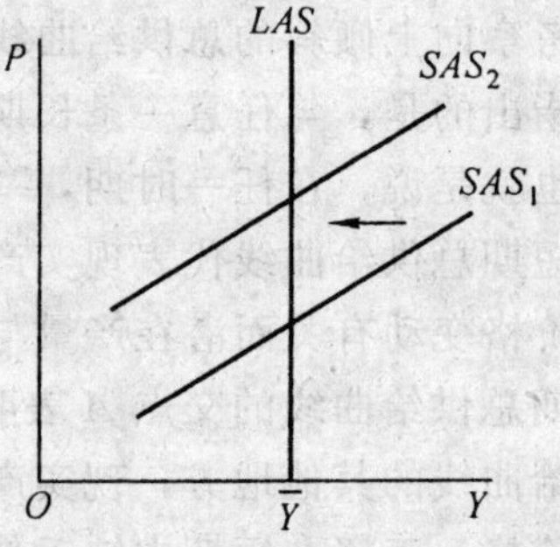

(b) 原材料价格上涨的影响

图 7·6 总供给曲线的变动

值得注意的是，成本上升并不会造成一个社会人口和资本存量的变化，也不会改变当前的技术状况，因此长期总供给曲线并不会发生变化，这在图中就反映为短期总供给曲线沿着同一条长期总供给曲线左移，表明在短期总供给减少的过程中，社会潜在的总产量保持不变。

第三节　宏观总量的短期均衡

一、短期均衡与经济波动

如果把总需求曲线和短期总供给曲线放在一起，就可以考察宏观经济的短期均衡。

在图7·7中，总需求曲线 AD 和短期总供给曲线 SAS 在 E 点相交，此时，从短期来看，社会总需求量正好等于这个社会能够提供的总供给量，也就是说，社会所愿意购买的产品和服务的总量正好等于企业所愿意提供的产品和服务的总量，宏观总量达到了短期均衡。此时决定的均衡价格水平是 P^*，均衡总产量是 Y^*。从图中可以看到，如果价格水平大于 P^*，总供给大于总需求，也就是说，企业所愿意提供的产品和服务的总量要超过社会对这些产品和服务的需求总量，那么，经济会出现总量剩余，于是，价格水平会下降。随着价格水平的下降，一方面人们持有的实际资产的数量会上升，为了保持实际资产的平衡，人们会用商品来替代名义资产从而增加对商品的需求总量；另一方面，在成本不变的情况下企业的利润会减少，企业就会缩减生产从而减少商品的总供给量，一直到总需求量等于总供给量为止。如果价格水平低于 P^*，总需求大于总供给，也就是说，企业所愿意提供的产品和服务的总量不能满足社会对这些产品和服务的总需求量，那么，经济就会出现总量短缺，于是，价格水平会上升。随着价格水平的上升，人们会不断减少总需求量，企业会不断增加总供给量，直到总需求量等于总供给量。因此，只有在 E 点，价格水平和总产量不再发生变动，整个经济达到了短期均衡。

那么，宏观的短期均衡与长期均衡有什么关系呢？由于短期总供给量会偏离长期总供给量，因此从长期均衡的角度出发，宏观经济的短期均衡会出现三种情况。

1. 失业均衡

失业均衡是指短期均衡产量低于长期潜在产量的均衡状态。如图7·8 (a) 所示，由总需求曲线 AD_0 和短期总供给曲线 SAS_0 的交点 A 决定了宏观经济的短期均衡。在 A 点，从短期来看，一个社会总需求量正好等于总供给量，此时均衡价格水平为 P_0，均衡总产量为 Y_0。但从长期来看，A 点并不在长期总供给曲线上，因此，经济虽然处在短期均衡状态但并没有达到长期均衡。从图中7·8 (a) 可以看到，短期均衡点 A 在长期总供给曲线的左边，由此决定的短期均

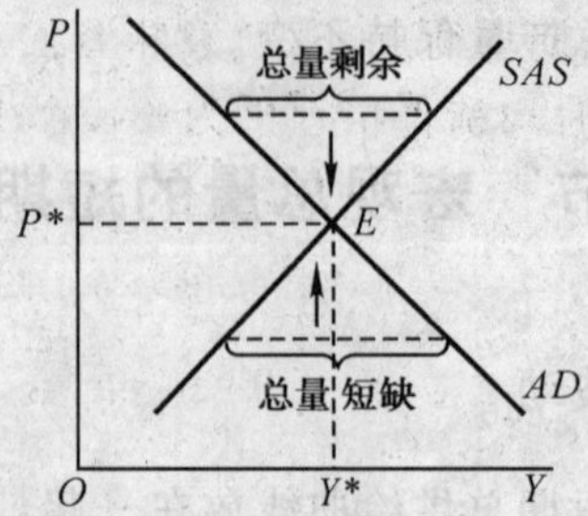

图 7·7　短期总量均衡

衡产量 Y_0 要低于长期的潜在产出水平 $\overline{Y}$，这表明整个社会的生产资源没有得到充分利用，劳动和资本出现了闲置，失业率要大于自然率，因此，现实的均衡产量低于长期潜在产量的短期均衡也称之为失业均衡。

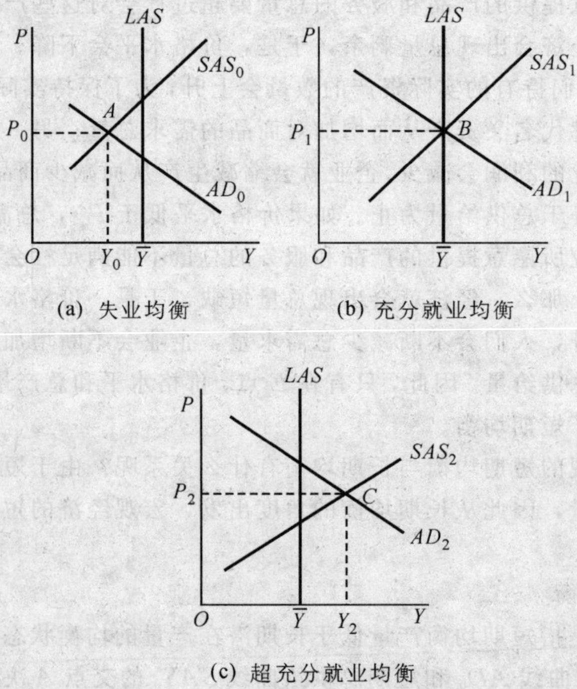

图 7·8　宏观总量的短期均衡

2. 充分就业均衡

充分就业均衡是指短期均衡产量正好等于长期潜在产量的均衡状态。图

7·8(b)中总需求曲线 AD_1 和短期总供给曲线 SAS_1 的交点 B 正好在长期总供给曲线上，因此，B 点也是长期均衡点，这就意味着宏观经济在达到短期均衡的同时也达到了长期均衡，此时均衡价格水平为 P_1，均衡产量就是长期潜在产量 $\overline{Y}$。在长期均衡下整个社会的生产资源得到充分利用，失业率等于自然率，因此，现实的均衡产量等于长期潜在总供给的均衡也称之为充分就业均衡。

3. 超充分就业均衡

超充分就业均衡是指短期均衡产量大于长期潜在产量的均衡状态，图 7·8 (c)反映了这种情况。从图中可以看出，总需求曲线 AD_2 和短期总供给曲线 SAS_2 在 C 点相交，此时均衡价格水平为 P_2，均衡总产量为 Y_2，由于 C 点并不在长期总供给曲线上，因此，C 点不是长期均衡点。与图 7·8 (a) 不同的是，短期均衡点 C 在长期总供给曲线的右边，由此短期均衡产量 Y_2 要高于长期潜在的产量 $\overline{Y}$，这表明社会生产资源得到了超充分水平的利用，失业率小于自然率，因此，现实均衡产量大于长期潜在总供给的均衡也称之为超充分就业均衡。

在实际中，生产资源的超充分使用表现为工人加班加点、自愿失业者有了工作、生产设备的过度使用等。值得注意的是，超充分就业均衡对宏观经济来说也不一定是一件好事情。这是因为，一方面经济过热会刺激总需求，导致通货膨胀的产生；另一方面工人的加班加点和生产设备的过度使用会影响企业生产的正常运行，不利于经济的长期增长。比方说，一列火车客车车厢的定额载客人员为 100 人，这是在火车正常运行情况下的载客人数。假定当乘车人多时，一列车厢载客 150 人，比定额数增加了 50%。从短期来看，这提高了火车的运载效率；但从长期来看，载客过多会加速火车车厢和铁路的损耗，还会影响行车的安全，因此对铁路的长期正常运行是不利的。

一个经济可能出现三种短期均衡状态不是一个随机的过程，而是由三种均衡状态依次不断转化构成的、有一定规律的过程。一般来讲，一个社会由失业均衡转为充分就业均衡，再由充分就业均衡转化为超充分就业均衡，这一过程也就构成了经济的扩张时期。超充分就业均衡处在扩张期的顶峰阶段，此时现实的总产量大于潜在的总产量，失业率低于自然失业率，表明了经济的繁荣。然而，繁荣不可能持久，宏观经济会由超充分就业均衡转为充分就业均衡，再由充分就业均衡转化为失业均衡，这一过程就是经济的收缩时期。失业均衡形成了收缩期的谷底阶段，这时现实的总产量小于潜在的总产量，失业率高于自然率，反映了经济的衰退。这样，短期均衡围绕着长期均衡波动形成了一个周而复始的过程，这也就是经济周期的扩张、顶峰、收缩和谷底四个阶段。因此，周期经济波动实际上就是短期均衡不断地、有规律地偏离长期潜在均衡的过程，而短期均衡与长期均衡的偏差也就反映了周期经济波动的幅度。

已经指出，长期总供给可以认为是由一国长期平均增长率所决定的总产出，因此，短期均衡围绕着长期均衡的波动在实际中就表现为实际的增长率围绕长期平均增长率波动。资料显示，1960—1995 年间，美国 GDP 的年平均自然增长率约为 3%，在繁荣年份，实际经济增长率都要高于这一增长率，而在衰退时期，实际经济增长率都要低于这一水平。

那么，一个自然而然的问题是，经济是如何由短期均衡偏离长期均衡又从短期均衡调整到长期均衡的呢？这可以从总需求和总供给两个方面作一简单分析。

二、总需求冲击

总需求的冲击往往会使宏观经济的短期均衡偏离长期均衡，导致经济波动的产生。影响总需求变动的因素有很多，这里仅考虑货币政策这一因素。我们假定政府认为目前经济可能要转入衰退阶段，决定增加货币供应量，货币供应量的增加会扩大总需求，使总需求曲线向右移动。

为了清楚地考察这一政策变量对宏观经济的影响，假定在货币供应量增加之前经济处在长期均衡状态。如图 7・9 所示，由总需求曲线 AD_0 和短期总供给曲线 SAS_0 决定的短期均衡点 A 恰好等于长期总供给，A 点也是长期均衡点，均衡价格水平为 P_0，均衡产量为潜在总产量 $\overline{Y}$。现在假设政府突然增加货币供应量，总需求曲线由 AD_0 移动到 AD_1，均衡点将偏离长期均衡从 A 点移动到 B 点，相应的均衡价格水平和均衡总产量分别为 P_1 和 Y_1。B 点和 A 点相比，价格水平上升，实际产出大于潜在产出，失业率要小于自然率，整个社会处在超充分就业均衡状态。

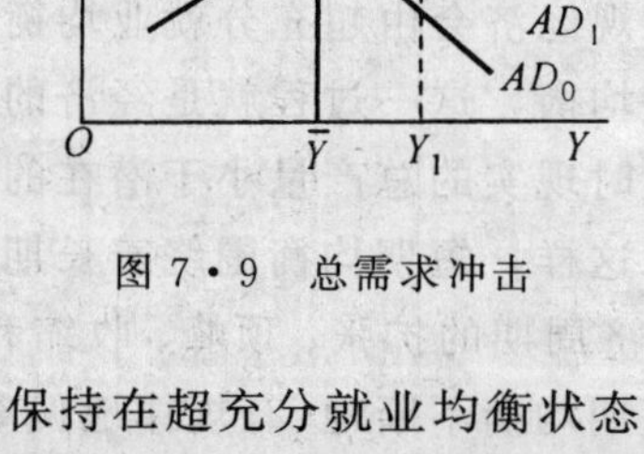

图 7・9 总需求冲击

一个经济不可能长久保持在超充分就业均衡状态，因为随着时间的推移，工资、价格会对总需求的变动作出反应，使社会调整到长期均衡状态。例如，在名义货币工资不变的情况下，价格的上升意味着工人实际工资（实际购买力）下降。当工人发现自己工资的实际购买力下降时，就会提出增加工资的要求，而厂商由于价格上升时得到了超额利润也会同意工人的要求，这样在新的合同中，工人的工资会增加。工资的增加会增加成本，企业就会缩减生产从而减少总供给，短期总供给曲线会向左移动。由于人们对价格的变动有一个逐步适应的过程，而且工资的调整也不可能一步到位，因此在没有其他外部因素干预的情况下，宏观经济回到长期均衡将是一个缓慢的过程，这就表现短期总供给曲线沿着总需求曲线 AD_1 逐步地由 B 点向左移动，一直到长期均衡点 C，此时短期总供给曲线为 SAS_1。在 C 点，总需求曲线 AD_1 和短期总供给曲线 SAS_1 在长期总供给曲线上相交，宏观经济重新达到了长期均衡，此时均衡价格水平为 P_2，高于原先的水平，但均衡总产量保持不变，仍为潜在产量 $\overline{Y}$。

总之，在短期中，由于某些名义变量不具备充分伸缩性，货币供应量的变动会造成实际产量的变动。但在长期中，市场机制的作用会使名义变量的变动趋向一致：货币供应量增加会带来价格水平的同比例的提高，而价格水平的提高则会逐步促使名义货币工资同比例的增加，因此长期内实际工资保持不变，企业只能得到正常利润，失业率会回到自然率的水平。也就是说，货币供应量的变动并不能改变一国潜在的长期总产量，潜在的总产量的变动仍然取决于技术、人口和资本存量等实际因素。

通过以上的分析可以发现，正向的总需求冲击在长期内并不能改变社会的潜在产出，而只会提高价格水平，带来通货膨胀。如果政策制定者不能正确地预测到未来经济的走向，宏观经济政策就有可能人为地使经济脱离长期均衡的轨道而引发通货膨胀。在某种情况下，这种预测失误还有可能加剧经济的波动。例如，在 20 世纪 60～70 年代，美国的货币流通速度一直是相当稳定的变量。但是进入 80 年代，美国的货币流通速度却突然下降。美联储最初没有预计到货币流通速度的减慢，因此没有采取放松货币供给的扩张性政策。当美联储在 1982 年发现了货币流通速度减慢后，又担心扩张性的货币政策会诱发价格水平的进一步上涨，仍然采取了反通胀的紧缩性政策，最终导致了 80 年代初期的经济衰退。

三、总供给冲击

总供给冲击是造成宏观经济的短期均衡偏离长期均衡的另一因素。影响总供给波动的因素也是相当多的，在这里主要考察短期总供给的波动。短期总供给主要受工资、原材料价格的影响。

最典型的也是最具影响力的总供给冲击来自 20 世纪 70 年代初期的石油输出国组织的限产提价政策。在这一政策支配下，世界石油市场的石油供给急剧减少，油价大幅度上涨，如 1971—1974 年间石油的实际价格上涨了四倍，从而导致了企业成本增加，使短期总供给曲线向左移动。

我们仍然假定在石油提价之前经济处在长期均衡状态，也就是图7·10(a)中的A点，此时均衡价格水平和均衡产量分别为P_0和$\overline{Y}$。现在假设石油价格突然上涨，短期总供给曲线由SAS_0移动到SAS_1，短期均衡点从A点移动到B点，相应的均衡价格水平和均衡总产量分别变为P_1和Y_1。B点和A点相比，价格水平上升，实际产出下降，失业率要大于自然率，整个社会处在失业均衡状态。这种通货膨胀与经济衰退并存的现象也称为“滞胀”(Stagflation)。1974年石油提价后，美国的通货膨胀率达到了11%，失业率也达到了5.6%，第二年继续上升至8.5%，出现了典型的滞胀局面。

政策制定者面临由于总供给波动而引起的滞胀后，一般有两种选择。第一个选择是保持总需求曲线不变，等待市场机制进行调节，如图7·10(a)所示。石油提价会促使人们采取节能措施和寻找替代能源，以减少对石油的依赖。例如，石油危机后日本生产的小型省油汽车开始风靡美国，使美国的汽车耗油量大大下降；另一方面，核能、太阳能、水能也得到更快的发展，在更大范围里实现了对石油的替代。这样，人们对石油的需求量会不断减少，从而促使世界市场上石油价格逐步下降。石油价格的下降导致企业成本的下降，企业会扩大生产使总供给增加，表现为短期总供给曲线沿着总需求曲线AD_1逐步地向原先长期均衡点A移动，一直回到A点。但是，这个过程相当漫长，因为节能和开发新能源都需要时间，因此整个经济会面临一段较长时期的衰退。

第二个选择是扩大总需求，如图7·10(b)所示，政府可以采取扩张性宏观经济政策将总需求曲线从AD_0移动到AD_1，均衡点将会从B点移动到C点。在C点，均衡产量回到了原来的潜在的水平，但价格水平却进一步上升。这样，经济可以避免长期经济衰退的痛苦，但必须付出通货膨胀的代价。

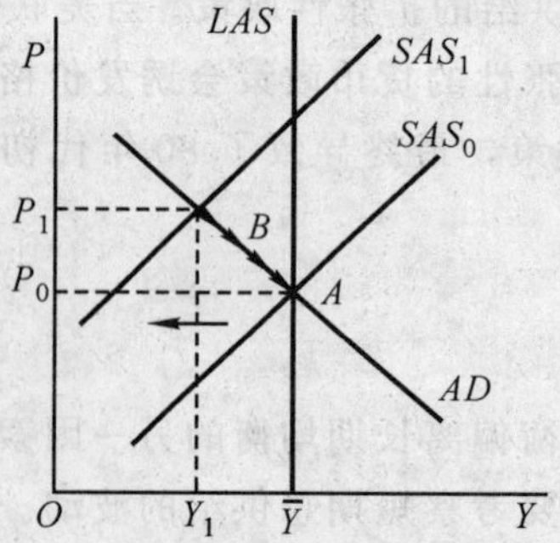

(a) 总需求不变

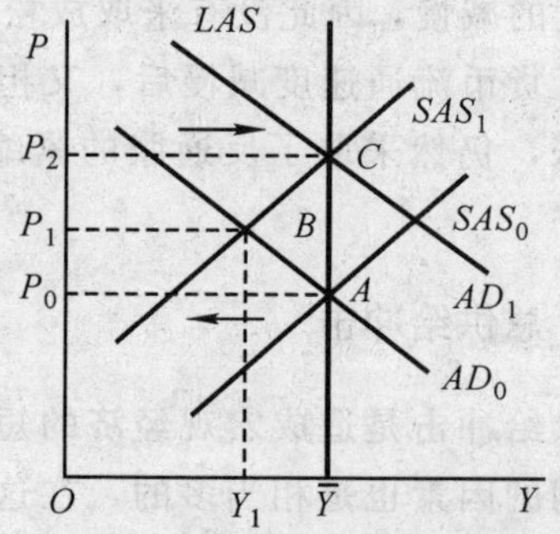

(b) 总需求变动

图7·10 总供给冲击

因此，对于治理总供给冲击引起的经济衰退来说，政策制定者就有一个目标选择问题。如果政策制定者选择的目标是防止通货膨胀，从而采取让市场自动调节的政策，那么社会必须忍受一段时期的经济衰退；而如果选择的目标是避免长期经济衰退，从而采取扩大总需求的措施，那么社会必须付出通货膨胀的代价。关于宏观经济政策，在以后的章节中还有专门的介绍。在这里，需要指出的是，宏观经济政策不可能面面俱到，任何一个可行的宏观政策在达到某个目标时都存在牺牲其他目标的可能性，在提高社会福利的同时又可能要社会付出一定的代价。

本章小结

总需求—总供给模型提供了一个分析宏观经济的短期波动和均衡的工具。宏观经济的短期均衡与长期均衡根本差异在于，在短期内工资、价格不能自由变动使经济调整到充分就业的水平。

在古典模型价格具备充分伸缩性的条件下，长期总供给曲线是一条垂直曲线，即潜在产出保持在由技术、劳动、资本等因素决定的自然率水平上，不受价格变动的影响。在这种情况下，总需求波动只会影响价格水平，对实际产出不发生影响。

在短期工资等成本固定不变情况下，短期总供给曲线是一条向上倾斜的曲线。这时，实际产出水平取决于总需求曲线和短期总供给曲线的交点，因此短期均衡有可能偏离长期均衡。总需求的波动和总供给的波动都将导致经济的波动，通过市场机制的调节或政府的宏观经济政策，经济可以回到长期均衡，但实行宏观经济政策的结果有可能导致通货膨胀。

复习思考题

1. 试解释总需求曲线向下倾斜的原因。

2. 请简述宏观经济中短期均衡和长期均衡的区分。在什么情况下两者达到一致，在什么情况下两者又会偏离。

3. 中央银行减少货币供应量在短期和长期内分别会对经济产生什么影响？

4. 假定中央银行 A 和中央银行 B 有不同的目标偏好。中央银行 A 关注价格水平的稳定，而中央银行 B 则关注如何使产出和就业水平保持在自然率的水平上。现假定经济面临不同的外生冲击因素：

(1) 外国收入减少；

(2) 石油价格上升。

请分析中央银行 A 和中央银行 B 在不同的目标偏好下会有如何不同的政策选择。

5. 请举出若干中国经济生活中的实例来说明总需求冲击和总供给冲击如何导致宏观经济的短期波动。

第八章

总需求理论

在上一章中，我们简单讨论了总需求—总供给模型，这个模型实际上通过长期总供给曲线和短期总供给曲线的不同形状对古典理论和凯恩斯理论进行了区别。可以看到，如果总供给曲线不是一条垂直的曲线，产出和收入就要受到总需求的影响，因此总需求理论在凯恩斯理论中占有非常重要的地位。

在第七章中，已经讨论了总需求曲线，在这一章要通过 *IS*—*LM* 模型对总需求理论进行进一步的分析。*IS*—*LM* 模型主要讨论在价格不变的情况下国民收入的决定。*IS* 曲线是投资（Investment）和储蓄（Saving）的代称，代表产品市场的均衡，即投资等于储蓄。*LM* 曲线是流动性（Liquidity）即货币的需求和货币供给（Money）的代称，代表货币市场的均衡，即货币需求等于货币供给。由于利率同时影响到投资和货币需求，所以产品市场和货币市场必须同时达到均衡才能最终确定均衡产量和均衡利率，这被称为总需求的均衡。

本章第一节讨论在价格不变的情况下产品市场的均衡和国民收入的决定。第二节考察货币市场的均衡和利率的决定。在第三节中，从产品市场和货币市场的均衡推导和分析 *IS*—*LM* 模型，考察均衡的利率和国民收入的决定。第四节运用 *IS*—*LM* 模型分析政府的宏观经济政策，并在 *IS*—*LM* 模型的基础上进一步推导出总需求曲线。

第一节　国民收入的决定

一、计划支出线

我们首先从简单的三部门（家庭、企业和政府）国民收入决定开始讨论产品市场的均衡。可以把一个社会中家庭、企业和政府所愿意购买的产品和服务的总量定义为计划总支出，并且用 E 来表示，那么 E 由三个部分构成：

$$E=C+I+G \tag{8·1}$$

其中 C 代表消费，I 代表投资，G 代表政府购买。要注意的是，计划总支出的三个构成部分实际上就是在前一章中封闭经济下总需求的三个组成部分。总需求反映了价格与总需求量之间的关系，而在这里假定价格不变，因此使用计划总支出的概念。我们知道，消费 C 是可支配收入（$Y-T$）的函数，其中 T 代表税收，即：

$$C=C(Y-T) \tag{8·2}$$

为了简化分析，我们假定政府税收 T 为零，消费函数可以用如下的线性方程表示：

$$C=a+bY \tag{8·3}$$

这样，计划支出 E 可以进一步表示为：

$$E=a+bY+I+G \tag{8·4}$$

即计划支出 E 是收入 Y 的函数。从第二章的分析中可知，自生消费（a）、投资（I）和政府购买（G）都与收入变动无关，它们属于自生支出（Autonomous expenditure），用 A 来表示。bY 是随着收入增加而增加的支出，因此属于派生支出（Induced expenditure），用 eY 来表示，e 代表边际支出倾向（Marginal propensity to spend），表示每增加一单位收入所增加的支出。在这个简单的模型里，派生支出实际上就是派生消费，e 也就等于边际消费倾向 b。因此，式（8·4）又可表达成：

$$E=(a+I+G)+bY \tag{8·5}$$

或者：

$$E=A+eY$$

这表明计划总支出由自生支出和派生支出两个部分构成。式（8·5）可以用图 8·1 的计划支出线直观地来表示。从图中可以看出，自生支出线 A 与横轴平行，

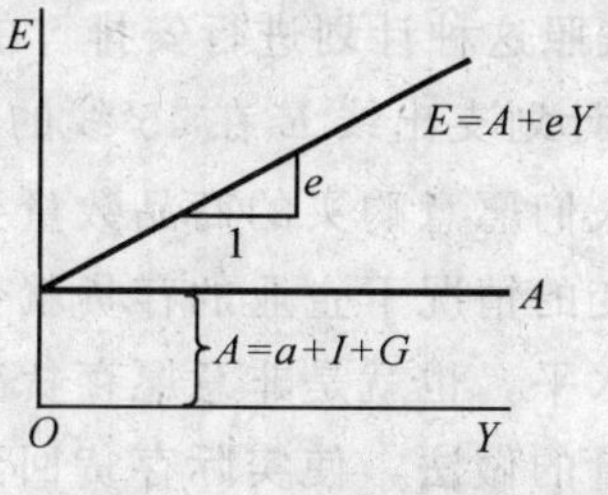

图 8·1　计划支出线

其与横轴的垂直距离代表固定不变的自生支出。计划支出线与自生支出线交于纵轴，表示收入为零时，计划支出等于自生支出。计划支出线由此交点出发向右上倾斜，表示随着收入的增加，计划支出不断地增加，其斜率 dE/dY 就是边际支出倾向 e。

P146~149 要看

二、国民收入的决定

按照第二章第一节的国民收入恒等式，实际支出始终等于国民收入，但是在现实生活中，计划支出和实际支出并不总是相等，因而计划支出也并不始终等于国民收入。如果计划支出大于实际支出，表明人们购买计划得不到满足，因此在价格不变的情况下，实际支出会增加以满足人们支出的计划；如果计划支出小于实际支出，结果就会相反。因此只有在两者相等的情况下，实际支出也就是国民收入才会达到均衡。在图 8·1 中引入一条 45°线，就可以考察均衡国民收入决定的情况，如图 8·2 所示。在图中可以看到，由于 45°线上每一点都代表计划支出（E）和实际支出（Y）相等，计划支出线与 45°线在 B 点相交，因此在 B 点上整个社会的计划支出正好等于实际支出，此时宏观经济达到了均衡，由此决定的均衡国民收入为 Y_0。

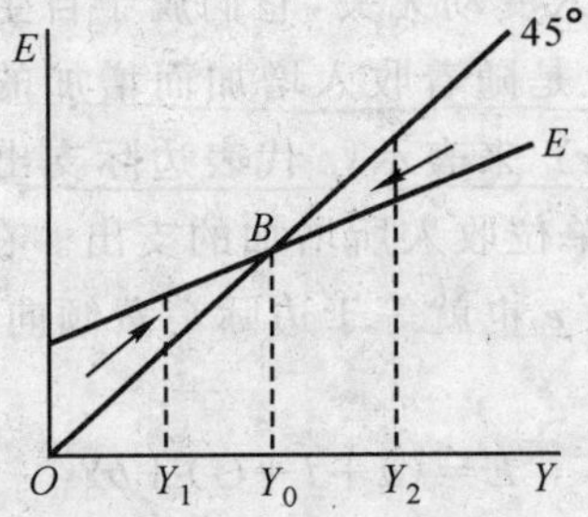

图 8·2　国民收入的决定

那么，宏观经济是如何趋向这个均衡点的呢？在这里要结合存货变动的情况进行分析。

实际上，任何企业都会有计划地准备一定数额的存货以满足市场变化的需要，而企业的正常生产会按照这种计划进行安排。在图 8·2 中，当实际支出为 Y_1 小于均衡的支出 Y_0 时，计划支出线 E 在 45°线的上方，表明此时计划支出大于实际支出，也就是说，人们愿意购买的商品数量要大于企业在正常情况下提供的商品数量，在价格不变的情况下企业的存货就会减少。存货的减少会使企业实际的存货低于计划的水平，也就是非意愿存货减少，在这种情况下，厂商会选择增加雇员，扩大产量的做法，使实际存货回到计划的水平，因此国民收入 Y 会增加，一直到计划支出等于实际支出为止。当实际支出为 Y_2 大于均衡的支出 Y_0 时，计划支出线 E 在 45°线的下方，表明此时计划支出小于实际支出，在价格不变的情况下企业的存货就会非意愿地增加，因此厂商会减少雇员，降低产量，从而使国民收入 Y 减少，一直到两者都相等为止。因此，只有当计划支出等于实际支出（图中 B 点）时，厂商的实际存货等于计划存货，非意愿存货的变动为零，企业既不会扩大产量也不会缩减产量，实际国民收入也就不再变动，从而达到了均衡。

我们还可以举一个例子来具体说明存货调整的情况。例如，一家汽车生产商每天计划的存货是1 000辆汽车，当存货保持在这一水平时，生产就会按部就班地进行。如果计划支出大于实际支出，人们计划购买汽车的数量要大于企业正常情况下生产的数量，存货就会非意愿地减少，比方说减少到500辆，这时企业就会扩大生产，国民收入就会增加，一直到存货恢复到计划1 000辆的水平。而如果计划支出小于实际支出，存货就会非意愿地增加，比方说增加到1 500辆，这时企业就会缩减生产，使实际存货回到计划的水平。因此，只有当计划支出等于实际支出时，非意愿存货变动为零，企业的生产趋于正常，整个国民经济也就达到了均衡。

三、收入和支出的变动

在上面这个简单的国民收入决定模型中，如果其他因素发生了变动，都会对收入和支出产生影响。造成这种影响的原因又可以分为自生支出的变动和边际支出倾向的变动。

1. 自生支出的变动

在封闭经济下，构成自生支出的因素有自生消费（a）、投资（I）和政府购买（G），这些因素的变动都会导致自生支出的变动，从而使计划支出线平行移动（计划支出线的斜率不变），在这里，假定政府购买增加使自生支出增加。

如图8·3所示，当政府购买增加ΔG以后，计划支出线由E_0向上平行移动

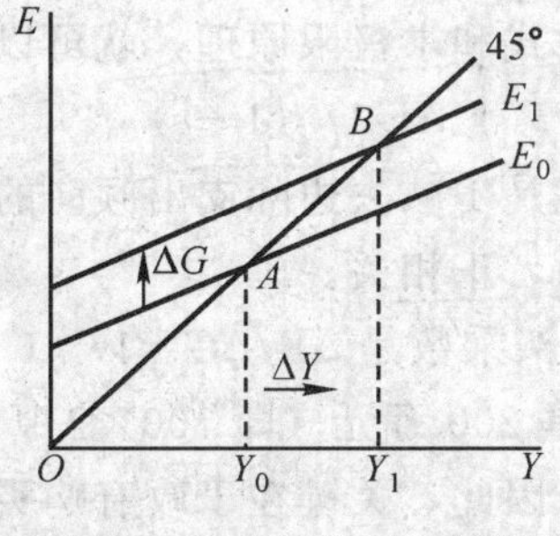

图8·3　自生支出的变动

ΔG单位至E_1，在新的均衡点B点处，均衡国民收入也随之增加，从Y_0增加到Y_1，显示了增加政府购买对于总需求的扩大效应。从图中也可以进一步发现，总收入的增量ΔY要明显大于政府购买的增量ΔG。这是因为，政府购买（自生支出）增加后引起了国民收入的增加，国民收入增加后又增加了派生支出，因此，均衡的国民收入的增量等于自生支出的增量加上派生支出的增量，所以要大于

自生支出的增量。由此可见，自生支出的增加对于总收入的扩张具有成倍的放大效应，我们把这种放大效应叫做自生支出乘数（Autonomous expenditure multiplier），用 k 来表示，即：

$$k=\Delta Y/\Delta A \tag{8·6}$$

可见，自生支出乘数是总收入的增量和自生支出的增量之比。

如果自生支出的增加只是由于政府购买增加的结果，如在这个例子中，自生支出乘数也表现为政府购买乘数（Government purchase multiplier），即：

$$k=\Delta Y/\Delta A=\Delta Y/\Delta G \tag{8·7}$$

政府购买乘数是总收入的增量和政府购买的增量之比。而我们把这种政府购买增加对于国民收入的放大效应称之为“乘数效应”。

那么，在实际生活中，这种乘数效应是如何产生的呢？我们可以通过分析从政府购买增加到总收入扩张之间的传递机制来进一步解答这个问题。

假定边际支出倾向 $e=0.5$，政府购买一次性增加了 100 万元，现在考察这额外增加的 100 万元对于总收入的影响。首先，随着 100 万元的政府购买的投入，总支出直接增加了 100 万元，即人们的总收入也增加了 100 万元。在收入水平增加的情况下，由于边际支出倾向 $e=0.5$，消费也将增加 50 万元，同时总支出和总收入也增加 50 万元。在这种新增加 50 万元中，又将有 25 万元投入消费，从而总支出和总收入又将增加 12.5 万元……，这个过程将不断地重复下去，那么最终总支出和总收入的增加额将会是多少呢？注意以下的代数表达式：

$$\Delta Y=\Delta G+e\Delta G+e^2\Delta G+\cdots+e^n\Delta G \tag{8·8}$$

即：

$$k=\Delta Y/\Delta G=1+e+e^2+\cdots+e^n \tag{8·9}$$

利用简单的等比数列求和公式和求极限原理，就可以计算出：

$$k=1/(1-e) \tag{8·10}$$

我们发现，政府购买乘数就是 1 减去边际支出倾向的倒数，因此，边际支出倾向越大，乘数也就越大，两者正相关。

在上述例子中，政府购买乘数是 $\Delta Y/\Delta G=1/(1-0.5)=2$，而总支出和总收入的最终增加额（$\Delta Y$）是 200 万元（即 100×2），于是，政府的购买支出转换成总支出时放大了一倍。因此，关键在于政府购买对于扩大总支出的效应不是一次性的，而是连续地发生作用，这种连续的作用是通过支出和收入在社会生产和消费中不断循环完成的。

乘数效应是凯恩斯主义宏观经济学的重要理论基础。乘数效应表明，在总需求不足的情况下，政府只需启动微小的政策变量，就可以对总需求的扩张产生较大的影响。要注意的是，乘数效应是一把双刃剑，也就是说，在政府购买减少的情况下，总支出和总收入也会同样成倍减少。

2. 边际支出倾向的变动

从式（8·10）中可以看出，政府购买的乘数效应不仅取决于政府购买增量的大小，而且还取决于边际支出倾向的大小。那么边际支出倾向又受哪些因素影响呢？我们仍然考虑封闭经济的情况。

如果在模型中引进税收 T，那么计划总支出为：

$$E=C\ (Y-T)\ +I+G \tag{8·11}$$

假定政府统一征收比例税，即 $T=t\cdot Y$，其中 t 为边际税率，即每增加一单位收入所增加的税收，显然 $0<t<1$，因此式（8·11）可写成：

$$E=C\ (Y-tY)\ +I+G \tag{8·12}$$

再假定线性消费函数，则有：

$$E=a+bY\ (1-t)\ +I+G \tag{8·13}$$

对式（8·12）求导可得：

$$e=\mathrm{d}E/\mathrm{d}Y=b\ (1-t) \tag{8·14}$$

因此，边际支出倾向的大小取决于边际消费倾向 b 和边际税率 t。边际消费倾向越大，表明可支配收入中用于消费的比重越大，总收入中用于支出的部分也就越多；而税率越高，收入中可支配收入的比重也就越小，在边际消费倾向不变的情况下，用于消费从而支出的部分也就越少，因此，边际支出倾向与边际消费倾向成正方向变化而与税率成反方向变化。

假定政府调低税率使边际支出倾向增大，表现为计划支出线的斜率加大，如图 8·4 所示。在图中，可以看到，由于税率的降低使边际支出倾向增加，计划支出曲线由 E_0 沿着与纵轴相交的 A 点向外旋转至 E_1，均衡点也由 B 变为 C，均衡的国民收入由 Y_0 增加到 Y_1。这表明在自生支出不变的情况下，税率的降低加大了边际支出倾向，从而导致了均衡的国民收入增加。

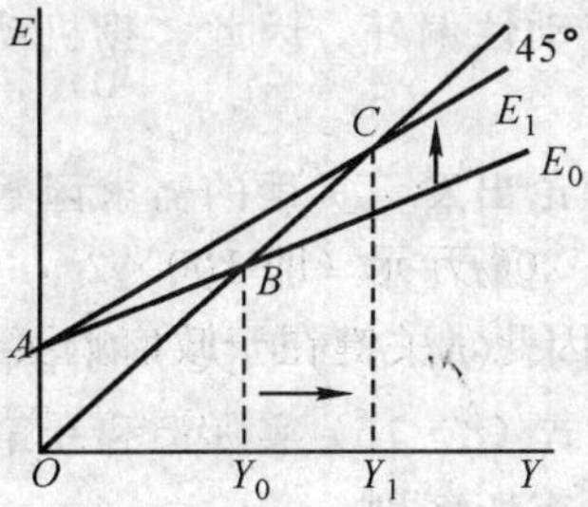

图 8·4　边际支出倾向的变动

第二节 利率的决定

一、货币的需求

现在由产品市场转到货币市场，讨论货币市场的供求关系和利率的决定。关于货币供给和需求理论在第三篇第十四章中还有专门介绍，在这里只是对货币需求和供给作一简单分析。

人们为什么愿意持有一定数量的货币？这就是对货币的需求问题。凯恩斯理论认为，人们持有货币是由流动性偏好决定的。我们知道，所谓流动性就是指持有货币在交易过程中的便利性，而人们愿意持有货币以保持这种便利性的倾向，就被称作流动性偏好。因此，流动性偏好就是对货币的需求。凯恩斯把流动性偏好产生的原因归结为人们的三个动机：交易动机、预防动机和投机动机。交易动机是指人们持有一定数量货币的目的是为了日常交易。日常交易的大小与人们的收入水平有关，因此交易性货币需求与收入水平 Y 相关。当收入水平上升时，交易也会相应上升，而交易性需求也会上升；反之，当收入水平下降时，交易也会相应减少，而交易性需求也会随之减少。预防动机是指人们为了应付意外事件而持有一定数量的货币。收入高的人为预防而持有的货币要多一些；而收入低的人不会准备较多的货币去应付不测事件，因此，预防性需求与交易性需求一样，都与人们的收入存在着正相关关系。

投机动机与上述两个动机不同。投机动机是指人们持有货币是为了在证券市场上进行投机。利率 r 则是持有货币的机会成本。当利率上升时，意味着持有货币的机会成本上升，消费者倾向于放弃货币而持有债券，以取得利息收入。反过来，当利率下降时，意味着持有货币的机会成本下降，消费者又倾向于放弃债券而持有货币，以满足流动性偏好。因此，投机动机的存在使对货币的需求与利率水平成反方向变化。

因此，从流动性偏好理论出发，货币的需求函数可表达为：

$$(M/P)^d = L\ (r,\ Y) \tag{8·15}$$

也就是说，对实际货币的需求 $(M/P)^d$ 取决于利率 r 和国民收入 Y。如果不考虑预期通货膨胀率的因素，式（8·15）实际上和在第五章中讨论货币需求函数相同，当然其中的经济含义有所区别。

如果假定收入不变 $Y=\overline{Y}$，那么货币的需求受利率的影响，如图 8·5 所示。图中的货币需求曲线 MD 显示了货币需求和利率 r 之间的反向关系：当利率上升时，货币需求下降；当利率降低时，货币需求则上升。

如果收入发生了变动，会引起货币需求曲线的移动。假定人们的收入提高，

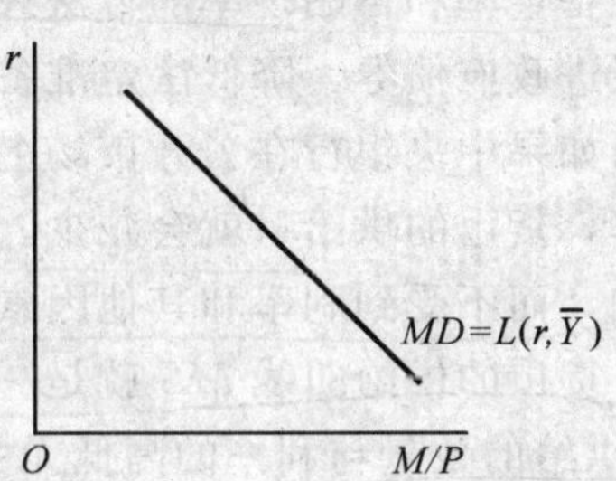

图 8·5　货币的需求曲线

交易性货币需求和预防性货币需求都会提高，表现为图 8·6 中货币需求曲线向右移动，由 MD_0 变为 MD_1。在图中，可以看到，由于人们收入的提高，在利率不变的情况下，对货币的需求量增加。

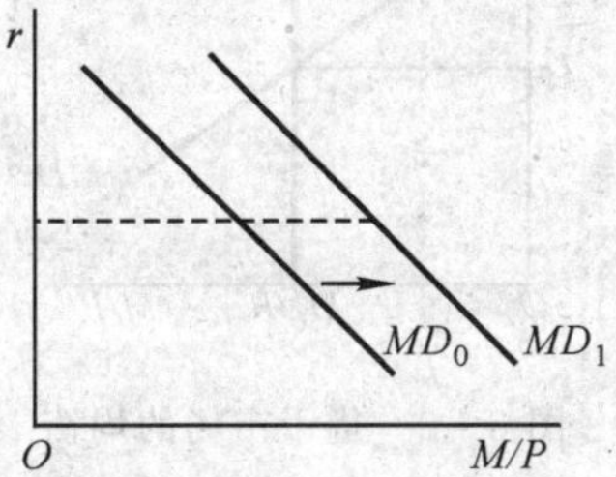

图 8·6　收入增加

二、货币的供给

货币供给量 M 是外生决定的，它是由中央银行所独立控制的政策变量，因此，货币供给函数如下：

$$(M/P)^s = \overline{M}/P \tag{8·16}$$

中央银行主要通过公开市场买卖政府债券来控制货币供应量。除此以外，中

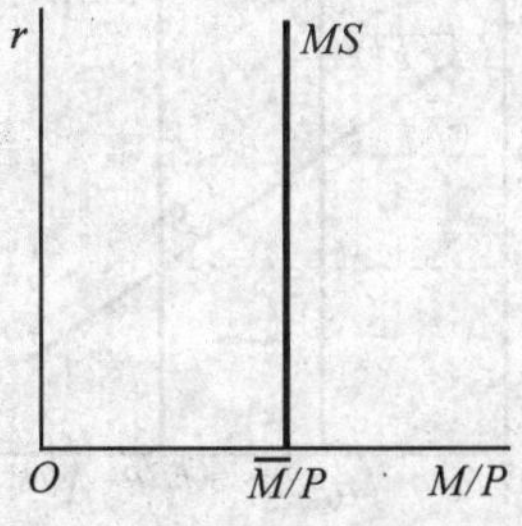

图 8·7　货币的供给曲线

央银行还可以采取改变准备金率和再贴现率的方法来调节货币的供给量。如果中央银行在公开市场上买进政府债券、降低法定准备率或者降低再贴现率，货币的供给量就会增加；而如果中央银行在公开市场上卖出政府债券、提高法定准备率或者提高再贴现率，货币的供给量就会减少。因此，货币供给量只受中央银行的货币政策的影响，而不受到利率和其他因素的影响。

用几何图形来表示，货币的供给曲线 MS 就是一条与横轴垂直的直线，如图 8·7 所示，表示货币供给的数量与利率的高低无关。

三、利率的决定

我们在图 8·8 中把货币需求曲线 MD 和货币供给曲线 MS 结合起来，就

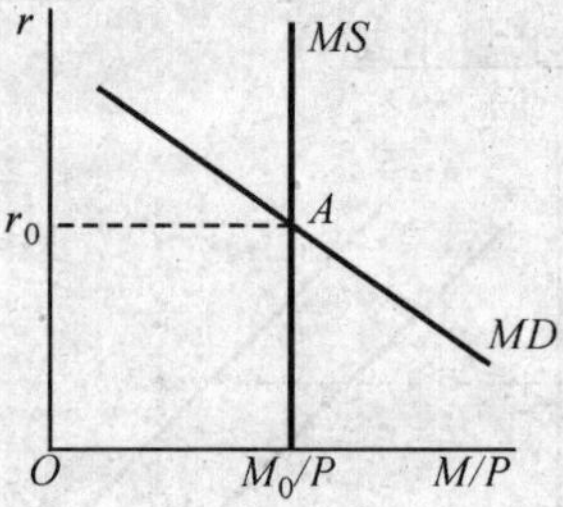

图 8·8　货币市场的均衡

可以看到货币市场的均衡。货币供给曲线决定了流通中的货币供给总量 M_0/P，货币需求曲线与货币供给曲线在 A 相交，表明在 A 点货币的需求量正好等于货币的供给量，也就是说，人们愿意持有的货币数量恰好等于社会上能够得到的货币数量，货币市场达到了均衡，此时的利率水平为 r_0。如果利率高于 r_0，货币的供给量要大于对货币的需求量，那么利率就会下降，人们愿意持有的货币数量也就随之增加，一直到货币的需求量正好等于货币的供给量。而如果利率低于 r_0，货币的需求量要大于货币的供给量，那么利率就会上升，使两者相等。

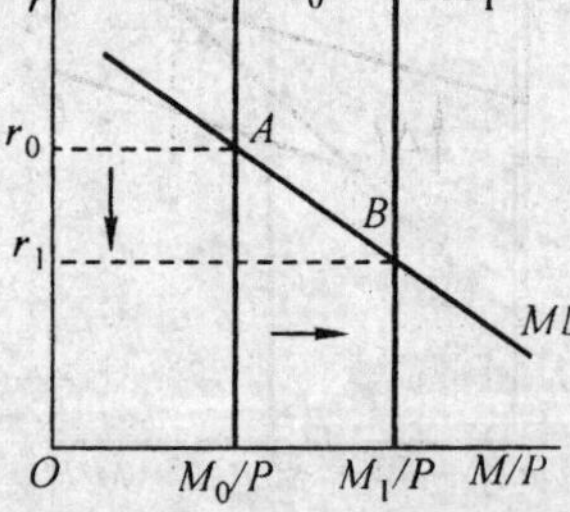

图 8·9　货币供给量的增加

因此，只有在 A 点，利率水平不再变动，从而达到均衡，r_0 也就是均衡的利率水平。

在货币需求不变的情况下，货币供给量的变动也会影响到利率水平。假定中央银行在公开市场上买进政府债券，市场上的债券会减少，货币会相应地增多，在利率水平不变的情况下，货币的供给量就会大于货币的需求量，因此利率水平必然下降使两者趋于一致。这样，货币供给量的增加会导致利率水平下降，如图 8·9 所示。当货币供给量由 M_0/P 增加到 M_1/P 时，货币供给曲线由 MS_0 向右移至 MS_1，均衡点由 A 变为 B，均衡的利率水平也由 r_0 下降到 r_1。

四、利率的传导机制

在第七章中，我们看到，货币供应量的增加，会使总需求曲线向右移动，从而导致均衡的国民收入增加。为什么货币供给量的增加会引起收入的增加呢?关键在于货币供给的增加使利率下降，从而导致投资的增加，最终引起收入的上升，这被称作为“利率的传导机制”。

在第一节简单的国民收入决定模型中，我们没有考虑利率对于投资的影响。

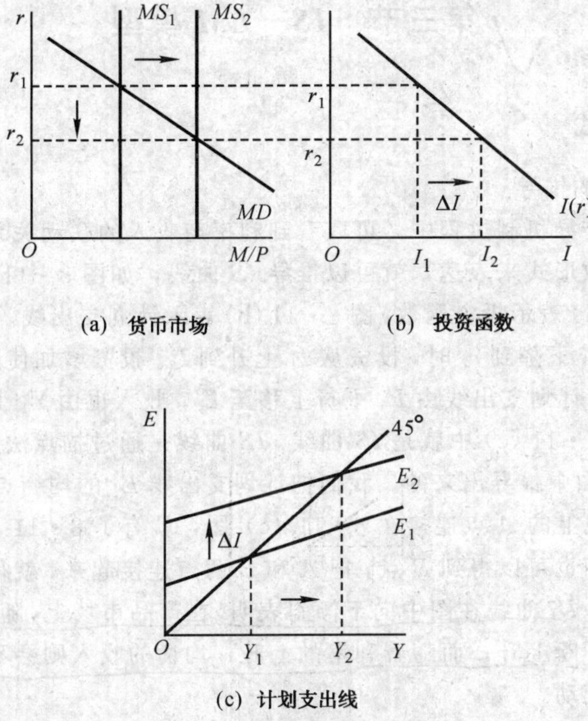

图 8·10　利率的传导机制

现在开始放松这个假定，把投资看成是利率的减函数，即 $I=I\ (r)$。这样，在上述的国民收入决定模型中，再配上投资函数，即 $E=C\ (Y-T)\ +I\ (r)\ +G$，就可考察利率的货币传导机制。

图 8・10 显示了利率的传导机制的作用过程，图 8・10（a）代表货币市场的均衡，图 8・10（b）为投资函数，图 8・10（c）代表国民收入的决定。我们先看货币政策实行前的情况。在图 8・10（a）中货币市场的均衡利率水平为 r_1 时，图 8・10（b）中由投资函数决定的投资水平为 $I_1=I\ (r_1)$，图 8・10（c）中相应的计划支出线为 $E_1=C\ (Y-T)\ +I\ (r_1)\ +G$，由此决定的均衡的国民收入为 Y_1。现在，中央银行扩大货币供应量，图 8・10（a）中货币供给曲线由 MS_1 向外移至 MS_2，货币市场均衡的利率水平由 r_1 降至 r_2。在图 8・10（b）中，当利率从 r_1 下降到 r_2 时，投资从 I_1 上升到 I_2，即 $I_2=I\ (r_2)$，上升幅度在图中用 ΔI 来表示。投资增加使图 8・10（c）中的自生支出增加，计划支出线平行向上移动 ΔI 的距离，得到新的计划支出线 $E_2=C(Y-T)+I(r_2)+G$，均衡的国民收入同时也由 Y_1 上升到 Y_2。这样，整个经济就完成了利率传导机制的一个过程，通过利率的传导，可以看到，扩张性的货币政策带来了均衡国民收入的增加。

第三节 *IS*—*LM* 模型

一、*IS* 曲线

1. *IS* 曲线的推导

从利率的传导机制过程中，可以看到利率与收入的联动关系，如果把这种联动关系用函数形式来表达，就可以推导 *IS* 曲线，如图 8・11 所示。

图 8・11（a）表示投资函数，图 8・11（b）表示计划支出线。当图 8・11（a）的利率水平从 r_1 下降到 r_2 时，投资从 I_1 上升到 I_2。投资增加使图 8・11（b）中自生支出增加，计划支出线由 E_1 平行上移至 E_2，收入也由 Y_1 上升到 Y_2。这种关系反映在图 8・11（c）中就是 *IS* 曲线。*IS* 曲线是通过描点法从 8・11（a）图和 8・11（b）图中推导出来的。我们把计划支出线 E_1 的均衡点 A 和当利率为 r_1 时的投资曲线上的 A 点连接在 8・11（c）图，就有了 8・11（c）图的 A 点。同样的办法我们也可以得到 B 点，把 A 和 B 两点连接起来，就得到了一条向下倾斜的 *IS* 曲线。*IS* 曲线在图中向下倾斜表明，在产品市场上，随着利率的下降，均衡的收入会不断上升；而随着利率的上升，均衡的收入则会不断下降，利率和收入呈反向变动。

IS 曲线代表了在价格不变的情况下，产品市场达到均衡时利率和收入之间的函数关系。这种关系之所以存在，是因为当利率水平下降时，投资需求的增

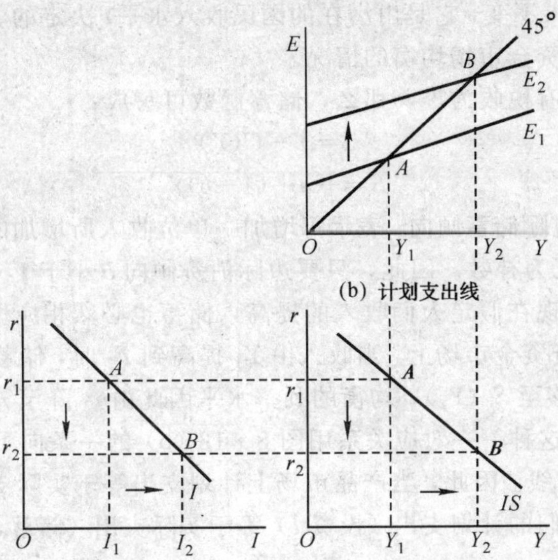

(b) 计划支出线

(a) 投资函数　　(c) *IS* 曲线

图 8・11　*IS* 曲线的推导

加使人们的计划支出增加，在实际支出不变的情况下，计划支出会大于实际支出，这样实际支出也就是国民收入必须增加才能保证产品市场上的均衡。因此，产品市场上的不同均衡点也就决定了 *IS* 曲线上利率和收入的各种组合，也就是说，在 *IS* 曲线每一点上都代表了产品市场达到了均衡，代表了产品市场上人们的计划支出正好等于实际国民收入。

2. 可贷资金理论与 *IS* 曲线

为了进一步理解 *IS* 曲线，还可以从可贷资金理论出发来推导 *IS* 曲线。在封闭经济的国民收入账户中，有如下的恒等式：

$$C+I+G=C+S+T \tag{8・17}$$

将上式略作变化，可以重新表示为：

$$I=S+(T-G) \tag{8・18}$$

上式中，左边表示私人投资，右边表示国民储蓄，其中 S 表示私人储蓄，$(T-G)$ 表示公共储蓄。上式也表示了三部门经济中产品市场的均衡条件。

我们可以对上式进一步变形，将 S 用 $[Y-C(Y-T)-T]$ 来表示，调整后的情况如下：

$$Y-C(Y-T)-G=I(r) \tag{8・19}$$

上式的左边表示可贷资金的供给，由收入 Y 来决定；右边表示可贷资金的需求，由利率 r 来决定。这就是在第二章分析的可贷资金市场均衡的模型。但在第二章中，我们假定收入不变，它是由潜在的国民收入水平$\overline{Y}$决定的。现在分析在收入可变情况下可贷资金市场均衡的情况。

我们假定政府税收为零，那么，储蓄函数可写成：

$$S=Y-C(Y) \tag{8·20}$$

或者：

$$S=-a+(1-b)Y$$

其中 $(1-b)$ 为边际储蓄倾向，表示每增加一单位收入所增加的储蓄，它与边际消费倾向（b）互为补数。因此，只要边际消费倾向 b 小于 1，收入增加必然带来储蓄的增加。现在假定人们收入的提高，储蓄也必然相应增加。如图 8·12（a）所示，在可贷资金市场上，当收入由 Y_1 提高到 Y_2 时，储蓄增加使储蓄曲线由 $S(Y_1)$ 向右移至 $S(Y_2)$，均衡的利率水平因此由 r_1 降至 r_2。我们把收入变动和利率变动的这种一一对应关系用图 8·12（b）的一条向下倾斜的曲线来表示，也就是 IS 曲线。因此，当产品市场上计划支出等于实际支出时，也要求可贷资金市场上人们的计划支出（投资 I）等于实际支出（储蓄 S），这正是 IS 曲线的真实含义。

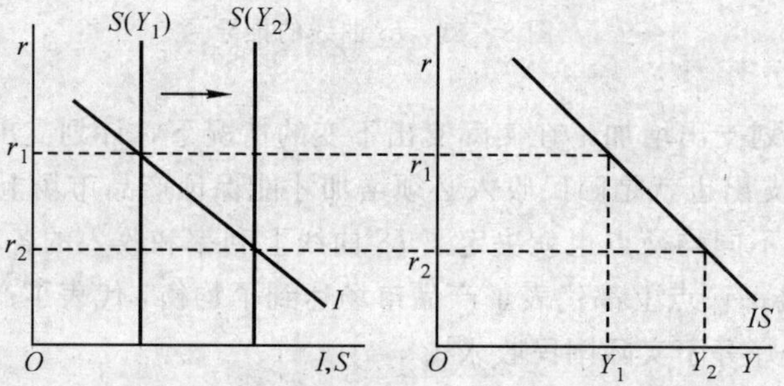

(a)　可贷资金市场　　　　(b)　IS 曲线

图 8·12　可贷资金理论和 IS 曲线

3. 财政政策与 IS 曲线

在利率不变的情况下，如果其他因素使产品市场上均衡发生了变化，都会使 IS 曲线发生变动。在图 8·13 中，假定政府采取扩张性的财政政策使政府购买支出增加，图 8·13（a）的计划支出线平行上移，均衡的国民收入增加。反映在图 8·13（b）中，IS 曲线由 IS_1 向右移至 IS_2，可以看到，在利率不变的情况下，国民收入由 Y_1 增至 Y_2。

因此，扩张性财政政策使 IS 曲线向右移动，而紧缩性的财政政策会使 IS 曲线向左移动。

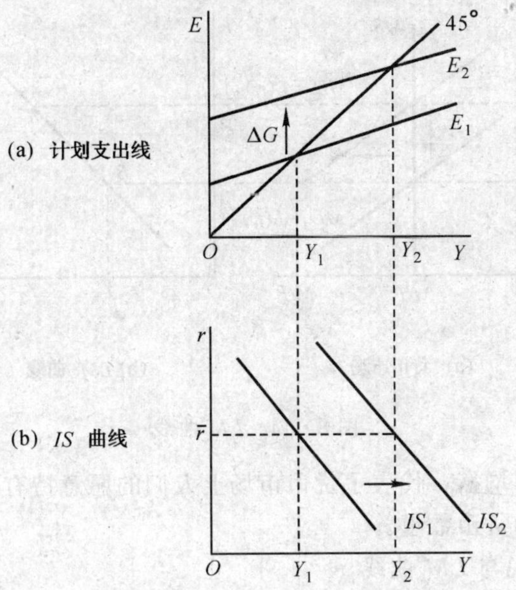

图 8·13　财政政策和 *IS* 曲线的移动

二、*LM* 曲线

1. *LM* 曲线的推导

从货币市场的均衡中我们可以进行 *LM* 曲线的推导，如图 8·14 所示。现在来看图 8·14（a）中货币市场均衡的情况。假定一开始收入为 Y_1，相应的货币需求曲线为 MD_1，均衡点为 A，均衡利率水平为 r_1。当收入水平上升到 Y_2 时，货币需求曲线向右移至 MD_2，均衡点为 B，均衡的利率水平也上升到 r_2。我们把 A、B 两个均衡点连接起来，就能得到图 8·14（b）中的一条曲线，这就是 *LM* 曲线。

从图 8·14（b）中可以发现，*LM* 曲线向右上方倾斜，也就是说利率和收入水平呈正向变化趋势。为什么会出现这种情况？关键在于利率和收入水平对于货币需求的影响是相反的。当利率上升时，受利率影响的那部分货币需求会减少，在货币供给不变的情况下，只有通过收入水平上升，让交易性和预防性需求的增加来弥补货币需求和货币供给之间的缺口，使货币市场达到均衡。或者说，在收入水平增加的情况下，货币的交易性和预防性需求会增加。在货币供给保持不变的情况下，货币的需求就会大于货币的供给，利率水平必然上升，通过投机性货币需求的减少来实现供求关系的平衡。因此，货币市场的均衡决定了 *LM* 曲线上利率和收入的不同组合，也就是说在 *LM* 曲线每一点上都代表

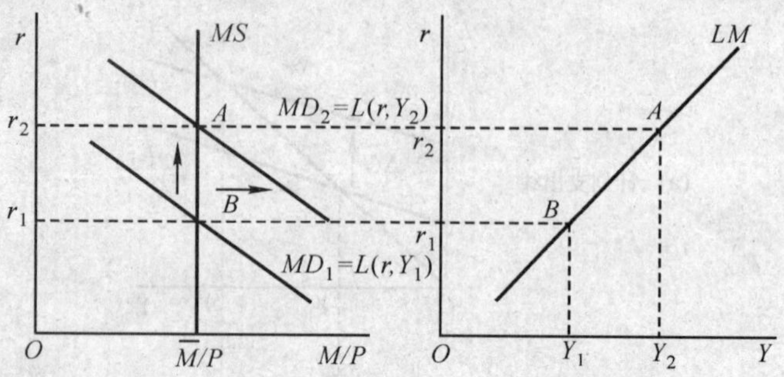

(a) 货币市场 (b) *LM* 曲线

图 8·14 *LM* 曲线

了货币市场达到了均衡，代表了货币市场上人们的愿意持有的货币数量正好等于实际能够得到的货币数量。

2. 货币数量说与 *LM* 曲线

对于 *LM* 曲线的形状，也可以从货币数量说的角度出发进行解释。我们已经知道著名的货币数量方程式：

$$MV=PY \tag{8·21}$$

在以前的内容中，通常假定货币流通速度 V 是固定不变的，也就是说在给定价格的水平上，货币供应量单独决定了收入水平，而与利率无关。在这种情况下，*LM* 曲线实际上变成了一条和横轴垂直的直线。我们把这称为 *LM* 曲线的古典区域。在古典区域中，财政政策是无效的。

我们也可以进一步放松货币流通速度 V 固定不变的假定。这可能是一个更为现实的假定，因为这意味着货币需求不仅取决于收入水平，而且也取决于利率水平——表现为持有货币的机会成本。利率水平越高，持有货币的机会成本越高，货币在经济生活中的流通速度加快，即货币流通速度 V 会提高。反之，当利率水平下降时，持有货币的机会成本会下降，人们持有的货币量也会相应地增加，在这种情况下货币流通速度就会减慢。也就是说，在前面章节中所涉及的货币数量方程式可以被改写成一种新的形式：

$$MV(r)=PY \tag{8·22}$$

由这个方程式所决定的货币流通速度和利率水平之间的正向关系可以解释 *LM* 曲线为什么会是向右上方倾斜的。因为利率水平的提高会增加货币流通速度 V，在价格水平固定不变和货币供应量稳定的条件下，收入水平 Y 也会上升；反之则反是。这样就建立起了利率水平和收入水平之间的正向联系。

3. 货币政策与 *LM* 曲线

货币政策的影响也可以直接反映在 LM 曲线自身的移动上，如图 8·15 所示。假定政府增加货币供应量，在 8·15 (a) 货币市场上货币供给曲线由 MS_1 向右移至 MS_2，均衡的利率水平由 r_1 降至 r_2，反映在图 8·15 (b) 中，LM 曲线由 LM_1 向右移到 LM_2，在收入不变的情况下，利率水平下降。

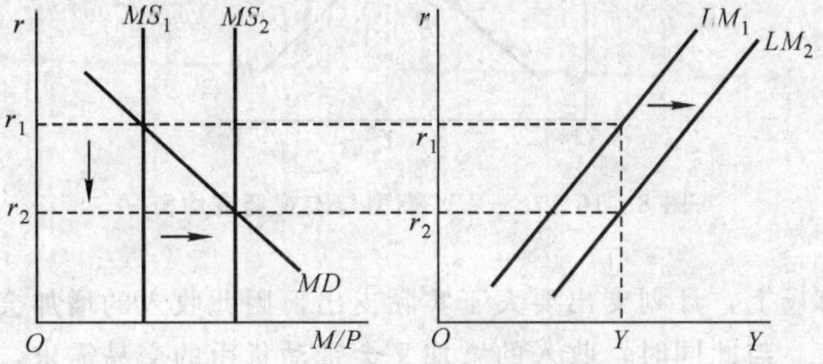

(a) 货币市场　　(b) LM 曲线

图 8·15　货币政策与 LM 曲线的移动

因此，当政府扩大货币供应量时，LM 曲线向右平行移动；当减少货币供应量时，LM 曲线则向左平行移动。

三、均衡的利率和国民收入

在上文中，已经分别从产品市场的均衡和货币市场的均衡中推导出来了 IS 曲线和 LM 曲线。现在把 IS 曲线和 LM 曲线放在一起，就可以考察两个市场同时达到均衡的情况。

在图 8·16 中，可以看到，代表产品市场均衡的 IS 曲线和代表货币市场均衡的 LM 曲线在 E 点相交，这表明在产品市场上计划支出恰好等于实际支出的同时，在货币市场上货币的需求也正好等于货币的供给，宏观经济的两个市场同时达到了均衡，因此，E 点是经济的均衡点，此时均衡的利率水平为 r^*，均衡的国民收入为 Y^*。

那么，宏观经济是如何达到这个均衡点的呢？可以再来看图 8·16。假定经济一开始是处在 A 点，A 点在 IS 曲线上，这表明产品市场处在均衡状态，人们的计划支出正好等于实际支出；但 A 点不在 LM 曲线上而是在它的左上方，表明货币市场没有达到均衡，货币的供给量要大于货币的需求量。货币市场上供大于求的原因可能是利率太高造成了货币投机性需求不足；也可能是收入过低导致了货币交易性需求和预防性需求偏低，因此货币市场均衡的结果会使利率降低或者收入增加。假定利率水平降低，使经济移动到了 B 点，B 点在 LM 曲线上，货币市场达到了均衡，但 B 点脱离了 IS 曲线，产品市场又失去了均衡。

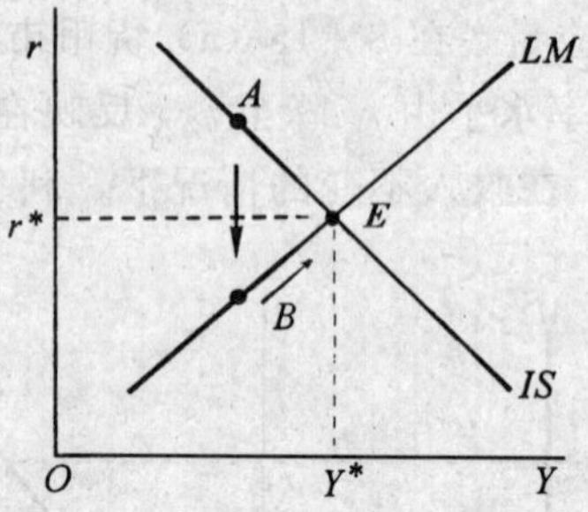

图 8·16 IS—LM 模型与宏观经济均衡

此时在产品市场上，计划支出要大于实际支出，因此收入的增加会使产品市场重新回到均衡。与此同时，收入的增加又会带动货币的交易需求，使货币的需求增加，货币市场上均衡的利率水平就会上升。因此，在 B 点，收入的增加必然伴随着利率的上升，经济会沿着 LM 曲线一直到移动到均衡点 E 点。在 E 点，产品市场和货币市场同时达到了均衡，利率和收入不再变动，整个经济处在均衡状态。

IS—LM 模型描述的是在价格不变情况下宏观经济的均衡状态。可以发现，在利率和收入的调节下，宏观经济会自动趋向一个均衡点，但这只是一个短期均衡，因为这是在假定价格不变的情况下的均衡状态，在长期中，价格会自由变动，因此利率和实际收入的均衡也会发生相应变动。

到目前为止，我们是通过图形法推导 IS—LM 模型。为了加深大家的理解，我们给出一个关于 IS 曲线和 LM 曲线的简单代数推导。

产品市场中的均衡条件可用下式表示：

$$Y=C(Y-T)+I(r)+G \qquad (8\cdot 23)$$

进一步，消费函数可以表示成：

$$C=a+b(Y-T) \qquad (8\cdot 24)$$

投资函数 $I(r)$ 也可以表示成：

$$I=c-dr \qquad (8\cdot 25)$$

其中，c 为自生性投资；d 为投资的利率弹性，也就是投资曲线的斜率，即 $\mathrm{d}I/\mathrm{d}r=-d$，这个参数显示了投资对于利率变动的敏感程度。$d$ 的数值大，表示投资对利率的变动非常敏感，利率微小的下降就能带来投资较大幅度的增加；d 的数值小，情况则相反。

将消费函数和投资函数分别代入到产品市场的均衡条件中，我们有：

$$Y=[a+b(Y-T)]+(c-dr)+G \qquad (8\cdot 26)$$

将上式进行整理，即可求得产品市场中的 IS 曲线：

$$Y=(a+c)/(1-b)+G/(1-b)+(-bT)/(1-b)+(-dr)/(1-b) \tag{8·27}$$

其中，$\mathrm{d}Y/\mathrm{d}G=1/(1-b)$，为产品市场中的政府购买乘数；$\mathrm{d}Y/\mathrm{d}T=(-b)/(1-b)$，为税收乘数，即每增加一单位税收所带来的国民收入增量。在这里，税收是固定税收，没有采取比例税的形式。由于税收增加必然造成国民收入的减少，因此税收乘数是负值。

货币市场中的均衡是由货币供给和货币需求所共同决定的。一般把货币供给看做是外生决定的变量，即：

$$(M/P)^s=\overline{M}/P \tag{8·28}$$

而货币需求同时受到利率和收入水平的影响，可以用下式来反映这三者之间的关系：

$$(M/P)^d=L(r,Y)=iY-fr \tag{8·29}$$

其中，i 为货币需求的收入弹性，即 $\mathrm{d}L/\mathrm{d}Y=i$；$f$ 表示货币需求的利率弹性，也就是货币需求曲线的斜率，即 $\mathrm{d}L/\mathrm{d}r=-f$，它们分别反映了货币需求对收入和利率变动的敏感程度。i 的数值大，表明货币需求对收入变动的灵敏度高，收入增加能带来货币需求较大程度的增加；而 f 的数值大，则表示货币需求对利率变动很敏感，利率较小的变动就能使货币需求较大幅度的提高。

货币供给必须和货币需求相等，于是有：

$$\overline{M}/P=iY-fr \tag{8·30}$$

经过整理，即可求出货币市场中的 LM 曲线：

$$r=(i/f)Y-(1/f)\overline{M}/P \tag{8·31}$$

将 IS 曲线和 LM 曲线联立起来，即可求得宏观短期模型中的均衡利率和均衡收入。

$$\begin{cases}Y=(a+c)/(1-b)+G/(1-b)+(-bT)/(1-b)+(-dr)/(1-b)\\ r=(i/f)Y-(1/f)\overline{M}/P\end{cases} \tag{8·32}$$

解上述方程，均衡收入 Y 等于：

$$\begin{aligned}Y=&z(a+c)/(1-b)+zG/(1-b)+(-zb)T/(1-b)\\ &+d(\overline{M}/P)/(1-b)[f+di/(1-b)]\end{aligned} \tag{8·33}$$

其中，$z=f/[f+di/(1-b)]$，可以发现，z 的取值范围在 0 和 1 之间。

第四节 IS—LM 模型与宏观经济政策

一、财政政策的影响

现在考察财政政策变动在 IS—LM 模型中的影响。主要的财政政策手段包括政府购买和税收，财政政策的变动主要反映在 IS 曲线的移动上。凡是扩张性的财政政策，包括增加政府购买和减税，都会使 IS 曲线向右上方移动；凡是紧缩性的财政政策，包括减少政府购买和增税，都会使 IS 曲线向左下方移动。

我们假定政府的购买支出扩大。观察图 8·17 所示的情况，政府购买的增加使 IS 曲线从 IS_1 向右上方移动到 IS_2，在 LM 曲线不变的情况下，利率上升（从 r_1 上升到 r_2），收入也上升（从 Y_1 上升到 Y_2）。如果保持利率 r_1 不变，随着 IS 曲线的移动，收入水平将会从 Y_1 上升到 Y_3。在前面讲述的国民收入决定理论中，假定投资是固定的，也就是说不考虑利率对于私人投资的影响，这种情况和此时从 Y_1 到 Y_3 的变化是一致的。由此可以发现一个重要的现象，在 IS—LM 模型中政府购买对于收入扩大的乘数效应（Y_1 到 Y_2）要小于国民收入决定模型中显示的政府购买对于收入扩大的乘数效应（Y_1 到 Y_3）。为什么会出现这种情况呢？在 IS—LM 模型中，扩张性财政政策，如政府购买的增加直接提高了总需求和总收入，货币需求也会随之增加，在货币供给不变的情况下，利率就会上升。利率的上升增加了私人投资的成本，使私人投资下降。这种由于政府购买增加而使利率上升，从而导致私人投资下降的现象被称为“挤出效应”(Crowding out effect)。挤出效应的大小直接影响到财政政策的效果。

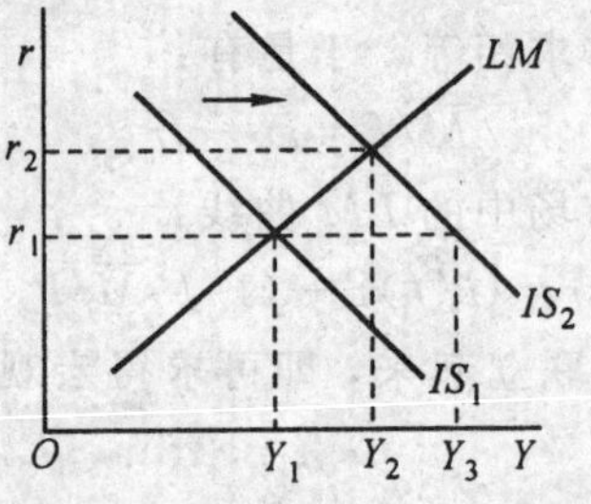

图 8·17 IS—LM 模型中的财政政策

税收政策的效果正好与政府购买相反，减税相当于增加政府购买，而增税则相当于减少政府购买，此处不再重复。

我们再进一步观察就会发现，挤出效应也就是政府财政政策的效果与 LM 曲线的斜率有直接联系。考虑两种极端的情况，如图 8·18 所示。

图 8·18 (a) 中的 LM 曲线是一条垂直的曲线，而图 8·18 (b) 中的是一条水平曲线，这代表了 LM 曲线斜率的两个极端情况。按照 LM 曲线的推导原则，LM 曲线的斜率实际上是由货币需求对利率变动的敏感度决定的。LM 曲线越陡峭，货币需求对利率变动的反应程度就越小，较大的利率变动只能带来较小的货币需求变动，或者说，收入变动引起较小的货币需求变动就能造成较大的利率变动；LM 曲线越平坦，货币需求对利率变动的敏感度就越大，较小的利

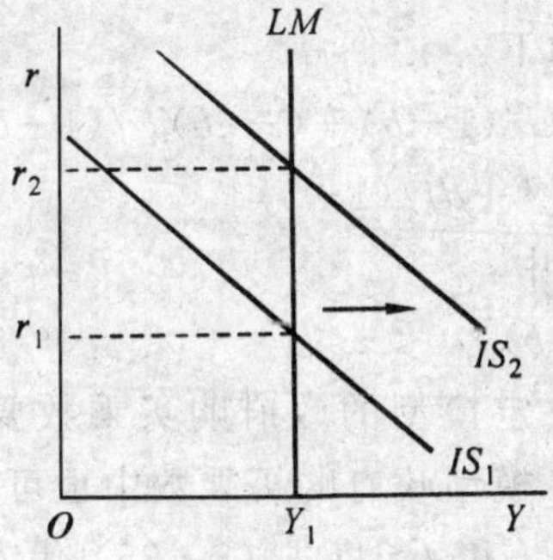

(a)　无效

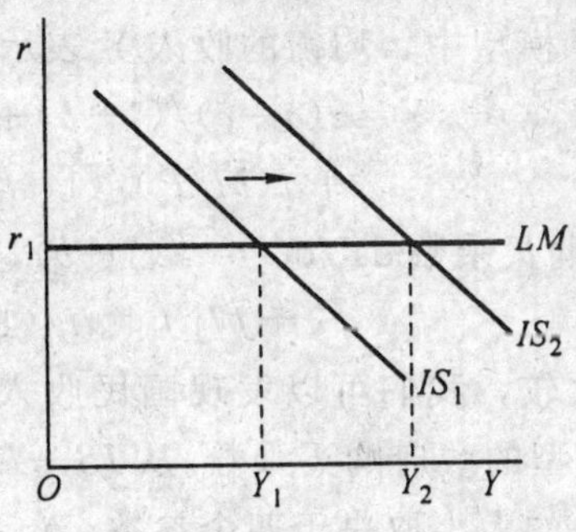

(b)　效果最大

图 8·18　财政政策的有效性

率变动就会造成较大的货币需求变动，或者说，收入变动引起较大的货币需求变动只能导致较小的利率变动。

在古典模型的货币数量方程式中，货币需求与收入有关而与利率无关，因此货币需求对利率变动完全不敏感，或者说货币需求的微小变动会引起利率极大的变动，*LM* 曲线也就是图 8·18（a）中一条垂直的直线。于是，当政府扩大购买支出时，收入的增加会引起货币需求增加从而导致利率大幅上升，利率上升又会导致投资大幅减少，而利率上升所减少的投资正好等于政府增加的支出，财政政策不会产生效果。从图 8·18（a）中可以看出，*IS* 曲线向右移动时使利率同步上升，实际的国民收入保持不变，这就意味着政府的购买支出完全挤出了私人投资。因此，在 *LM* 曲线的古典区域中，财政政策仅仅造成了名义变量的变动，而实际变量不变，在这里，又看到了古典模型的两分法。

图 8·18（b）是另一个极端的例子。水平的 *LM* 曲线表明，货币需求对利率的变动具备充分敏感性，或者说货币需求再大的变动也不会造成利率的变动，这也被称为“流动性陷阱”（Liquidity trap），是凯恩斯理论的极端情况。流动性陷阱产生的原因是当利率水平非常低的时候，人们预期利率不会再下降，债券的价格也不会再上升，因此只愿意持有货币而不愿意持有债券，流动性偏好趋于无穷大。人类历史上曾在 20 世纪 30 年代大危机中出现过类似流动性陷阱的情况。当时的人们对经济前景完全看淡，利率到了最低水平也没有人愿意进行投资，大家都尽量保存货币，经济也就掉进了“流动性陷阱”。因此，在流动性陷阱的情况下，当政府增加购买支出时，货币需求的增加对利率没有影响，从而对私人投资也不会产生影响，反映在图 8·18（b）中，*IS* 曲线向右移动时利率始终保持不变，收入增加，财政政策发挥了最大效果。

我们也可以通过上面所推导的代数式来对财政政策的有效性作进一步的分

析。我们知道，在国民收入决定的模型中，政府购买的乘数 $dY/dG=1/(1-b)$。在 IS—LM 模型中，均衡的收入 Y 表示如下：

$$Y=z(a+c)/(1-b)+zG/(1-b)+(-zb)T/(1-b)+d(\overline{M}/P)/(1-b)[f+di/(1-b)] \quad (8\cdot 34)$$

因此，政府购买乘数 $dY/dG=z/(1-b)$，其中：

$$z=f/[f+di/(1-b)],0<z<1 \quad (8\cdot 35)$$

经过比较，我们可以发现国民收入决定模型的政府购买乘数要明显大于 IS—LM 模型的政府购买乘数。从 IS—LM 模型政府购买乘数中也可以发现，财政政策效果的大小取决于四个参数：b、d、i 和 f。将式（8・35）代入政府购买乘数可得：

$$dY/dG=z/(1-b)=f/[f(1-b)+di] \quad (8\cdot 36)$$

可见，b 越大，d 越小，i 越小，以及 f 越大，则财政政策的效果就越好。

其中 b 代表边际消费倾向，b 越大，政府购买对于总支出的扩张效应就越明显。d 代表投资对于利率的敏感程度，d 越小，利率上升所引发的挤出效应也就越小。i 代表货币需求对于收入的敏感程度，i 越小，收入增加引起的货币需求的增加就越小，从而货币需求增加引起的利率上升的压力也越小，挤出效应也就越小。最后，f 代表货币需求对于利率的敏感程度，f 越大，等量货币需求增加带给利率上升的压力就越小。

从式（8・36）中可以看出，货币需求对利率的敏感度 f 在决定财政政策效果时具有举足轻重的地位。当 f 趋于极大，也就是 LM 曲线趋向一条水平线时，dY/dG 的数值达到最大，财政政策最有效；而当 f 等于零，也就是 LM 曲线是一条垂直的曲线时，$dY/dG=0$，财政政策没有任何效果。

二、货币政策的影响

货币政策变动在 IS—LM 模型中的反映被表现在 LM 曲线的移动上。凡是扩张性的货币政策，会使 LM 曲线向右下方移动；凡是紧缩性的货币政策，会使 LM 曲线向左上方移动。

我们考察货币供给量增加的情况。如图 8・19 所示，货币供给的增加使 LM 曲线从 LM_1 移动到 LM_2，利率下降，收入增加。可以知道，货币供给量的增加引起收入的增加是利率传导机制作用的结果。当中央银行扩大货币供应量时，货币市场上利率水平下降，利率水平的下降会带来投资的增加，于是，产品市场上国民收入增加，利率在这一过程中起了一个传导作用。

货币政策的有效性取决于 IS 曲线的斜率，IS 曲线的斜率又取决于投资需求对利率变动的敏感程度。图 8・20 显示了 IS 曲线斜率的两个极端的情况。图 8・20（a）中垂直的 IS 曲线代表投资需求对利率的变动完全不敏感，而图

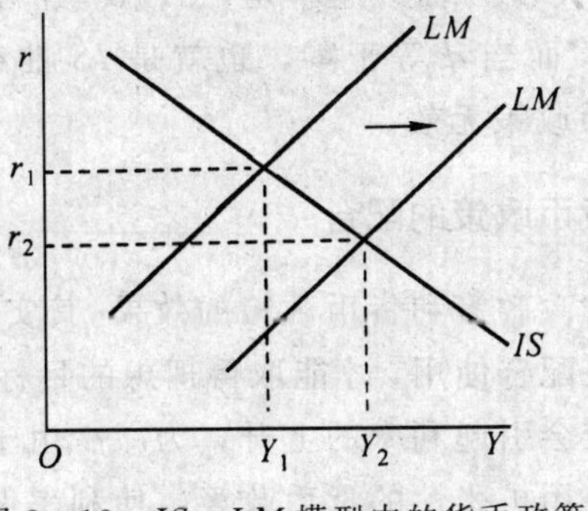

图 8・19　IS—LM 模型中的货币政策

8・20（b）中水平的 IS 曲线则表示投资需求对利率变动极其敏感。

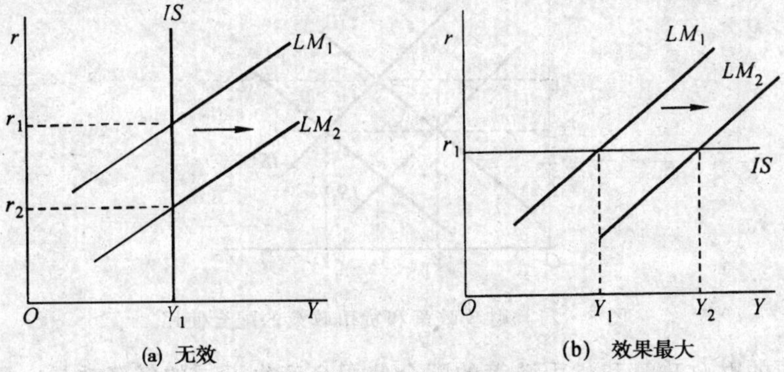

图 8・20　货币政策的有效性

因此在图 8・20（a）中，当货币供应量增加时，利率水平的下降不会带来投资的扩大，利率的传导机制失灵，收入也不会增加，货币政策无效。而在图 8・20（b）中，当货币供给量扩大时，利率下降会导致投资极大的增加，利率的传导机制充分发挥了作用，收入也会由此而大幅提高，货币政策达到了最大效果。

货币政策乘数也可以从 IS—LM 模型中的均衡收入式来推导，即：

$$dY/d(M/P)^s=d/(1-b)[f+di/(1-b)]=d/[(1-b)f+di] \quad (8\cdot37)$$

从中也可以发现，货币政策效应的大小同样取决于 b、d、i、f 四个参数。b 越大，d 越大，i 越小，以及 f 越小，则货币政策的效果就越大。

其中 b 越大，货币供给量扩大增加的投资带来的总支出的扩张效应就越明显。d 越大，利率传导机制的作用就越大。i 越小，收入增加引起的货币需求的增加就越小，从而带给利率上升的压力就越小。最后，f 越小，货币供给量增加引起的利率下降的幅度就越大，从而投资增加的幅度也就越大。

从式（8・37）中可以发现，货币政策的有效性关键取决于投资需求对利率

变动的灵敏度 d。d 越大，IS 曲线越平坦，$dY/d(M/P)^s$ 的数值就越大，货币政策的效果也就越大；而当 d 等于零，也就是 IS 曲线是一条垂直的曲线时，$dY/d(M/P)^s=0$，货币政策无效。

三、财政政策与货币政策的配合

以上单独考察了财政政策和货币政策的效果。其实在实际的政策制定中，财政政策往往和货币政策配合使用，才能取得理想的目标效果。如图 8·21 所示，实施扩张性的财政政策会引起利率的上升，为减少由于利率上升所引起的挤出效应，可以同时配合使用扩张性的货币政策，使利率保持在固定的水平上，这样，收入水平就会取得较大幅度的增长。

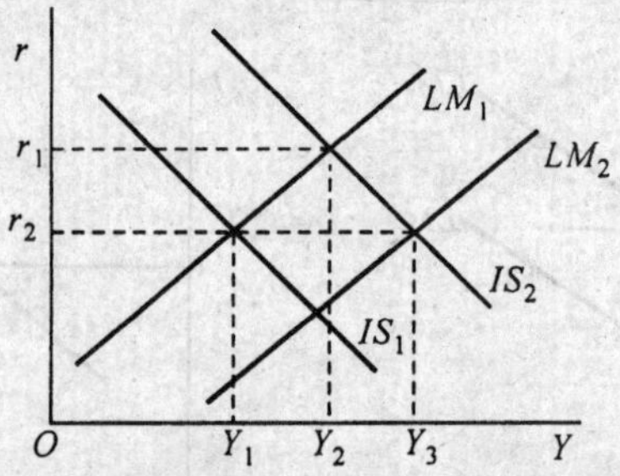

图 8·21 财政政策和货币政策的配合使用

不同的财政政策和货币政策的配合使用会产生不同的经济效果，而对于每一种可能的利率和收入的组合，政策制定者必须做到十分明了和清楚。比如说，在 1993 年的时候，美国政府推出了增税的计划用来平衡政府的预算赤字，而此时不同的货币政策的配合便会产生不同的经济效果。如图 8·22 所示，美联储所执行的货币政策面临三种不同的选择：在图 8·22（a）中，中央银行保持货币供应量不变，如果增税会导致利率下降和收入减少；在图 8·22（b）中，中央银行通过紧缩性的货币政策以保持利率不变，在这样情况下，增税所引起的收入下降幅度要大大超过 8·22（a）图中所示的情况，从而极有可能引起一场经济衰退；在图 8·22（c）中，紧缩性的财政政策配以扩张性的货币政策，使利率大幅度下降，而收入却保持在原先的水平上。

除了财政政策和货币政策以外，其他许多外生的冲击性因素也能使 IS 曲线或 LM 曲线发生移动，从而引起经济波动。以美国 1990 年中期到 1992 年的经济衰退为例，就是由于外生的对 IS 曲线的冲击效应和不恰当的货币政策引起的。从 1990 年 6 月到 1992 年 6 月这两年当中，美国的失业率从 5.1%上升到了 7.7%。之所以会出现这种情况，首先是因为 IS 曲线受到了两种因素的逆向冲击。其一，由于金融机关的监管不力和其他各种原因，导致了当时的很多财

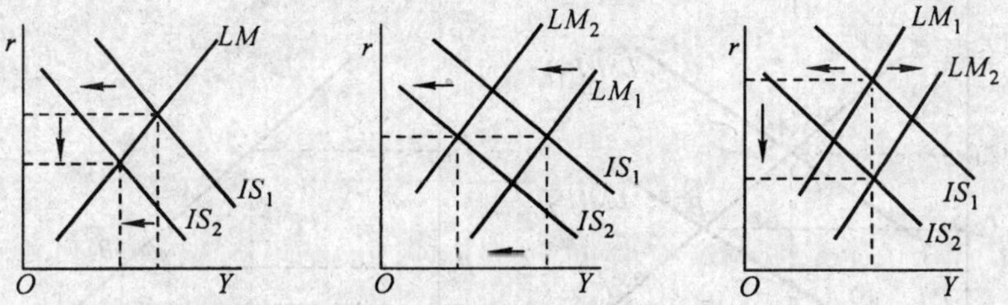

(a) 货币供应不变　(b) 利率不变　(c) 收入不变

图 8・22　不同货币政策的经济效果

务公司，包括储蓄和借贷基金的破产，从而使对于各种投资项目的放款变得更加审慎了，减少了总需求中的投资拉动效应。其二，1990 年爆发的海湾战争在很大程度上削弱了社会公众的消费信心，使消费投入也变得更加谨慎了。作为中央银行的美联储不仅没有意识到这些负向的冲击因素，反而错误地估计了失业率的形势，实施了反通货膨胀的紧缩性货币政策，从而导致衰退的产生。

四、*IS—LM* 模型与总需求曲线

IS—LM 模型研究了在价格水平固定的情况下国民收入的决定情况。在 *IS—LM* 模型的基础上，我们放松价格水平固定不变的假定，分析价格水平和国民收入之间的关系，这就是所谓的总需求曲线。在第七章中，从实际资产效应、跨期替代效应和开放替代效应已经推导了总需求曲线。我们发现，总需求曲线是一条向右下方倾斜的曲线，即价格水平上升，收入水平下降；价格水平下降，收入水平则上升。为什么会出现这种情况呢？首先考察价格水平变动对 *IS—LM* 模型的影响。如图 8・23 所示，当价格水平从 P_1 下降到 P_2 时，在名义货币供给 M^s 不变的情况下，实际的货币供给 $[M/P]^s$ 将会增加，这在 *IS—LM* 曲线上表现为 *LM* 曲线向右下方移动。从而，收入从 Y_1 上升到 Y_2，利率从 r_1 下降到 r_2。将 8・23 (a) 图中的两个均衡点 *A* 和 *B* 转换到 8・23 (b) 图中的 *YP* 坐标系中，即可确定一条总需求曲线 *AD*。学习了 *IS—LM* 模型后，进一步加深了对总需求曲线的理解。总需求曲线之所以向右下方倾斜，关键在于价格水平下降使实际货币供给上升，从而导致利率的下降和收入水平的上升。收入的变化是与实际资产效应联系在一起的，而利率的变化又与跨期替代效应相关。

我们也可以通过将 *IS* 和 *LM* 方程联立的方式来求出总需求函数。如上所述，*IS* 方程为：

$$Y=(a+c)/(1-b)+G/(1-b)+(-bT)/(1-b)+(-dr)/(1-b) \tag{8・38}$$

LM 方程为：

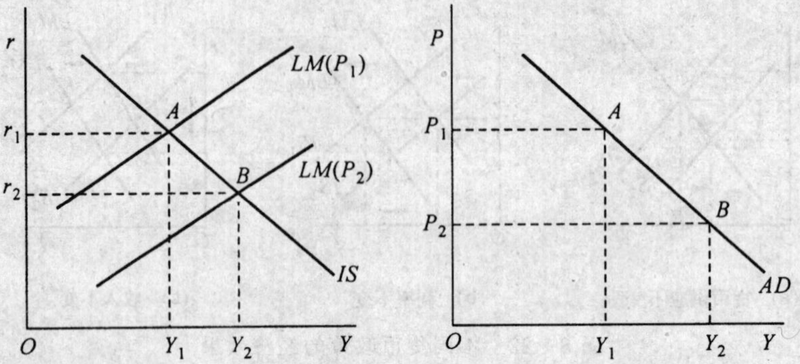

(a) $LM-IS$ 曲线　　(b) 总需求曲线

图 8·23　总需求曲线

$$r=(i/f)Y-(1/f)\overline{M}/P \tag{8·39}$$

将 IS 方程中的变量 r 用一个关于 Y 和 P 的表达式来代替，经整理后可得：

$$Y=z(a+c)/(1-b)+zG/(1-b)+(-zb)T/(1-b)$$
$$+d(\overline{M}/P)/(1-b)[f+di/(1-b)] \tag{8·40}$$

其中，$z=f/[f+di/(1-b)]$，这就是总需求函数。

和 IS—LM 模型相同，财政政策和货币政策也能使总需求曲线发生移动。如图 8·24 所示，扩张性的财政政策和货币政策都能使总需求曲线 AD 向右上方移动。具体而言，在既定的价格水平下，扩张性的货币政策会降低利率，从而使投资增加，收入水平也会因乘数效应而扩大，表现为总需求曲线的向外移动。同样的情况也适合于扩张性的财政政策，在价格水平不变的情况下，政府购买的增加或是税收的减少都会直接增加收入水平，总需求曲线也会向外移动。反过来，紧缩性的财政政策和货币政策会使总需求曲线向左下方移动。

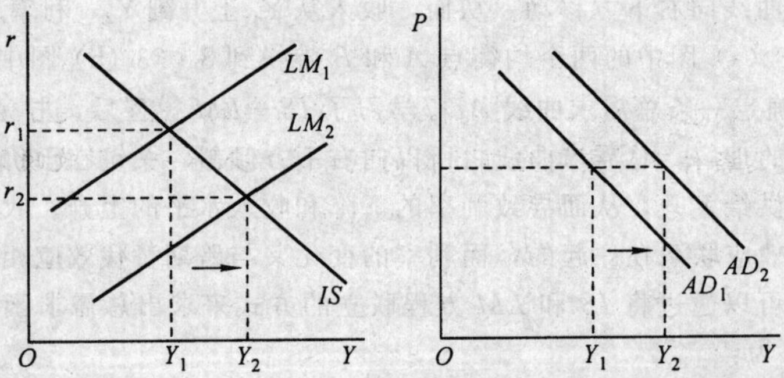

(a)　货币扩张

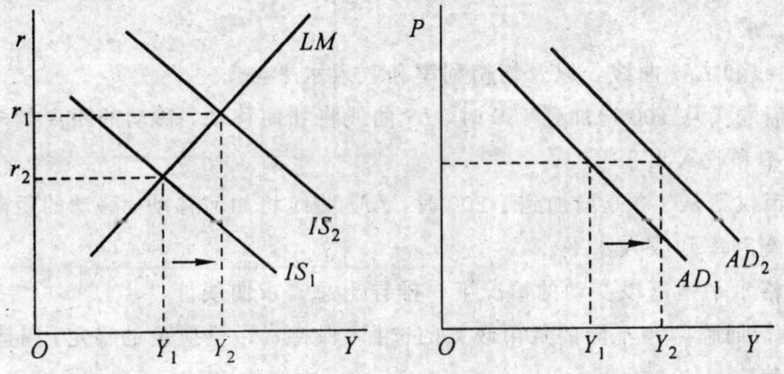

(b) 财政扩张

图 8·24　财政政策与货币政策和总需求

本章小结

本章利用 IS—LM 模型来进一步推导总需求曲线。计划支出线是研究国民收入决定的一个简单模型，在这个模型中，政府支出和投资是外生的，它们的变动会引起总需求和总收入成倍的变动，这种放大作用被称为乘数效应。如果把投资视为利率的减函数，将计划支出线与投资曲线结合起来，就能得到代表产品市场均衡的 IS 曲线。利率的上升使投资水平下降，进而引起产出和收入的下降。向下倾斜的 IS 曲线表明在产品市场上收入和利率呈反向变动。

流动性偏好假说建立了货币需求和利率之间的反向变动关系，而货币供给则是由中央银行的货币政策决定的。在货币需求不变的情况下，利率随着货币供应量的增加而下降。一旦在上述模型中引入收入水平对货币需求的影响，就能由货币需求和货币供给共同推导出 LM 曲线。收入水平增加，使货币的交易性和预防性需求增加，当货币供给不变时，货币需求的增加会引起利率的上升。LM 曲线代表了货币市场的均衡，表明在货币市场上收入和利率呈正向变动。

IS—LM 模型的均衡，即 IS 曲线与 LM 曲线的交点，决定了在短期价格水平固定不变的条件下，宏观短期均衡的利率和收入水平。财政政策通过变动政府开支而移动 IS 曲线，货币政策通过变动货币供应而移动 LM 曲线，这两种宏观政策的结果都会引起总产出的变动。当价格水平变动时，LM 曲线就会移动，由此就可以得到向右下方倾斜的总需求曲线。财政政策和货币政策同样能使总需求曲线发生移动。

复习思考题

1. 考虑如下一个封闭经济中的情况：消费函数 $C=200+0.75(Y-T)$；投资函数 $I=$

$200-25r$；政府购买和税收都是100；货币需求函数$(M/P)^d=Y-100r$；货币供应量是1 000；价格水平是2。求：

（1）IS曲线和LM曲线，以及均衡利率和收入水平。

（2）当政府购买从100增加到150时，IS曲线将如何移动，移动的距离是多少，并求出此时的均衡利率和收入水平。

（3）当货币供给从1 000增加到1 200时，LM曲线将如何移动，移动的距离是多少，并求出此时的均衡利率和收入水平。

（4）当价格水平是可以变动的情况下，推导出总需求曲线。

2. 中央银行面临两种不同的货币政策的选择：保持货币供应量的稳定；调整货币供应量以确保利率的稳定。

在IS—LM模型中，假定经济受到两种不同的外生冲击：

（1）外生冲击因素提高了商品和劳务的需求；

（2）外生冲击因素提高了货币需求。

试比较在以上两种不同的情况下，哪一种货币政策的选择最有利于产出的稳定。

3. 假定货币的需求取决于消费而不是总收入水平，即：

$$M/P=L(r,C)$$

请利用IS—LM模型，讨论货币需求函数的变化对于政府购买和税收变动的影响。

4. 假设经济运行突然受到一次没有预料到的价格冲击，例如原材料普遍大幅度涨价，使得通货膨胀率迅速上升，如果政府不使用任何经济政策进行干预，其结果会怎么样？使用政策去抵消这一冲击能否使价格下降？使用财政政策和货币政策的结果是否一样？

第九章

总供给理论

在本篇前面的二章中，已经讨论了向下倾斜的总需求曲线 AD，说明了总需求曲线向下倾斜的原因以及什么因素导致总需求曲线的移动。由于均衡产量水平和均衡价格水平由总需求曲线 AD 和总供给曲线 AS 共同决定，其中任何一条曲线的移动都将导致价格和产量水平发生变化，因此要对宏观经济的短期均衡进行研究，离不开总供给曲线，这一章重点讨论宏观经济学的总供给理论。

总供给曲线描述了在每个给定的价格水平上企业愿意提供的产品和服务总量。第七章已经对总供给曲线作过简单的介绍，并且指出长期总供给曲线与短期总供给曲线存在着区别。长期总供给曲线是垂直的，表明无论价格水平如何变化，产量总保持在与劳动力充分就业相对应的潜在水平上；而短期总供给曲线是向上倾斜的，表明随着价格水平的提高，企业愿意提供的产品总量随之增加，因此总产量会偏离充分就业的潜在水平。长期总供给曲线基于如下假定：劳动力市场总是处于充分就业的均衡状态，因此总需求增加时，只会使价格上升而不会令产量提高；而短期总供给曲线暗含的前提是：劳动力市场存在失业，企业可以在名义货币工资不变的情况下获得他们需要的劳动力，因此总需求的增加会使产量提高。

在这一章里，将对向上倾斜的总供给曲线做出进一步的解释。为了说明总供给曲线向上倾斜的原因，将介绍四个主要的总供给模型。尽管这些模型推理的出发点不同，它们得到的总供给曲线的基本表达式是一致的。同时，还将看到，短期总供给曲线可以用菲利普斯曲线描述。菲利普斯曲线表明，通货膨胀和失业存在着此消彼长的关系，在短期内，抑制通货膨胀的政策会使失业率上升，而旨在降低失业率的宏观政策则会使通货膨胀率有所提高。

本章第一节介绍解释短期总供给曲线的四个模型。第二节在短期总供给曲线模型的基础上，进一步分析宏观经济的波动和长期调整。第三节考察菲利普斯曲线。

第一节　总供给模型

总供给理论是宏观经济学最有争议的领域之一，各个学派提出了不同的理论模型。在这一节里，将介绍四种主要的总供给模型，即工资粘性模型、价格粘性模型、工人错觉模型和不完全信息模型。将要介绍的各种总供给模型尽管出发点各不相同，但都能得到一个类似的结果，那就是短期内总供给曲线不是垂直的，而是向上倾斜的一条直线。

一、工资粘性模型

在一个理想化的古典经济里，价格、工资完全能自由调整，因此产量能够保持在充分就业的水平上。但是，实际上市场机制的调节会存在某种障碍，例如短期内工资、价格的变动是缓慢的。我们把工资、价格在短期内变动的缓慢性称为工资、价格粘性（Sticky)。由于工资、价格粘性的存在，短期总供给曲线会向上倾斜，这样当总需求变动时总产量会发生变动，使得失业率并不能始终保持在自然率的水平上。

很多经济学家利用名义工资粘性解释总供给曲线向上倾斜的原因。名义货币工资粘性产生的原因之一就是长期劳动合同的存在，关于这点，在第七章已经提到。在很多部门，尤其是工会力量比较强的部门，工资不是当期决定的，而倾向于预先就某一时期以明确（或隐含）的合同确定。劳动合同有多种形式。在美国，劳动合同的期限一般为2～3年，除规定基本工资外，合同往往还带有某些附加条件，如工资的增长幅度、可调整的范围等。

实际上，建立长期劳动合同对企业和工人双方都会带来好处。不管对企业还是对工人来说，工资谈判都要花费大量的时间和精力，为了获得所需的信息也需要花费一定成本，双方如果签订长期合同，谈判的时间和成本就可以减少。此外，在劳资谈判中，谈判破裂的可能性总是存在的，一旦发生罢工，企业和工人都要付出巨大的代价。因此，为了减少工资谈判的交易成本和避免谈判破裂的风险，劳资双方都倾向于签订较长时期的工资合同。而工资合同一旦签订，货币工资就会在合同所规定的期限内保持相对稳定，也就产生了名义工资粘性。

下面就来考虑在名义工资粘性的情况下，价格水平上升对总供给的作用机制。我们假定：

(1) 名义工资保持不变，价格水平的上升降低了实际工资，使劳动成本降低。

(2) 实际工资下降促使企业雇用更多工人。

(3) 劳动力投入的增加提高了产出水平。

由此就可以推导出价格水平的上升将导致产量的提高，即在名义工资无法调整的情况下，总供给曲线是向上倾斜的。

为了更好地说明问题，我们对上述过程作进一步的分析。假定企业和工人通过预先谈判签订了未来的工资合同以规定名义工资。这时双方都不知道合同生效时的价格水平 P，只是对未来价格有一个预期值 P^e。谈判双方确定的名义工资 W 取决于他们的目标实际工资 w 和预期价格 P^e：

$$W=w\times P^e \tag{9·1}$$

即：

名义工资＝目标实际工资×预期价格水平

其中目标实际工资可能是使劳动力市场供需平衡的实际工资水平，也可能由于诸多因素的影响，例如在第四章中分析的工会力量、效率工资、内部人控制等等，使得实际工资高于劳动力市场均衡水平。

名义工资确定后，企业真正雇佣工人时的价格水平为 P，因此实际工资 W/P 就等于：

$$W/P=w\times (P^e/P) \tag{9·2}$$

即：

实际工资＝目标实际工资×（预期价格水平/实际价格水平）

这一等式表明当实际价格水平与预期价格水平不一致时，实际工资就偏离企业和工人签订合同时的目标工资。当实际价格水平高于预期价格时，实际工资低于其目标工资；当实际价格水平低于预期价格时，实际工资就高于其目标工资。

我们还假定就业量由劳动力的需求决定。也就是说，企业和工人之间的谈判决定了工资水平，在当前工资水平上，工人愿意提供任意有需求的劳动力数量。因此企业的劳动投入量就由劳动的需求函数决定：

$$L=L^d\ (W/P) \tag{9·3}$$

实际工资与劳动投入量呈反比关系：实际工资越高，劳动成本越高，企业对劳动的需求和使用量越低；而实际工资越低，劳动成本越低，企业对劳动的需求和使用量则越高。另外企业的生产函数可以用下式来表示：

$$Y=F\ (\overline{K},\ L) \tag{9·4}$$

在短期内，不考虑企业的资本存量变化，企业的产量随着劳动投入的增加而增加。

图 9·1 描述了工资粘性模型推导总供给曲线的过程。图 9·1（a）是向下倾斜的劳动需求曲线，表示劳动需求量随着实际工资的上升而下降。当价格由 P_1 上升到 P_2 时，实际工资由 W/P_1 下降到 W/P_2，劳动需求量从而劳动投入量由 L_1 上升到 L_2。根据图 9.1（b）的生产函数，劳动投入由 L_1 增加到 L_2，使产

量由 Y_1 提高到 Y_2。把价格变化和产量变化结合起来，就得到图 9·1（c）中向上倾斜的总供给曲线。

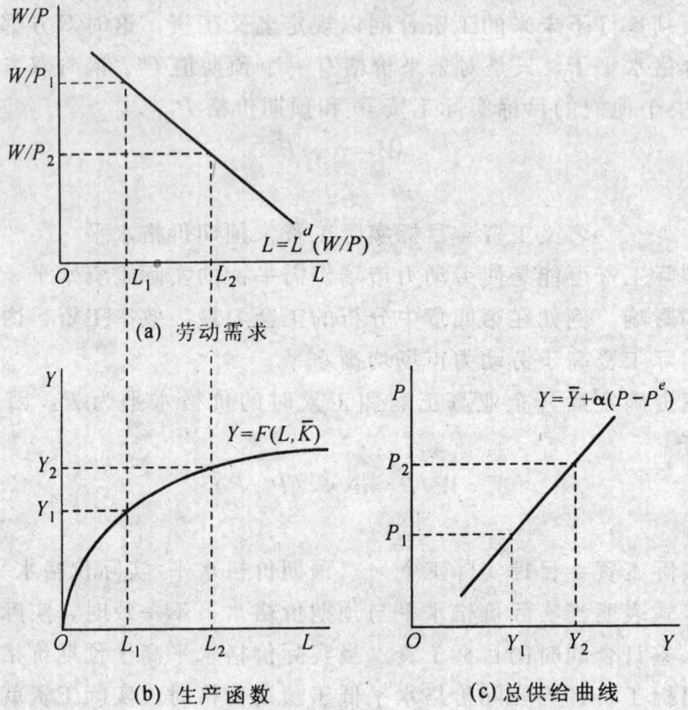

图 9·1　工资粘性模型

当未预期到的价格变动使实际工资偏离目标值时，劳动力投入量和产出水平都会发生变动，并偏离了由目标值决定的就业和产业水平。如果目标的实际工资是在第二章中分析的劳动市场的均衡工资水平，它对应的产出水平就是潜在产量$\overline{Y}$，总供给曲线就可以写成如下的形式：

$$Y=\overline{Y}+\alpha\ (P-P^e),\ \alpha>0 \qquad (9\cdot 5)$$

其中 Y 是实际产出，$\overline{Y}$ 是潜在的产出水平，P 是一般物价水平，P^e 是预期的价格水平。这一总供给方程表明当价格水平偏离它的预期值时，实际工资就不等于由充分就业水平确定的目标值，实际总产出就会偏离充分就业的总产出。只当价格水平等于它的预期值，也就是 $\alpha\ (P-P^e)$ 等于零时，实际工资等于均衡工资，实际总产出就等于充分就业的总产出。其中 α 是大于 0 的参数，其倒数就是总供给曲线的斜率。α 越大，实际总产出受未预期到的价格变动的影响就越大；反之则相反。式（9·5）代表了图 9·1（c）中的总供给曲线，其斜率为 $1/\alpha$。

因此，短期产量偏离充分就业的产量关键在于预期价格偏离实际价格的水平，也就是说，并不是所有价格的变动都会影响产量的变动，而只有未预期到的价格变动才会带来产出的变动，而预期到的价格变动并不会带来产出的变化。回忆我们在第五章所讲的内容，未预期到的通货膨胀会带来财富再分配效应。我们知道，当通货膨胀率超过人们的预期水平时，工人的实际工资会降低，企业的利润会提高；而当通货膨胀率低于预期时，工人的实际工资会提高，企业的利润会减少。而财富再分配效应在这里表现为企业短期总产量的波动，因为企业是按利润的多少进行生产的，当利润发生变动时，产量也会发生变动。

二、价格粘性模型

根据名义工资粘性模型，未预期到的价格水平的上升会降低实际工资，从而增加劳动力投入量并提高产量。因此实际工资应该是逆周期变化的：它的变动方向与就业量和产量波动方向相反，也就是说，当实际工资下降时，产出增加。然而，经济周期的事实未能为此提供强有力的支持，实际工资变动与产出变动相关性很弱，并且在某种程度上实际工资似乎表现出温和的顺周期性：当产出增加时，实际工资上升。

为了解释上述现象，一些经济学家将其注意力转向商品市场的名义价格粘性，因为仅仅依赖工资粘性模型，无法很好地解释总供给波动与工资波动的同步现象。他们提出了新的总供给模型。这个模型认为，由于产品价格不能迅速调整，在这个价格水平上企业可能无法销售出所有的产品，这时劳动力需求曲线将随着经济周期而移动，从而使实际工资变动能表现出某种顺周期性，这也就是价格粘性模型。

对名义价格刚性产生的原因有各种各样的解释。比如说菜单成本和近似理性行为会造成名义价格刚性，我们在第十一章介绍新凯恩斯理论时将作详细的分析。如前所述，长期工资合同对企业和工人双方都有好处，这些好处同样适用于企业间就产品价格所达成的长期协议。预先制定的价格降低了交易成本和不确定性，使得稀缺资源被更为经济地使用。一般而言，如果价格是预先制定的，那么企业以成本为基础定价。

为了分析价格粘性对总供给的影响，首先必须考虑单个企业的定价决策过程，然后通过对所有企业加总，得到总供给曲线。我们考察的产品市场是一个不完全竞争市场。在不完全竞争市场上，企业是价格制定者，企业利润最大化的产量决定了市场价格水平。假定一个垄断企业依据产品的成本来制定价格，产品成本主要取决于两个宏观经济变量，一是一般物价水平 P，二是收入水平 Y。物价水平越高，企业的生产成本就越大，因此企业产品的价格随着价格水平的提高而提高。收入水平的提高会扩大对产品的需求，由于边际成本随着产量的增加而提高，对产品的需求增加使利润最大化的价格提高。

图9·2 (a)、(b) 分别描述了物价水平 P 提高和收入水平 Y 提高对企业利润最大化价格的影响。在图9·2 (a) 中，价格上升使生产成本提高，边际成本曲线 MC_1 向上移动到 MC_2，企业为使边际收益与边际成本相等，最优价格由 P_1 上升到 P_2。在图9.2 (b) 中，收入水平的提高使产品需求增加，因此需求曲线由 D_1 向外移至 D_2，相应的边际收益曲线由 MR_1 移至 MR_2，从而由边际成本曲线和边际收益曲线交点决定的产品价格也就由 P_1 上升到 P_2。

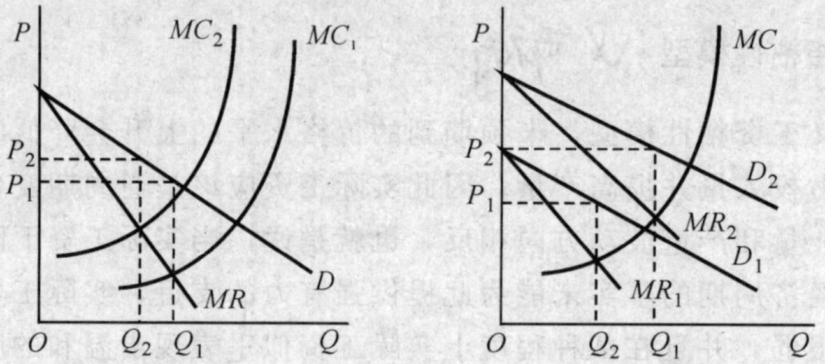

(a) 物价上升　　　　(b) 收入上升

图9·2　企业最优价格的决定因素

我们可以把企业制定的最优产品价格 p 用如下的式子来表达：

$$p=P+\beta\ (Y-\overline{Y}),\ \beta>0 \qquad (9·6)$$

其中β是大于0的参数，反映了收入水平变动对企业定价影响程度的大小。这一等式表明产品利润最大化的最优价格取决于价格水平 P 和总收入与潜在实际国民收入的差额 $(Y-\overline{Y})$。事实上，如果把 p 和 P 看做是产品价格和物价水平的数值的话，式（9·6）就表示企业的相对价格水平由总产量和潜在的国民收入之间的差额决定。

以上讨论的这类企业会依据市场条件的变化不断调整自己产品的价格。假定市场中存在另一类企业，这些企业生产的产品的价格具有粘性，依据对经济环境和产品成本的预期，它们预先制定产品价格。这些企业的产品价格由下式决定：

$$p=P^e+\beta\ (Y^e-\overline{Y^e}),\ \beta>0 \qquad (9·7)$$

其中 P^e 是企业对未来物价水平和生产成本的预期值。Y^e、$\overline{Y^e}$ 分别是企业对未来实际国民收入和潜在国民收入的预期值。为简化起见，假定这些企业预期实际国民收入与潜在国民收入相等，即 $\beta\ (Y^e-\overline{Y^e})$ 等于零，那么产品价格就等于：

$$p=P^e \qquad (9·8)$$

企业根据预期生产成本制定产品价格，这时价格调整是缓慢的。

把上述两类企业的产品价格进行加权平均，就能得到总的物价水平，设产品价格粘性的企业占总数的比重为λ，产品价格灵活变动的企业占总数的比重为（1－λ），则总体物价水平为：

$$P=\lambda P^{e}+(1-\lambda)[P+\beta(Y-\overline{Y})] \quad (9\cdot 9)$$

等式两边同减去（1－λ）P，得到：

$$\lambda P=\lambda P^{e}+(1-\lambda)\beta(Y-\overline{Y}) \quad (9\cdot 10)$$

两边同除以λ得到价格水平的表达式为：

$$P=P^{e}+[(1-\lambda)\beta/\lambda](Y-\overline{Y}) \quad (9\cdot 11)$$

价格水平取决于预期的价格水平和国民收入水平。

价格水平随着预期价格水平的提高而提高，这是因为当企业预期价格会提高时，它们的预期生产成本也就提高了，因此固定价格企业预先制定的产品价格就会提高，这又会导致其他企业生产成本的提高和产品价格的提高。由此，预期的价格水平提高最终导致了实际的价格水平提高。

价格水平也会随着国民收入的提高而提高。国民收入的提高使产品的需求增加，灵活定价的企业就会提高它们的产品价格，从而使物价水平有所提高。国民收入变动对价格水平影响的大小除取决于参数β外，还取决于浮动价格企业所占的比重，这一比重越大（即λ越小），国民收入变动对价格水平的影响越大。

对（9·11）式作简单的变换以后，我们就能得到：

$$Y=\overline{Y}+\lambda/[(1-\lambda)\beta](P-P^{e}) \quad (9\cdot 12)$$

令λ/［（1－λ）β］＝α，就可以得到式（9·5）相同的总供给曲线：

$$Y=\overline{Y}+\alpha(P-P^{e})$$

由此我们得到与工资粘性模型相同的结论：产出（国民收入）的波动，即产出偏离它的潜在水平与未预期到的价格水平波动有关。

考虑到价格粘性对劳动力市场的影响，能为经济周期中实际工资变动的实证结果找到一些理论依据。根据价格粘性模型，短期内产品价格可以是固定的，如果经济处于衰退期，总需求减少，使产品的销量减少。企业不得不削减产量、劳动需求量和投入量。劳动需求量的降低使实际工资水平下降。不同于工资粘性模型的是，在这里产出波动使劳动力需求曲线发生移动，从而使得劳动力需求量、就业量、总产出和实际工资沿着相同的方向变动，因此实际工资就有可能是顺周期的，表现为随着产出的减少，实际工资降低。

三、工人错觉模型

在前面介绍的两个总供给模型中，由于工资或价格变动是缓慢的，市场并不总是出清的。下面将介绍另两个总供给模型，从微观基础和市场出清角度出发来解释宏观总供给，它们的出发点都是信息的不完全性。首先介绍工人错觉模型，该模型关注劳动力市场的运作，但不同于工资粘性模型，这里工资可自由变动使劳动力市场供需平衡。模型的中心假定是，企业和工人并不具有相同的信息，工人有时会混淆实际工资和名义工资。

企业的劳动力需求取决于实际工资：

$$L^d = L^d\ (W/P) \tag{9·13}$$

假设在任何给定的时间，企业拥有关于价格水平的所有信息，能准确地了解实际价格 P。我们就可以得到与前面类似的向下倾斜的劳动力需求曲线。

假定劳动力供给也取决于实际工资，实际工资决定了工人是否愿意工作以及工作多长时间。但是工人只知道他们的名义工资 W，而对实际总价格水平并不拥有充分的信息，他们不得不以某种方式来估计总价格水平。因此劳动力供给由下式决定：

$$L^s = L^s\ (W/P^e) \tag{9·14}$$

劳动力供给量由工人预期的实际工资决定，预期的实际工资由名义工资水平 W 除以工人预期的价格水平 P^e 得到。我们可以把预期的实际工资进一步改写成实际工资和工人价格错觉的乘积，即：

$$W/P^e = (W/P)\cdot(P/P^e) \tag{9·15}$$

其中 P/P^e 就是工人对价格变动产生的错觉。当 P/P^e 等于 1 时，工人对价格的预期是正确的；当 P/P^e 大于 1 时，工人对价格的预期低于实际价格水平；反之，当 P/P^e 小于 1 时，工人对价格的预期高于实际价格水平。

根据式（9·15），我们把劳动力供给曲线改写成如下形式，可以帮助我们更好地理解劳动供给量的决定因素。

$$L^s = L^s[(W/P)\cdot(P/P^e)] \tag{9·16}$$

即劳动力供给量由实际工资和工人错觉共同决定。

在图 9·3 中，我们画出了向上倾斜的劳动供给曲线 L^s 和向下倾斜的劳动需求曲线 L^d，这里劳动供给和需求曲线都表示为用纵轴标示的实际工资的函数。两条曲线的交点 E 就是劳动力市场的均衡点，由 E 点决定了劳动力市场的均衡实际工资和均衡就业量，这时劳动力市场是出清的。由于劳动力供给曲线的位置由工人错觉 P/P^e 决定，因此劳动力市场均衡也就由工人错觉 P/P^e 决定。

如果企业和工人都拥有充分的信息，P/P^e 就等于 1，工人预期的实际工资与真实的实际工资相等，那么在实际工资的均衡水平 $(W/P)^*$ 上，劳动力数量 L^* 是充分就业时的水平，对应于 L^*，产量处于潜在生产能力水平 $\overline{Y}$，因此 E 点也就是长期均衡点。如果工人预期的价格水平大于实际价格水平，也就是 $P/P^e<1$，那么，预期的实际工资要小于真实的实际工资，劳动力市场的均衡点就会从 E 点沿着劳动需求曲线朝左上方移动，实际的就业水平就要低于充分就业的就业水平；而如果工人预期的价格水平小于实际价格水平，也就是

$P/P^e>1$，那么，劳动力市场的均衡点则会从 E 点朝右下方移动，实际的就业水平就要高于充分就业的水平。这样，工人错觉就导致了劳动力市场的均衡偏离充分就业的水平。

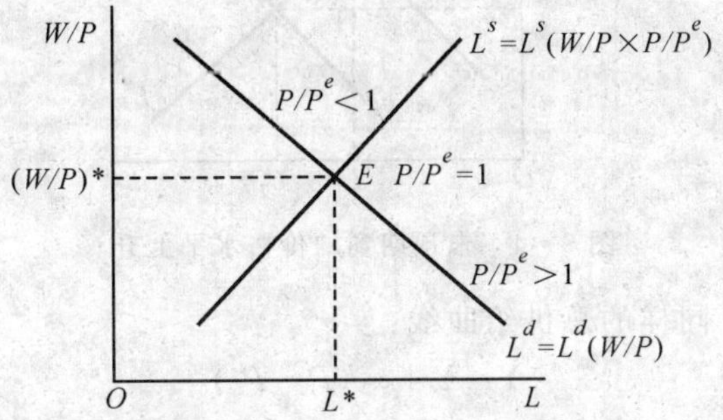

图 9·3　劳动市场的均衡

假定实际价格水平 P 超过了预期的价格水平 P^e，如图 9·4 所示。P/P^e 的上升使劳动力供给曲线 L_1^s 向右移到 L_2^s。当价格发生未被预期的上升后，预期的实际工资（W/P^e）会大于真实的实际工资（W/P），因而在任一实际工资水平上，工人都误认为自己的实际工资已经提高了，从而愿意提供比以前更多的劳动。企业拥有比工人更多的信息，他们知道价格上涨必然造成货币工资同步上升，实际工资不会发生变化，因此他们仍然按照劳动的边际产量雇用工人，劳动的需求曲线保持不变。因此，当劳动力供给曲线 L_1^s 向右移到 L_2^s 时，实际工资由 $(W/P)_1$ 降到 $(W/P)_2$，劳动力市场均衡的就业量由 L_1 提高到 L_2，产出水平也相应提高。事实上，价格的上涨会带来名义货币工资的提高，工人会把因价格水平上升而引起的名义工资上涨错误地理解为是实际工资的上升，因此劳动的供给增加。但是，名义货币工资上涨的速度也赶不上价格的上涨速度，实际工资水平仍然会下降。类似地，我们也能说明如果实际价格水平低于预期水平，那么，劳动力供给曲线将向左移动，实际工资将要上升，而就业和产量将会下降的情况。

工人错觉模型的关键假设是企业与工人之间拥有的信息不同。当价格水平突然上升时，工人不能及时预期到这种变化，因此预期的实际工资和真实的实际工资之间发生了误差，而企业看到了这种变化，两者始终保持一致。因此工人在实际工资水平降低的情况下还愿意提供更多劳动，从而导致就业和产量的增加。如果这种变动都能被事先预期到，那么价格的变化只能带来名义货币工资的同比例的变化，实际工资会保持不变，就业和产量也会维持在充分就业的水平上。把价格变动与产量变动的关系用数学表达式表达出来，我们再次可以

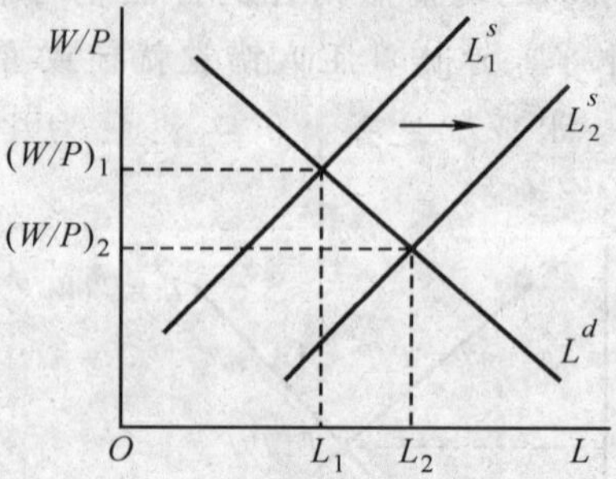

图 9·4　未预期到的价格水平上升

得到与式（9·5）同样的总供给曲线：

$$Y=\overline{Y}+\alpha\ (P-P^e)$$

这样，我们就从工人错觉出发，为没有预料到的价格变动会引起产出波动的短期总供给曲线找到了另一种微观解释。

四、不完全信息模型

关于产量波动的一种重要的现代观点是，波动是由于人们对经济中正在发生的事不具有完全信息所引起的。在这些模型里，假定价格和工资能灵活变动，因此市场是出清的。工人错觉模型认为企业拥有比工人更充分的信息，这里将介绍另一个以信息为基础的模型，这一模型不对企业和工人作明确的区分，而假定经济行为人掌握的信息是不完全的，这一假定将价格水平的运动和企业供给决策联系起来。

企业对自己产品的价格信息了解得很清楚，但在得到整个经济的价格信息时存在困难。各种暂时的信息障碍，使企业对于除自己所处的市场外其他市场的情况相对了解得较慢。为了说明上述情况，经济学家提出了一个假说，这个假说借助一个比喻来描述。设想把企业看做是居住在孤岛上的独立合约人，每个企业生产一种产品，并通过交换消费其他多种产品。他们对自己产品的价格有第一手知识，但不能迅速地了解一般的物价水平。

下面我们来分析单个企业的供给决策问题。根据微观经济学理论，企业将进行生产直到价格等于边际成本。边际成本取决于企业生产投入品的价格。如果企业的产品价格相对于经济中的其他产品（包括企业投入品）价格来说上升了，那么企业就会增加产量。但是如果其他产品的价格和企业自己产品的价格上升相同幅度，企业就不会有增加生产的积极性。也就是说，只有当企业的产品价格对其他产品价格的相对价格上升时，企业才会增加生产。我们用 i 下标表示代表性企业，下式给出了这个企业的供给曲线：

$$Y_i=\gamma\ (P_i-P)\ +\overline{Y_i} \qquad (9·17)$$

其中 Y_i 是企业的产量，P_i 是企业产品的价格，P 是总价格水平，$\overline{Y_i}$是企业潜在的或正常的产量。这一等式说明企业的产量 Y_i 等于潜在产量$\overline{Y_i}$加上常数 γ 乘以企业价格 P_i 与总价格水平 P 之差。价格水平 P 用于表示所有别的市场上的价格，如前所述，只有当自己产品价格相对于别的价格上升时，企业才会生产更多的产品。

但是当企业作出供给决策时，它不知道别的市场正在发生的情况。关于其他市场的信息可能来得较晚，或者也许企业的经理没有能及时关注全社会的经济状况。当信息不完全时，企业就不知道总价格水平，它只能对此进行猜测。据此我们把式（9·17）改写为：

$$Y_i=\gamma(P_i-P^e)+\overline{Y_i} \qquad (9\cdot 18)$$

其中 P^e 是企业对价格总水平的预期。

当经济中所有价格都上升相同幅度时，每个企业都只会观察到它自己的产品价格的上升，而对于由价格指数 P 概括的所有别的价格只能进行估计。如果企业预计到了价格水平的这种变动，那么它知道产品的相对价格未发生变化，因此也不会增加生产。如果企业没有预计到价格水平的提高，根据观察到的自己产品的价格上升，它会认为自己产品的相对价格有了上升，因此会增加劳动力需求，扩大产量。如果别的企业的行为也是如此的话，它们也会由于价格水平的上升错误地认为自己产品的价格上升从而增加生产。当所有企业的生产超过它的潜在水平$\overline{Y_i}$时，整个经济的产量当然也就高于潜在总产量了。

整个经济的总供给曲线是通过对所有企业的供给曲线加总而得到的，实际 GDP 是所有单个企业产量水平Y_i之和。总价格水平 P 是单个企业价格之和除以企业个数 n。如果按代表性企业的总供给曲线（9·18）对所有企业进行加总，就得到整个经济的总供给曲线：

$$Y=n\gamma\ (P-P^e)\ +\overline{Y} \qquad (9\cdot 19)$$

其中 $Y=nY_i$，$\overline{Y}=\overline{nY_i}$。可以看到，经济的实际产出只有当预期价格等于实际价格时，才会正好等于潜在产出量。一般情况下，由于信息是不完全的，预期价格 P^e 与实际价格 P 之间总会有一些差距。只要存在这种差距（$P\neq P^e$），实际产出就可能大于其潜在生产能力水平（当 $P>P^e$ 时，$Y>\overline{Y}$），经济就处于过热状态；或者实际产出小于其潜在生产能力水平（当 $P<P^e$ 时，$Y<\overline{Y}$），经济处于衰退期。建立这种以信息为基础的总供给模型的最初研究，是由美国芝加哥大学的经济学家卢卡斯进行的，所得到的价格和产量之间正相关的关系式（9·19）通常被称为卢卡斯总供给曲线（Lucas aggregate supply equation）。

对式（9·19）作一简单的变换，令 $n\gamma=\alpha$，我们将再一次得到已经非常熟悉的总供给曲线：

$$Y=\overline{Y}+\alpha\ (P-P^e)$$

卢卡斯通过分析各国的数据进一步指出，总供给曲线的斜率与总需求的波动有关。一国的总需求如果波动很大的话，价格水平波动也会很大，这个国家价格水平的变动主要就不是由相对价格变动引起的，企业对未预期到的价格变化的反应就比较小（参数 α 较小），总供给曲线就比较陡；反之在需求和价格比较平稳的国家里，企业有理由相信，价格水平的变化主要来自于相对价格的变动，因此企业对未预期到的价格变动比较敏感（α 较大），总供给曲线也显得较为平缓。

五、附加预期的总供给曲线

我们已经运用四种不同的模型分析了短期总供给曲线向上倾斜的微观基础。由于各种总供给模型出发点不同，对总供给曲线向上倾斜的原因解释也不尽相同，但最终得到的总供给曲线形式是一样，都是如式（9·5）的表达式：

$$Y=\overline{Y}+\alpha\ (P-P^e)$$

现实经济中，上述各种模型讨论的机制会对短期总供给曲线的形成共同发挥作用。这些机制发生作用的程度会随着条件的变化而有所不同，但它们作用的方向是一致，都是引起短期总供给曲线向上倾斜。比较第七章中的总供给曲线，卢卡斯总供给曲线增加了预期的因素，因此我们往往把式（9·5）称之为附加预期的总供给曲线（Expectation augmented aggregate supply，简称 EAS），图 9·5 描述了附加预期的总供给曲线。

图中的附加预期的总供给曲线 EAS 向上倾斜，表明总产量与实际价格水平同方向变化，而与预期价格水平反方向变化。假定人们估计未来的价格水平为 P_1，也就是 $P^e=P_1$，相应的附加预期的总供给曲线为 EAS_1，实际价格和预期价格水平在 A 点相等，此时，现实的产出正好等于潜在生产能力水平 $\overline{Y}$。进一步可以看到，在 A 点的左边，当实际价格 P 低于预期价格 P^e 时，实际产量 Y 就低于潜在产量 $\overline{Y}$；在 A 点的右边，当实际价格 P 高于预期价格 P^e 时，实际产出就高于潜在水平 $\overline{Y}$。因此，实际产量变动的原因是由于现实的价格水平偏离了人们的预期水平。

现在，我们假定人们修改了对未来价格的估计，预期价格水平上升为 P_2。这时，企业和工人会按照这个预测水平重新确定工资水平和成本，因此，企业的成本会上升，短期总供给曲线向左上方移动，新的总供给曲线为 EAS_2。在 B 点实际价格水平为 P_2，正好等于人们的预期水平。我们把 A、B 两点连接起来，就是一条垂直的长期总供给曲线。在长期总供给曲线上，实际价格水平总是和人们的预期水平一致，因此价格的变动不会对就业和产出造成影响。这样，通过对附加预期总供给曲线的分析，我们对第七章的总供给曲线有了新的理解。

从图 9·5 的总供给曲线的推导中可以看出，实际的产量偏离潜在的产量关

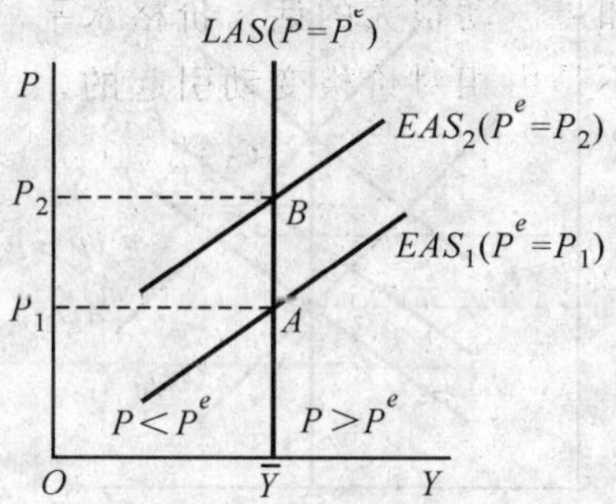

图 9·5　附加预期的总供给曲线

键在于实际的价格偏离了人们预期的价格。在短期内，由于工资、价格粘性、工人错觉、不完全信息等原因，人们对实际价格的预期会出现偏差，而企业和居民都是按照预期价格进行决策，因此造成了短期内价格、工资的缺乏伸缩性，使实际的产量偏离充分就业的产量。而在长期内，人们会不断修改自己的预期，使预期和现实趋于一致，这样工资和价格就具备充分的伸缩性，实际产量和潜在产量达到一致。

第二节　总产量的波动和调整

一、总需求冲击

现在，用附加预期的总供给曲线来考察总需求冲击和总供给冲击对宏观经济总量的影响。首先分析需求冲击的影响。

图 9·6 显示了总需求和总供给曲线。根据上两章的分析，总需求曲线 AD 是向下倾斜的。附加预期的总供给曲线 EAS 以式（9·5）为基础，位置取决于预期价格水平的高低。图中 EAS_0 曲线是给定初始的预期价格水平为 P_0 的短期总供给曲线，它与总需求曲线 AD_0 在实际价格水平为 P_0 处的 E_0 点相交，并同时经过代表充分就业产量水平的长期总供给 $\overline{Y}$，因此，在 E_0 点，实际价格等于人们的预期价格水平，经济处于充分就业的长期均衡状态。

现在假定政府实行扩张性货币政策。货币供应量增加了，总需求曲线肯定会向上移动一定的比例，由 AD_0 移至 AD_1。短期内，人们没有预期到价格水平的变化，因而附加预期的总供给曲线 EAS 不会移动。结果是，我们能得到新的短期均衡点 E_1，这时的实际价格为 P_1，而预期价格仍为 P_0，实际价格大于预期价格，即 $P>P^e$，所以产量上升了。因此，预料之外的货币扩张会导致产量的增加。

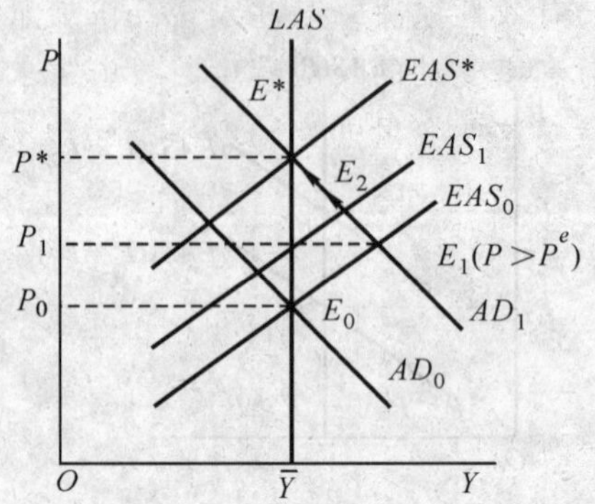

图 9·6 总需求扩张的效应

值得注意的是，E_1 点的短期均衡不能持续很久。由于价格高于预期值，居民和企业都会修正预期。如果居民和企业都把上一期的价格作为这一期价格的预期值（这又被称为适应性预期），那么第二期的预期价格就是 P_1。按照这个预期价格，总供给曲线向上移至 EAS_1，EAS_1 在价格 P_1 处经过充分就业时的产量水平。

有了新的总供给曲线 EAS_1 和在更高价格水平上不变的总需求曲线 AD_1，新的均衡点 E_2 形成，这时产量已有所下降，而价格则进一步上升。虽然实际价格仍然大于人们的预期值，但差距已经缩小。居民和企业将不断调整对价格的预期，使预期与实际的差距不断缩小，最终将预期价格提高到 P^*。相应地，EAS 曲线向上移动到 EAS^*。EAS 曲线的向上移动在总需求曲线上给出了一系列均衡位置，从 E_1 开始直到 E^*。在整个调整过程中，总产量一直高于潜在水平，但从 E_1 点开始逐渐回复到潜在水平，价格则持续上升。总供给曲线移到 EAS^* 时与总需求曲线在 E^* 点相交，在这一点，实际价格与人们预期相符，实际产出与潜在水平一致，经济回到了充分就业状态，只是价格水平提高了。

因此，在短期内，扩张性货币政策如果没有被预期到，货币供给量的增加能使实际产出增加。但是货币的增加不可能永远不被预期到，当人们完全预期到价格变动后，货币扩张不再有实际影响，只反映为价格的上升。根据上述的总供给动态模型，在长期内，货币是中性的——它没有实际效应而只影响价格，尽管它在短期内确实会影响产量。

如果上述货币扩张一开始就被人们预期到了，总需求曲线向上移动的同时，总供给曲线也会直接移动到 EAS^*。经济的新均衡点在 E^*，此时价格水平等于人们的预期，对应着一个更高的价格水平 P^* 和不变的产量。因此，如果政府的货币政策被人们事先预料到了，货币扩张将不存在任何实际效应，货币变动是完全中性的，这也就是长期模型的二分法。

现在，我们可以回顾一下前一章对宏观经济政策效果的分析。在前一章中我们指出，宏观政策的有效性取决于某些宏观经济变量对另一些变量变动的敏感程度，如货币需求对利率变动的反应程度、投资需求对利率变动的反应程度等。如果宏观经济变量对这些变量的变动产生不同的反应，那么宏观政策的实行就会对实际经济变量产生不同的影响。产生这种结论的前提条件是我们假定总供给不变，也就是说，我们假定决定社会生产的企业和个人不会对宏观政策作出反应，因此宏观政策的有效性取决于现存经济结构中经济变量之间的相互作用。但是，实际上这一结论是有局限性，关于这些在第十一章中还要详细讨论。当在总供给曲线中引进预期因素后，可以发现，宏观政策的有效性还与人们的预期有关，也就是与人们对宏观经济政策的预测以及在这种预测基础上所作出的反应有关，因此，政府的宏观政策在移动总需求曲线的同时也会移动总供给曲线。比方说，当人们预计政府将采取的扩张性货币政策可能带来价格上涨时，那么，工人和企业会事先在合同中增加工资以保持实际工资不变，企业也会事先提价以保证成本增加后还能产生利润。这样货币供应量的增加只会提高价格水平，而不会影响实际的国民收入。也就是说，人们对货币政策的预期会改变货币政策产生效果的经济环境，从而使货币政策的效果发生变化。因此，预期到的宏观经济政策对实际经济生活没有影响，只有未被预期到的宏观政策才能影响实际经济变量。由此可见，预期理论的发展极大地丰富了宏观经济学的内容，也深化了人们对宏观经济政策有效性的理解。

这样，从预期理论出发，我们又可以把古典模型称为完全预期模型，价格的变动之所以不会对实际变量产生影响，是因为总需求的变动都被人们事先估计到了。而凯恩斯模型则可以认为是不完全预期模型，总需求的变动不能被人们完全预期到，因此价格的变动会带来实际产量的变动。

二、总供给冲击

我们现在考察总供给冲击的影响。供给冲击是移动总供给曲线，我们仍然假定世界石油价格的上涨。

假定石油价格上涨前经济处在长期均衡状态，如图 9·7 所示。短期总供给曲线 EAS_0 与总需求曲线 AD_0 在 A 点与长期总供给曲线相交，均衡价格为 P_0，实际价格等于预期值。

石油价格的突然上升使总供给曲线向左上方移动。因为在每个产量水平上生产成本现在都提高了，居民和企业对价格水平的预期也提高了。在图中，EAS 曲线上移至 EAS_2，经济均衡点从 A 点移到 B 点。因此，这种供给冲击的直接效应是提高价格水平和降低产量。在这里，假定供给冲击不影响潜在产量水平 $\overline{Y}$。我们还可以发现，在 B 点预期价格水平为 P_2，实际的价格水平为 P_1，因此实际价格要低于人们的预期。

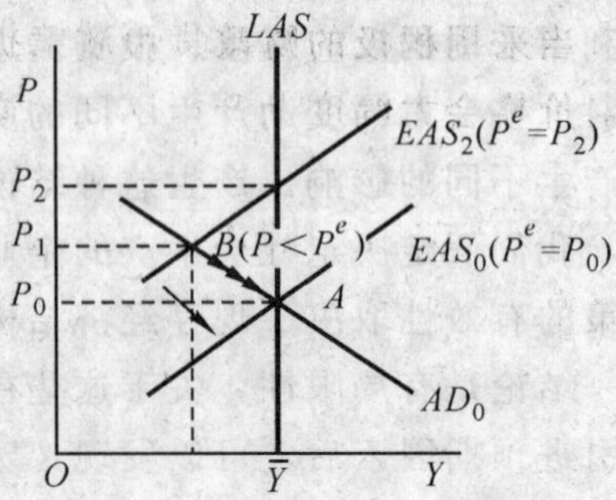

图 9·7 供给冲击的市场调节

供给冲击发生以后经济将如何调整呢？在图 9·7 中，经济将从 B 点回到 A 点。经济处于 B 点时，人们会按照下降的实际价格调整预期，预期价格水平会下降，短期总供给曲线会向右下方移动，促使工资连同价格水平一起下降，这样就业和产出会不断增加。向 A 点调整的速度取决于预期调整的速度。如果预期调整是缓慢的，整个经济的调整也是缓慢的；如果预期调整较快，整个经济的调整也较快。调整沿 AD_0 曲线进行，直至均衡点 A，此时，人们的预期和现实达到一致，经济恢复到充分就业水平，价格水平也和冲击前一样。这和我们在第七章中讨论过的情况类似。不同的是，经济是通过调整预期来达到均衡的。

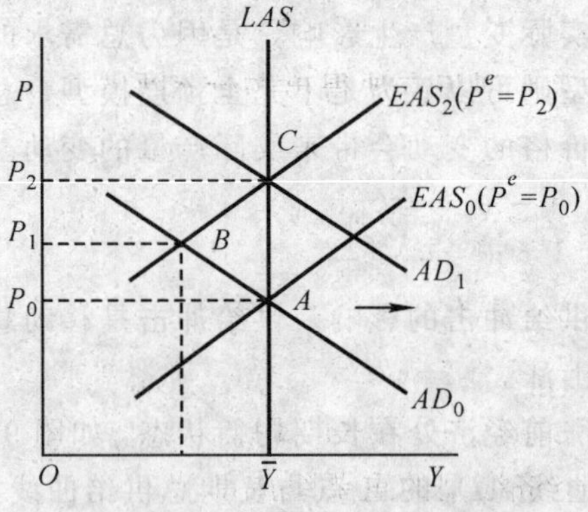

图 9·8 供给冲击的政府调节

我们也可以运用扩张性政策来对付供给冲击，促使经济迅速从衰退走向繁荣，如图 9·8 所示。在石油价格上涨时，如果政府采取扩张性的政策刺激总需求，使总需求曲线由 AD_0 迅速移动到 AD_1，经济就会移动到 C 点，而不是 A 点。在 C 点，实际价格和预期价格重新达到一致，经济处在充分就业状态，但价格水平比冲击前上升。

从以上的分析中我们可以发现，供给冲击的通货膨胀效应与它的衰退效应之间存在一种替代关系。当采用积极的财政货币政策扩大总需求时，失业率降低，但通货膨胀率提高，价格会大幅度上升；反之，通货膨胀率较低而失业比较严重。通货膨胀率与失业率这种此消彼长的关系，可以用所谓的菲利普斯曲线来描述。

第三节　菲利普斯曲线

一、菲利普斯曲线及其修正

宏观经济政策的重要目标是实现低通货膨胀下的充分就业。但是正如上一节最后的分析显示，在短期内通货膨胀和失业之间存在此消彼长的关系，这种关系通常用菲利普斯曲线来表示。现在就来分析菲利普斯曲线的含义，我们将发现，实际上它不过是总供给曲线的另一种表达形式。

1958 年，伦敦经济学院的经济学家菲利普斯（A. W. Philips）对英国 1861—1957 年间失业率与货币工资变化率之间的关系进行了统计研究。菲利普斯发现，这两者之间似乎存在着一种稳定的联系，呈现出非线性的逆向关系。如图 9·9 所示，在大约 5.5%的失业水平上，货币工资的变化率为零，而在大约 2.5%的失业水平上，货币工资的变化率为 2.0%。这条曲线就被称为菲利普斯曲线（Philips' curve）。

从菲利普斯的发现，到相应地得出物价水平和失业之间的联系只有一步之遥。由于价格与工资是密切相关的，价格变化是工资变化的函数，可以把上述菲利普斯曲线中的工资变化转换成价格变化，这一步是由萨缪尔森和索洛在 1960 年完成的。采用经过修改的价格变化（即通货膨胀）和失业间的关系式，萨缪尔森和索洛用大萧条之后 25 年间美国的数据重复了菲利普斯的经验研究工作，他们得到了类似于菲利普斯发现的稳定的负斜率曲线。菲利普斯曲线只是一种经验性发现，但是它提供了把通货膨胀和失业关联起来的宏观政策选择模式，成为凯恩斯宏观经济模型的重要组成部分。

然而，到 20 世纪 60 年代末 70 年代初，通货膨胀在战时需求压力、石油输出国组织提价风潮等因素作用下失去了控制。滞胀，即高失业和高通货膨胀并存的现象出现了，现实状况不再支持菲利普斯的论断，作为经验规律的菲利普斯曲线崩溃了，并几乎摧毁了凯恩斯主义宏观经济学的整个理论体系。

为了解释新的宏观经济现象，现代的菲利普斯曲线对原始的形式作了重要的修正。弗里德曼等人指出，传统的菲利普斯曲线忽略了预期通货膨胀对工资率决定的影响。工人感兴趣的是实际工资而不是名义工资。工资率的决定和实

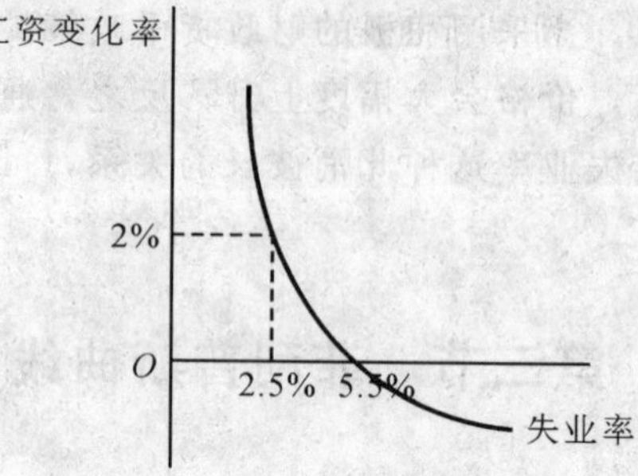

图 9・9 菲利普斯曲线

际支付不是同时进行的，这段时间的预期通货膨胀水平会影响预期的实际工资。当预期到价格上升时，工人将要求对预期通货膨胀给予补偿，作为企业来说，如果所有的商品价格都上涨，那么它会预期能将其产品卖到更高的价格，因此也就能支付更高的名义工资。事实上，当工资和价格以相同速率上升时，企业和工人的状况并无任何变化。他们建议用预期的通货膨胀来扩展基本的菲利普斯模型，就得到了附加预期的菲利普斯曲线（Expectation augmented Philips' curve）。

对传统的菲利普斯曲线的另一个重要修正应归功于石油输出国组织。石油输出国组织于 70 年代大幅提高油价促使经济学家开始对供给冲击给予足够的重视，并将之加入到现代的菲利普斯曲线中去。

综上所述，修正后的菲利普斯曲线反映了这样一种关系：通货膨胀率 π（价格变动的百分率）取决于三个因素，即预期通货膨胀率 π^e、周期性失业（实际失业率 u 与自然失业率 u_n 的差额）和供给冲击 ε。我们可以用下面的关系来表达：

$$\pi = \pi^e - \beta\ (u - u_n)\ + \varepsilon \qquad (9 \cdot 20)$$

即：

通货膨胀率＝预期通货膨胀率－（$\beta\times$周期性失业）＋供给冲击

其中 β 是一个大于 0 的参数。周期性失业前的符号为负表明失业与通货膨胀之间此消彼长的关系。

二、菲利普斯曲线的推导

菲利普斯曲线实际上是总供给曲线的另一种表达形式。短期总供给曲线指出产出和价格水平是正向变动的。由于通货膨胀就是价格的变化率，而失业率随着产出的上升而下降，因此总供给曲线隐含着通货膨胀和失业之间的反向变动关系，菲利普斯曲线恰恰就反映了这种关系。我们可以由用式（9·5）表示的总供给曲线直接导出菲利普斯曲线。

把式（9·5）改写成：

$$P=P^{e}+1/\alpha\ (Y-\overline{Y}) \qquad (9\cdot 21)$$

经过几步简单的变换，我们就能得到菲利普斯曲线。

首先，在式（9·21）等式两边减去上一期的价格 P_{-1}，得到：

$$P-P_{-1}=(P^{e}-P_{-1})+1/\alpha(Y-\overline{Y}) \qquad (9\cdot 22)$$

等式左边的（$P-P_{-1}$）是当期价格与上期价格的差额，用通货膨胀 π 代替。等式右边第一项（$P^{e}-P_{-1}$）是预期价格水平和上期价格的差额，表示预期的通货膨胀 π^{e}，因此式（9·22）可以改写成：

$$\pi=\pi^{e}+1/\alpha\ (Y-\overline{Y}) \qquad (9\cdot 23)$$

由奥肯定律我们知道失业率和总产出水平成反比，当产出水平偏离潜在生产水平时，失业率就反向地偏离自然失业率水平。也就是说，当产出高于潜在水平时，失业率低于自然失业率。利用奥肯定律，我们可以用 $-\beta\ (u-u_{n})$ 来代替（9·23）中的 $1/\alpha\ (Y-\overline{Y})$，就得到：

$$\pi=\pi^{e}-\beta\ (u-u_{n}) \qquad (9\cdot 24)$$

最后，加上供给冲击 ε 来表示外界对价格的影响，比如说石油价格的波动，最低工资的变化，或者是政府对价格进行管制等等。由此最终得到如下等式：

$$\pi=\pi^{e}-\beta\ (u-u_{n})\ +\varepsilon \qquad (9\cdot 25)$$

这样，我们就从总供给方程（9·5）出发推导出了菲利普斯曲线。与总供给曲线一样，菲利普斯曲线表明了实际经济波动与未被预期到的价格波动之间的关系。

三、通货膨胀产生的原因

第五章分析指出，货币供应量增长是产生通货膨胀的主要原因。下面将利用菲利普斯曲线进一步讨论决定通货膨胀的其他因素。首先，影响通货膨胀的一个因素是人们对通货膨胀的预期。关于预期通货膨胀的一个假说是假设预期是适应性的。如果预期是基于通货膨胀的过去行为，在适应性预期假设下对下年通货膨胀的预期可能是上一年的通货膨胀率。在这一最简单的适应性预期假设下，我们有：

$$\pi^{e}=\pi_{-1} \qquad (9\cdot 26)$$

当然，适应性预期也可以比较复杂，比如说取过去几年通货膨胀的平均数。用 π_{-1} 代替 π^{e}，菲利普斯曲线就变成：

$$\pi=\pi_{-1}-\beta\ (u-u_{n})\ +\varepsilon \qquad (9\cdot 27)$$

如果预期是适应性的，式（9·27）隐含着通货膨胀具有惯性。即使失业率保持在自然失业率水平同时也不存在供给冲击，价格仍会以当前的通货膨胀速率不断上升。这种惯性产生的原因是过去的通货膨胀影响了人们对未来通货膨胀的预期，而这种预期又影响了工资和价格的制定。经济学家索洛是这样描述通货膨胀惯性的，他说："为什么我们的货币不断贬值？也许只是因为通货膨胀。通货膨胀的产生是因为我们预期会有通货膨胀，而我们预期会有通货膨胀是因为我们已经有了通货膨胀。"

在上一节分析的总需求、总供给模型中，通货膨胀惯性表现为总供给和总需求曲线不断向上移动。对总供给曲线而言，如果价格持续上升，预期价格水平不断上升，总供给曲线就会不断向上移动。当总供给曲线向上移动后，如果总需求不变，就会引起经济的衰退和失业率上升，这会促使通货膨胀降低，但是通常政府会采取措施刺激总需求对付经济萧条，总需求曲线不断向上移动，这就造成了通货膨胀的惯性上升。

影响通货膨胀的第二个因素是周期性失业的大小。周期性失业是用实际失业率偏离自然失业率的程度大小来表示的，它是由社会总需求的不足造成的。当社会总需求膨胀时，周期性失业降低，这时通货膨胀率会上升。这种通货膨胀被称为需求拉动的通货膨胀（Demand-pull inflation）。图 9·6 是需求拉动通货膨胀的一个例子，总需求扩张带来了价格上升。反之，当失业率上升时，通货膨胀率就比较低。参数 β 反映了通货膨胀对总需求（用失业率来衡量）波动的敏感性。

另外，供给冲击也会影响通货膨胀。逆向的供给冲击，诸如石油危机引发的生产资料价格上涨过快以及由于工会力量存在使工人工资上涨过快等都意味着 ε 值大于零，促使通货膨胀上升，这种通货膨胀被称为成本推进的通货膨胀（Cost-push inflation），因为逆向的供给冲击一般都会引起生产成本的提高。图 9·8就是典型的成本推进的通货膨胀。如果供给冲击是有利的，如生产资料价格下跌，ε 值就是负值，通货膨胀就会下降。

四、短期菲利普斯曲线

通货膨胀率和失业率是宏观经济政策制定者关心的两个主要变量。由于宏观政策难以对通货膨胀预期和供给冲击作出即时的调控，政策制定者通常运用财政和货币政策来影响总需求，从而改变产量、就业和通货膨胀水平。扩大总需求能够降低失业率并使通货膨胀上升，而抑制总需求能降低通货膨胀，但必须以失业率上升为代价。

图 9·10 反映了菲利普斯曲线所描述的通货膨胀与失业之间的此消彼长的关系。*SPC* 曲线为短期菲利普斯曲线，在曲线上每一点都代表了可供政策制定

者选择的一个通货膨胀率和失业率的组合，政府制定者可以通过改变总需求在这条曲线上移动来选择自己的目标。当周期性失业为零时，经济处于自然失业率 u_n 水平上，通货膨胀率就由预期值和供给冲击引起，等于 $\pi^e+\varepsilon$。SPC 曲线斜率的绝对值为 β，表明失业率每降低 1%，通货膨胀上升 β%。

短期菲利普斯曲线显示，当不存在有利的供给冲击和无法改变人们预期时，为了降低通货膨胀率，经济必然会经历衰退和失业率的上升。为了决定是否实行降低通货膨胀的政策，政府必须了解这一过程中产出下降的水平以权衡降低通货膨胀的收益和成本。经济学家通常用牺牲率（Sacrifice ratio）来衡量，它是反通货膨胀时期产量的总损失与由于反通货膨胀而赢得的通货膨胀的降低百分数二者的比率，换句话说，就是每降低 1%的通货膨胀率必须降低的实际 GDP 的百分数。经验研究表明，降低 1%的通货膨胀率牺牲的 GDP 约为 5%，牺牲率就等于 5。利用奥肯定律可以得到牺牲率的另一种表达形式，根据奥肯定律，失业率每上升 1%对应 GDP 下降 2%。因此降低 1%的通货膨胀率，就必须提高 2.5%的周期性失业。根据这一关系，我们可以估计反通货膨胀政策对失业的影响。比如说如果使通货膨胀率降低 2 个百分点，GDP 就必须降低 10%，最终也就要求周期性失业上升 5%

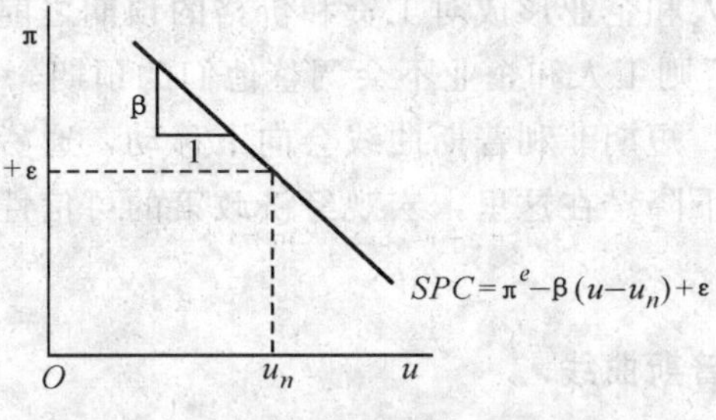

图 9·10　短期菲利普斯曲线

短期菲利普斯曲线受人们对通货膨胀预期的影响，当预期通货膨胀率上升时，曲线向上移动，如图 9·11 所示。当预期通货膨胀率由 π_1 上升到 π_2 时，SPC 曲线由 SPC_1 平行上移到 SPC_2，这时，对应每一个失业率水平上，都有一个更高的通货膨胀率。

目前为止我们讨论的预期都属于适应性预期，另一种主导的假说是理性预期，这一方法是和卢卡斯和萨金特（T. Sargent）的名字联系在一起的。理性预期假说认为人们会根据经济环境的变化来不断调整自己的经济行为，人们总是积极地搜集各种信息，包括关于当前政策的各类信息加以分析并预测未来。人们在对信息的处理反应过程中也会犯错误，但很容易被发现并纠正，因此人们在其预期的形成过程中不会犯系统性错误。

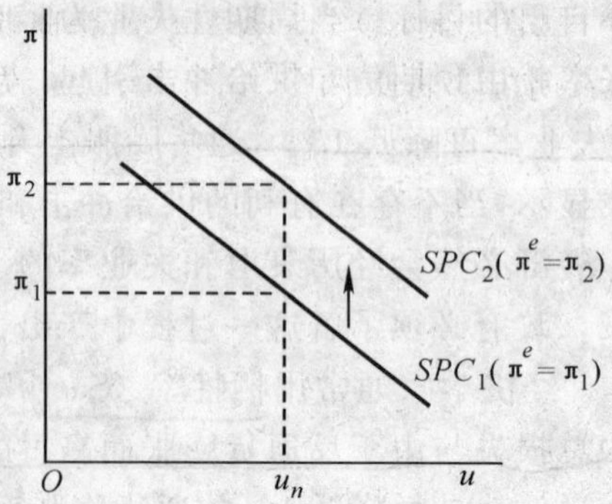

图 9·11　预期通货膨胀率上升

根据理性预期假说，政府财政、货币政策的变化会改变人们的预期，评价政策效果时必须考虑预期的作用。当政府宣布要降低通货膨胀时，如果这一政策是可信的，理性的人们就会迅速调整他们的预期，使预期通货膨胀率降低。反通货膨胀的成本因此就会大大降低，在极端的情况下，甚至成本为零，也就是不引起任何衰退。这种无害的反通货膨胀必须满足两个条件：一是降低通货膨胀的计划必须在工人和企业形成对工资和价格的预期之前宣布。另外，这种计划必须是可信的，否则工人和企业不会调整他们的预期。一旦这两个条件满足，根据理性预期假说，短期菲利普斯曲线会向下移动，通货膨胀率就能在失业率不变的情况下得到下降。在这里，宏观经济政策的可信性是反通货膨胀成本高低的关键。

五、长期菲利普斯曲线

在每条短期菲利普斯曲线上，预期通货膨胀率都是固定的，预期通货膨胀的变化会造成短期菲利普斯曲线的移动。从图 9·11 中可以观察到，在 $u=u_n$ 点的左边，实际的通货膨胀率要高于预期的通货膨胀率，因此失业率低于自然率的水平；而在 $u=u_n$ 点的右边，实际的通货膨胀率要低于预期的通货膨胀率，因此失业率高于自然失业率，这和我们在附加预期的总供给模型中的结论是一样的。因此除了在 $u=u_n$ 的点以外，实际通货膨胀率与预期通货膨胀率都不相等。即使人们只是作出适应性预期，在长期内企业和工人也会不断调整自己的预期，最终使预期通货膨胀率变得与实际通货膨胀率相等。这时，我们就能得到长期的菲利普斯曲线。长期菲利普斯曲线描述了实际通货膨胀率与预期通货膨胀率相等时通货膨胀与失业之间的关系。

当预期通货膨胀等于实际通货膨胀时（即 $\pi=\pi_e$），长期菲利普斯曲线 LPC

是位于 $u=u_n$ 处的一条垂直线，它由短期菲利普斯曲线上实际和预期通货膨胀率相等的各点连线组成（见图 9·12）。长期菲利普斯曲线实际上也就是长期总供给曲线。它表明，在长期内，古典两分法是适用的，失业率保持在自然失业率水平，产出水平不受通货膨胀（价格变动）的影响。短期内通货膨胀与失业之间的此消彼长在长期内不再成立。

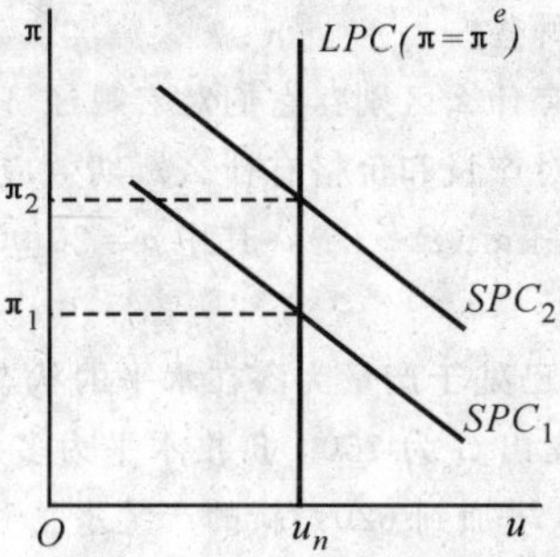

图 9·12　长期菲利普斯曲线

本章小结

长期总供给曲线是保持在潜在生产能力水平上的一条直线，而短期总供给曲线则是向上倾斜的。对短期总供给曲线的解释很多，本章介绍了其中四种较为典型的模型：工资粘性模型、价格粘性模型、工人错觉模型和不完全信息模型。尽管这些模型的出发点不同，但它们都能推导出同样的结论，未预期到的价格变动将使产出偏离潜在生产能力水平。

总需求曲线和总供给曲线共同决定经济的均衡价格和均衡产量。需求冲击和供给冲击都会使实际 *GDP* 发生波动，但是在长期内 *GDP* 还是会调整到潜在水平。

经济学家常常用菲利普斯曲线来反映总供给方面的关系。菲利普斯曲线表明，通货膨胀取决于三个因素：一是预期的通货膨胀率，二是实际失业率与自然失业率的差即周期性失业，三是供给冲击。短期菲利普斯曲线反映了通货膨胀与失业之间此消彼长的关系，宏观经济政策制定者调节总需求时势必面临低通货膨胀高失业或低失业高通货膨胀的选择。

短期菲利普斯曲线的位置受预期通货膨胀影响。如果预期是适应性的，那么通货膨胀具有惯性，降低通货膨胀就必须出现有利的供给冲击或者必须以更高的失业率作为代价。然而如果预期是理性的，可信的政策一旦宣布就能改变人们的预期，这时反通货膨胀就不会引发经济衰退。长期菲利普斯曲线表明，在长期预期通货膨胀率总是和实际通货膨胀率相等，失业率始终保持在自然失业率水平，经济回到潜在生产能力水平上。长期菲利普斯曲线也就是长期总供给曲线。

复习思考题

1. 本章介绍的四种总供给模型各基于什么市场缺陷？它们有什么共同点？

2. 菲利普斯曲线与总供给曲线有什么关系？

3. 通货膨胀产生的原因有哪些？

4. 适应性预期和理性预期有什么区别？它们对宏观经济政策的制定有什么影响？

5. 分析一次财政扩张政策对产量和价格有什么短期效应，其长期效应又如何？

6. 设总供给曲线为：$Y=\overline{Y}+\alpha(P-P^e)$，其中 $\alpha=20\ 000$，$\overline{Y}=4\ 000$；总需求曲线为：$Y=1\ 101+1.288G+3.221M/P$。

（1）假设在某一时期，经济已处于产量为潜在水平的状态，并在近期内预期政策不会变化。货币供给 M 为 600，政府支出 G 为 750。价格水平为多少？

（2）如果将货币供给从 600 增加到 620，新的产量水平和价格水平是多少？

7. 假设菲利普斯曲线为：$\pi=\pi_1-0.5(u-0.06)$。

（1）自然失业率是多少？

（2）请画出短期和长期菲利普斯曲线的图形。

（3）为使通货膨胀率降低 5%，周期性失业率会提高多少？利用奥肯定律计算牺牲率。

（4）为使通货膨胀率降低 5%，政府可以采取哪些宏观经济政策？

第十章

开放经济的短期均衡

第七章和第八章讨论了封闭经济中总需求的情况。总需求分析的关键假定是：在短期内，价格水平是固定的，经济中的产出由需求水平决定。本章将把这样一种基于短期的分析推广到开放经济环境下。在第六章中，我们曾对开放经济及其中的经济政策作过分析，但那是从长期的角度进行分析，读者应注意第六章与本章在假设条件、模型构造及结论等方面的区别。

本章试图说明财政政策和货币政策如何在短期内影响一个开放经济的总收入。为此，我们将着重介绍蒙代尔—弗莱明模型（Mundell-Fleming model）。该模型是 *IS—LM* 模型在开放经济条件下的推广。通过该模型，我们将了解，短期内开放经济的表现与汇率制度密切相关。并将分别介绍浮动汇率和固定汇率下开放经济的运行。

本章第一节介绍蒙代尔—弗莱明模型的基本框架。第二节分析浮动汇率下的小国开放经济。第三节研究固定汇率制度下的小国开放经济。在第四节中，我们考察价格变动下的蒙代尔—弗莱明模型，并从中推导出总需求曲线。第五节分析大国开放经济的短期均衡。

第一节 蒙代尔—弗莱明模型

蒙代尔—弗莱明模型建立于20世纪60年代。由罗伯特·蒙代尔（Robert A. Mundell）和马修斯·弗莱明（Marcus Fleming）各自所作的工作结合而成。蒙代尔在其1968年的《国际经济学》一书中将传统的 *IS—LM* 模型推广到了开放经济条件下。弗莱明则在其1962年为世界银行所作的工作报告中分析了财政政策和货币政策在固定汇率和浮动汇率下的作用。

与 *IS—LM* 模型一样，蒙代尔—弗莱明模型假定价格在短期内是不变的，经济中的产出完全由有效需求决定。其次，该模型假定货币是非中性的，即人们持有货币不仅有交易性动机，而且还有预防性和投机性的动机。因此，货币的需求不仅与收入相关，而且与实际利率负相关。最后，该模型假定商品和资本可以在国际间完全自由流动，资本的自由流动将消除任何国内市场和世界市场上的利率差别。因此，国内的利率与世界市场上的利率是一致的。根据这些假设，我们可以得到以下三个方程：

$$Y=C(Y-T)+G+I(r)+NX(e) \tag{10·1}$$

$$\frac{M}{P}=L(r,Y) \tag{10·2}$$

$$r=r^* \tag{10·3}$$

我们可以用这三个方程完整地描述蒙代尔—弗莱明模型。方程（10·1）描述了商品市场的情况。该方程右边是构成总需求的四项。产出等于各项需求之和，这说明商品市场是均衡的，但这种均衡并非是商品价格调整的结果。由于在短期中价格是不变的，因此厂商并不根据价格信号来调整自己的供给行为，而是根据一些反映需求状况的数量信号，例如销量、存货等来调整供给行为。该方程右边第四项表明净出口 NX 是名义汇率的函数。而在第六章中，我们知道净出口是实际汇率 ε 的函数。这二者并不矛盾。第六章分析的是长期情况，价格可以自由波动，而这里分析的是短期情况，价格被假定为固定，系数 P^*/P 是一个常数，因此名义汇率与实际汇率成正比，净出口可以被表示为名义汇率的函数。

方程（10·2）描述了货币市场的状况。左边为经济中的实际货币余额。由于价格水平 P 是固定的，所以实际货币余额仅同货币存量有关。换句话说，实际货币余额仅仅由中央银行的货币供给政策决定。该式右边是货币需求，与利率负相关，与收入正相关。

方程（10·3）表明国内实际利率与世界资本市场上的实际利率相等。如果进一步假设所分析的是一个小国经济，则可以认为国内实际利率水平是由世界资本市场上的均衡利率所给定的一个常数，这是由于小国经济不足以对世界资本市场的均衡利率构成影响，而完全是均衡利率的被动接受者。

通过以上分析，我们发现，上面三个方程中仅有三个未知数：Y、r 和 e，而 T、G、M、P 和 r^* 都是外生给定的，因此我们可以解出均衡的收入水平，实际利率和名义汇率。将方程（10·3）分别代入（10·1）和（10·2），我们可以得到以下二式：

$$Y=C(Y-T)+G+I(r^*)+NX(e) \tag{10·4}$$

$$\frac{M}{P}=L(r^*,Y) \tag{10·5}$$

假设我们分析的是一个小国经济模型，则 r^* 为常数。于是根据以上两式，我们可以作出小国开放经济中的 IS 曲线和 LM 曲线，如图 10·1 所示。值得注意的是，坐标系的纵轴是名义汇率 e，而不是实际利率 r。(10·4) 式揭示了商品市场均衡时，收入 Y 和名义汇率 e 之间的关系，可以由此推出 IS 曲线。IS 曲线是一条向右下倾斜的曲线。(10·5) 式表明，使货币市场达到均衡的收入水平与名义汇率没有关系，因此 LM 曲线为一条垂线。由此可见，均衡的名义汇率和收入水平由两条线的交点决定。

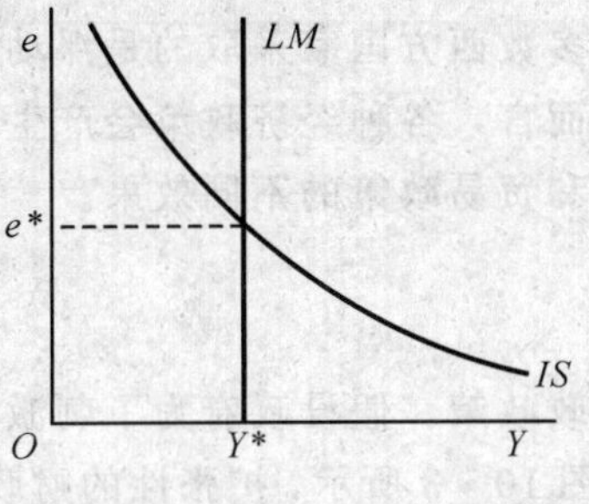

图 10·1 蒙代尔—弗莱明模型

图中 IS 曲线之所以向右下倾斜，是由于净出口与汇率负相关。我们可以通过图 10·2 来加以说明。图中 10·2 (a) 表示净出口是汇率的减函数，汇率上升导致净出口下降。净出口下降意味着自生支出减少，反映在图 10·2 (b) 中就是支出曲线向下平移，导致均衡的产出水平下降。所以商品市场均衡时的产出与汇率负相关，IS 曲线向右下方倾斜，如图 10·2 (c) 所示。图 10·2 中向下倾斜的 IS 曲线表明，当汇率为 e_1 时，相应的产出水平为 Y_1；当汇率上升为 e_2 时，产出水平相应地下降至 Y_2。

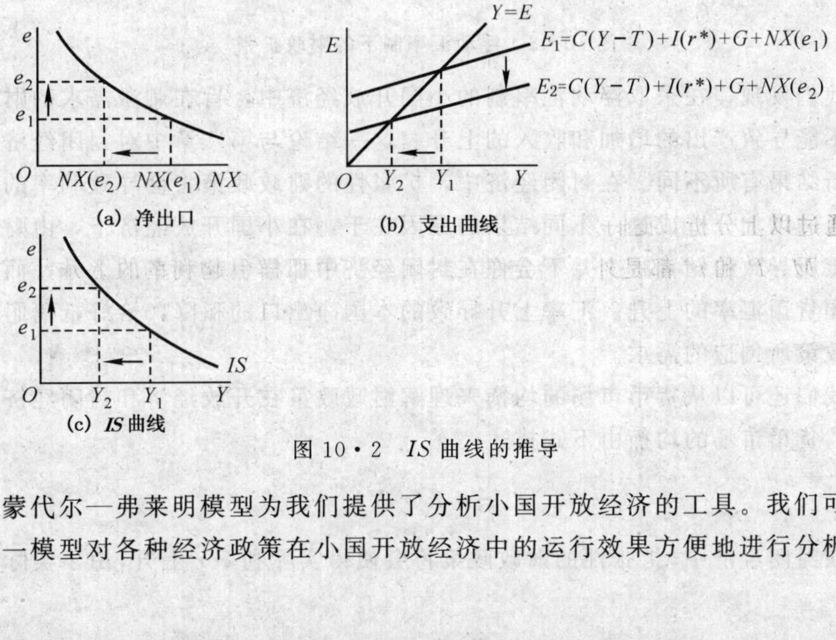

图 10·2 IS 曲线的推导

蒙代尔—弗莱明模型为我们提供了分析小国开放经济的工具。我们可以利用这一模型对各种经济政策在小国开放经济中的运行效果方便地进行分析。

第二节　浮动汇率制下的小国开放经济

开放经济中的经济政策作用结果与汇率制度密切相关。汇率制度一般可分为浮动汇率制和固定汇率制两种。浮动汇率制度下，允许名义汇率按照市场上的供求状况自由波动。固定汇率制度下，名义汇率被固定在某个政府或中央银行选择的水平上。目前大多数西方国家采取的是浮动汇率制。对于一个采取浮动汇率制的小国开放经济而言，各种经济政策会产生什么效果呢？本节将分别考察财政政策、货币政策和贸易政策的不同效果。

一、财政政策

首先，让我们来看财政政策。假设政府为了刺激国内需求，采取了增加政府支出和减税的政策。如图 10・3 所示，扩张性的财政政策将导致 IS 曲线向外移动。结果会使得汇率上升，而产出并不增加。

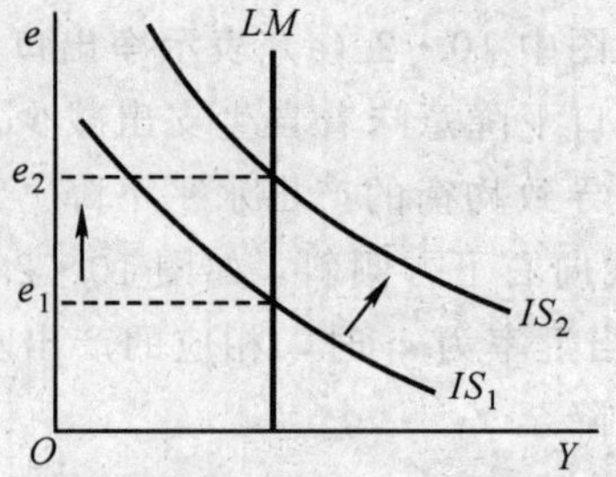

图 10・3　浮动汇率制下的财政扩张

我们发现，在采取浮动汇率制的小国开放经济中，旨在刺激需求的财政扩张并不能导致产出的增加和收入的上升。这一结论与第八章中对封闭经济所作的分析结果有所不同。在封闭经济中，扩张性的财政政策将会导致利率的上升和收入的增加。造成这一不同结果的原因在于：在小国开放经济下，由财政扩张政策所导致的储蓄减少并不会像在封闭经济中那样引起利率的上升，而是引起本国货币汇率的上升。汇率上升导致的本国净出口的下降，恰好抵消了财政扩张政策所创造的需求。

我们还可以从货币市场的均衡来理解财政政策在开放经济和封闭经济中的区别。货币市场的均衡由下式描述：

$$\frac{M}{P}=L(r,Y)$$

在封闭经济中，扩张性的财政政策将会使得实际利率 r 上升，由于实际货币余额并未发生变化，所以收入 Y 也必须上升，以使得货币需求保持不变，维持货币市场的均衡。而在小国开放经济中，实际利率由世界资本市场的均衡利率给定，是固定不变的常数，并不会随着财政的扩张而上升，因此，收入也必然保持不变，以使得货币市场维持在均衡状态。收入的不变是通过汇率上升所引起的净出口下降来实现的。

如果政府实行紧缩性的财政政策，则按照同样的道理，将导致汇率下降，净出口增加，而收入和产出保持不变。

二、货币政策

接下来让我们考察货币政策的影响。扩张性的货币政策意味着中央银行将增加货币供给。如图 10·4 所示，货币供给的增加将导致 LM 曲线右移，这将使名义汇率下降，收入增加。图 10·4 中 LM 曲线由 LM_1 向右移至 LM_2，均衡汇率水平由 e_1 降至 e_2，而产出则由 Y_1 升为 Y_2。

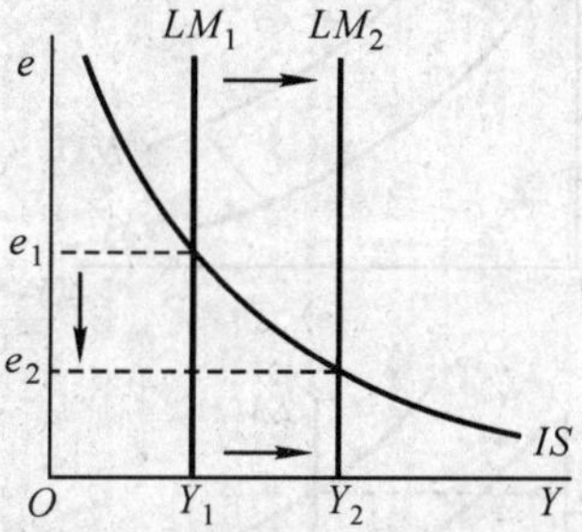

图 10·4　浮动汇率制下的货币扩张

虽然这一结论与我们在分析封闭经济时得到的结论是一致的，但是两者的传导机制不同。在封闭经济中，货币供给的增加通过影响国内的可贷资金市场，进而影响投资品市场，最终实现对产出的影响。也就是，货币供给的扩张增加了可贷资金的供给，从而导致实际利率的下降；实际利率的下降又刺激了对投资的需求增加，从而导致产出增加。在小国开放经济中，利率由世界资本市场均衡利率 r^* 给定，不受本国货币供给的影响。当货币供给的增加使得本国利率面临下降的压力时，本国投资者将向国外资金市场供给资金，这种向国外的资金流动会阻止本国利率下降。同时，对外资金流动会增加外汇市场上对本币的供给和对外币的需求，将使得名义汇率下降，本国货币贬值。本币的贬值将使进口商品价格相对上升，而出口商品价格相对下降，于是本国的净出口将增加，从而导致产出的增加。

运用相同的逻辑，我们可以推出，紧缩性的货币政策将导致名义汇率上升，净出口下降，以及产出的减少。

美国经济在20世纪80年代的经验支持了蒙代尔—弗莱明模型的结论。当时美国实行宽松的财政政策和紧缩的货币政策相结合的经济政策。美元在80年代经历了大幅的汇率上涨，同时美国的贸易赤字迅速上升，这与蒙代尔—弗莱明模型的结论是一致的。

三、贸易政策

最后，我们来考虑贸易政策对小国开放经济的影响。假如政府通过关税或进口配额等政策限制进口，那么本国的汇率和产出水平会发生什么变化？

很明显，限制进口会使得在任一汇率水平下，净出口较以前增加。这意味着净出口曲线将向右移动，如图10·5（a）所示。净出口曲线的右移使得 IS 曲线也同时右移，如图10·5（b）所示。从图中可以看出，贸易政策的最终结果将导致汇率的上升，而产出并不会增加。

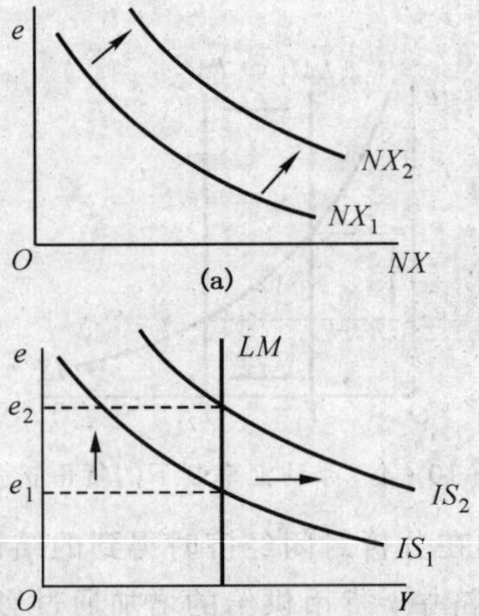

图10·5 浮动汇率制下的贸易保护

一般而言，实行限制进口的贸易政策的目的在于增加净出口，那么在浮动汇率下这一目的能否实现呢？我们知道，净出口可由如下等式表示：

$$NX = Y - C(Y-T) - I(r) - G$$

限制进口并不会使 Y 发生变化，也与财政政策无关，所以 T 和 G 也不变。同时，在我们所研究的小国开放经济中，利率不变，因此投资 I 也不变。所以限制进口并不会使净出口 NX 发生变化。这一结论与我们在第六章得出的结论类似，所不同的是，第六章考察的是长期情况，而这里分析的是短期情况。为什么对进口加以限制却不能使得净出口增加呢？原因在于限制进口的同时限制了外汇市场上对外币的需求，因此本币的汇率相对上升。本币升值使得净出口下降，抵消了限制进口政策的作用。

第三节　固定汇率制下的小国开放经济

固定汇率一度曾为世界上大多数国家所采用。西方国家在第二次世界大战后建立的布雷顿森林体系就是一种固定汇率制度。在该体系下，各主要西方国家的货币均与美元挂钩，按照某个固定的汇率同美元兑换，而美元则按照33.5美元对1盎司黄金的固定比例同黄金挂钩。该体系一直持续到20世纪70年代初。泰国、印度尼西亚、韩国等国原先实行的也是固定汇率制，后来在1997年席卷东南亚的金融风暴中被迫放弃了固定汇率制。目前我国，包括香港特别行政区，实行的仍然是固定汇率制。

在固定汇率制度下，为了将汇率维持在既定的水平上，中央银行必须随时准备在外汇市场上买入或卖出本币。如果本币面临升值的压力，中央银行就必须抛售本币，购入外币；如果本币面临着贬值的压力，中央银行就必须购入本币，抛售外币。固定汇率制要求中央银行的货币政策以维持既定汇率为目标。因此，在固定汇率制下，中央银行的货币供给必须完全服从于稳定汇率的目标。为此，中央银行必须拥有足够的外汇储备。

固定汇率是就名义汇率而言的。固定汇率制下中央银行在外汇市场上只能影响名义汇率。实际汇率是否固定，则要取决于价格水平是否发生了变化。在短期内，价格水平保持不变，则实际汇率是固定的。而在长期内，价格水平将会发生波动，虽然名义汇率是固定的，但实际汇率仍将随着价格的波动而相应变动。

一、财政政策

固定汇率制下的政策效果与浮动汇率制下有很大差别。首先，来考察固定汇率下的财政政策。当政府实行扩张性的财政政策时，政府支出的增加或税收的减少都会引起总需求的扩张，体现在图10·6中就是*IS*曲线的向外平移。*IS*曲线的外移将会使名义汇率面临上升的压力，于是中央银行将会在外汇市场上抛出本币，购入外币。中央银行稳定汇率的行动将使货币供给增加，体现在图10·6中就是*LM*曲线向右移动，直到使得均衡的汇率水平稳定在所固定的水平上。因此，在固定汇率制度下，扩张性的财政政策将使小国开放经济的产出增加。这同浮动汇率下所导致的汇率上升，产出不变的结果是完全不同的。

紧缩性的财政政策则会得到相反的结果。财政紧缩将使*IS*曲线左移，汇率将面临下降的压力。这时为了维持固定汇率，中央银行将在外汇市场上抛售外币，买入本币。于是*LM*曲线会自动向左移动，直到汇率稳定在所固定的水平

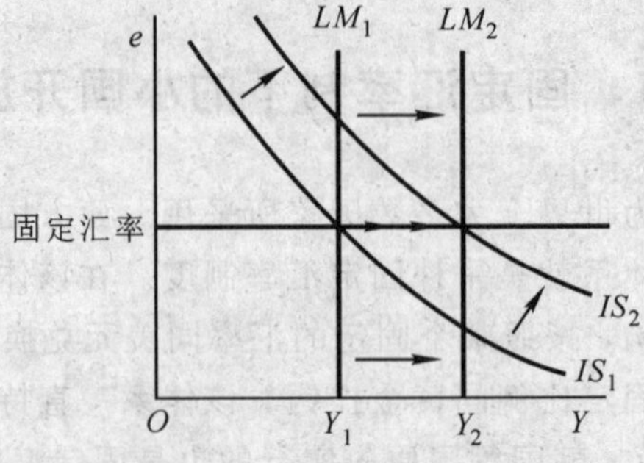

图 10·6 固定汇率制下的财政扩张

上。因此，紧缩性财政政策将导致产出减少。

由于在固定汇率下中央银行的货币供给将完全服从于稳定汇率的目标，因此财政政策所引起的本币升值或贬值的压力将使得货币供给自动发生相应变化。财政扩张将使货币自动扩张，财政紧缩将使货币自动紧缩。

二、货币政策

其次，在固定汇率制度下无法行使旨在调控总需求的货币政策。假设中央银行想实行紧缩性的货币政策以控制通货膨胀，那么中央银行将利用公开市场操作这一政策工具，在政府债券市场上抛出债券，回收货币。然而这一紧缩货币的行为将会使 LM 曲线向左移动，使名义汇率面临上升的压力。为了维持固定汇率制度，中央银行不得不在外汇市场上抛售本币，购入外币。于是中央银行在债券市场上回收的货币又通过外汇市场释放了出来，而且二者在数量上必须相等。结果是 LM 曲线又回到原先的地方，经济中的货币数量不变。因此，旨在调控总需求的货币政策在固定汇率制度下是失效的，如图 10·7 所示。

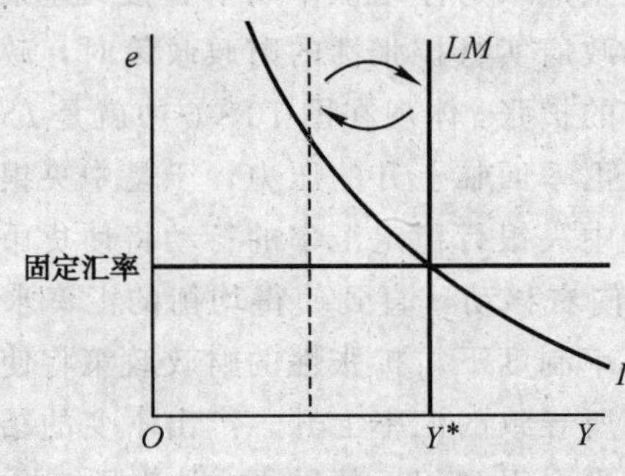

图 10·7 固定汇率制下的货币扩张

由此可见，当中央银行承诺将名义汇率固定在某个水平上时，它必须放弃调控货币供给的目标。如果中央银行感到确有必要调控货币供给，那么它只能容忍名义汇率发生变动。因此，实行固定汇率制的国家往往为了调控货币供给，不得不宣布调整既定的名义汇率。如果该国想增加货币供给，它必须将名义汇率下调到某个新的水平，使本币贬值。反之，如果该国想减少货币供给，可以将名义汇率上调到一个新的水平，使本币升值。因此，对采取固定汇率制度的国家来说，可行的货币政策是调整固定汇率的水平。

三、贸易政策

最后，与浮动汇率相比，在固定汇率制度下贸易政策可以充分发挥作用。考虑政府通过关税和进口配额来限制进口，这将使任一汇率水平下的净出口都较以前有所增加，于是净出口曲线 $NX(e)$将向右平移。净出口曲线的右移意味着 IS 曲线也向右移动，如图 10・8 所示。IS 曲线的右移使名义汇率面临上升的压力，为了将名义汇率稳定在既定水平上，中央银行必须相应地在外汇市场上放出本币，这导致了 LM 曲线也随之右移，直到均衡汇率稳定在固定水平。这时产出水平较以前有所增加，增加的这部分来自净出口的增加。

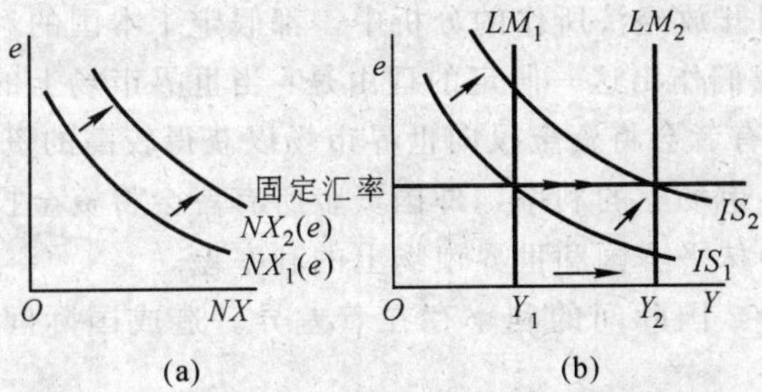

图 10・8　固定汇率制下的贸易保护

与浮动汇率不同，在固定汇率制度下，限制进口的贸易政策能够使得净出口增加。前面我们说过，在浮动汇率下，限制进口将导致汇率上升，汇率上升所导致的净出口下降抵消了限制进口所导致的净出口上升。而在固定汇率下，限制进口的同时并不会导致汇率上升，因此净出口将增加。

四、政策总结

到此为止，我们可以将蒙代尔—弗莱明模型中各种经济政策的效果作一总结。我们将各种政策及其在小国开放经济中的效果制成表 10・1。

从表 10・1 中可以看出，在不同的汇率制度下，各种经济政策的效果完全不同。在浮动汇率下，只有货币政策能够影响产出；而在固定汇率下，货币政策完全失效。在浮动汇率下，财政政策无法影响产出，却能影响净出口；而在固定汇率制下，财政政策无法影响净出口，却会影响产出。限制进口的贸易政策在浮动汇率下只能造成汇率的上升，却能在固定汇率下增加产出和净出口。

表 10·1　蒙代尔—弗莱明模型的政策总结

政　策	浮动汇率制			固定汇率制		
	Y	e	NX	Y	e	NX
扩张性财政	0	↑	↓	↑	0	0
紧缩性财政	0	↓	↑	↓	0	0
扩张性货币	↑	↓	↑	0	0	0
紧缩性货币	↓	↑	↓	0	0	0
限制进口	0	↑	0	↑	0	↑

其中 0 表示无影响；↑表示上升或增加；↓表示下降或减少。

第四节　利率差异与价格变动

一、国际间的利率差异

在前面对小国开放经济所作的分析中，都假定了本国的利率等于世界市场的均衡利率 r^*。我们作出这一假定的理由是：当世界市场上的利率高于本国利率时，本国资金所有者会将资金投向世界市场以获得较高的资金回报，同理，当本国利率高于世界市场上的利率，外国资金所有者会将资金投向本国，于是资本的流入或流出会抹平本国和世界市场上的利率差。

然而在现实中，国际间的利率存在着差异。造成国际间利率差的原因有两个。

第一，投资于各国的风险不同。由于各国的政治经济文化环境不尽相同，投资者对不同国家所掌握的信息也不同，因此各国间的投资风险也不一样。例如，对一个中国的资金所有者而言，他对中国的投资环境比较了解，而对外国的投资环境相对不了解，因此他更愿意将资金贷给中国市场。如果让他到国际市场上贷出资金，他会要求一个相对较高的收益率。

第二，各国货币名义汇率变动的预期不同也会导致国际间利率差异。从上一节中我们知道，即使是在短期，实行固定汇率制的国家的名义汇率水平也会受到各种经济政策的影响，因此各国货币之间的汇率实际上处于不断的变动之中。如果投资者预期人民币对美元的汇率将会上升，则投资者在美元资金市场上会要求一个更高的利率，而在人民币资金市场上则要求一个较低的利率。由于投资于各种货币资金市场所要求的期望收益率应该是相同的，因此对于那些预期汇率风险高的货币所要求的收益率就应该高一些，通俗的说法就是“高风险，高收益”。

为了使模型更符合现实情况，我们将在蒙代尔—弗莱明模型中考虑国际间的利率差异的因素。根据刚才所分析的结果，可以将国际间的利率差用下式表达：

$$r=r^{*}+Q \qquad (10\cdot 6)$$

其中，r 是本国利率，r^{*} 是世界资金市场利率，Q 是风险贴水。Q 的值取决于世界市场上的投资风险和汇率风险。我们将其视为外生变量。如果世界市场上的风险较大，则 Q 为负，本国利率小于世界市场上的利率。如果本国市场上的风险较大，则 Q 为正，本国市场上的利率大于世界市场利率。可以看出，Q 与本国市场风险的变化方向一致，因此，可以被看作是代表本国市场风险的一个量。

我们将式（10・6）代入蒙代尔—弗莱明模型中描述商品市场均衡和货币市场均衡的方程，可以得到以下两个方程：

$$Y=C(Y-T)+G+I(r^{*}+Q)+NX(e) \qquad (10\cdot 7)$$

$$\frac{M}{P}=L(r^{*}+Q,Y) \qquad (10\cdot 8)$$

其中，（10・7）式代表了 IS 曲线，（10・8）式代表了 LM 曲线。给定该国的风险水平、财政政策、货币政策和贸易政策，可以计算出使商品市场和货币市场同时达到均衡时的产出水平和名义汇率。

如果其他外生变量不变，一国的风险增加，对产出和名义汇率有什么影响？由于风险增加，本国利率将上升。利率的上升将使投资下降，于是使商品市场均衡的产出 Y 将下降，这表现为图 10・10 中 IS 曲线的左移。利率上升同时又会使得维持货币市场均衡的产出水平上升，这意味着 LM 曲线的右移。如图 10・9所示，本国风险的增加，将会导致产出的增加和名义汇率的下降。图10・9 中产出由 Y_1 增至 Y_2，而名义汇率由 e_1 降为 e_2。名义汇率下降会使本国净出口增加。

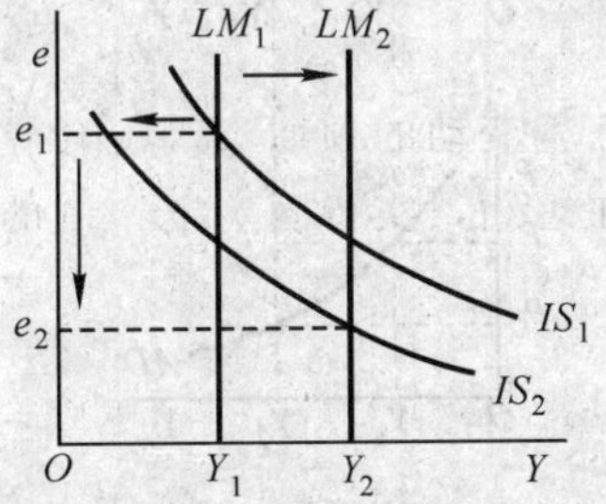

图 10・9　风险增加

由此可以得出一个有意思的结论：汇率预期具有自证的特点。如果人们预期某种货币将贬值，则该货币的汇率风险将增加，该国的风险贴水将上升，于是该国货币确实将贬值。因此，人们对一种货币的贬值的预期会导致这种货币贬值的事实。在 1997 年爆发的东南亚金融风暴中，这种市场预期是导致泰铢、印尼盾、韩元等货币大幅贬值的一个重要因素。

二、价格变动的蒙代尔—弗莱明模型

如果将表 10·1 和表 6·1 进行对比，我们就会发现同样是小国开放经济，货币政策和财政政策在短期和长期的效果是不同的。那么如何理解这种不同呢？蒙代尔—弗莱明模型同在第六章中所介绍的长期模型有什么关系呢？为了进一步理解长期和短期模型的区别与联系，我们尝试在蒙代尔—弗莱明模型中允许价格变化，并考察价格变化的结果将怎样。

当价格可以变化的时候，实际汇率就不再是名义汇率的一个固定比例了，因此描述商品市场均衡的方程中净出口应写成是实际汇率 ε 的函数，而不再是名义汇率 e 的函数。于是蒙代尔—弗莱明模型变为：

$$Y=C(Y-T)+G+I(r^*)+NX(\varepsilon)$$

$$\frac{M}{P}=L(r^*,Y)$$

第一个方程描述了商品市场的均衡，可用 IS 曲线表示；第二个方程描述了货币市场的均衡，可用 LM 曲线表示。如图 10·10 中（a）所示，当价格下降时，实际货币余额将增加，而利率由世界市场给定，因此使货币市场均衡的产出水平必须增加，这意味着 LM 曲线右移。IS 曲线并不会因为价格下降而发生

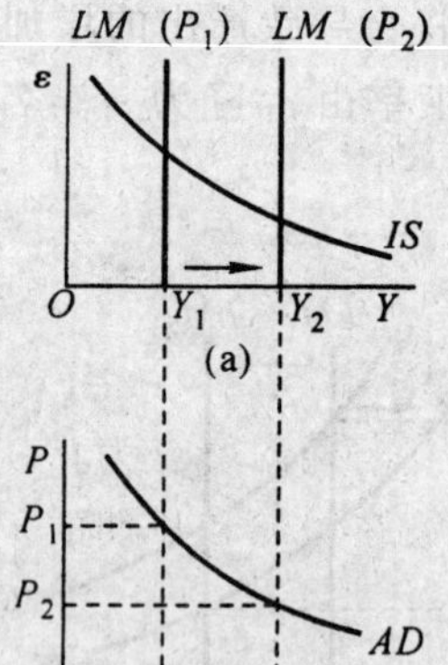

图 10·10　总需求曲线

移动。因此，价格的下降将导致产出的增加和实际汇率的下降。将价格与产出的关系作到一张坐标图中，我们就得到了一条向右下倾斜的总需求曲线。图10·10中的总需求曲线反映了价格和产出负相关关系，当价格由P_1降为P_2时，相应的产出由Y_1升至Y_2。这条从蒙代尔—弗莱明模型中得出的开放经济下的总需求曲线与封闭经济下的总需求曲线非常相似。与封闭经济一样，财政支出增加和货币供给增加等需求扩张政策将使这条总需求曲线向右移动；相反财政紧缩和减少货币供给等政策将使总需求曲线向左移动。

通过总需求曲线，我们可以将蒙代尔—弗莱明模型与第六章所介绍的开放经济的长期模型结合起来。如图10·11所示，图中K是短期均衡点，C是长期均衡点。长期中经济中的产出由要素数量和生产函数所反映的技术关系所决定，换句话说，长期产出$\overline{Y}$等于要素充分就业时的产出或潜在产出，是一个常数，因此长期的总供给曲线LAS就是产出等于潜在产出时的一条垂线，长期均衡点就是这条垂线和总需求曲线的交点C。为了分析方便，我们假定短期中价格是固定的，所以短期的总供给曲线是一条水平线。短期均衡点就是这条水平线SAS_1和

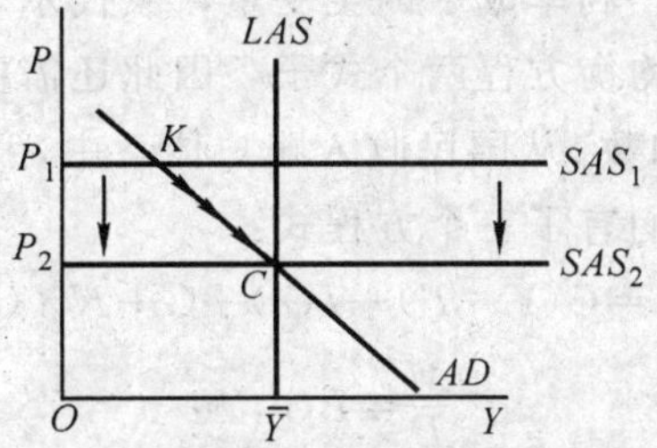

图10·11　小国开放经济的短期和长期均衡

总需求曲线AD的交点K。

短期均衡点K在长期均衡点C左边，说明这时产出没有达到经济的潜在水平，存在着劳动力的失业以及资本品的闲置，也就是我们在第七章中所指的失业均衡。需求不足使得价格水平难以在长期中保持不变，于是价格开始下降，LM曲线右移，实际汇率下降，净出口增加，产出增加。短期均衡点将沿着总需求曲线向右下方移动，直到达到长期均衡点为止。

现在我们可以解释经济政策在短期和长期的不同含义了。表10·1所列的各种政策在短期内的结果是针对短期均衡而言，即图10·11中的K点而言。而表6·1所列的政策结果是针对长期均衡点，即图中的C点而言的。浮动汇率制下的货币政策和固定汇率制下的财政政策都能扩张总需求，使总需求曲线右移。由于短期内价格固定，总需求曲线右移可以使短期均衡点向右移动，产出或收入增加。而长期内价格可变，总需求曲线右移只会使长期均衡点垂直上移，价格上升而产出不变。扩张性财政政策会导致长期均衡的实际汇率上升，于是从

长期来看，净出口会下降。而货币政策除了会导致价格变化外，不能改变任何实际变量，这与长期理论中所假设的货币中性是相符合的。作为政策制订者，应该理解经济政策对经济的短期均衡和长期均衡的不同含义。

第五节 大国开放经济的短期模型

蒙代尔—弗莱明模型集中考察小国开放经济在短期的均衡。与第六章类似，我们可以将小国开放经济模型推广到大国开放经济条件下。所谓大国开放经济，是指该国在国际资金市场上借贷规模足够大，以至于会对世界市场的均衡利率造成影响。如果大国的对外净投资较大，则该国在世界市场上将供给较多资金，这会导致世界市场上利率下降；如果该国对外净投资较小，则世界市场上资金供给较少，利率将上升。因此大国开放经济与小国开放经济的关键区别在于：小国开放经济中的利率是一个外生变量，可作为给定的常数来处理；而大国开放经济中利率成了内生变量，与该国的对外净投资数量负相关。

在大国开放经济中，利率成了内生变量，蒙代尔—弗莱明模型只有商品市场均衡方程和货币市场均衡方程两个式子，因此还需要一个方程以同时决定产出、汇率和利率三个未知数。从国民收入账户体系中，我们知道对外净投资 NFI 应等于净出口，于是我们有了三个方程式：

$$Y=C(Y-T)+I(r)+G+NX(e) \tag{10·9}$$

$$\frac{M}{P}=L(r,Y) \tag{10·10}$$

$$NX(e)=NFI(r) \tag{10·11}$$

前两个式子分别描述了全部商品市场和货币市场的均衡。如同在第六章中所述，第三个式子描述了进出口商品市场的均衡。

从理论上说，可以利用式（10·11）将利率表示成名义汇率 e 的函数，然后将此函数代入（10·9）和（10·10）式中，便可以得到蒙代尔—弗莱明模型中的 IS 和 LM 曲线的方程。但是我们并不知道这一函数的具体形式，因此在分析中，我们不直接去作 IS 和 LM 曲线，而是将（10·11）代入（10·9）式中，得到以下方程：

$$Y=C(Y-T)+I(r)+G+NFI(r)$$

$$\frac{M}{P}=L(r,Y)$$

在这两个方程中只有产出 Y 和利率 r 两个未知数，因此可以求解。其实，这两个方程正是 IS 曲线和 LM 曲线的方程。如图 10·12 所示，图 10·12(a)中 IS 和 LM 曲线的交点决定了均衡利率 r_1 和产出 Y_1。在利率已定的情况下，对外净投资也相应确定，如图 10・12(b)所示。最后，对外净投资 NFI_1 和净出口决定了均衡的汇率水平 e_1。由于我们考察的是短期中价格不变的情形，因此名义汇率和实际汇率成正比。

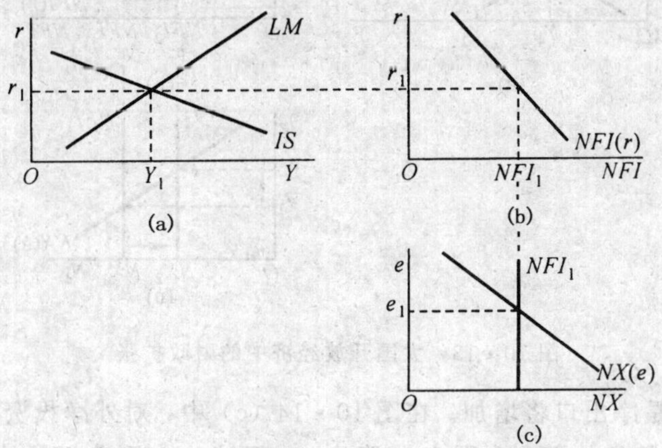

图 10・12　大国开放经济的短期均衡模型

运用这个大国开放经济的短期均衡模型，我们可以分析财政政策和货币政策对该经济的短期均衡状态的影响。

首先，让我们考虑财政政策。当政府实行增加开支或减税等扩张性财政政策时，*IS* 曲线将向右移动，如图 10・13 所示。*IS* 曲线的右移使得均衡利率上升，从而导致对外净投资下降。图 10・13 (a) 中，*IS* 曲线由 IS_1 右移至 IS_2，均衡利率水平由 r_1 上升到 r_2，因此在图 10・13 (b) 中，对外净投资由 NFI_1 下降为 NFI_2。对外净投资的下降意味着在外汇市场上对外币需求的减少，从而将导致本币汇率上升和净出口减少。在图 10・13 (c) 中，本币汇率由 e_1 上升至 e_2，而净出口则由 NX_1 下降至 NX_2。

我们曾经在第八章中说明，扩张性的财政政策对私人投资具有挤出效应，从而削弱了财政政策拉动总需求上升的效果。在封闭经济中，挤出效应仅表现为国内私人投资的下降。而在大国开放经济中，利率上升不仅将使国内私人投资下降，而且会使对外净投资下降，财政扩张不仅会挤出国内私人投资，而且会挤出对外净投资。因此，财政扩张所导致的产出增加在大国开放经济中要小于封闭经济中的情况。

下面我们来考察大国开放经济中货币政策对短期均衡的影响。图 10・14 说明了扩张性货币政策的效应。如果中央银行增加货币供给，图 10・14 (a) 中的 *LM* 曲线就会右移，这将使得利率下降，产出增加。利率的下降将导致图10・14 (b) 中的对外净投资的增加，这意味着外汇市场上对外币需求的增加，从而导致本币汇率下降。汇率下降意味着进口商品价格相对上升，而出口商品价格则

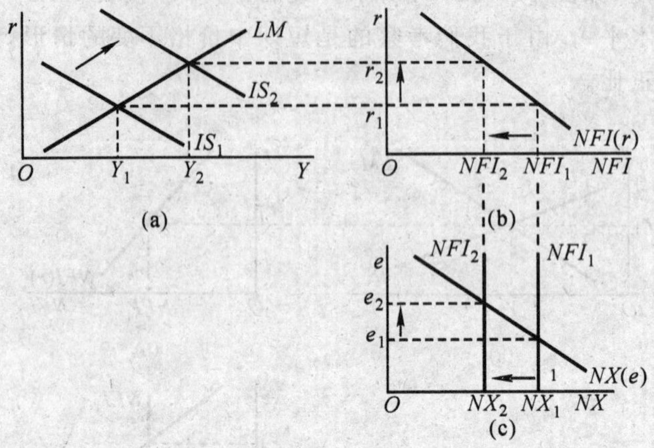

图 10·13 大国开放经济中的财政扩张

相对下降，于是净出口将增加。在图 10·14（c）中，对外净投资由 NFI_1 增至 NFI_2，导致了均衡的汇率水平由 e_1 降为 e_2，而净出口则由 NX_1 增至 NX_2。由此可见，在大国开放经济中，扩张性的货币政策可从两方面起到扩大总需求的效果。一方面，增加货币供给使利率下降，从而导致国内私人投资增加，即增加对国内投资品的需求。另一方面，增加货币供给会导致本币贬值，从而增加外国对本国商品的需求，使得本国净出口增加。

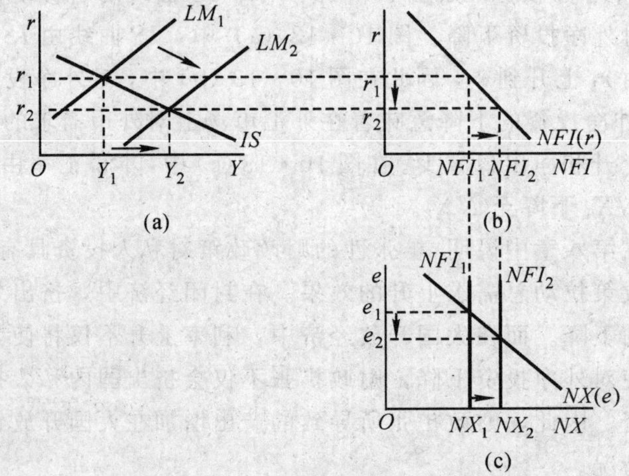

图 10·14 大国开放经济中的货币扩张

将本节所介绍的大国开放经济模型中的政策效应与封闭经济和小国开放经济相比较，我们会发现前者的政策效应介于后二者之间。财政政策在封闭经济中可导致产出增加；在采取浮动汇率制的小国开放经济中不会导致产出增加；而在大国开放经济中，财政扩张能够导致产出增加，但是挤出效应比封闭经济中要大。货币扩张在封闭经济中导致利率下降，投资上升；在采取浮动汇率制的小国开放经济中不会导致利率下降，投资上升，只会导致汇率下降，净出口增加；而在大国开放经济中，货币扩张会导致利率下降，投资增加，但却不像在封闭经济中那样明显。同时，货币扩张也会导致汇率下降，净出口的增加，但不像在浮动汇率的小国开放经济中那样明显。对大国开放经济来说，汇率的下降抵消了一部分利率的下降。

本章小结

本章将短期价格水平固定情况下对总需求的分析推广到开放经济环境下。蒙代尔—弗莱明模型被用于说明短期内小国开放经济的收入和汇率是如何决定的。这一模型还显示，短期内小国开放经济中经济政策的效果与汇率制度密切相关。汇率制度一般可以分为浮动汇率制和固定汇率制两种。

在浮动汇率制下，财政政策的变动只会引起汇率的变动，而对产出并无影响，因为汇率变动引起的净出口变动恰好抵消了财政政策对总需求的影响。浮动汇率制下货币政策对产出的影响类似于封闭经济中的情况，只是作用的机制不同，它不是通过影响利率而是通过影响汇率使产出发生变动。政府限制进口的政策只会导致汇率的上升，而并不能使产出增加。

在固定汇率制下，中央银行的货币政策以维持既定汇率为目标，因而货币政策在调控总需求方面是无效的。固定汇率制下财政政策会对总产出产生影响，因财政扩张或紧缩引起的本币汇率上升或下降的压力将使货币供给自动增加或减少，保证汇率稳定在固定的水平上。由于货币供应量自动增加以维持固定汇率，限制进口的贸易政策在固定汇率制度下会使产出上升。

浮动汇率制和固定汇率制各有利弊。浮动汇率制使得货币当局能够较自由地选择政策目标而不必一味地维持汇率稳定，而固定汇率制在一定程度上降低了国际贸易中的风险。但是实际应用中情况要复杂得多。

当蒙代尔—弗莱明模型中利率是外生变量这一假设被放弃时，我们考察的就是一个大国开放经济。在这个模型里，均衡利率和产出同样由 IS 和 LM 曲线的交点决定，在利率已定的情况下，对外净投资也相应确定。对外净投资和净出口共同决定了均衡的汇率水平。财政政策和货币政策在大国开放经济中的作用介于它们在封闭经济与小国开放经济中的作用之间。

复习思考题

1. 在浮动汇率的蒙代尔—弗莱明模型里，税收上升和货币供给减少分别会对国民收入、汇率和贸易余额有何影响？如果是固定汇率制，情况又会怎样？

2. 运用蒙代尔—弗莱明模型进行预测，当下列情况之一发生时，国民收入、汇率和贸易余额在浮动汇率制下和固定汇率制下会怎样变化？

(1) 消费者减少当前消费而增加储蓄。

(2) 为保护该国不多的森林资源，该国决定关闭本国的一些造纸厂而进口更多的纸张。

(3) 自动取款机的普及降低了人们对货币的交易性需求。

3. 为了提高出口产品的国际竞争力，同时保持总收入不变，在浮动汇率制下，根据蒙代尔—弗莱明模型，应该选择怎样的货币政策和财政政策组合。

4. 设想经济中的货币需求取决于可支配收入而不是总收入，于是货币市场均衡方程为：

$$\frac{M}{P}=L(r,Y-T)$$

试分析在浮动汇率制下，减税对一个小国开放经济中的汇率和收入有何影响？在固定汇率制下情况又如何？

5. 假如你是一个大国开放经济的中央银行行长，你的目标是保持收入的稳定。当发生下列情况之一时，你该采取怎样的政策？你的政策会对货币供给、利率、汇率和贸易余额产生怎样的影响？

(1) 财政部决定提高税率以弥补财政赤字。

(2) 外贸部决定限制进口日本彩电。

第十一章

宏观经济政策和理论

宏观经济政策常常是经济学家们争论得最激烈的一个问题。对于宏观经济运行的特性以及政府应当通过其政策在经济活动中扮演什么样的角色，一直是众说纷纭。一部分经济学家认为，宏观经济的运行从来都是不稳定的，总供给和总需求经常性地发生显著的变化，从而引起产出、就业和通货膨胀的波动，因此经济政策必须“见风使舵”，平抑这种变化和波动，维持宏观经济运行的稳定性。与此相反，另一些经济学家认为，宏观经济的运行具有内在的和本质上的稳定性，倒是一些不恰当和自以为是的经济政策常常成为破坏这种稳定性的罪魁祸首，因而他们在经济政策取向上信奉“无为而治”和少干预的原则。

对这一问题的争论已经持续了数十年，双方分别围绕各自的立场进行了层出不穷的论证和完善。在本章中，我们就来讨论一下宏观经济政策这个极具争议性的问题。我们把这一问题浓缩为两个方面：第一，宏观经济政策应采取一种主动的姿态，还是被动的姿态；第二，政策制定者是可以自由地对经济情况的变化作出反应，还是应当遵从某种既定的规则。在讨论了这两个问题之后，还将介绍该领域内的一些最新理论发展。

本章第一节介绍宏观经济政策的两个政策原则:主动性政策和被动性政策。第二节讨论政府制定宏观经济政策的规则问题。在第三节中，我们要讨论经济周期理论的一些最新进展，这些理论与宏观经济政策的制定有很大的联系。

第一节 主动性政策和被动性政策

无论哪种社会制度的国家，在其经济发展历程中，都或多或少地利用宏观经济政策去调节经济的运行。从发展中国家到发达国家，包括新兴工业化国家，几乎无一不将经济政策的调整视为其政府工作的一个重点。在世界第一经济大国——美国，这一点表现得尤为突出。联邦储备委员会、经济顾问委员会等政府经济机构均以宏观经济政策的分析作为日常的职责。当政府对财政政策或货币政策进行调整时，首先要考虑的问题就是这种调整会否对通货膨胀和就业造成影响以及是否应该对总需求进行刺激或抑制。

尽管货币政策和财政政策的运用由来已久，但关于政府应当努力维持经济运行稳定性这一观点却是最近才确立的。美国1946年颁布的《就业法》最先从立法的角度确立了政府在宏观经济运行中的地位。该法案明确规定，“促进充分就业和产出是联邦政府的持续性任务”。这部法案是在大萧条仍然记忆犹新的时候制定的，法案的制定者深信，如果政府不在经济运行中扮演一个积极主动的角色，类似大萧条这样的事件还会不时地发生。

对很多经济学家来说，实行积极的政府政策是理所当然的。总需求和总供给模型清楚地说明了经济运行中遭受的冲击是怎样引起衰退的，它同时也显示了货币和财政政策是怎样通过对冲击的应变而防止衰退的。这些经济学家认为，如果不对这些现成的政策工具加以利用，简直是一种资源的浪费。

然而，另外一些经济学家却对政府试图维持经济稳定的努力持批评态度。他们认为政府在政策取向上应采取一种放任的态度。这种观点粗看上去可能让人吃惊，但它的存在本身证明它具有一定的合理性。下面就来看看他们的几条论据。

一、政策效果滞后

倡导被动性经济政策的经济学家们的一个最主要的论据是，政府在试图稳定宏观经济运行时，其采取行动的时机以及这些政策行动的最终生效，往往会滞后于实际经济的运行，因而常常带来适得其反的效果。他们经常用驾驶汽车和驾驶轮船的例子来描述这种时滞。

如果宏观经济政策能够立竿见影地生效，经济稳定的目标就可以轻而易举地实现。这时，制定政策就像驾驶汽车一样轻松。政策制定者只需控制好方向盘，使汽车在既定路线上行进。这对大多数人来说并非难事，因为汽车对方向盘的反应是迅速而灵敏的。然而，制定政策却不是这么简单，它更像是驾驶一艘巨轮。因为轮船对舵的反应远不如汽车对方向盘的反应那么迅捷，通常在转舵之后很久，轮船才会改变行进方向，并且一旦行进方向变了，轮船会在较长时间里保持这一方向，而不管舵手是否已经将舵恢复到原位。这样一来，新手就很容易转舵过度，而在意识到错误后又往往会朝相反的方向矫枉过正。和轮船的舵手一样，政策制定者们同样要应付类似的时滞问题。实际上，政策制定者所面临的问题要麻烦得多，因为他们遭遇到的时滞是难以预料的。这些长而多变的时滞使宏观经济政策的制定显得犹为复杂。

政策制定者会遇到的时滞有三种：识别时滞、行动时滞和生效时滞。

当一国经济运行中出现问题时，这种问题并不一定总能被及时地发现和识别。数据的收集和分析、宏观经济指标变量的衡量都非易事并要耗费一定的时间。这段用来掌握充分信息，以获取当前经济形式判断并识别经济运行中所出现问题的时间被称为识别时滞。

在认清了问题的性质之后，就得找出解决问题的方法，于是又会有行动时滞，即从认清问题到实施政策之间所需的时间。就财政政策来说，其行动时滞尤其要长。各国在制定财政政策时，一般都需要得到国会或政府机构等权力机关的通过，因而财政政策的实施通常伴随着冗长的审核和批复程序。长达一两年以上的行动时滞是常有的事。

识别时滞和行动时滞加在一起，合称为内部时滞，它是一国政府机构内部形成一项经济政策所需的时间。与之相对应的是外部时滞，又称生效时滞，是指一项政策从形成之后到其真正对经济活动产生影响之间所用的时间。乘数效应所描述的政策效果是每一个政策制定者都梦寐以求的，但它在实际经济活动中的表现比经济学家在黑板上划线演示所用的时间要长得多。生效时滞更显著地揭示出货币政策的弱点。货币政策通过利率的传导发生作用，利率依次影响投资及储蓄和最终产出。但很多公司的投资计划往往是超前制定的，因此人们普遍认为货币政策的变动至少要到六个月之后才会对经济活动发生影响。

宏观经济政策实施过程中长而多变的时滞无疑使稳定经济的努力显得十分困难。被动性政策的拥护者认为，由于时滞的存在，经济稳定政策要取得成功几乎是不可能的。实际上，稳定经济的努力经常成为一种不稳定因素，对经济稳定产生负作用。譬如，一项旨在应付衰退的经济政策可能直到经济已经走出衰退并开始产生通货膨胀时才生效，于是，这项政策的实际效果是加剧了通货膨胀；同样，一项用来消除通货膨胀的经济政策可能要到通货膨胀已经消失甚至出现衰退时才发挥出其抑制性的作用，而这时只会使情况变得更糟。

对于经济政策时而扮演的这种尴尬角色，支持主动性政策的经济学家并不否认。但他们同时断言，这种现象的存在并不意味着经济政策应完全采取被动姿态，尤其是在经济严重滑坡之时。然而，一部分经济学家认为，财政制度本身有着自动抵消经济波动的作用，这种作用主要通过一系列所谓“自动稳定器”，如累进收入税制、失业补偿等发挥出来。

1. 累进收入税制

这种税制的核心内容就是边际税率随应纳税收入的增减而升降。以整个国民经济为背景进行考察，当经济出现衰退时，有些工人被解雇，有些工人转而从事报酬较低的工作或自愿降低薪水。国民的收入降低后，税仍要缴，但边际税率比以前低了。因此，可支配收入下降的幅度要小于税前收入下降的幅度。也就是说，经济衰退对个人收入造成的冲击因累进税率的作用而有所抵消。同样，当经济进入扩张期时，工人的收入会增加，边际收入税率随之上升，于是，工人的可支配收入并不像税前收入的增加那样快。累进税率自动地平抑了经济活动中的波动。

2. 失业补偿

与累进收入税制一样，失业补偿措施也会自动地平抑总需求的波动。在整个经济周期中，它会减少个人可支配收入方面的变化。当经济活动收缩时，大多数失业工人将自动从政府获取失业救济，从而避免了生活水平的彻底恶化；当经济活动高涨时，失业人数较少，失业救济也相应减少，在一定程度上缓解了购买力的增加。历史经验表明，失业率和失业补偿之间有着相当密切的联系。

这些被称为“自动稳定器”的政策可以被看作是不存在内部时滞的宏观经济政策，由于省却了识别形势和作出反应所需的时间，它们相对于传统的经济政策具有一定的优越性。

二、宏观经济的不确定性

由于时滞的存在，宏观经济政策要到实施后很久才会起效，这就要求政策制定者能精确地预测将来的经济情况。如果我们不能预见六个月或一年以后的经济将走向扩张还是衰退的话，就无法确定目前的经济政策是应当刺激还是抑制总需求。不幸的是，经济的发展趋势往往是难以预计的，至少就我们目前对经济的认识程度而言是这样。

为了提高对经济活动的预测能力，经济学家们想了很多办法，如运用领先指标和大型经济模型等。所谓领先指标就是一系列领先于经济活动的起伏而波动的数据，领先指标的大幅升降有可能是经济启动或降温的先兆。大型经济模型是政府机构和一些企业通过计算机设计并运行的数学模型。这些模型通常由数量众多的等式构成，其中每个等式都代表经济活动的一个方面。通过对诸如货币政策、财政政策、石油价格等外生变量进行假定，这些模型可以得出关于就业、通胀等经济情况的预测。但是，无论是领先指标还是数学模型，都不能完整、精确地模拟实际经济的运行情况，因此，其预测的准确性仍缺乏可靠的保证。

事实上，即使我们掌握了精确预测一年以内经济情况的能力，也还是远远不够的，因为宏观经济政策的效果经常会一直延续到两年以后甚至更远的将来。对于这样大时间跨度的经济预测，人们目前基本上束手无策。况且，即便是要预计经济政策生效的具体时间及其效果的大小也几乎是不可能的事情。因此，支持被动性经济政策的经济学家认为，人们通过经济预测以消除政策时滞影响的努力根本就是徒劳的，主动性经济政策的弊端无从避免。

从实际的经济预测情况来看，这种说法是有根据的。当美国在1930年迎来其历史上最严重的萧条时，几乎所有的预测者都大吃一惊，因为他们丝毫也没有预计到这一显著的衰退。即便是在1929年股市发生崩盘后，他们仍对经济的运行保有信心，并坚信不会出现大的衰退。到了1931年，经济形势已经彻底恶化，但包括欧文·费雪在内的经济学家们仍然认为经济会很快回升，其后的形势发展再次证明了他们的谬误。这也许可以被视为经济学发展较低阶段的正常现象，但在经济学经历了长足发展和预测能力大有提高的近二十年，这种错误依旧无法避免。图11·1对美国20世纪80年代初经济衰退时期的实际失业率和预测失业率进行了对比，从中可以看到，预测的准确性实在让人不敢恭维。

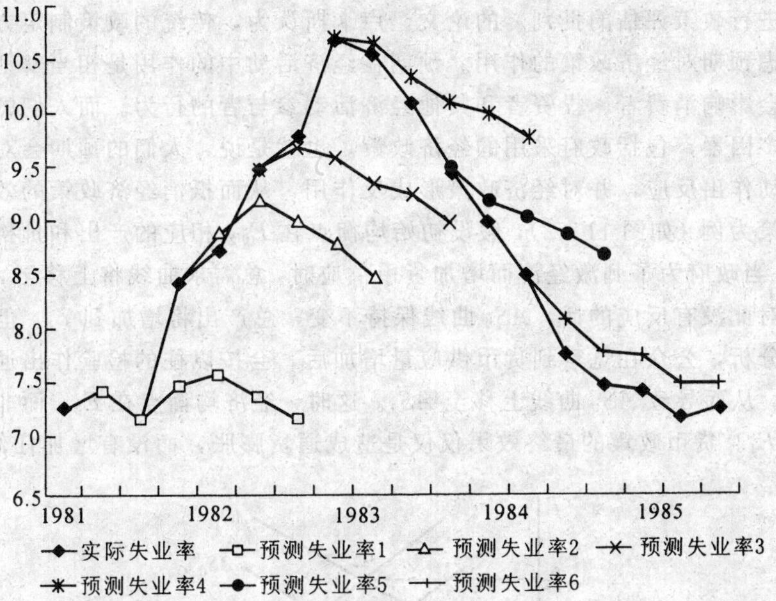

图11·1　预测失业率与实际失业率比较

美国在20世纪80年代初遭遇的衰退是该国自30年代大萧条以来最严重的一次经济衰退。图中显示了六次预测工作的结果，每次预测均试图对其后五个季度的失业率进行估计。总体而言，这些预测在其后的第一季度表现出较好的准确性，但在往后的几个季度中，则差之千里。从1981年下半年开始，每次预测都低估了失业率上升的速度，而在失业率于1983年下半年达到顶峰后，每次预测又对其快速下降作出了保守的估计。

这些事实有力地表明，就目前的条件而言，人们对经济活动的预测能力仍比较低下，尤其是在经济活动出现大幅波动的时候。尽管经济预测是政策制定者所能依赖的为数不多的工具之一，在使用它们的时候必须对其有可能带来的偏差保持充分的思想准备。

三、卢卡斯批判

迄今为止，经济学是一门年轻的学科，即便是很多成名已久的经济学家和政策制定者都不得不承认这一点。对于经济的本质及其运行规律，人们尚知之不多，因此，在制定经济政策时，需要格外谨慎。在这一观点的驱使下，很多经济学家对稳定性经济政策提出了批评，其中最有影响的可能要算“卢卡斯批判”。

1981 年，美国芝加哥大学教授乔治·卢卡斯发表了题为《关于使用计量经济方法进行政策评估的批判》的论文。卢卡斯认为，传统的政策制定方法没有充分考虑预期对经济政策的作用。预期在经济活动中的作用是相当辩证的，因为预期会影响消费者、投资者和其他经济活动参与者的行为。而人们的预期取决于很多因素，包括政府采用的经济政策。也就是说，人们的预期会对经济政策的变动作出反应，并对经济政策形成反作用，从而抵消经济政策的效果。以货币政策为例（如图 11·2），假设初始均衡点在 E_0，相应的产出和价格水平为 Y_0、P_0。当政府为了刺激经济而增加货币供应时，总需求曲线将上移至 AD_1。如果公众对此没有反应的话，AS_0 曲线保持不变，总产出将增加到 Y_1。但根据卢卡斯的分析，公众在觉察到货币供应量增加后，会按以往的检验作出通胀上升的预期，从而导致 AS_0 曲线上移至 AS_1。这时，经济均衡点在 E_2，而非政府所希望的 E_1。货币政策的最终效果仅仅是造成通货膨胀，而没有增加任何产出。

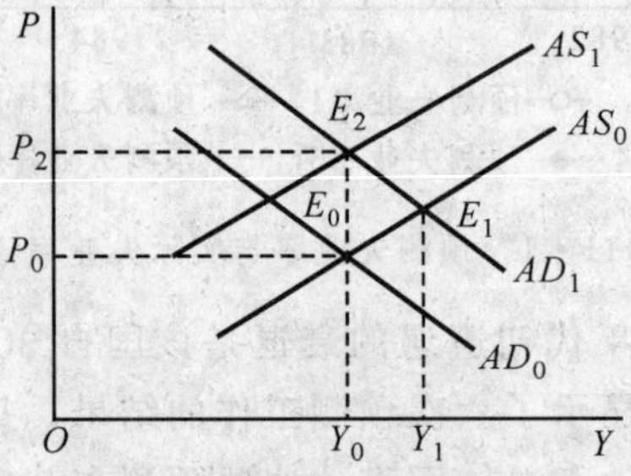

图 11·2　经济政策无效

这种理论对凯恩斯主义者所主张的积极干预政策提出了有力的批判。通常的政策制定过程首先根据历史记录来测定经济结构，也就是函数关系和常数结构变量，然后再输入政策变量值，用这个函数关系去预测未来的产出值。或者是先行确定一个理想的未来产出目标值，再通过函数关系来确定政策变量值。这种看似严谨的政策制定过程具有致命的缺陷，即错误地将结构变量都看作是常数。这些结构变量实际上是一组行为变量，都随人们对经济环境的反应而发生变化，将它们视为常数就等于漠视人们对经济环境的反应，明显是不科学的。

卢卡斯认为，在经济活动中，每个家庭和每个厂商都会有意识地收集一切与自己的经济活动有关的信息并会对之作出恰如其分的反应。比如，人们在进行较大金额消费品购买前，往往要仔细考虑该消费品会不会降价；厂商在决定是否举债时会努力打听利率会不会有所变动；同样，当人们了解了政府的经济政策后，也会改变自己的行为方式。而凯恩斯理论完全将公众视为政策的被动接收者，这种思想指导之下的政策制定很难取得良好的效果。卢卡斯的这一论断又被称为“理性预期”，其核心正是人们会根据经济情况的变化去调整自己的经济行为方式，同时会积极地收集与自身利益相关的信息并加以利用。当然，这并不意味着人们可以随心所欲地获得他们所需的一切信息，而是说，理性的个人会尽其所能地去搜寻与其自身相关的信息。尽管有时也会发生“信息不充分”的情况或是在对经济环境变动的反应中出错，但这些情况会得到及时和有效的纠正，从而避免系统性错误的发生。在这样的前提下，政府所实施的一切经济政策都会被公众觉察到并作出应有的反应。

这一点在图 11・2 所显示的例子中已有体现。在凯恩斯体系下，总供给曲线被假定为固定不变，宏观经济政策的作用体现为总需求曲线的移动，如图 11・3所示。于是，在价格不变的情况下，总需求的扩大就会带来总产出的增加，政府就能得到理想中的 E_1 均衡点，宏观经济政策从而生效。但如果将个人和厂商对宏观经济政策的反应考虑进去，原先的假定就不再适用，整个经济结构的改变使这种机械的经济政策制定方式完全失效。总之，从凯恩斯学派看来，总供给曲线是僵化的，没有生命力的；而在卢卡斯眼中，总供给曲线是可变的，富有生命力的，它会对政府的宏观政策作出反应，政策制定者们要了解和重视这种反应。这就是“卢卡斯批判”的重点所在。凭借对凯恩斯主义稳定性经济政策的批判，卢卡斯奠定了其在新古典主义经济学中的重要地位。

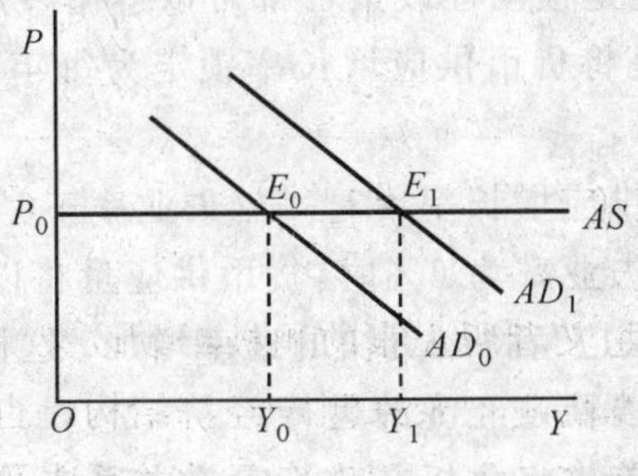

图 11・3　经济政策有效

对于宏观经济政策应当采取主动姿态还是被动姿态，两方面的支持者都提出了各自的依据，很难从理论上加以断定。在这个问题上，考察一下历史记录也许是很有必要的。如果从历史经验看，经济活动的确遭遇到多次冲击，而政策成功地消化了这些冲击带来的影响的话，那当然应当在实施经济政策方面采取积极主动的姿态。反之，如果历史上并不存在大量的经济剧烈波动，并且我们所观察到的波动又主要来源于不恰当的经济政策的话，那显然应当在经济政策方面采取消极的、被动的姿态。于是，经济政策在历史上究竟扮演了什么样的角色——是稳定经济还是加剧经济波动——对于经济政策的取向有决定性的意义。因此，对宏观经济政策的争论常常转变为对宏观经济运行历史的争论。

然而，历史记录并不能平息关于稳定性政策的争论。由于很难辨别经济波动的确切来源，历史记录本身成为一个争论的焦点，因为历史记录往往不只有一种解释方法。还是以大萧条为例，对于其产生的真正原因，就有不同的看法。一部分经济学家认为，它是由私人支出的大幅度收缩导致的，正确的应对措施是通过宏观经济政策刺激总需求。而另一些经济学家坚信货币供应的严重下降才是真正的原因。他们断言，如果当时的美联储采用一种维持货币供应增长率不变的消极政策，就完全可以避免大萧条的发生。我们看到，由于对产生原因的不同认识，大萧条分别被解读为支持和反对稳定性政策的论据。看来，要通过历史记录找到一个定论也非易事，这个问题只能留待在实践中进行进一步的检验了。

第二节　有规则和无规则

另一个在经济学家中广为争议的问题是经济政策应当遵循某种既定的规则还是应当相机抉择。在前一种情况下，规则规定各个时点上的政策选择；在后一种情况下，决策者的行为不受任何既定的约束，可自行优化每个时点上的政策选择。有规则对相机抉择的争论与主动性政策对被动性政策的争论是有区别的。不论是主动性政策还是被动性政策，都可以遵循一定的规则。例如，一项被动性政策的规则可以是将货币供应增长率锁定为每年3%，而一项主动性政策的规则可能如下式所示：

$$货币供应增长率=3\%+(失业率-6\%)$$

在这一规则的约束下，当失业率为6%时，货币供应量将以3%的速率增加，而当失业率超过6%时，货币供应量将以更快的速率增加。这样的规则试图在经济衰退的时候增加货币供应，以稳定经济的运行。

在接下来的篇幅中，首先将分析在政策实施中遵循一种既定规则的重要性，然后再介绍一些政策规则的例子。

一、政策制定者的可信度

一些经济学家认为，就经济政策的重要性而言，实在不宜将它完全交给政策制定者任意处置，否则极有可能导致经济政策的滥用。虽然这种观点更多地是从政治角度出发，但它对于我们决定经济政策是否需要规则的问题相当重要。无规则情况下经济政策的滥用主要来源于两种因素，一是因为政策制定者不称职；二是因为机会主义的指导思想。

政策制定者的不称职是由多种原因引起的。一些经济学家认为，由于利益集团之间的权力争夺，政治局势漂泊不定，从而增加了经济政策制定的难度。同时，宏观经济运行本身是一件极其复杂的事情，而作为政治家的政策制定者通常并不具备足够的经济知识以作出正确的判断。这样就使一些经济“庸医”有了参与政策制定的机会，他们所制定的表面上看似有吸引力但实际上错误的政策往往贻害非浅。最为致命的是，普通的政治机制根本无法将这些经济“庸医”从真正称职的经济学家中剔除出去。

政策制定中的机会主义行为主要来源于政策制定者的目标与公众福利的冲突。一些经济学家担心政策制定者会利用宏观经济政策以满足其自身的选举需要。由于竞选时期的经济情况往往会对选民的投票造成较大影响，政策制定者一般都会通过一定的宏观经济政策以使竞选时期的经济运行情况表现良好。在这种机会主义思路的指导下，新一任的总统上任后往往会刻意地让经济陷入衰退，以便降低通货膨胀率，而后再通过扩张性的经济政策刺激经济，以降低失业率，从而确保在下一个竞选年份到来时，通货膨胀率和失业率均处于较低水平。这一特点在美国由共和党执政期间表现得尤为明显。在二战后的七位共和党总统执政期间，任期内的第二年几乎都是经济表现最差的一年，并且，从平均水平看，任期内的第四年，即最后一年，则是经济表现最好的一年。这种着眼于竞选利益的经济政策造成的经济波动被称为政治经济周期。

不过，也有一些经济学家对这种说法提出质疑。他们的根据是，在民主党总统执政期间，并未反映出此种特性。在二战后五位民主党总统的任期内，第二年通常都是经济表现最好的一年。据此，他们认为，这种政治经济周期所反映的更多的是两个党派在经济政策取向上的差别，而非纯粹的机会主义作风。从具体情况来看，共和党政府似乎比民主党政府更加讨厌通货膨胀，因此，他们在上任后一般会很快就采用收缩性的经济政策，并倾向于牺牲经济增长以达到降低通胀的目的。而民主党政府则倾向于通过扩张性的经济政策以降低失业率，由此也易于产生较高的通胀率。如果我们再考察一下不同党派执政期间的货币供应情况就会发现，共和党政府所实施的货币政策的确较少扩张性，这从另一个角度证明了这种说法的客观性。然而，两党在经济政策方面的差异究竟反映的是什么内容实际上并非问题的关键所在。问题的关键正是这一差异本身。由于政权在两党之间不断交接，每隔一段时间就会发生经济政策取向截然相反的变动，运行规律不同的政治经济周期叠加之后往往造成更大幅度的经济波动，这人为地增加了经济活动的不稳定因素。

正是基于这样的考虑，很多经济学家提倡将经济政策的制定从政治体制中分离出去，或者通过立法规范执政者在政策制定中的行为，以使经济运行摆脱不称职或机会主义的政策制定者的影响。应该说，经济政策是需要一定的规则的，它有助于隔绝政治变动对经济活动的冲击，因为在既定的规则之下，经济政策不会为政治气候的改变而左右，经济运行会更加稳定，长期的经济表现将得到改善。

二、时间不一致性

如果我们假定政策制定者是值得信任的，那么相机抉择的政策制定方式似乎就是顺理成章的。因为这种方式相对于按既定规则行事的做法具有明显的灵活性和优越性。只要政策制定者有足够的智慧和敬业精神，就能够针对经济活动的变化作出适时的和恰当的反应。然而，问题并不是这么简单。即便是有了尽职可信的政策制定者，仍然需要以事先约定的规则来约束他们的行动。因为，在特定时点上作出的相机抉择尽管在当时可能是理性选择，但从长期来看却往往适得其反。经济学上用“时间不一致性”（Time inconsistency）来描述这种状况。

在很多情况下，政策制定者希望以事前的声明来影响个人的预期，进而使其行为选择向着政策制定者所希望的目标靠拢。如果政策制定者在个人作出了他们所希望的选择后不折不扣地兑现其事前的承诺，那么这种事前声明在影响个人预期方面将具有良好的效果。但实际情况却不是这样，政策制定者频繁的事后反悔葬送了其事前声明的可信度。让我们先来考察一个公共政策方面的例子。很多国家都曾声明不会就人质与恐怖分子进行谈判。他们希望以此影响恐怖分子的预期和行为，断绝其实施绑架的念头。因为，如果不能通过绑架人质得到好处，理性的恐怖分子就不会再进行任何绑架活动。不幸的是，这种政策并未奏效，现在世界上恐怖活动仍时有发生。原因就是各国政府没有严守不谈判策略。每当人质绑架事件发生后，人质的安全成为政府关心的重点，面对孤注一掷的恐怖分子，政府倾向于通过一定的让步换取人质的安全释放。恐怖分子看透了这一点，所以根本就不把所谓的不谈判政策当一回事。惟一的解决方案是剥夺政府进行相机抉择的权力，使之不折不扣地遵循既定的不谈判规则，只有这样，才能影响理性的恐怖分子的行为，有效地减少恐怖活动的发生。

类似的问题同样存在于宏观经济政策的制定过程中。以货币政策为例，很多国家的政策制定者都曾经历过在通胀率目标和失业率目标之间进退两难的困境。根据菲利普斯曲线，通货膨胀和失业之间的替换条件取决于预期通胀率，所以，政策制定者通常希望所有的人都持低通胀预期，这样就可以为经济政策的实施提供一个宽松和有利的环境。为了降低预期通胀率，政策制定者常常会宣称降低通胀是货币政策的最高使命。但这种声明同样是不可信的。一旦个人和企业建立起低通胀的预期并按其行事的时候，政府就会倾向于反悔，转而实施扩张性的货币政策，以刺激经济的启动，减少失业。受骗后的个人和企业失去了对政策制定者事前声明的信任，于是他们从一开始就不再相信这种靠不住的承诺。正如面临人质危机的政府强烈地希望以谈判让步换取人质的安全一样，一个拥有相机抉择权力的货币政策制定者强烈地希望通过通胀政策降低失业率。正如恐怖分子不会理睬不谈判的声明一样，个人和企业也不会把所谓的低通胀政策放在心上。

从以上的例子中，我们清楚地看到，事前声明不能奏效的关键原因在于政策制定者没有兑现承诺。这种现象被一些经济学家定义为“欺骗冲动”。在制定货币政策时，只要采用的是相机抉择方式，就无法避免政策制定者的欺骗冲动。因为，一旦个人和企业作出低通胀预期并按其行事后，高通胀政策就成为货币当局在当前时点的时间一致性策略，它是一个有权选择最佳的当期货币政策的理性政策制定者实际上会作出的选择。但从期初政府承诺角度看，这时只有实施低通胀政策才是最优的，尽管它相对当期时点具有时间不一致性。我们可以用更为规范的方式来阐述这个问题。所谓时间一致性政策是政策制定者在每个时点上都达到最优化的政策。但是，这种看似优越的逐期最优化已经被证明无效，因为政策制定者被赋予过多的相机抉择的权力。真正最优化的政策实际上是一种时间不一致的政策，即从一开始就选择一个能实现希望目标的规则并不折不扣地遵循之。在贯彻这种规则的过程中必须坚决地抵制欺骗冲动。这种冲动有时会十分强烈，因为欺骗经常能减少社会损失。但它的代价也是沉重的，因为其他的经济主体会迅速地学会预期欺骗，于是一开始最优政策声明带来的收益就会丧失殆尽。

这种涉及时间不一致性的问题实际上遍布日常生活和经济活动的各个方面，让我们再来看一些例子。

为了让孩子听话，父母常常警告孩子，如果他做错了事就会受到体罚。然而，当孩子真的犯了错误时，父母往往倾向于迁就他，将既定的体罚降格为口头教育或再一次的警告，因为对于溺爱孩子的父母来说，体罚给他们自己带来的伤害并不亚于受罚的孩子。这样的溺爱和迁就无疑会使淘气的孩子变得更加肆无忌惮。

为了使学生们更加努力，老师宣布期末考试将采用闭卷形式。而当学生们通过刻苦学习较好地掌握了应学的知识后，老师却倾向于让学生们上缴课程论文代替闭卷考试，因为这样可以减少他评分所花的精力。

为了鼓励企业的技术创新研究，发明新药品的公司被许以在一定时间内垄断其发明的权力。但当一种新的特效药被发明后，政府在欺骗冲动的诱使下，可能会取消专利保护，以使这种药的产量迅速形成规模，进而降低其价格，使病人能够买得起。不可否认，这是当期的时间一致性政策，但它从最初的观点来看绝非最优政策，因为它将显著地抑制技术创新的动力。目前大多数国家严格实施产权保护的原因即在于此。

为了鼓励投资，政府会许诺不征收资本利得税。而在企业追加投资，新资本形成之后，政府经常会反悔并对其收税，毕竟，对现存的资本征税并不会拖经济增长的后腿。这一举动的长期成本是政府的可信度被破坏，企业投资意愿下降。

在以上的每一例中，理性的政策接受者都清楚地认识到政策制定者的欺骗冲动，这种对欺骗的预期有力地影响着他们的行为。它们的共同解决方案是，解除政策制定者相机抉择的自由，代之以一个既定的政策规则。

三、货币政策规则

即使我们确信政策规则要优于相机抉择，也并不意味着就可以平息关于宏观经济政策的争论。既然经济政策的制定需要一定的规则，那么什么才是适当的规则呢？对于这个问题，不同的经济学家有不同的看法。

货币主义经济学家认为，货币政策的规则应着眼于维持一个稳定的货币供应增长率。货币主义的代表人物米尔顿·弗里德曼进一步指出，货币供应量的变动是造成经济活动剧烈波动的罪魁祸首。要想取得稳定的产出、就业和价格水平，惟一的出路是使货币供应量保持一个稳定而缓慢的增长速率。这种理论当然有一定的道理。不过，尽管货币主义政策有可能消除历史上曾经历过的剧烈经济波动，大多数经济学家还是认为它并非最佳的货币经济政策规则。由于传导机制的原因，稳定增长的货币供应量并不总能带来稳定的总需求。较为普遍的观点是，货币政策规则应当允许货币供应对经济活动中的冲击进行适当的调整。

另一广为推崇的政策规则是名义*GDP*盯住策略。在这一规则下，货币当局在事前公布一个计划的名义*GDP*变动水平。一旦实际运行中的*GDP*水平超出了计划的*GDP*目标，货币当局就要减少货币供应以平抑总需求。反之，当实际运行中的*GDP*低于计划的*GDP*水平，货币当局即通过增加货币供应来刺激总需求。名义*GDP*盯住策略由于赋予货币政策在适当范围内进行调整的余地，因而被认为较之货币主义政策更有助于经济的稳定。

此外，还有一些经济学家提倡价格水平盯住的规则。与名义*GDP*盯住规则相类似，货币当局在期初对价格水平变动进行计划。每当实际运行中的价格水平偏离这一计划价格水平时，货币当局就有义务对货币供应量加以调整。支持这种规则的人坚信，价格水平的稳定才是货币政策的首要目标。

值得注意的是，以上的这些规则都是以名义变量方式表述的，无论是货币供应量、名义 *GDP*，还是价格水平。这可不是巧合，而是有道理的。因为如果采用以实际变量表述的规则，就有可能造成混乱。举例来说，货币当局可以采取失业率盯住策略并将计划的失业率目标定在 5%。这一做法的致命缺陷在于，没有人知道确切的自然失业率水平是多少。如果货币当局低估了自然失业率并因此将计划盯住的失业率水平定得低于自然失业率，就有可能会加剧通货膨胀，因为制定不当的规则促使货币当局在不恰当的时候对经济进行刺激。同样的道理，当计划盯住的失业率水平被定在自然失业率之上时，又将导致加剧通货紧缩的结果。所以，经济学家们很少提倡以实际变量方式表述的政策规则，尽管失业率和实际 *GDP* 等指标在衡量经济表现方面做得更好。

为了有力地执行这些货币政策规则，很多经济学家认为有必要对政策制定程序进行修正，其核心观点是维护中央银行的独立性。这一观点实际上是试图将货币政策的制定过程剥离于政治体制以外，从而杜绝政局变动造成的政策偏离规则的情况，保持政策规则的一贯性。从实际情况来看，赋予中央银行一定的独立性是很有益处的。

在这个问题上，世界各国间存在较大差异。有些国家的中央银行是政府机构的一个分支，而另一些国家的中央银行则具有较高的独立性。美国联邦储备委员会首脑的任期为 14 年，并且总统无权干涉其货币政策的制定。很多研究人员对中央银行独立性的问题进行了调查。他们以领导者任期的长度、政府官员在银行中任职的数量以及政府与中央银行接触的频率等作为衡量央行独立性高低的指标，再通过比较以确定央行独立性与宏观经济表现之间的关系。他们得出的结论是，高独立性的中央银行与稳定的低通胀之间具有极其密切的联系。在拥有独立的中央银行的国家，如德国、瑞士、美国等，平均通货膨胀率处于较低水平；而在央行独立性较低的新西兰和西班牙等国，通胀率水平要高得多。研究还发现，央行独立性与实际经济表现之间并无显著的关系。具体而言，央行独立性与失业率、实际 *GDP* 的增长等未表现出相关性。我们可以这样来评价央行独立性对一国经济政策制定的作用，即它在不需要任何显著成本的情况下为一国提供了低通胀的有利政策实施环境。在这一重要发现的驱使下，包括新西兰在内的一些国家通过修改法律赋予其中央银行更高的独立性。

四、财政政策规则

总的来说，针对政策规则的讨论大多集中于货币政策规则方面，但这并不意味着财政政策就不需要规则。实际上，确定财政政策方面的规则也是各国政府和经济学家的重要任务之一。在这方面最突出的一条规则是预算平衡策略。所谓预算平衡策略，顾名思义，就是政府的支出不得突破其税收收入，进而维持财政收支的平衡。在美国，很多州的宪法都规定其州政府有义务维持预算平衡，它们所推行的正是这一规则。然而，这种规则显然难以作为一种最优化的财政政策规则，因而它成为一个广为争议的论题。大多数经济学家都反对实施严格的预算平衡策略，因为他们确信，在很多时候，保持一定的财政赤字和盈余是完全必要的。他们的理由主要有以下几点。

首先，预算赤字或盈余可以对稳定经济有所帮助。采用严格的预算平衡规则，就会使政府税收和转移支付制度所具备的自动稳定性功能荡然无存。在通常的情况下，当宏观经济走向衰退时，由于累进税率的作用，税收收入将自动下降，而失业补偿则自动增加。这些自动稳定器在自动作出反应以维护经济稳定的同时，很自然地会带来预算赤字。如果事先定下了财政平衡的规则，政府将不得不在此时削减支出，使预算恢复平衡，这无疑会使原已走向萎靡的总需求雪上加霜。

其次，在税收体系的运作过程中常常会出现对经济施加不当刺激的扭曲，而预算赤字或盈余则可以用来消除这种扭曲。高税率会给社会带来成本，因为它压抑了经济的活力。税率越高，税收带来的社会成本就越高。税收社会成本的最小化是通过保持税率的相对稳定获取的，而不是任由它忽高忽低。经济学家把这种政策称为“平滑税收”。为使税收保持相对稳定，赤字和盈余几乎是必不可少的。在收入较低的衰退年份或是支出较高的战争年份，就有必要推行赤字政策；而当相反的情况出现时，保持一定的预算盈余则势在必行。

此外，政府可以借助预算赤字将税收负担从当前居民身上转移到下一代人，这在某些非常时期对维护宏观经济的平稳运行是十分有益的。比方说，如果现在的一代人为民族的自由投入战争，作为受益者的下一代理所当然地应承担一定的成本。这时，为将战争的成本向下一代人转嫁，当前的一代可以通过赤字政策为战争提供支持，赤字的弥补将通过向下一代人征税来完成。

基于以上这些考虑，大多数经济学家认为严格的预算平衡策略是不合适的，财政政策规则至少应当顾及到诸如衰退和战争等突发事件，因为在这些时候，预算赤字是非常合理的政策反应。

第三节 经济波动理论的最新发展

究竟应该如何解释产出和失业的短期波动？货币政策和财政政策应该如何应付这些波动？这些都是短期宏观经济学的核心问题。可惜到目前为止，我们仍不能很好地解决这些问题。从逻辑的角度来看，造成经济波动的原因有两个，一是由于产出的自然波动，二是由于实际经济产出的波动偏离了其自然波动的比率。经济学家之间的很多分歧都集中于宏观经济短期波动的成因。为了研究的方便，大多数经济学家都假定宏观经济的自然增长率从长期来看遵循一种平滑上升的轨迹，而短期的经济波动反映的是经济运行偏离这一轨迹的情况。然而，也有一些经济学家认为，这些偏离情况是不重要的，因为决大多数的波动都应被视为经济自然波动比率范围内的变化。

本节所讨论的内容包括了上述两个阵营的经济学家的最新研究成果。我们将首先讨论实际经济周期理论。根据这种理论，我们在讨论长期经济表现时所作的假设同样适用于短期。也就是说，可以保留古典模型下的假设来解释短期经济波动。尤为重要的是，实际经济周期理论假定价格具有完全的灵活性。几乎所有的微观分析都建立在通过价格调整以达成市场出清的基础上，而实际经济周期理论的支持者认为，宏观经济的分析应基于同样的假设。这样一来，实际经济周期理论就被纳入了古典的两分法的范畴之中。在这个体系里，货币供应、价格水平等名义变量不会对产出和就业等实际变量造成影响。该理论强调的是经济的实际波动，这正是其名称的由来。

与实际经济周期理论相对的是新凯恩斯理论。该理论认为，市场出清模型不能解释短期的经济波动。新凯恩斯主义经济学家继承了凯恩斯关于总需求是短期国民收入的决定性因素的基本论断。他们试图更好地解释市场不充分条件下的价格和工资刚性，以及由此导致经济运行向自然变动比率回归速度放慢的情况。通过这些努力，新凯恩斯理论进一步完善和精炼了凯恩斯的研究方法。

这些理论方面的新发展有一个共同的特点，它们都大量运用了数学工具。由于所需的数学推导较为复杂，本节就不在这方面耗费过多的笔墨了，而将重点集中于理论原理的介绍。

一、实际经济周期理论

为了更精炼地描述实际经济周期理论，我们将从一个简化的实例谈起。众所周知，鲁宾逊·克鲁索是一部著名的探险小说中的主人公，他是一个被困在荒岛上的水手。经济学家发现，他在这种简单而特殊处境中的行为选择具有很高的经济学分析价值。

1. 鲁宾逊的经济学

我们先将鲁宾逊在荒岛上的生活抽象化，假定他仅从事有限的几种活动。他将一部分时间用来享受闲暇，比方说在海滨游泳，其他的时间则用来工作，进行渔猎或是为编织渔网收集藤条。这两种工作生产的都是非常有价值的产品：鱼是鲁宾逊的消费品，网是他所作的投资。当我们计算荒岛上的 *GDP* 时，只需将捕获的鱼和织好的网加总起来，当然还要分别乘上一个适当的价格。这样，就建立起一个简化的宏观经济框架。在这个框架内，鲁宾逊根据自己的偏好和不同的时机将时间在游泳、捕鱼和织网之间分配。我们有理由认为，鲁宾逊会对自己的选择进行最优化。也就是说，他会在自然条件的限制下选择一种对他最为有利的闲暇、消费和投资的分配方式。

与实际的经济活动一样，鲁宾逊的经济活动也会遭遇某些突发事件，此时，鲁宾逊的选择就会作出相应的调整。比方说，在某一段时间有一个大鱼群经过鲁宾逊的荒岛，他的 *GDP* 会因此而增加。一方面，他的产出效率由于海边的鱼量增加而提高，他在相同的时间里可以捕到更多的鱼；另一方面，鲁宾逊的就业有所提高，因为他决定暂时减少闲暇以充分利用这一机会多捕些鱼。由此，鲁宾逊的经济开始膨胀。相反，假设某天大雨倾盆，*GDP* 就会下降。由于大雨增加了户外活动的难度，每个钟头的捕鱼和织网带来的产出较晴天大为减少，产出效率下降。于是鲁宾逊决定减少工作时间，呆在茅屋中避雨。鱼的产量和渔网的投资量都较以往减少，*GDP* 也减少，鲁宾逊的经济出现了衰退。我们同样可以假定某天鲁宾逊遭到土著的袭击。为了保护自己，鲁宾逊不得不放弃大量闲暇时间，而将相当一部分时间用于防卫活动，如制造弓箭、长茅和扎篱笆等。这些防卫支出大大增加了他的就业。与闲暇时间一起减少的还有用于捕鱼和织网的时间，尤其是织网的时间，因为相比起来，织网的必要性较低，可以暂时放一放，这恰好反映了防卫支出挤占投资的情形。随着工作时间的增加，大量防卫产品的产出使鲁宾逊的 *GDP* 上升，此时，他迎来了一个战时经济高涨期。

以上这个经济高涨和衰退的实例最显著的特点在于其简单明了。在鲁宾逊的荒岛宏观经济中，产出、就业、消费、投资和生产效率的波动完全是自然而然的现象，它们无一例外地反映了个人面对不可避免的环境变化时作出的种种可取的反应。换句话说，鲁宾逊经济的波动与经济政策、价格刚性以及任何形式的市场失败都毫无关系。

实际经济周期理论认为，我们的经济运行中的波动与鲁宾逊经济的波动基本相同。正如鲁宾逊会遭遇到鱼群、大雨和土著袭击等等，突发事件也会改变我们的经济中就业和产出的自然比率。这些突发事件不一定都是我们想要的，但却是不可避免的。一旦这些事件发生了，*GDP*、就业和其他宏观经济变量就会出现相应的波动。

实际经济周期理论对短期经济波动作出了新古典立场上的解释。对于该理论的科学性同样存在激烈的争论。争论的核心集中于以下四个方面：

(1) 对劳动力市场的解读；

(2) 技术冲击的重要性；

(3) 货币的中立性；

(4) 工资与价格的灵活性。

这四个问题实际上都是经济运行过程中非常基本的问题，因此对它们进行研究具有重要的指导意义，这正是接下来将要展开的内容。

2. 对劳动力市场的解读

实际经济周期理论强调，任何一个时点上的劳动力供应量均取决于劳动者受到的刺激，这一点已经从鲁宾逊对环境变化主动作出的应变中看到。当工人得到更好的报酬时，他们倾向于工作更长的时间；而当报酬下降时，他们则会减少工作时间。当工作的报酬低到一定程度时，工人有可能彻底地放弃工作，至少暂时地放弃。这种在不同时期上重新分配工作时间的做法被称为劳动力的跨期替代。

为了探究跨期替代如何影响劳动力的供给，让我们考虑下面的例子。假设有这样一个大学二年级学生，在他毕业前还有两个暑假。如果他希望在这两个暑假中选择一个去打工，而在另一个暑假里好好休息，那他将怎样安排呢？我们用 W_1 表示他在前一个暑假里所能得到的工资水平，用 W_2 表示他预期的后一个暑假可能得到的工资水平。为了决定在那一个暑假去打工，小吴需要比较这两个工资水平。考虑到货币的时间价值，他在前一个暑假里赚得的相同数量的报酬较之后一暑假更有价值。因此，我们通过利率 r 将这种货币时间价值的因素反映进去，这样，如果他选择在前一个暑假打工并将所得报酬储蓄起来的话，到后一个暑假的时候，他将得到的报酬是 [$(1+r)W_1$]。如果他选择在后一个暑假打工，他得到的是 W_2。由此我们可以算出他的跨期相对工资为 $(1+r)W_1/W_2$。当利率较高或当前工资高于预期的将来工资时，选择在前一个暑假打工更具有吸引力。

根据实际经济周期理论，所有的工人在工作和闲暇之间进行选择时，都会进行类似的比较。如果工资暂时处于一个较高的水平或利率较高，这将是工作的大好时机。如果工资暂时处于低水平或利率较低的话，充分利用这段时间享受闲暇就更为合算。实际经济周期理论正是用这种劳动力的跨期替代来解释就业和产出的波动。经济活动遭遇突发事件引起的利率上升或暂时的高工资水平会驱使工人更多地工作，而更多的工作努力将导致就业和产出的上升。

持不同意见的经济学家认为，就业的波动并不反映愿意工作的工人数量的变化。他们相信，就业水平对实际工资和利率的反应并不怎么灵敏。他们同时指出，失业率在整个经济周期中的波动是一种固有的现象。衰退时期的高失业率反映的是劳动力市场没有出清，因为如果工人在衰退期自愿选择不工作，就不能被称为失业。这些批评的结论试图驳斥实际经济周期理论关于通过工资调整可以平衡劳动力供求的假设。对此，实际经济周期理论的拥护者为自己进行了辩护。他们认为，失业的统计数据是难以解读的，仅仅是失业率高的事实并不足以说明劳动力跨期替代就不重要。自愿选择不工作的个人也可能会声称自己失业，以便领取失业救济，而且，如果工资水平恢复到他们在大多数年份中可以得到的水平，他们将愿意选择工作。

3．技术冲击的重要性

鲁宾逊的经济会因天气的变化而波动，这是由于它驱使鲁宾逊增减自己的工作努力。同样，实际经济周期理论假定我们的经济也会因生产能力的波动而产生波动。这种将资本和劳动力等投入品转化为产品和服务产出的生产能力被归结为生产技术水平。当生产技术得到改进，经济产出就会增加。由于劳动力的跨期替代，技术进步同样会带来更多的就业。秉持实际经济周期理论的经济学家常常用技术退步来解释经济衰退。按照他们的说法，经济衰退时期的产出和就业水平下降是因为技术水平的退步降低了生产能力以及个人的工作愿意。

然而，另一些经济学家对经济活动中是否会遭遇重大的技术冲击持怀疑态度。他们认为，技术进步更有可能采用一种循序渐进的方式，而技术退步则更是难以置信，因为从趋势上看，技术积累的速度有可能放慢，但出现倒退是不可想像的。为了反驳这种观点，新古典经济学家提倡用一种更为宽广的视角来看待技术冲击。他们指出，有很多突发事件尽管从严格意义上说不能算是技术冲击，但它们造成的客观效果与技术冲击是一致的。例如，恶劣的天气、新通过的严苛的环保法案、世界石油价格上涨等等，它们都会降低我们将资本和劳动力转化为商品和服务的能力，也就是我们的技术水平。

4．货币的中立性

正如货币在鲁宾逊经济中未扮演任何角色一样，实际经济周期理论假定货币在我们的经济活动中也保持中立。这意味着，货币政策不会对产出和就业等实际变量产生影响。货币中立性原理不仅是实际经济周期理论得名的重要由来，它也是实际经济周期理论最为激进的一个假设条件。

反对者从实证的角度对此提出了批评。他们指出，货币增长和通货膨胀的下降几乎总是与高失业率相联系，货币政策对实际经济的运行具有极大的影响力。但实际经济周期理论却认为，批评者颠倒了货币与产出的因果关系。货币供应应当被看作一个内生变量，而产出的波动会导致货币供应量的波动。例如，当产出因技术冲击而上升时，对货币的需求将会增加。此时，中央银行就会提高货币供应量以迎合货币需求的增加。这种货币对经济活动作出的内生反应会给人以货币非中立性的错觉。

5．工资和价格的灵活性

实际经济周期理论假定工资和价格会通过迅速的调整达到出清市场的效果，正如鲁宾逊总是能取得最优的产出水平，而不会受任何市场不充分情况的耽搁。新古典经济学家相信，因工资和价格刚性而产生的市场不充分对理解经济波动并不重要。他们认为，从方法论来看，工资与价格灵活性的假定要优于工资与价格刚性的假定，因为灵活性假定将宏观经济学与微观经济学联系得更为紧密。大多数的微观经济分析都是基于以价格调整均衡供求的假定之上的。实际经济周期理论的支持者认为，宏观经济学关于经济波动的分析也应建立在相同的假定基础上。

批评者对此持相反意见，他们相信，通过工资和价格刚性，可以很好地解释失业的存在以及货币的非中立性。他们的论述集中体现于新凯恩斯理论中。

二、新凯恩斯理论

总体来看，大多数的经济学家对实际经济周期理论持怀疑态度，他们倾向于认为短期的经济波动反映了经济活动对自然变动比率的偏离。这些偏离的产生是因为工资与价格的调整十分缓慢，从而无法迅速地对经济活动施加影响。这一点我们在前面的章节中已经谈到过。新凯恩斯理论认为，总需求的波动才是短期经济波动的诱因。那么，价格刚性究竟是怎么一回事呢？为了回答这样的问题，新凯恩斯主义者试图对短期价格调整背后的微观原理进行审视，从而将传统的波动理论建立在更为严格的理论基础上。

1. 价格调整的成本和总需求外部性

导致短期内价格无法立即作出调整的一个原因是价格调整需要一定的成本。为了改变报价，一个公司可能需要向它的客户送出新的价目表，并让它的销售人员熟悉新价格。对于一家餐厅来说，可能还需印新菜单。经济学家将这些价格调整的成本称为菜单成本，它的存在决定了公司不会不断地进行价格调整，而只会间断性地这样做。

对于菜单成本能否解释短期价格刚性，经济学家的意见并不统一。持怀疑态度的人认为菜单成本通常很小，怎么能用如此之小的成本来解释给社会造成巨大损失的衰退呢。支持者则认为，小并不意味着不重要，尽管菜单成本对单个公司来说很小，但却可以对整个经济造成很大影响。他们认为，要理解价格的调整为什么缓慢，必须认识到价格调整的外部性：一个公司降价可以使其他公司受益。一个公司的降价将轻微地降低整体的价格水平，进而提高实际货币的平衡。这意味着总收入的增加，相当于 LM 曲线的外移。于是，对所有公司产品的需求增加。这种单个公司价格调整影响对所有公司产品需求的宏观经济冲击被称为总需求外部性。

由于这种总需求外部性，小小的菜单成本将导致价格刚性，而价格刚性可以给整个社会造成巨大的损失。让我们考察一个原先定价过高的公司的例子。对于这家公司来说，决定是否降价需要对降价带来的收益和成本进行比较。通过降价，可以提高销量和利润，当然也需承担菜单成本。只要销量和利润的提高不足以弥补菜单成本，这家公司就会维持价格不变，而不会考虑其降价行为给整个社会带来的益处。因此，刚性的价格常常是单个价格制定者的最优选择，尽管它对整个经济来说并非可取。

2．工资和价格的交错设定

经济活动中的主体并不是在同一时间进行价格调整的，整个经济中的全部工资和价格调整是交错发生的。这种交错使工资和价格的整体调整显得非常缓慢，即使在个体工资和价格频繁变动时也是这样。

我们先假定，在一开始价格制定是同步的，每个公司都在每月的第一天调整它的价格。如果在某月的10日，货币供应和总需求突然上升，那么从这一天到月底的产出将高于此前的十天，因为价格在当月是保持不变的。但到下一个月初，作为对总需求上升的反应，所有的公司都会提高价格，经济高涨于是结束。我们再来考察价格交错调整的情况。假定一半公司是在1日调价，另一半公司则在15日调价。这样，当货币需求在1日出现上升时，一半的公司就可以在15日提价。但它们可能不会将价格提高太多，因为在另一半公司价格保持不变的情况下，过分的提价将导致在竞争中落下风。如果这些公司仅仅略为提高价格的话，到下月1日时，另一半公司出于同样的考虑，也只会对其价格进行微调，而不是大幅涨价。在这种机制的作用下，价格水平的变动将是一个缓慢的过程。也就是说，交错造成价格水平的粘性，因为没有哪个公司愿意充当大幅涨价的始作俑者。

交错同样会影响工资的决定。比方说，当货币供应下降时，总需求相应减少，这时需要名义工资水平的相应降低以维持充分就业。如果所有其他人的工资都要降低的话，名义工资的降低就可以被每一个工人接受。但每个工人都不愿作第一个被减薪的人，因为这至少会暂时地带来相对工资的下降。由于设定工资水平的过程也是交错的，单个工人在率先减薪方面的迟疑拖延了整体工资水平对总需求变化的反应，即个人工资的交错设定导致了总体工资水平的刚性。

3．协调失败引发的衰退

一些新凯恩斯主义经济学家认为，衰退来自于某种协调的失败。当一个社会无法取得一个可行的、为所有人认可的产出水平时，从某种角度来说，社会成员之间出现了协调失败。协调问题可以产生于工资与价格的制定过程中，因为每个制定者都必须预计其他制定者的行为。进行工资谈判的工会会就其他工会可能达到的工资水平进行攀比，公司在定价时也会考虑其他公司的报价。

我们用一个简化的两公司模型来说明这个问题。假定宏观经济中仅有两家公司A和B，当货币供应出现下降后，每家公司都得在利润最大化的目标下决定是否降价。但每家公司的利润都不仅仅取决于其自身的定价选择，还要受另一家公司定价选择的影响。表11·1显示了两家公司分别面临的选择及其利润的决定。如果两家公司都不降价，实际货币均衡就比较低，进而引发衰退，每家公司都仅得到25元利润。如果两家公司都降价，实际货币均衡的升高就会避免衰退的发生，它们将分别得到50元利润。尽管每家公司都希望避免衰退，但它们均无法通过自身的努力做到这一点。如果其中的一家公司降价而另一家不降的话，衰退仍将发生，降价的公司将只得到20元利润，另一家公司则得到25元利润。这一模型的精髓在于每家公司的选择都会影响另一家公司收益的决定。当一家公司降价时，另一家公司的处境就得到改善，因为另一家公司因此而避免了进一步恶化。这种一家公司降价给另一家公司带来利润的效应同样来自于一种总需求外部性。

表11·1 两公司协调模型

		公司A选择	
公司B选择		降　价	不　降
	降价	公司A利润：50元 公司B利润：50元	公司A利润：25元 公司B利润：20元
	不降	公司A利润：20元 公司B利润：25元	公司A利润：25元 公司B利润：25元

那么，这个经济体最终将得出怎样的结果呢？如果两家公司都预计对方会降价，它们就会同时选择降价，这样就会达成两家公司均得到50元利润的最优结果；但如果两家公司都预计对方不会降价，它们就会选择维持原价，这时得到的是各25元利润的次优结果。这两种结果都是有可能发生的，经济学家将之称为多边均衡。其中的后者，即次优结果，就是协调失败的一个例子。如果两家公司很好地进行协调，它们可以共同降价，从而取得最优结果。但在现实经济活动中，协调通常是十分困难的，因为进行价格制定的公司数量太多。这个模型告诉我们，价格刚性来源于人们对价格刚性的预期，尽管它对大家都没有好处。

本章小结

宏观经济政策是经济学家们争论得最激烈的一个问题，本章将这其中的种种争论归结为主动性政策与被动性政策之争和政策制定有规则与无规则之争。

主动性政策的倡导者认为，总需求和总供给的冲击造成了宏观经济运行的不稳定性，从而引起产出、就业和价格水平的波动，因此经济政策应当来平抑这种变化和波动，以维持宏观经济运行的稳定性。而被动性政策的倡导者则认为财政政策和货币政策的生效往往滞后于实际经济的运行，而且目前我们尚不可能对宏观经济作出准确的预测，因此旨在稳定经济的政策实际发生作用的时间与期望发生作用的时间差距很大，往往反而成为经济波动的来源。卢卡斯的理性预期理论更是对主动性经济政策的有力批判。

主张相机抉择的经济学家认为宏观经济运行状况难以预料，政策制定者不应当受既定规则约束，而应自行选择每个时点上的最优政策。而主张有规则的经济学家则认为无规则情况下由于政策制定者的不称职或机会主义思想会导致经济政策的滥用，为了隔绝政治变动对经济政策的影响，经济政策需要一定的规则。时间不一致性的存在再次对相机抉择的政策提出了质疑。

对经济短期波动原因的解释，是宏观经济学争论的另一个焦点。实际经济周期理论接受古典模型的基本假设，认为工资和价格的灵活变动在短期内同样成立，这一理论认为技术冲击是经济波动的主要原因。新凯恩斯理论则认为总需求的波动才是短期经济波动的诱因，并试图寻找短期价格刚性的微观基础。菜单成本和总需求外部性、工资和价格的交错调整以及协调失败是这一理论解释短期波动的几种方法。

复习思考题

1. 为什么说经济预测能力的加强能帮助政策制定者更好地实行稳定化政策？

2. 卢卡斯批判的核心内容是什么？它对宏观经济政策之争产生了什么影响？

3. 什么是经济政策的“时间不一致性”，你能举出中国经济生活中的实例来说明这一点吗？

4. 实际经济周期理论是如何解释就业波动的？根据实际经济周期理论，暂时的技术冲击和永久性的技术冲击分别会对经济产生什么影响？

5. 单个企业工资和价格的缓慢调整是如何引起整个经济价格刚性的？

第三篇

宏观经济模型的深化

到目前为止，我们已经介绍了宏观经济学所研究的对象、一些基本观点和方法。在长期分析中，古典经济学的思想和分析方法贯彻其中。在短期分析中，我们介绍了总需求确定总产出的原因，对经济波动的不同解释以及经济政策和经济理论之争。这一过程中，凯恩斯主义、货币主义、新古典主义和新凯恩斯主义等学派的观点被纳入我们的现代宏观经济理论体系之中，尽管这些形形色色的宏观经济理论之间存在着矛盾和冲突。

作为对基本宏观经济模型的深化，本篇试图从经济的微观主体——企业和家庭出发来研究宏观经济变量的决定因素，以便使我们的宏观经济模型建立在更为稳固的微观基础上。凯恩斯主义宏观经济学从诞生之日起，就不断地被指责为缺乏必要的微观基础，现代宏观经济学很大程度上就是在为宏观经济学寻找微观基础过程中发展起来的，而宏观经济学的不同流派在将宏观分析基于微观分析这一点上走到了一起。从现实角度看，宏观经济变量的基础是企业和家庭在各种市场上相互作用的行为。如果对宏观经济现象的解释不能与微观主体的行为相一致，那么它就缺乏现实的基础，就有可能脱离实际。

第十二章从消费者行为出发，深入研究了消费函数。第十三章则从分析企业投资、住房投资和存货投资三类投资的决定因素出发，进一步解释了投资与利率负相关的原因。第十四章研究了货币供给和货币需求，分析了中央银行如何控制货币供应量，货币需求函数是如何确定的，为加深对货币政策的认识提供了基础。在这些分析中，我们同样融入了各种理论学派的观点。为了帮助读者对现代宏观经济理论发展的历史和现状有一个更为全面的认识，第十五章对宏观经济学流派作进一步介绍，这一章对我们已接触到的一些不同学派的学术观点作了系统的归纳和比较，从中可以认识到我们所面对的是一个充满争论和挑战的领域。最后，第十六章运用现代宏观经济学方法对中国宏观经济运行作了分析。

第十二章

消费理论

所谓“消费理论”就是研究消费者或他们的家庭，如何选择把多少比例的收入用于当前的消费，多少比例为了将来消费而储蓄的理论，实际上就是关于储蓄率选择的理论。因为它讨论的是经济中的个体决策行为，因此本身是一个微观经济问题。

但家庭对储蓄率的选择对宏观经济有重要的意义。正如第三章的索洛模型表明，储蓄率是一个经济稳定状态资本、产出和消费的关键决定因素，因此各个家庭对储蓄率的选择，最终会对一个经济的资本、产出和增长等产生重要的影响。这是家庭消费决策在长期分析中的意义。家庭对储蓄率的选择对宏观经济的短期分析也有重要意义，因为家庭对储蓄率的选择对一个经济的总需求有重要影响。总需求是一个经济的生产和供给能够实现和循环的另一个方面的保证，而消费是构成一个经济总需求的主要部分，一般来说居民消费约占 GDP 的 2/3 左右。因此消费的波动会导致一个经济的总需求的波动，从而引起经济繁荣或萧条的变化。第八章的 IS—LM 模型还表明消费者消费信心的变化是经济波动的主要来源，而消费者的边际消费倾向则是财政政策乘数的决定因素，因此居民消费对宏观经济的运行状况及政策调控的有效性，都有十分重要的影响。

前面曾经假设消费与可支配收入之间有线性函数关系 $C=C(Y-T)$，这成了我们建立分析长期和短期经济的模型的基础。但这种假设是比较简单化的，不能完全反映消费者的消费规律及其影响。其实消费者行为理论已经成为宏观经济学的一个专门研究领域，并已经有了许多比较成熟的理论。本章要对消费函数作比较仔细的考察，对决定总消费的因素作更加透彻的解释。

本章第一节介绍凯恩斯的消费理论，第二节考察费雪的跨期替代理论，第三节分析莫迪利亚尼的生命周期学说，第四节分析弗里德曼的永久收入学说。

第一节　凯恩斯消费理论

我们首先介绍凯恩斯的经典理论。消费函数是凯恩斯宏观经济波动理论的中心。在凯恩斯的时代，可供分析的经济数据显然没有现在这么充足，也缺乏处理大量数据的高效率的计算机系统，因此凯恩斯主要是通过推理和偶尔的观察相结合的方法，而不是统计分析的方法，提出他对消费函数的假设的。但凯恩斯的这种消费理论在解释宏观经济的波动方面却有很大的威力，因此在凯恩斯之后，消费函数更是成了一般宏观经济分析的关键内容。当然，凯恩斯的消费理论也有其内在的问题和缺陷，这种问题是在后面的研究和应用中逐步暴露出来的。我们先分析凯恩斯消费函数的内涵和作用，再讨论把这种消费函数运用到分析现实经济时会引出的疑问。

凯恩斯消费理论最首要的假设是关于"消费的边际倾向"的假设。所谓边际消费倾向即人们每多获得的一元收入，会用于消费的比例或数量。凯恩斯认为根据基本的心理规律可以相信，当收入增加的时候人们会增加他们的消费，但消费的增加肯定比收入增加的数量要少，即边际消费倾向在 0 到 1 之间。这种边际消费倾向假设，对凯恩斯关于减少失业问题的政策建议是很关键的，因为通过财政政策乘数反映出来的财政政策的效果，正是来源于收入和消费之间的正反馈作用，而凯恩斯关于边际消费倾向的假设，则是收入与消费之间正反馈的重要基础之一。

其次，凯恩斯认为消费对收入的比率，即"平均消费倾向"(Average propensity to consume)，是随着收入的上升而下降的。凯恩斯相信储蓄是一种"奢侈品"，认为富人的收入中储蓄比例会比穷人更高。这也是早期凯恩斯主义经济学的一个核心观点。

第三，凯恩斯认为决定储蓄的基本力量是收入而不是利率，利率在影响储蓄方面的作用不大。这个假设与凯恩斯之前的古典经济学家，认为较高的利息率会促进储蓄和抑制消费的信念很不一样。凯恩斯承认在理论上利率会影响消费，但他认为根据经验得到的结论是，在一个给定收入水平下，利率对个人支出的短期影响，是第二位的和相对不重要的。

在这三个假设的基础上，凯恩斯的消费函数常常被写成：

$$C=a+bY \qquad (12 \cdot 1)$$

其中 C 是消费，Y 是可支配收入，a 称为"自生消费"，是一个大于 0 的常数，代表即使当时没有收入也会进行的消费，b 称为"边际消费倾向"，其数值在 0 与 1 之间。这个消费函数用图形表示就是图 12·1 这样的直线。

这个消费函数反映了凯恩斯所提出的三个假设。首先是消费函数斜率在 0

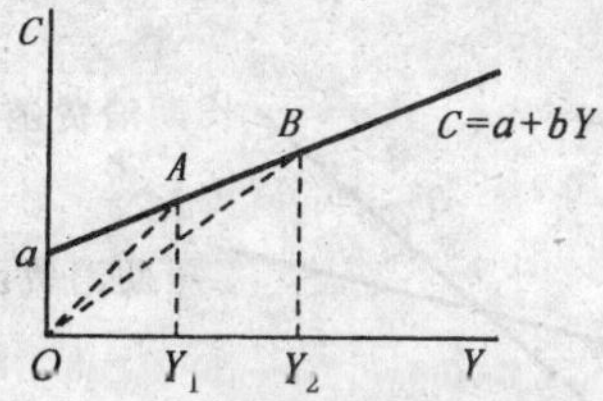

图 12·1 凯恩斯消费函数

到 1 之间，因此消费会随收入上升而上升，但上升的数量小于收入上升的数量，这与凯恩斯关于边际消费倾向的假设一致；其次因为平均消费倾向等于消费函数上对应各收入水平的点到原点连线的斜率，图中上述连线的斜率随着收入的增加不断变小，符合凯恩斯关于平均消费倾向随收入水平上升而下降的假设，如当收入由 Y_1 增加至 Y_2 时，平均消费倾向下降（OA 线的斜率要大于 OB 线的斜率）；此外，由于上述消费函数中不包含利率变量，因此符合凯恩斯关于利率与消费无关的思想。

根据凯恩斯的理论所做的早期实证研究证明了凯恩斯的理论与人们的消费行为是基本符合的。但此后却很快发现凯恩斯关于平均消费倾向随收入下降的假设有问题。因为第二次世界大战以后人们的收入水平比战前提高了许多，可是并没有出现凯恩斯理论预计的平均消费倾向的下降和储蓄率的不断上升。人们根据凯恩斯理论，本来担心可能会出现储蓄不断增加，以至于会找不到合适的投资吸收这些储蓄，结果这种担心被证明是多余的。这就否定了凯恩斯平均消费倾向随收入上升而下降的思想。进一步，库兹涅茨对历史上相当长时期内消费与收入比率实际数据的研究发现长期中平均消费倾向其实是相当稳定的，并不随收入的变化而变化，也证明凯恩斯关于平均消费倾向的观点不符合现实。这些研究同时也证明了平均消费倾向在长期中基本上是不变的。

上述情况提出了一个关于消费问题的疑问，即为什么凯恩斯的理论在有些情况下是符合实际的，而在另一些情况下却又与现实明显不符。或者换句话说，为什么凯恩斯的假设在研究家庭数据和短期时间序列的时候能够成立，而在讨论长期时间序列时却不能成立。这种疑问引发了大量对消费问题的研究工作，因为这确实是一个对经济学和经济学家很有挑战性的问题。

图 12·2 很好地演示了这个凯恩斯平均消费假设之谜。证据表明存在两种消费函数。对家庭数据或短期时间序列，凯恩斯的消费函数符合得相当好。图 12·2 中有正截距，从而曲线上各点到原点连线的斜率逐渐下降的“短期消费函数”表示这种函数关系。而对长期时间序列，消费函数表现出有不变的平均消费倾向。这可以用图 12·2 中通过原点，从而线上各点与原点连线的斜率始终不变的“长期消费函数”反映出来。我们的问题是要弄清楚为什么这两种函数

能够相容在同一个经济中。

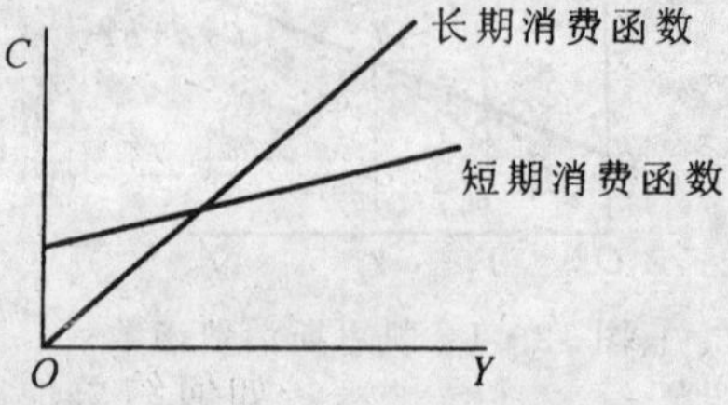

图 12·2 凯恩斯平均消费假设之谜

20 世纪 50 年代莫迪利亚尼和弗里德曼各自提出了解释这些看起来矛盾的结果的“生命周期假说”(Life-cycle hypothesis)和“永久性收入假说”(Permanent-income hypothesis)。他们的理论从不同的角度给我们提供了解答。在给出他们的理论之前，我们先要介绍费雪的“跨期选择”(Intertemporal choice)的消费理论，因为莫迪利亚尼和弗里德曼的消费理论都是以费雪的消费理论为基础的。

第二节 跨期选择理论

当人们决定消费多少或储蓄多少的时候，他们肯定既会考虑当前也会考虑将来，因为即使不考虑未来收入的变化，在收入既定的情况下，也有现在消费和将来消费之间的替代，即他们现在消费的较多将来能消费的就较少，且反过来也一样。因此一个家庭在作消费和储蓄比例选择的时候，必然既会预计一下将来会获得的收入，也会考虑希望将来能得到的消费水平。

费雪发展了一种可用来研究理性和有远见的消费者如何进行“跨期选择”的模型。所谓“跨期选择”是指在模型中包括不同时期的多个选择。费雪的模型说明了消费者面临的约束和他们是如何选择消费储蓄比例的。

一、跨期预算约束

人们总是想消费更多的和更好的商品和服务，之所以实际的消费比他们想要的消费要少和差一些，是因为他们受到了支付能力的限制。换句话说，消费者总是面临着一种限制他们消费的约束条件，就是我们所说的“预算约束”(Budget constraint)。当消费者考虑的消费问题不仅是当前的消费，而且是要决定当前和将来不同时间的消费，以及现在和将来很长时期的总体消费时，消费者面临的就是一种由长期总收入的有限性形成的“跨期预算约束”(Intertemporal budget constraint)。要理解消费者对消费水平的选择，我们必须考察受到的这种约束条件。

为了使分析比较简单，我们讨论一个只生活两个时期的消费者的消费决策问题。假设该消费者生活的第一个时期是青年时期，第二个时期是老年时期，并用 Y_1 和 C_1 分别表示该消费者在第一个时期的收入和消费，用 Y_2 和 C_2 分别表示该消费者在第二个时期的收入和消费，所有这些变量都是经过物价指数调整的实际值。假设该消费者既可以借贷，也可以储蓄，因此在任何一个时期的消费都可能大于或者小于当期的收入。

我们来看该生活两期的消费者的收入是如何约束他的消费的。首先在第一个时期，该消费者的储蓄 S 等于收入减消费，即：

$$S=Y_1-C_1 \tag{12·2}$$

在第二个时期，因为不再存在后续的第三时期，所以该消费者不但不会再储蓄，而且会把他的所有财富都消费掉[①]。因此第二期的消费等于该期收入加上第一期的储蓄，以及第一期储蓄赚到的利息，即：

$$C_2=Y_2+(1+r)S \tag{12·3}$$

其中 r 是实际利率。

如果消费者在第一个时期是借贷而不是储蓄，这两个方程仍然是正确的，因为 S 既可以理解为储蓄，也可以把它理解为借贷，不过前者意味着第一期的消费小于收入，S 的符号为正，而后者意味着第一期的消费大于收入，S 的符号为负。为了简单起见，我们假设储蓄和借贷的利率是相同的。

把上述两个方程结合起来就可以导出该消费者的预算约束，即把（12·2）式代入（12·3）式，得：

$$C_2=Y_2+(1+r)(Y_1-C_1) \tag{12·4}$$

进一步可以得到：

$$(1+r)C_1+C_2=(1+r)Y_1+Y_2 \tag{12·5}$$

或：

$$C_1+\frac{C_2}{1+r}=Y_1+\frac{Y_2}{1+r} \tag{12·6}$$

这些方程表明两个时期消费的一种加权和（现在值或将来值），必须与两个时期收入的相应加权和（现在值或将来值）相等，或不超过收入加权和。因此，他们是对该消费者两个时期总体消费的跨期预算约束。如果利率为 0，那么上述预算约束就是两个时期的总消费必须等于两个时期的总收入。由于利率一般总是大于 0 的，因此上述预算约束方程说明，两期消费的将来值或现在值之和必须等于两期收入的将来值或现在值之和。

---

① 这在一定程度上有点简单化，因为即使人们的主观愿望是把自己的所有财产都消费完，他们也不可能真正做到。此外，通常还有一个给后代留一些遗产的问题。

图 12·3 是消费者的预算约束线。这条预算约束线与通常消费者在两种商品之间选择的预算约束线有所不同，现在消费者选择的是两个时期的消费数量 C_1、C_2，或者说是比率 C_1/C_2。图中的预算约束线实际上就是对应两个时期收入水平的一个特定组合（Y_1，Y_2）的消费者的消费可能性边界，在该边界以内面积中的所有各点对应的组合（C_1，C_2），都是该消费者可以实现的。如果消费者选择在第一个时期消费掉收入的全部，那么最大的消费量是$[Y_1+Y_2/(1+r)]$，反过来如果全部在第二个时期消费，则可以消费的数量是$[(1+r)Y_1+Y_2]$。这两种情况是两个极端，也是预算约束线与 C_1 和 C_2 轴的两个交点。图 12·3 中 E 点表示当 $C_1=Y_1$ 时，$C_2=Y_2$，即当前收入全部用于当前消费，而将来收入则全部花在将来消费上，消费者既没有储蓄，也不存在借贷。

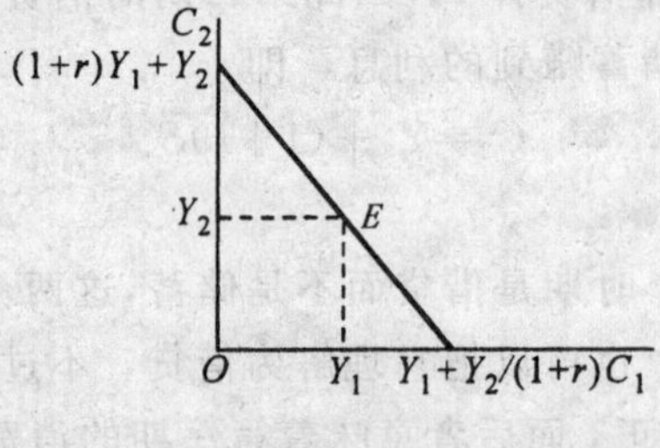

图 12·3 跨期消费预算约束线

注意由于 r 肯定大于 0，因此不管两期的收入 Y_1 和 Y_2 的相对大小如何，都有$(1+r)Y_1+Y_2>Y_1+Y_2/(1+r)$，即预算约束线的坡度大于 45°，其斜率为 $1+r$，意味着第二期消费的比例越高，最大可能的总消费水平就越高。这当然是由于减少前期消费进行储蓄能够获得利息收入，从而使总收入增加，而反过来则要付出利息使可消费的总收入减少的结果。

二、消费者偏好

与消费者在两种商品之间的选择一样，仅仅有跨期选择的预算约束线，并不能确定消费者究竟会作怎样的选择，因为预算约束只是给出了所有可能的最大限度组合，如果不知道消费者对这些组合的相对偏爱程度，就无法知道消费者选择的根据和结果。因此，我们同样需要研究消费者对消费的时期组合的“偏好”问题。下面的图 12·4 反映了消费者对消费的时期偏好。

图 12·4 中画了两条代表不同满意程度的时期选择“无差异曲线”Ⅰ和Ⅱ。在同一条曲线上的点代表的两个时期消费水平的组合，如曲线Ⅰ上的 A 和 B 两点对应的(C_{1A},C_{2A})和(C_{1B},C_{2B})，对消费者来说是无差异的，或者说有相同的“效用”。消费者对两个时期消费水平组合的偏好和排序，构成上述坐标平面上的一族无差异曲线。不同的无差异曲线代表不同的满意程度或“效用”，由于两个时期

的消费同时增加总是给消费者带来更多的效用，因此位置较高的无差异曲线代表较高的满意程度。对一个了解自己偏好的理性的消费者来说，这族无差异曲线是不会相交的。

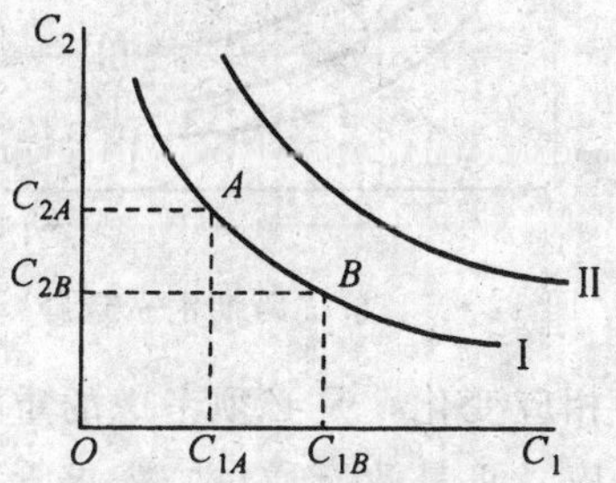

图 12·4 消费时期偏好

上述消费者的消费时期偏好反映了不同时期的消费对消费者来说具有替代性。无差异曲线上每一点处切线的斜率就是在该消费水平组合上，第一个时期消费和第二个时期消费之间的“边际替代率”。上述无差异曲线凸向原点的形状，则反映了随着一个时期消费的数量和比重增大，用该时期的消费替代另一时期消费的难度也会增大，边际替代率越来越高，或者说消费者越来越不愿意用这个时期的消费替代另一个时期的消费，即消费者总体上还是倾向于消费在时期间的某种均衡分布的。

三、跨期消费均衡及收入和利率的影响

有了上面对跨期消费的预算约束线和反映消费者偏好的无差异曲线的讨论，就可以分析消费者的跨期消费选择问题了。消费者跨期消费选择的原则，当然是在预算约束允许的情况下，使自己两期消费水平的组合落在位置最高的无差异曲线上，以获得最大的满足程度。为此我们把无差异曲线和预算约束线结合起来，得到图 12·5。

在图 12·5 中，该消费者的预算约束线与无差异曲线Ⅱ相切于 Z，该点所代表的两个时期消费水平的组合是该消费者在上述预算约束和自己的偏好下，能够实现的两个时期消费的最佳组合。由于 Z 点是预算约束线与无差异曲线相切的点，因此在该点无差异曲线Ⅱ的斜率，即两个时期消费的边际替代率，等于预算约束线的斜率。由于预算约束线的斜率等于 $(1+r)$，因此消费者跨期消费选择实现最优化的条件之一，就是使两期消费之间的边际替代率等于 $(1+r)$。此外另一个条件则当然是必须落在预算约束线上。

上面在一组给定的两期收入水平 Y_1 和 Y_2 及给定的利率 r 的情况下，讨论了消费者的跨期消费选择。但事实上，消费者的收入和实际利率水平都不是一成不变的，而是可能发生变化的。当收入或利率发生变化的时候，消费者的跨

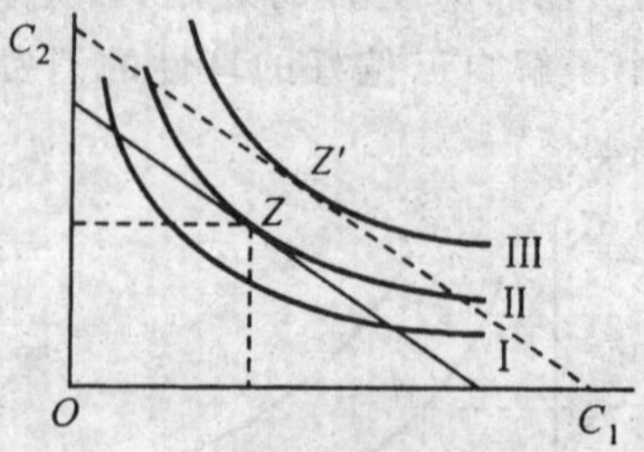

图 12·5　最优跨期消费选择

期消费选择会发生怎样的相应变化，是必须考虑的重要问题，因为消费者的消费决策对收入和利率的反应，正是政府通过“需求管理政策”调控宏观经济的基础和理论根据。

首先考察收入变化对两期消费会产生怎样的影响。我们只考虑收入增加的情况，因为收入下降的情况只是收入增加情况的简单逆转。很显然，不管是 Y_1 增加，还是 Y_2 增加，或者两者同时增加，效果或作用都是使预算约束线向上移动，并且只要利率不变，预算约束线的向上移动肯定是平移，即其斜率始终是 $(1+r)$。这时候与预算约束线相切的无差异曲线的位置会更高，即消费者能够实现较高的无差异曲线上的消费组合，得到更高的满足程度。通常情况下，消费者会同时增加两个时期的消费，即两个时期的消费都是“正常商品”[①]。图 12·5 中与无差异曲线Ⅲ在 Z' 处相切的虚线，正是收入增加后的新预算约束线，Z' 对应的两期消费组合是该消费者新的跨期消费均衡，实现了无差异曲线Ⅲ代表的较高总效用水平。如果收入下降，则情况就正好相反。

由于假设消费者可以以相同的利率进行储蓄和借贷，因此除了将来的收入与现在的收入相比在数值上有一定的贴现折扣以外，消费者收入获得的时间对他的跨期消费选择没有多少影响。因此我们可以得到结论，消费者在任一时期的消费都不像凯恩斯所认为的那样，只取决于人们的当时收入，而是取决于他们长期中的总收入的。或者确切地说，是取决于他们一生期望收入（考虑到将来收入的不确定性）的现在值（用利率对未来收入进行折算并加总得到）。

再讨论一下实际利率 r 的变化对跨期消费选择的影响。根据上面的分析已经知道，利率 r 在人们的跨期消费选择中有十分重要的影响，原因是它决定了消费者的预算约束线的斜率，而该斜率又直接影响预算约束线与哪条无差异曲线相切以及相切的位置，因此是决定人们跨期消费组合的一个极其重要的因素。利率的变化必然对消费者的跨期消费选择产生影响，因此利率也能够作为调控人

① 不完全排除存在比较特殊的无差异曲线族，出现随着收入的增加一个时期的消费反而减少的情形。

们的消费行为的政策工具。我们用图 12·6 来说明利率变化的影响。

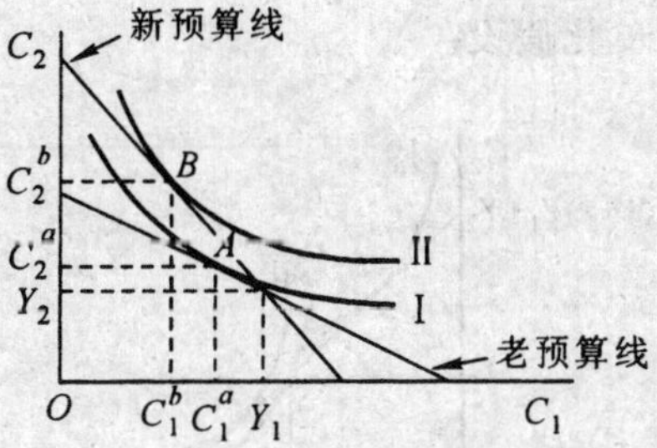

图 12·6 利率变化的影响

首先需要注意的是，图 12·6 中反映的情况是在利率上升的时候，一个在第一个时期有储蓄而不是负债的消费者的跨期消费选择的变化。因为新预算线与老预算线相比，是绕着不受利率变化影响的消费组合，即($C_1=Y_1$，$C_2=Y_2$)点，顺时针旋转了一个角度，这说明与预算线斜率正相关的利率必然是上升了而不是下降了。此外，该消费者本来的预算约束线与无差异曲线相切在 $C_1^a<Y_1$ 和 $C_2^a>Y_2$ 的 A 点处，因此该消费者在第一个时期的消费少于收入，是有储蓄的。

从图中可以看出，利率提高对消费者跨期消费选择的影响是使消费者的跨期消费组合从 A 点处变化到 B 点处。第一个时期的消费减少了而第二个时期的消费则增加了，但新的消费组合落在位置较高的无差异曲线上，说明该消费者的总体满足程度提高了。对消费者来说，提高利率有增加收入的效应，会使消费者两期的消费都提高，这被称为“收入效应”。同时，提高利率也会产生“替代效应”，利率升高使第一期的消费成本提高，而使第二期的消费成本降低，使消费者倾向于用将来消费来替代当前消费。对该有储蓄的消费者来说，提高利率的收入效应和替代效应都会提高将来消费。而对第一个时期，虽然收入效应是提高消费的，但替代效应却是减少消费的，当前消费最终是增加还是减少取决于这两种效应哪种更大一些。图 12·6 中正是收入效应小于替代效应，从而第一个时期消费减少的情况。

四、信贷约束

上述跨期消费选择模型中有一个重要假设，那就是消费者不仅可以储蓄，也可以借贷，而且储蓄和借贷的利息率相同。这使得理论上消费者可以把整个一生的收入，放在任意一个时期消费，差别只是较晚消费则可以获得一些利息，较早消费则必须支付部分利息。这种假设明显是简单化的，因为实际上对许多人，特别是在他们的人生早期，通过借贷进行消费的机会是有很大限制的。借贷可能存在限制的理由很简单，就是借贷者偿还贷款的能力和并不总能得到贷出方的信任，此外还存在有没有足够的贷款来源的问题。因此，比较符合实际的模型必须考虑消费者在信贷市场上可能遇到的限制，必须修改消费者可以根据自己的意愿任意借贷的简单化假设。

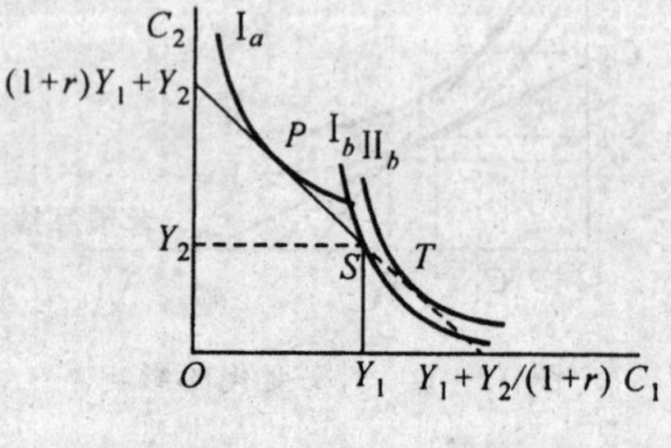

图 12・7　借贷约束对跨期消费选择的影响

现在就分析一下借贷约束的问题。我们考虑一种简单的借贷约束，当期消费不能超过当期收入。在上述模型中就是 $C_1 \leqslant Y_1$ 必须成立[①]。图 12・7 反映了这种借贷约束对消费者预算约束线的影响，以及分别对本来愿意储蓄的消费者 a，本来想要借贷的消费者 b 的跨期消费选择的影响。

首先，借贷约束使得第一期的消费 C_1 大于 Y_1 的可能性不再存在，即原来的预算约束线上在 Y_1 右边的部分现在都已不再是可能的跨期消费组合，新的预算约束线是一条在 S 点处转折的折线。预算约束线的这种变化对两类消费者的影响是不同的。对于本来就不打算利用借贷使第一期的消费超过该期收入的消费者 a 来说，存在借贷约束不会对他的跨期消费选择产生影响，他仍然将选择原预算约束线与无差异曲线 I_a 的切点 P 对应的消费组合。对于在没有借贷约束的情况下会通过借贷使 C_1 大于 Y_1 的消费者 b 来说，情况就不同了。没有借贷限制时他会选择无差异曲线 II_b 与虚线代表的原预算约束线的切点 T 代表的跨期消费组合，现在已经不可能实现。现在能够实现的位置最高的无差异曲线上的跨期消费组合，是无差异曲线 I_b 与新预算约束线的切点，也就是该预算约束线的转折点 S 所代表的消费组合。该消费组合就是 (Y_1, Y_2)，即消费者 b 在第一期把该期收入全部消费掉，这样第二期当然也只能消费当期的收入。

从上述分析得到的结论是，存在两种类型的消费函数。对部分消费者来说，由于借贷约束不会起作用，因此他们的消费是通盘考虑的，可以理解为他们在任何时候的消费都取决于他们一生收入的现在值。而对另一些消费者来说，由于借贷约束会起作用，因此当前消费是受到当前收入限制的，或者说当前收入

---

① 注意我们也可以构造更复杂的借贷约束，如当期消费能大于当期收入，但超过的幅度有一定限制等。不过对这种借贷约束的分析及其结果与上述以当期收入为限的约束是相似的。

对他们当前消费的影响最大。

第三节　生命周期假说

莫迪利亚尼等在20世纪50年代利用费雪的跨期消费选择模型，研究了由凯恩斯的消费理论引起的“消费之谜”。从费雪的消费取决于人们一生的收入而不是当时收入的思想和模型出发，莫迪利亚尼进一步考虑了人们在一生中的不同时期的收入变化，以及利用储蓄等手段对不同时期收入变化和波动进行平衡的问题。莫迪利亚尼提出的理论被称为“生命周期假说”。

在人们一生中的许多时期，会由于多种原因发生收入水平的变化，例如从读书到参加工作，从有职业到失业，从一个工作到另一个工作或职位，以及从工作到退休等，常常都伴随着收入水平的变化，有些情况导致收入上升，而另一些则导致收入下降。由于收入变化的影响除了有方向的差别外，在本质上都是相同的，因此为了简单起见，我们只考虑一种比较普遍的情况，那就是人们由于退休而收入下降。

假设一个有工作的消费者预计还可以再活 T 年，现有财产 A，退休之前还能工作 R 年，每年工资收入 Y。为了简单起见，假设退休以后不再有任何收入，并且假设利率为0，即该消费者也不能获得利息收入。进一步我们还假设该消费者希望在活着的时候把自己的资产都消费掉，并想要保持很平稳的消费水平，即不管是否已退休，一直维持同样的生活水平。在这样的假设下，该消费者的跨期消费选择是：

$$C=(A+RY)/T \tag{12·7}$$

即在今后的 T 年中平均消费总资产。注意由于假设利率为零，因此总资产（$A+RY$）中没有考虑不同时间收入的折算问题，也没有原有资产的增值因素。

把上式稍加处理就得到反映消费与收入之间关系的消费函数：

$$C=(1/T)A+(R/T)Y \tag{12·8}$$

如果把其中的 $1/T$ 记为 α，R/T 记为 β，那么上式可写为：

$$C=\alpha A+\beta Y \tag{12·9}$$

其中的 β 是收入的边际消费倾向，α 则称为财产的边际消费倾向，分别是消费随收入和财产变化而改变的边际比率。这说明人们的消费既取决于收入，也取决于财产。

注意在短期中人们的已有财产 A 可以理解成既定的，因此上述消费函数中的 αA 项可以看作常数项，这样上述消费函数就成了消费 C 和收入 Y 之间的线性函数关系。在图12·8中画出其图形。

图12·8中就是生命周期模型的消费函数。该线性函数的斜率是收入的边

际消费倾向β，而与C轴的截距就是与财产相关的αA。值得注意的是，上述消费函数的截距αA只能在短期中假设为常数，在长期中由于人们的财产A是会变化的，或者说会与收入Y一同变化，因此上述固定位置的消费函数并不能完全解释人们的跨期消费选择，必须考虑该截距的变化或者说消费函数位置的变化。事实上，生命周期模型的这种长期和短期之间的差异性，正是解释凯恩斯理论引出的消费之谜的关键。

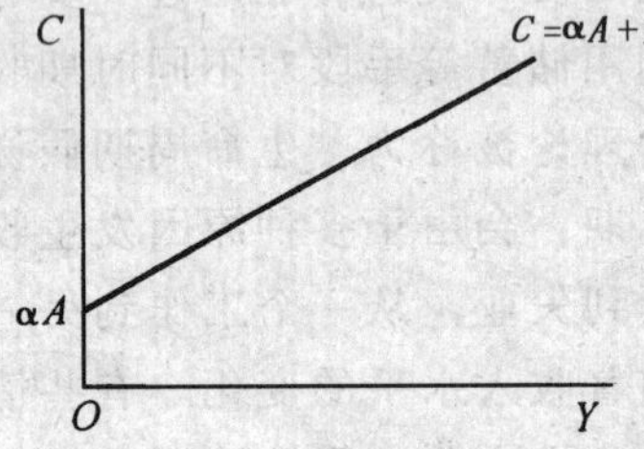

图 12·8　生命周期消费函数

我们先根据生命周期消费函数，计算出平均消费倾向：

$$C/Y=\alpha(A/Y)+\beta \qquad (12\cdot 10)$$

在短期中由于人们的财产不会发生明显的变化，即A可以看作是常数，因此上述平均消费倾向是Y的减函数，会随着Y的增大而减小。但在长期中，人们的财产A是随着收入Y的变化而变化的，通常Y越大A也越大。两者之间一般存在某种比例关系。这样，上述平均消费倾向就可能变成常数。前一种短期情况正是凯恩斯的消费理论认为人们应该具有的消费规律，而后面这种长期情况则与反凯恩斯的实证研究结果吻合得很好。因此，生命周期模型很好地解释了消费之谜的内在原因。我们可以进一步用图 12·9 来形象地说明生命周期模型对消费之谜的解释。

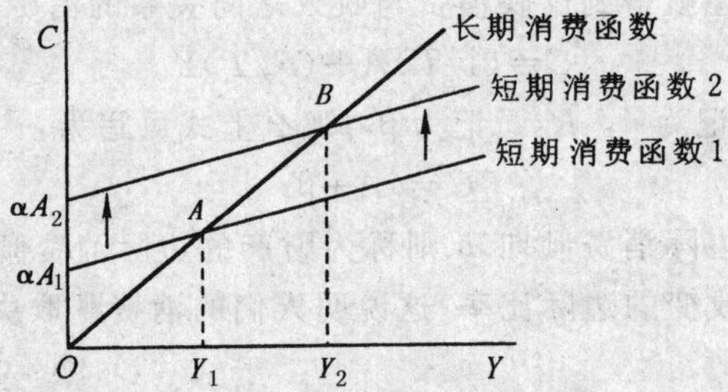

图 12·9　生命周期模型对“消费之谜”的解释

图 12·9 反映了由于长期中人们的财产A随着收入的增长而一同增长，因此反映消费与收入之间关系的短期消费函数会发生平移，从而长期消费函数就

是通过原点的一条直线，因此长期中平均消费倾向，即该长期消费函数的斜率始终为常数。如图12·9所示，当收入由Y_1增至Y_2时，相应的个人财产也由A_1上升为A_2，短期消费函数向上平移为短期消费函数2，把两条短期消费函数的A和B两点连接起来，就是一条通过原点斜率始终为常数的长期消费函数，如图12·9中粗线所示。这与短期消费函数上各点与原点连线斜率表示的，会随着收入上升而不断下降的短期平均消费倾向有明显的区别。这种长短期消费函数之间的差异，正是凯恩斯理论造成消费之谜的原因。

当然，生命周期消费模型还能够用来分析和说明其他很多问题。例如它说明在人们一生中的不同时期，由于收入和财产的情况不同，以及还能够生存的年限不同，因此人们选择的储蓄率会发生变化，特别是在收入发生剧变的时期，如退休时等等，更是会导致储蓄态度的巨大变化或者逆转。根据需要，该模型的框架可以用来讨论更复杂的有多种收入变化类型或阶段的情况。

第四节　永久性收入假说

弗里德曼提出的"永久性收入假说"从另一个角度，对关于凯恩斯理论的消费之谜作出了解释。永久性收入假说消费理论与生命周期消费模型有许多相似的地方，它们除了都能对消费之谜作出相当合理的解释以外，还都用到跨期消费选择的模型和思想，都认为人们的当前消费并不只取决于当前的收入。这两种理论的差别在于它们把人们对长期收入情况的考虑引入模型的方式和角度不同。

简单地说，生命周期理论虽然认为人们一生的收入会有高低变化，但认为这种变化是有规则和可预见的。例如人们工作时期的稳定的高收入和退休时收入的减少，都是基本上可以预先知道的。因此人们的跨期消费选择建立在可预见的收入变化模式的基础上，结合自己对消费趋势的偏好作总体的安排或规划。

但永久性收入假说则考虑到了人们的收入变动必然存在不确定性。这种理论就是要把人们收入变动中的这种不确定因素，从相对比较稳定和可以预见的长期收入，即"永久性收入"中分离出来。因为弗里德曼相信人们的消费行为主要取决于这种永久性的收入，而不是偶然得到的"暂时性收入"（Transitory income）。

根据这种思想，弗里德曼将人们的收入分成永久性收入Y_p和暂时性收入Y_t两个部分，其中永久性收入Y_p是人们预计将来的长期中能不断获得的有保障的收入。如果考虑到任何收入都必然有一定的不确定性，那么Y_p也可以理解为一种平均收入或未来收入的数学期望。弗里德曼认为人们的消费行为主要决定于永久性收入Y_p，因为人们通常不喜欢消费水平的大幅波动，希望消费水平相对稳定。所以虽然存在储蓄和借贷平衡收入水平的偶然波动，但各时期的消费水平最终会由永久性收入能够负担的程度决定。也就是说消费函数是：

$$C=\alpha Y_p \qquad (12 \cdot 11)$$

其中 α 是常数。该方程表示长期中人们的消费水平是永久性收入的线性齐次函数，消费水平与永久性收入成比例。

根据上述消费函数计算得到消费者的平均消费倾向为：

$$C/Y=\alpha Y_p/Y \qquad (12 \cdot 12)$$

该式说明消费者的平均消费倾向取决于永久性收入与当前收入的比例。当当前收入比永久性收入高时，消费者的平均消费倾向会下降，相反则会上升。这种平均消费倾向的短期波动，正是凯恩斯消费理论所看到的情况。但是我们必须注意到，在长期中永久性收入与人们的长期收入或总体平均收入必然是基本一致的，因此上述平均消费倾向必然是一个稳定的数值。因此如果这种永久性收入假说是正确的，那么凯恩斯的消费理论与实证研究产生矛盾的根源，就在于凯恩斯没有认识到人们的消费，取决于具有长期稳定性的永久性收入，而不取决于包括各种暂时性收入在内的当前收入。

永久性收入假说是建立在费雪的跨期消费选择模型基础上的，其基础是有远见的消费者在作出消费决策时不仅考虑他们的当前收入，而且会考虑将来的预期收入。这就必然使我们开始关心消费与预期之间的关系。关于消费问题的最新研究已经出现这样的趋势，影响最大的是把“理性预期假设”引进消费模型，作为消费者预期长期中收入趋势的方式。理性预期假设的核心是认为人们会利用所获得的信息，帮助他们对未来进行调整和预测。

如果永久性收入假说是对的，以及消费者具有理性的预期，那么在理论上可以论证长期中消费的变化将是不可预测的，是一个“随机游走”（Random walk）过程。因为一方面根据永久性收入假说，消费者会尽最大努力使自己的长期消费平稳化，因此在任何时期都会根据对长期收入的当前预期进行消费决策；另一方面根据理性预期假设，当消费者获得新信息时会修正他们对未来收入的预期，因此消费者会根据环境因素的变化而调整自己的相应收入预期，并进而调整他们的消费。这样，会导致预期收入变动和环境因素变化都会对人们的消费产生影响。由于收入变动和环境因素变化是不可预测的，因此人们的消费选择也是不可预测的。

如果上述理论是正确的，那么可以进一步得到一个有重要政策意义的推论，那就是只有没有被预期到的影响未来收入的政策变化，才会影响消费，人们早就预期到的政策变化对人们的消费行为不会有任何影响。进一步的推论是，一种政策的作用是在它被宣布的时候发生的，而不是在生效的时候发生的。但是，根据理性预期假设与永久性收入假说的结合所证明的消费变化不可预测的理论，并没有得到实证方面的充分证明，因为现实中总消费明显是存在可预测性的。这说明上述各种消费理论虽然在理论上有合理性，也能够对消费现象提出有价值的解释和结论，但还不能完全解释所有的消费问题，还需要进一步研究和发展。

本章小结

消费和储蓄的比率划分对宏观经济运行有重要意义。凯恩斯消费函数假设边际消费倾向介于0和1之间，平均消费倾向随着收入的上升而减小，并且消费只取决于当期收入。对短期数据的分析符合这一消费函数，但对长期数据的分析显示平均消费倾向相当稳定，由此对凯恩斯消费函数产生质疑，从而有了短期消费函数和长期消费函数之分。

消费理论的发展是建立在跨期选择模型基础上的。我们借助一个两期模型来描述家庭的消费决策问题，家庭在面临既定的跨时预算线时，在当前消费和将来消费之间作出选择使其整个生命期的效用达到最大。当前消费和将来消费的分割也就是家庭的当前消费与储蓄的划分。

莫迪利亚尼的生命周期假说认为一个人在其整个生命周期里，其收入变化是可以预期的，他可以通过借贷和储蓄使其消费在整个生命期较为平缓。根据这一假说，消费不仅取决于当前收入，还取决于过去收入，即财富。

弗里德曼的永久性收入假说认为，家庭在决定每一期的消费时，不仅受到当前收入的影响，而且主要受家庭永久性收入的影响。暂时性的收入变动不会对家庭的消费决策产生太大影响，只有永久性收入变化才会影响家庭的消费决策。

复习思考题

1. 凯恩斯关于消费函数的三条主要假设是什么？
2. 什么是凯恩斯消费理论之谜？其产生的根源是什么？
3. 信贷约束、税收和收入变化等对消费各有什么影响？
4. 永久性收入假说的基本思路是什么？
5. 人口老龄化对一个国家的储蓄率有什么影响？
6. 宣布立即生效的减税措施与宣布将来生效的减税措施，对当前消费的影响是否相同？
7. A 和 B 两个人的消费行为都服从费雪的跨期消费模型。假设 A 在第一个时期赚 100 元，第二个时期也赚 100 元；而 B 在第一个时期没有收入，第二个时期有 210 元收入。此外，A 和 B 都可以在第一个时期以利息率 r 借钱或储蓄。问：

(1) 如果你最终发现 A 和 B 两人在两个时期的实际消费都是 100 元，那么利息率 r 是多少？

(2) 假设利息率上升了。A 在第一个时期的消费会发生什么变化？A 的福利是增加了还是减少了？

(3) 利率的上升对 B 在第一个时期的消费会有什么影响？B 的福利是增加了还是减少了？

第十三章

投资理论

本章将分析总需求的另一个重要组成部分——投资的形成和变化。投资是总需求中最容易变动的部分，它虽然在数量上小于消费，但波动远远大于消费。因为消费波动是由家庭的永久性收入或整个生命周期的收入和财富来决定的，显得比较平稳，而投资由于企业预期的反复无常的变化会发生不规则的变动，在短期内甚至变化很大。投资的这种波动会通过乘数效应引起总产量的波动，因而人们普遍把投资当作引起经济周期波动的一个重要变量。从长期来看，投资也是决定经济长期增长的关键因素，第三章的分析显示，一个国家经济的增长取决于长期生产能力的增长，而长期生产能力的增长，除了取决于劳动力增长和技术进步以外，主要取决于资本的增长速度。因此，投资理论是宏观经济学的一个重要课题。

我们在前面已经讨论了一个最简单的投资函数：$I=I(r)$。这一函数表明，随着实际利率的上升，投资量是递减的。这一章将进一步考察这一投资函数背后的微观基础，并且分析影响投资的其他因素。

投资支出可以分为三类：企业投资，是指企业购买的机器、设备、厂房等固定资本，这类投资通常被称为固定商业投资（Fixed business investment），是总投资的主要部分。住房投资（Residential investment）是指建造新的住房。存货投资（Inventory investment）是指企业存货资本的增加，包括企业的原材料、半成品和已生产尚未销售的产品。库存下降时，存货投资为负；库存增加时，存货投资为正，存货投资具有特别的易变性。

在本章中，第一节介绍企业投资，第二节分析住房投资，第三节考察存货投资。

第一节　企业投资

在这一节里，我们从戴尔·乔根森（Dale Jorgenson）于20世纪60年代初提出的新古典投资模型出发，分析简单投资函数中投资与利率负相关的微观基础。投资，即资本存量的增加，还与产出和税收等因素密切相关。

一、意愿的资本存量

企业在进行投资决策时要考虑两个方面的问题：第一，企业需要多少厂房和机器设备，也就是说，企业首先要确定意愿的资本存量（Desired capital stock），第二，企业以多快的速度来建设厂房和购买所需的机器设备以达到意愿的资本存量，这是一个确定投资流量的问题。下面就从企业的意愿资本存量开始讨论，再导出投资的需求。

企业进行投资的目的是为了使资本和劳动等其他生产要素相结合进行产品和服务的生产，并且使利润达到最大。微观经济学原理告诉我们，企业决定使用的资本数量时，一定会使资本的边际收益与边际成本相等。

在生产过程中，资本和劳动是两种重要的生产要素，两者是可以相互替代的。随着资本使用量的增加，资本所能替代的劳动数量将不断减少。资本的边际收益（MP_K）是指每增加使用一单位资本而减少使用其他生产要素所节省的货币量，因此随着资本使用数量的上升，边际收益递减，这一规律可以用图13·1表示。

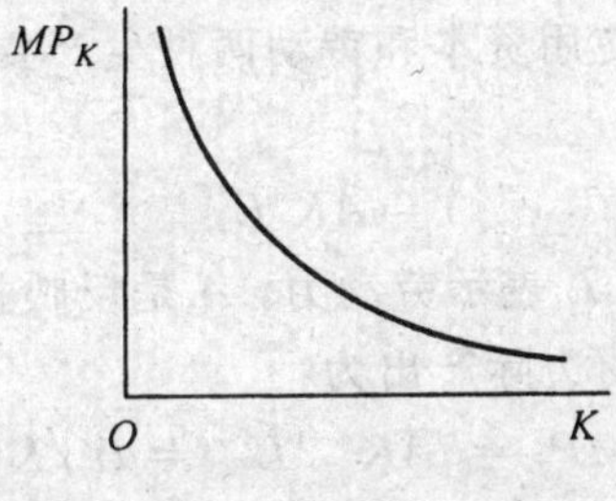

图 13·1　资本边际收益曲线

资本边际收益曲线也就是企业对资本的需求曲线，随着资本使用量的增加，其边际收益递减，要使企业对资本的需求增加，使用资本的边际成本必须下降。为了确定资本的需求量，只需找出使资本的边际收益和边际成本相等时的资本数量。资本的边际成本等于资本的租用价格（Rental price of capital，简写为 R^k），它是指企业在生产过程中多使用一单位资本而增加的成本。如图 13·2 所示，企业通过使资本边际收益等于资本租用价格来确定资本存量，在计划产量和工资率一定的情况下，如果租用价格下降，企业会增加资本的使用量。

前面我们的分析都是在计划产出给定的情况下进行的，如果现在企业决定增加产量，选择的资本存量也会相应的发生变化。以相同的资本生产更多的产

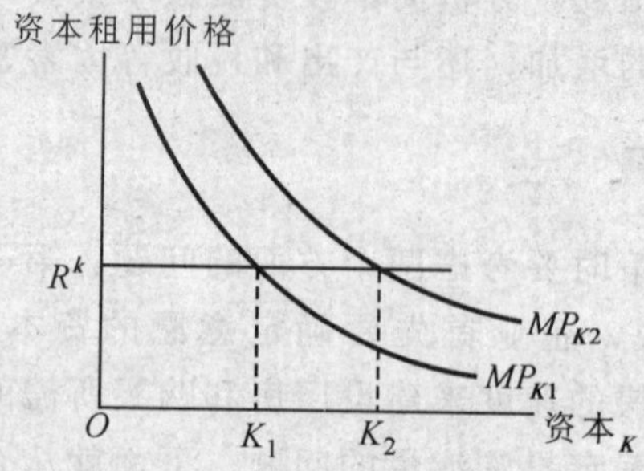

图 13·2　选择资本存量

量，必须增加劳动，这会提高资本的边际收益，如图 13·2 所示，当计划产量提高时，企业资本边际收益曲线由 MP_{K_1} 向右移动到 MP_{K_2}，为了使边际收益和原有的资本租用价格相等，企业所需的资本存量由 K_1 增加到 K_2。

因此，企业的意愿资本存量取决于两个因素：资本的租用价格 R^k 和计划的产出水平 Y，这一关系可以由下面的函数来表示：

$$K^* = g(R^k, Y) \tag{13·1}$$

其中 K^* 表示意愿的资本存量，资本的租用价格越低，意愿的资本存量越大，而计划产量水平的降低，将使意愿资本存量减少①。

我们可以利用特殊的生产函数来考虑上述问题。由于柯布—道格拉斯函数较好地反应了现实经济中使用资本和劳动两种生产要素进行生产的情况，我们把企业的生产函数设定为：

$$Y = AK^{\alpha}L^{1-\alpha} \tag{13·2}$$

其中 Y 是产出，K 是资本，L 表示劳动力，A 是反映技术水平的参数，α 是介于零到 1 之间的参数。资本的边际产出为：

$$MP_K = \alpha AK^{\alpha-1}L^{1-\alpha} = \alpha Y/K \tag{13·3}$$

企业为了使利润最大化，会调整资本存量，使 MP_K 与租用价格相等：如果选择的资本存量太高，资本的边际收益会小于租用成本，企业就会减少资本存量；反之，太低的资本存量使增加投资有利可图，因为资本的边际收益大于租用成本。企业最终选择意愿的资本存量 K^*，使资本的边际产出恰好等于租用价格：

$$R^k = \alpha \cdot Y/K^* \tag{13·4}$$

由此可以得到企业意愿资本存量的表达式：

$$K^* = \alpha \cdot Y/R^k \tag{13·5}$$

① 意愿的资本存量不仅取决于资本租用价格和计划产量，而且也取决于实际工资率。资本的租用价格相对实际工资越低，企业在规定产量时的意愿资本存量就越大。式（13·1）隐含地假定，对劳动支付的实际工资是既定的，不随资本租用价格的变化而变化。

从这一关系式中可以发现，计划产出水平的增加使资本需求量增加，而资本租用价格 R^k 的提高使资本需求量减少，这与前面的分析结果是完全一致的。

二、资本成本

在分析了意愿资本存量的主要决定因素后，我们进一步讨论市场是如何决定资本租用价格的。为了考虑问题方便，我们可以设想存在一个资本品的租赁市场，有一些企业专门从事资本品的出租业务，他们的收益就是资本的租用价格。如果出租者在租赁市场没有形成垄断，市场租用价格将正好等于资本成本。如果租用价格高于资本成本，就有新的企业进入租赁业，从而压低出租价格；如果租用价格低于资本成本，一些租赁企业会退出该行业，从而提高租用价格。

资本使用成本的形成比较复杂，主要包括以下三个方面的成本：

(1) 企业购买资本品，就损失了把这部分钱存入银行得到的利息收入。如果企业是向银行借钱购买资本品的话，它必须支付贷款的利息。我们用 P^k 表示资本价格，i 表示名义利率，那么 iP^k 就是利息成本。

(2) 资本品在使用期间，会发生磨损和折旧。我们设想一台新机器使用一年后出售，卖得的价格低于新机器价格，这一差额就是资本的折旧损失，我们用折旧率 δ 乘以机器的购置价格 P^k 来提取机器的折旧费。

(3) 资本品价格 P^k 有可能发生变化，资本品价格的变化也会影响资本使用成本。当资本品价格下降时，企业面临损失，意味着资本使用成本的提高；当资本品价格上升时，企业处于盈利地位，资本使用成本下降。资本使用成本上升的数量等于资本品价格下降的数量 ΔP^k。

总的资本使用成本就等于：

$$C=iP^k+\delta P^k-\Delta P^k=P^k\left(i+\delta-\frac{\Delta P^k}{P^k}\right) \tag{13·6}$$

从式 (13·6) 可以看出资本成本取决于资本品的价格、利率、折旧率以及资本品的价格变动。

市场的租用价格与资本使用成本相等，因此所有影响资本使用成本的因素，包括银行利率的变动、折旧率的变动以及资本价格的变动都会影响市场租用价格和资本的需求数量。

为了说明市场租用价格的形成，我们举一个简单的例子，设想一个生产企业向一个租赁企业租借一台 5 万元的机器一年，一年后出租企业在市场上将这台机器卖掉了，如果年利率是 10%，租赁企业一年的利息损失 5 000 元应由生产企业来补偿。由于机器的磨损，卖价降低了，如果折旧率为 20%，生产企业必须支付 1 万元的折旧费。如果在这一年里机器的价格上涨了 5%，那么出租企业只要索取较低的价格就能补偿成本。由此可以得到生产企业支付的租用资本的价格为：

$$R^k=5\ 000+10\ 000-2\ 500=12\ 500$$

如果资本品价格变动与一般物价水平的变动是一致的，$\frac{\Delta P^k}{P^k}$就等于通货膨胀率 π，由于实际利率由下式给定：

$$r=i-\pi \tag{13·7}$$

租用价格的表达式可以简化为：

$$R^k=P^k(r+\delta) \tag{13·8}$$

三、投资的决定因素

企业的投资是指在一定的计划产量水平和资本租用价格水平上，企业将购买的资本设备。在此简单地假定企业的全部资本品都是自己购买的。如果该企业已经经营了一段时间，那么它在投资的期初已有了一定的资本存量（K_{-1}）。根据计划产量水平和资本租用价格，企业分析边际收益和边际成本，确定自己意愿的资本存量（K^*）。企业的投资就是为了弥补这两者之间的差额，因此投资就等于资本存量的变化：

$$\Delta K=K^*-K_{-1} \tag{13·9}$$

式（13·9）实际上就是企业的投资函数，把愿意资本存量的确定方程（13·1）式代入（13·9）式，就得到：

$$\Delta K=g(R^k,Y)-K_{-1} \tag{13·10}$$

很明显，式（13·10）表明，投资反向地取决于资本租用价格，正向地取决于产量水平。

由于资本的租用价格由（13·8）式决定，我们可以进一步把投资函数写成如下的形式：

$$\Delta K=g[R^k(P^k,r,\delta),Y]-K_{-1} \tag{13·11}$$

目前为止讨论的投资是一种净投资（Net investment），即投资均用于新资本的形成，而实际上由于资本在使用过程中的折旧，每一期总投资中有一部分是为了补偿旧资本的消耗，因此总投资（Gross investment）就等于净投资加上折旧，总投资函数由下式给出：

$$I=g[R^k(P^k,r,\delta),Y]+(\delta-1)K_{-1} \tag{13·12}$$

企业总投资取决于资本品的价格、实际利率、计划产量和折旧率。总投资是资本品价格和实际利率的减函数，是计划产量水平的增函数。当资本品价格、产量水平和折旧率都一定的情况下，我们就可以得到简单的投资函数 $I=I(r)$，它表达了投资与实际利率之间的反向变动关系，如图 13·3。当计划产量提高时，企业的意愿资本存量提高，因此投资额也提高，使得投资曲线向外移动，在

图 13·3 中表现为投资曲线由 I_1 移到 I_2，在任意给定的利率水平上，计划产量提高使企业的投资增加。

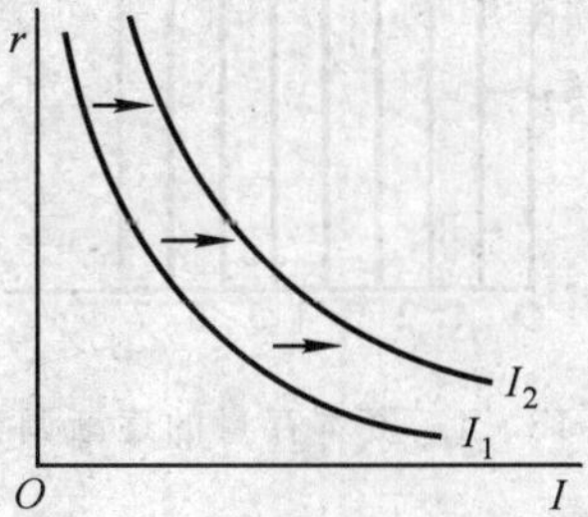

图 13·3　投资函数及其移动

四、投资的滞后

在前面的推导中，我们认为投资等于企业的意愿资本存量与期初资本存量的差额。这一投资函数实际上暗含这样一个假定，即企业一旦知道了产量和由资本租用价格确定的意愿资本存量，通过当期投资，资本存量马上能调整到理想的水平。事实上，上述假定是不切实际的，对于大多数投资项目来说，在企业意识到需要新资本和新资本设备竣工投入使用之间会有若干年的滞后。

如果假定企业是逐步调整其资本存量的，就能反映投资过程存在滞后性。如果设定企业在每一期选择意愿资本存量和期初资本存量之差的一个比例 λ，意愿资本存量和期初资本存量分别为 K^* 和 K_{-1}，两者之间差额为 K^*-K_{-1}，那么企业的期末资本存量 K 就等于期初资本存量 K_{-1} 加上资本存量的调整：

$$K=K_{-1}+\lambda(K^*-K_{-1}) \tag{13·13}$$

企业的净投资 $I=K-K_{-1}$，由此可以得到考虑投资过程中的滞后因素后修正的投资函数为：

$$\Delta K=\lambda(K^*-K_{-1}) \tag{13·14}$$

将此式与式（13·9）相比较，如果 $\lambda=1$，我们就得到实际资本调整与意愿资本调整一致的假定。当 $0<\lambda<1$ 时，实际资本的调整速度是缓慢的，滞后于意愿资本调整的速度。λ 数值越小，实际资本的调整速度就越慢，投资需求对它的决定因素，如计划产量和资本租用价格的反应就越弱。

图 13·4 反映了企业的资本存量由期初的 K_1 向意愿资本存量 K^* 的逐步调整过程，这里我们假定资本调整速度 $\lambda=0.5$，从 K_1 出发，每一期新增投资额都是意愿资本存量和现有资本存量差额的一半。第一期的净投资额为 $0.5(K^*-K_1)$，第二期的净投资额只有第一期的一半，因为差额减少了一半。投资过程一直持续到实际资本存量到达意愿的水平，λ 越大，这一过程就越快。

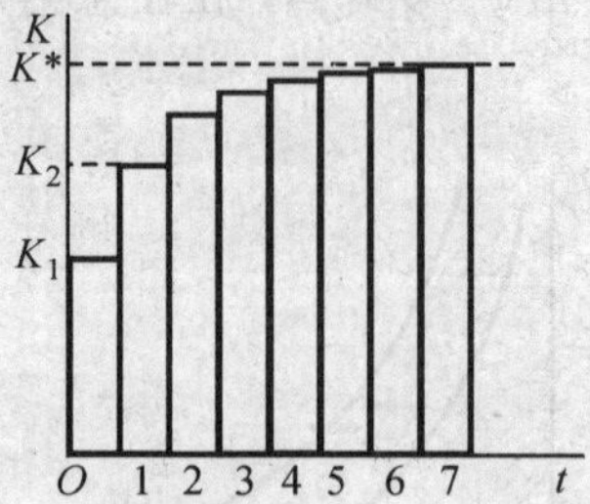

图 13·4 资本存量的逐渐调整

五、税收和投资

为了简化理论分析，我们在前面的讨论中把企业的投资决策看作是不受税收影响的。实际上，税收制度会从多方面影响投资，企业在决策过程中将充分考虑税收因素。公司所得税和投资税收信贷是两种主要的税收变量。

公司所得税是一种对利润征收的比例税，企业需要把其利润的一定比例用于纳税，假定政府对企业征收的所得税税率为 t。投资税收信贷是指企业在投资方面能够得到某些税收优惠，如加速折旧使加速折旧率提高到快于实际消耗的水平，减少了税收的支付。投资税收信贷使企业能从应纳税额中扣除每年投资支出的一定部分，比如说 u。我们仍然利用资本租用价格的分析方法来考虑税收的影响。加入税收因素后，应使税后租用价格和税后出租成本相等。税后租金收入为 $(1-t)R^k$，税收信贷使投资的成本变成 $(1-u)(r+\delta)P^k$。税后出租收入等于税后出租成本时，便得到：

$$(1-t)R^k=(1-u)(r+\delta)P^k \qquad (13\cdot15)$$

即：

$$R^k=\frac{1-u}{1-t}(r+\delta)P^k \qquad (13\cdot16)$$

式(13·16)与前面讨论的资本租用价格与资本的使用成本相等的情况相类似，唯一的差别是公司收入税和投资税收信贷的净效应使出租成本前乘以 $(1-u)/(1-t)$。如果 $u=t$，公司所得税恰好与企业获得的税收优惠相互抵消，资本的租用价格 $R^k=(r+\delta)P^k$ 保持原来水平，因此投资决策没有受到税收政策的影响。这种情况较罕见。一般来说，政府可以通过税收政策来影响投资水平，较高的所得税会提高资本租用价格并减少投资。在式（13·16）中，如果 $u<t$，税后资本租用价格高于没有税收时的价格，这种税收体系就会降低企业的投资热情。另外，政府也可以通过税收信贷，如投资的税收减免和加速折旧等优惠政策，降低资本租用价格和刺激投资。在式（13·16）中，如果 $u>t$，税后资本租用价格低于没有税收时的价格，该税收体系会鼓励企业投资。

我们在以上的分析中都假定企业不能预期税率的变化，如果税率的变化是可以预期的，投资决策就要复杂得多，由于投资的完成通常需要几年时间，实施投资的时间就有一定的灵活性。当企业预见到税率变动时，就能重新安排投资的时间，例如，假设企业想要在 5 年之内配备某种机器，并且假设企业预见到投资税收信贷将在一年后大幅度提高，这也许是因为企业知道政府在经济衰退时通常会增加税收信贷以刺激投资，而经济衰退是可以预测的，在这种情况下企业就可能把投资推迟一年，然后在以后几年时间里以较快的速度投资以获得较高的税收信贷。类似地，如果企业预期到明年借款的成本大大低于今年，它同样会推迟投资。

税收信贷对投资的影响不仅与企业的预期有关，还与政策实施的时间长短有关。我们知道，税收的持久变化要比它的暂时变化对消费有更大的影响。然而税收信贷的暂时变化适用期的投资要高于同一时期实行等量持久性税收信贷情况下的投资。因为如果企业知道投资税收信贷是暂时的，它们为了利用较好的优惠政策会尽可能在当期进行投资，而如果税收信贷是持久的，就不会出现集中投资的现象。

总之，税收影响投资决策的传导机制是比较复杂的。比如说税收信贷被认为是一种控制总需求的政策工具，税收信贷的增加降低了投资的成本，扩大了总需求，而税收信贷的减少则提高了投资的成本从而减少了总需求。但是考虑到企业对税收的预期以后，税收信贷的上述反周期作用就不复存在，因此税收政策的调整对宏观经济活动的作用往往是很难评价的。宏观经济政策的制定者在调整税收体系时，也必须综合考虑多方面的因素。

六、股票市场和托宾的 q 理论

许多经济学家发现宏观投资与股票市场的价格波动相关。当企业有赢利的投资机会时，股票持有者对未来剩余索取权收益的预期提高，股票价格就上升，而企业经营者对股票价格上升的反应就是扩大新的资本，即投资。

诺贝尔经济学奖获得者，美国耶鲁大学的教授詹姆斯·托宾（James Tobin）提出，企业根据股票的市场价值对资本重置成本的比率来决定投资额，这一比率被称为托宾的 q：

$$q=\frac{\text{股票的市场价值}}{\text{资本的重置成本}}$$

资本的重置成本是指企业在市场上重新购置资本支付的价格，股票的市场价值是指由股票市场决定的资本价值。

托宾的 q 理论提出了一种新的考虑投资函数的方法：企业的净投资取决于 q 的大小，当 $q>1$ 时，企业发行的股票市场价值大于资本的重置成本，因此企业经营者购置新的资本能够提高企业资本的市场价值，企业会进行新的投资。当

$q<1$ 时，企业股票的市场价值小于资本的重置成本，企业经营者就不会进行新的投资。

投资的 q 理论看似与前面介绍的新古典理论完全不同，实际上两者是相通的。如果投资过程存在滞后，企业只能逐步地调整它的资本，企业在进行新资本投资的调整时期意愿资本存量和实际资本存量是不相等的，新增资本的边际收益将高于租用价格。在调整期间，意愿资本存量与实际资本存量之差越大，租用价格与资本边际收益之差越大，投资也就越大。只有当调整过程全部完成，实际的资本存量等于意愿的资本存量，资本的边际收益才和租用价格相等。因此，投资可以被看作是新增资本的边际收益 MP_K 和资本租用价格 R^k 之比的增函数。当比值 MP_K/R^k 大于 1 时，租用价格低于资本边际收益，企业进行新的投资，当比值小于 1 时，企业要减少其资本存量，不会进行新的投资。MP_K/R^k 的比值可以用 q 值来代替，因为当企业发行的股票的市场价值大于资产的重置成本时，资本的边际收益 MP_K 总是大于资本的租用成本 R^k，反映在 q 值上，就是 $q>1$。

托宾的 q 理论反映了资本的预期收益与实际收益一样能够刺激投资。举例来说，如果公众预期明年公司收入税会降低，股票持有者预期收益就提高，这会提高当前的股票市场价值，使 q 变大，从而鼓励当前的投资。q 理论强调了投资决策不仅取决于当前的经济政策，而且受预期经济政策的影响。

q 理论还提供了一种分析股票市场对实际经济作用的较为便捷的方法。假如股票价格水平大幅下降，由于资本重置成本相对比较稳定，可以推断托宾 q 减小了。q 的减小反映了投资者对当前和未来资本预期收益状况比较悲观，根据 q 理论，q 减少将降低投资，减少总需求。这样，q 理论就把股票市场的价格波动和实际产出的波动联系起来了。

七、融资约束

当企业想要进行新的投资时，其资金可以来自企业内部，也就是使用没有付给股东的那部分利润，同时企业也可以从外部金融市场筹集必要的资金。外部融资可以采取多种形式，如向银行贷款、向公众出售债券和发行股票筹资。新古典投资理论假定，企业在现行资本使用成本水平上，只要有筹资的意愿，金融市场就会提供足够的资金。

然而企业往往面临融资约束，即企业有借款的意愿却无法筹集到资金。融资约束限制了企业的投资活动。这时企业收入就与其投资决策发生了密切的联系。如果企业需要资金时无法从外部筹集到，那么它们当前的资产就会影响它们投资的能力。融资约束对企业投资行为的影响类似于家庭预算约束对消费行为的影响，家庭当前的预算约束使家庭消费决定于当期收入而不是永久收入，同样企业融资约束使企业的投资决策取决于当前的收入状况而不是未来的获利能力。总之，融资约束意味着企业的投资决策不仅受资本使用成本（如实际利率）的影响，而且也受到它们过去收入中用于储蓄的资金和当前利润的影响。

为了说明融资约束对企业投资决策的效果，我们来考虑经济的短期衰退对投资支出的影响。如果企业预期经济衰退是短期的，它们会继续投资，因为投资在未来仍是有利可图的。也就是说，短期衰退对托宾 q 的影响比较小。对于能够在金融市场筹集到资金的企业而言，衰退对投资的影响很小。但是如果企业面临融资约束，衰退引起的企业当期利润下降就会限制它们进行投资的能力，使它们无力投资于未来能获利的投资项目。融资约束使投资对当前经济状况的敏感性增加。

第二节 住房投资

这一节引进了一个住房市场的简单模型来研究住房投资的决定因素。由于住房作为资产具有寿命长的特点，任何一年内的住房投资流量一般只占既有住房存量很小的一部分，因此住房投资理论就从考察住房的存量市场入手来分析住房投资的决定。

一、住房投资的决定

我们的模型分为两部分：首先由住房的存量市场决定住房的均衡价格，然后由住房价格决定住房投资量。

图 13·5（a）描述了住房的存量市场如何决定住房价格。我们用向下倾斜的 DD 曲线表示对住房存量的需求，住房的价格 P_H 越高，住房的需求就越小，在任一时点上，住房的供给存量是固定的，用垂直的 SS 曲线来表示，因为既定的住房存量无法迅速改变。均衡的住房价格 P_H^0 由需求曲线和供给曲线的交点决定。在任一时点上，住房存量市场的均衡决定了住房的资产价格。

图 13·5（b）描述了住房价格如何决定新住房的供给量。S 曲线表示作为住房价格函数的新住房供给曲线，与一般的供给曲线类似是向上倾斜的。建筑企业购买原材料、雇佣劳动力来新建住房，并按市场价格来出售住房。S 曲线的位置受建筑业中所使用生产要素成本以及影响建筑成本的技术性因素的影响。

在住房存量市场所确定的住房价格 P_H^0 上，建筑企业将提供 I_H^0 量的新住房以供销售。住房价格越高，新住房的供给就越大。新住房供给就是住房总投资，S 曲线代表了某一给定时期内的住房投资曲线，而存量供给曲线 SS 代表了某一时点上市场上的全部住房量。

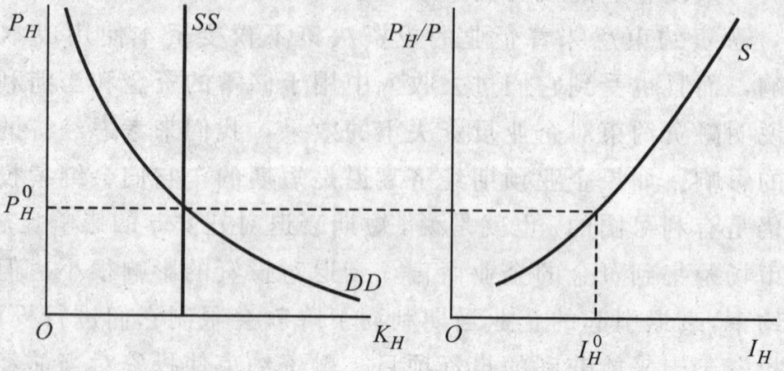

（a）住房存量市场　　（b）新住房的供给

图 13·5 住房投资的决定

二、住房需求和投资量的变动

当住房需求发生变动时，住房的均衡价格也就会发生变化，从而影响住房投资量。需求曲线的位置本身取决于许多经济变量。如国民收入的增加和人口的增加，都会使住房的需求量增加，如图 13·6（a）所示，住房需求量的增加使需求曲线由 DD_0 移到 DD_1，均衡的住房价格由 P_H^0 上移到 P_H^1。图 13·6（b）描述了房价上升的结果，价格的上升刺激了建筑企业投资于住房，因此住房投资由 I_H^0 增加到 I_H^1。

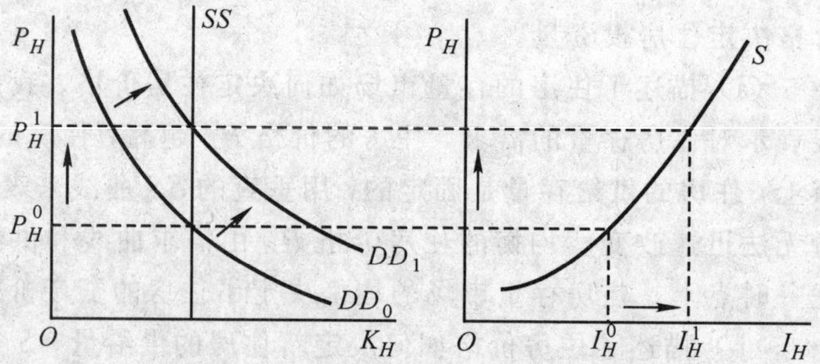

（a）住房存量市场　　（b）新住房的供给

图 13·6 住房需求的增加

对住房存量的需求还取决于拥有住房的净收益。拥有住房的总收益由两部分构成：一是租金收入，即使住房不用于出租，房屋拥有者通过居住得到的隐含报酬也等于租金收入；另一部分是由住房价值上涨产生的资本收益，因为住房是一种特殊的金融资产，有保值和增值的功能。拥有住房的成本包括利息成本、所有不动产税和折旧。从总收益中扣除这些成本并经税收调整，就形成了住房的净收益。住房净收益的增加将使拥有住房变得更有吸引力，从而使住房需求曲线由 DD_0 移到 DD_1。

在决定住房需求的诸多因素中，实际利率起着非常重要的作用。很多居民采用抵押贷款的形式购买住房，利率就是借贷的成本。即使购房不用贷款，利率仍然构成居民拥有住房的机会成本，由于拥有住房这一资产形式而放弃了将这部分财富存入银行可得的利息收入。假设利率上升，那么住房资产需求下降从而住房价格下降，这会进一步引致新住房供给量或住房投资下降。

任何对既有住房存量需求有影响的因素，都将影响住房价格从而影响住房投资量。同样，任何能够移动住房供给曲线 S 的因素都将影响住房的投资量，比如说建筑业生产成本的降低和技术水平的提高会促使建筑企业增加新住房的供给。

由于新的住房投资量相对于既有住房存量来讲是很小的，我们在短期内可以忽略新住房供给对住房价格的影响。然而从长期来看，住房存量因新住房的供给和住房的折旧而变动。新住房投资将推动图 13 · 6 (a) 中的 SS 曲线向右移动。在增长率等于零的经济中，当资产存量不再发生变化时就达到了住宅业的长期均衡。固定的住房存量要求住房总投资等于折旧，即净投资等于零。在长期均衡时，住房价格必然调整到使住房投资率与住房存量折旧率相等的水平上。如果人口或国民收入以不变速率增长，长期均衡时的住房投资率恰好用于抵消折旧率和稳定增长的存量需求。

三、货币政策对住房投资的影响

货币政策对住房投资有很大的影响，这是因为住房需求对利率变动非常敏感，由于住房折旧速度比较慢，因此实际利率是构成住房成本的主要部分。如果你是向别人租借房屋，那么你支付的租金大部分是对住房占用的资金的报酬，如果你自已拥有住房，你支付的主要成本是住房的抵押贷款利息。

住房需求不仅受实际利率的影响，由于绝大部分住房是利用分期付款方式购买的，常规的分期付款要求借款者在分期付款的期限内每月支付某一固定数额。即使实际利率不变，仅仅因预期通货膨胀率上升使名义利率上升，借款人当期的支付也会上升。在实际月支付因名义利率上升而增加时，我们可以预期名义利率同样会影响住房需求。所以，宏观经济政策的制定可以通过紧缩或者扩张的货币政策，使利率发生变动，进而影响住房投资。

四、税收对住房投资的影响

正如税收政策会影响企业投资，它同样会影响住房投资。然而两者作用的效果是相反的。我们知道公司收入税将抑制企业投资，而个人收入税将刺激住房资产的投资。

我们可以将住房拥有者视作把住房出租给自己，因此租金是他的隐含收益。在征收个人收入税时，这部分收益是无须纳税的。举个例子来说，如果一个居民有10万元钱，他可以用于购置10万元的住房，住房的市场租用价格为每年5千元，他每年的隐含收益就是5千元。他同样可以将10万元进行别的投资，如投资于年利率为5%的债券，年收益也是5千元。当没有收入税时，两种投资方式对他而言是无差异的。现在假定政府征收20%的个人收入税，拥有住房的隐含收益不需要纳税，净收益仍是5千元，而投资于债券的税后净收益变成5×(1－20%)＝4千元。个人收入税使得住房的相对净收益提高，因此个人对住房资产的需求量必然上升。换个角度来考虑，如果10万元的购房款来自于银行抵押贷款，贷款利率为5%，那么他购置住房的总收益为5千元，总成本也是5千元。净收益等于0。征收个人收入税以后，总收益没有变化，而总成本降低为4千元，拥有住房的净收益变成为1千元。个人收入税相当于降低抵押贷款利息，从而增加了住房资产的需求和投资。

这种对住房拥有者的利息减免与通货膨胀率相关，因为个人收入税减少的是名义利息支付，当通货膨胀率上升时，房屋所有者需要支付的名义利息就上升，税收使其减免的利息成本同样也会上升。

第三节　存货投资

存货投资在投资支出中也占有重要的地位。存货投资由三部分组成：生产准备过程中的原材料积累、生产过程中的半成品积累和企业持有的最后产成品的积累。存货投资占总需求的比重很低，但是它具有特别的易变性，在经济衰退时起着重要的作用。当经济处于衰退期时，企业缩减产量，使存货减少，这时存货投资就是负的。

一、产生存货的原因

企业持有存货出于多方面的原因，在展开对存货投资模型的分析以前，我们先分析一下企业持有存货的动机。

企业持有存货可能是为了平滑它们的生产。根据产品的销量不断变动产量的成本是高昂的，因此企业倾向于在需求波动时仍按相对平稳的速度生产，当需求较低时，它们将增加存货，而当需求较高时，它们将缩小存货。我们可以设想，如果一个企业完全根据需求量进行生产，生产过程必然是不连续的，产量随着需求量波动。但是问题在于生产规模的调整需要成本，比如雇佣工人数不可能随时变换，今天需要了，就雇佣，明天不需要了，就辞退，而且临时雇来的工人不一定适合生产的需求。由此可见，对大多数企业来说，完全按需求（如产品订单）来安排生产成本太高，比较合理的办法是安排一个恰当的生产规模，保持稳定的产量，当需求变动时调整存货拥有量。

企业持有存货的第二个原因是为了节约生产过程中的成本。企业生产过程中需要各种原材料和零部件，一般来说，企业不会每天购买一天所需的原材料，因为这样成本比较高。企业存放一定量的原料是必要的，可以节约生产成本，有了原材料存货，也可以降低因原材料供应不足而造成的停产损失。因此从某种程度上讲，我们可以把存货视为一种生产要素，企业的存货量越大，产量就越高。

持有存货的第三个原因是为了防止脱销。企业必须在知道产品确切需求量之前进行生产决策，如果实际需求超过了企业的产量，产品就会脱销，企业将蒙受利润损失。同时，产品脱销有损于企业的声誉，因此企业需要积累一定数量的产品存货，以避免脱销。

另外，某些存货是生产过程中无法避免的。在很多产品的生产过程中会产生很多半成品，比如在一家汽车制造厂中，始终有大量的汽车零部件和未装配完的汽车保留在生产线上，这些半成品也构成企业的存货。

二、计划和非计划的存货投资

企业的存货投资可以区分为计划的存货投资和非计划的存货投资。当产品的销量突然发生变化，比如出乎意料地降低，企业一下子难以调整生产规模，就会产生意外的积累，这就构成了非计划的存货投资。存货投资也可能是因为企业有计划地扩大存货而提高，这就是计划的存货投资。

显然，总需求变动对这两类存货投资的影响是截然不同的。非计划的存货投资是意外发生总需求不足的结果；与此相反，总需求的上升会增加企业的计划存货投资。因此存货的快速积累既可能与迅速下降的总需求相联系，也可能与迅速上升的总需求相联系。

一般说来，在衰退初期总需求下降时，企业存货会增加，然后企业会削减产量，产量将以高于总需求下降的幅度下降从而使存货减少。对存货投资的实证研究表明，存货投资倾向于随着产出水平的提高而增加，下面我们就介绍一个简单的模型来说明存货投资的这一特点。

三、存货的加速数模型

讨论存货投资的模型很多，这里我们介绍一个较好地解释数据资料的存货投资模型。这一模型假定存货投资与产出变动相联系，并且两者之间是一种成比例的关系，我们称之为加速数模型。这一模型适用于各种投资形式，但在解释存货投资时最有效。

存货的加速数模型假定，企业拥有的存货量与其产量的比率是固定不变的。作出这一假定的原因我们已在上文作过分析，当产出水平较高时，生产企业需要有更多库存的原材料和零件，处于生产线上的半成品数量相应增加。经济处于繁荣期时，零售商也需要更多的货物以满足顾客的需要。基于这一假定，我们可以得到库存量 N 和产量 Y 之间存在如下的关系：

$$N=\beta Y \tag{13·17}$$

在式（13·17）中，β 表示存货量占产量的比例，β 是固定不变的。

存货投资 I 是存货的变化量 ΔN，因此

$$I=\Delta N=\beta\Delta Y \tag{13·18}$$

式（13·18）表明，存货投资水平是产出变动 ΔY 的固定比例，变动的幅度大小取决于 β 的数值。当产出增加时，企业想持有更多的存货，就会进行存货投资；当产出下降时，企业的存货会相应减少。

根据加速数模型，存货投资水平由产出的变化决定。在经济复苏时期，投资不断增长，而在经济衰退时期，投资是负增长的。一般而言，β 是一个大于1的数，因此产出的微小波动可能会引起投资水平的较大变化。这一模型的意义就在于它能很好地描述现实经济周期中投资过度波动的现象。

四、投资成本和存货管理

简单的加速数模型没有考虑投资成本的影响，对存货投资的解释是不充分的。企业拥有存货虽然有着诸多的好处，但是存货投资本身也需要花费成本。比如说存货会占用资金，需要为占用的资金支付利息，储藏存货还需支付仓储费用，存货还会折旧，等等。合理的存货投资规模取决于企业对存货投资的收益和存货投资的成本之间的比较。如果存货投资的收益大于成本，企业就会扩大存货投资；相反，如果存货投资的收益小于成本，企业就会减少存货投资。举例来说，市场越发达，交通运输越便捷，订购原材料的成本就越小，企业对原材料的存货投资就会越低。

同其他的投资形式一样，实际利率会对存货投资产生很大的影响。实际利率衡量了企业持有存货的机会成本，利息成本构成了企业存货成本的重要部分。当实际利率上升时，持有存货变得更昂贵，理性的企业会削减存货拥有量，因此实际利率的上升将抑制存货投资。

随着商业技术的不断改进，企业适图利用新的管理技术来更加严格地控制它们的存货以降低存货投资的成本。适时存货管理技术强调供应商和材料用户之间即时协调，使企业能以比较小的存货进行良好的经营运作。存货管理技术的改进使企业的存货有下降趋势。

本章小结

投资需求是构成总需求的一个重要部分，并且投资需求的变化往往是构成经济波动的主要原因。我们在这一章里按企业投资、住房投资和存货投资三个类别研究了投资。

新古典投资理论认为，企业的投资决定于意愿的资本存量和现实资本存量的差额。意愿的资本存量是企业通过计算资本的边际收益和资本租用价格来决定的。意愿资本存量随资本租用价格的上升而下降，随企业的计划产出的上升而上升。我们推导出一个企业投资函数：投资取决于资本租用价格、计划产出和现实的资本存量。资本存量的调整需要时间，因此投资过程具有滞后性，某一年进行投资决策要在今后若干年内完成，而某一年完成的投资项目决策可能是前些年作出的，这说明投资不完全取决于当期的一些情况。

税收，包括公司所得税和投资减免税，以及加速折旧等投资税收信贷都对投资决策产生重要的影响，政府可以通过不同的税收政策组合来达到调控投资需求的目的，但是一旦考虑了企业对税收政策作出预期后，情况就比较复杂了。

新古典投资理论的另一种表达方法是托宾 q 理论，这一理论认为投资取决于托宾 q，即资本的市场价值与重置成本之比。q 理论反映了资本预期收益对投资的作用，同时还可用于分析股票市场对实际经济的作用。

与新古典理论的假设相反，企业投资决策过程中往往面临融资约束，融资约束使企业的投资对当期的收入和利润很敏感。

住房投资理论从考察住房的需求入手。对住房存量的需求受到利率等因素的影响。住房价格决定于任一时点上住房存量需求与既定的住房存量供给的相互作用。住房投资决定于现行的住房价格水平。住房需求的上升会提高住房价格和住房投资量。住房投资受货币政策和税收的影响。

企业拥有存货的动机很多，包括平滑生产、用作生产要素、防止脱销和储存半成品。一般说来，存货存量的大小与实际产出呈一定的比例关系，产出的增加将伴随存货投资的增长，存货的加速数模型描述了这一规律。

复习思考题

1. 在企业的投资决策中，影响企业意愿资本存量的因素有哪些？
2. 什么是托宾 q 理论，它与企业的投资决策有什么关系？
3. 试解释投资和产出水平变化的联系。
4. 试解释利率变动对住房投资的影响。
5. 企业持有存货的原因是什么？存货投资量由哪些因素决定？
6. 假设投资需求由下列模型给出：

$$I=\lambda(K^{*}-K_{-1})+0.1K_{-1}$$

其中K^{*}是企业的意愿资本存量，$K^{*}=0.1Y/r$，其中Y是产量，r是利率，并且令$r=0.05$，设λ的初始值是0.25。

(1) 当第一年的产量是200时，计算意愿的资本存量。如果第一年年初的资本存量是400，计算第一年的投资水平。

(2) 假定现在产量由200上升到了第二年的250，并始终保持在这一水平上，计算投资水平与第二年、第三年和第四年的资本存量。新的长期的投资水平和资本水平是多少？为什么投资对产量增加的反应存在滞后。

(3) 如果$\lambda=0.5$，上述计算结果有何不同？请解释产生不同结果的原因。

7. 假设投资取决于国民收入和利率，表现为如下的函数形式

$$I=350-200R+0.1Y$$

将这一投资函数加入IS—LM模型的另三个等式中：

$$Y=C+I+G$$

$$C=80+0.5Y$$

$$M=(0.15Y-1\,000R)P$$

假定价格水平$P=1$，政府支出是750，货币供给是500。

(1) 求这一模型的IS曲线代数表达式。

(2) 导出总需求曲线。

(3) 计算增加政府支出对产出的影响，同投资不取决于产量时相比，这一影响变大了还是变小了，为什么？

(4) 计算增加货币供给对产出的影响，同投资不取决于产量时相比，这种影响又是如何变化的，为什么？

第十四章

货币供给和货币需求

货币对于宏观经济来说，就像血液对于人体一样重要。作为主要的经济政策之一，货币政策对宏观经济中的许多变量都会发生影响。我们曾在第五章中对货币的供给和需求作过一些简单的介绍。本章将对货币供给的传导机制以及货币需求的微观基础作更深入的分析。本章共分三节，第一节介绍货币供给，第二节介绍货币需求理论，第三节介绍金融创新对货币供给和货币需求的影响。

第一节　货币供给

第五章曾谈到，货币供给是一个经济中的货币存量，即该经济中各种可方便地用于交易的资产存量之和。根据对货币的不同定义，货币供给可以使用不同的计算口径。在第五章中，我们说过货币供给可由中央银行来决定。然而，这一结论是需要一系列假设条件的。不管根据何种货币的定义，持有货币的都是中央银行之外的商业银行体系以及公众。因此商业银行和公众的货币持有行为势必会影响到货币供给。所以要了解货币供给的传导机制，首先需要认识商业银行的贷款行为是如何影响货币供给的。为了方便叙述起见，让我们暂且将货币的范围定义为 M_2，即包括现金和各种银行存款。

一、商业银行的存款创造机制

商业银行的主要业务是存款和贷款，即从公众手里吸收存款，再将存款借贷给需要货币的家庭或企业。商业银行从存贷款的利息差中获取利润。由于客户的存款中有相当一部分是随时可以提取的活期存款，而且即使是定期存款，客户也可以要求提前提取，所以商业银行应该始终保留一部分客户存款作为灵活运用的资金，以随时应付客户可能的提取，这样的资金被称为存款准备金。存款准备金占存款总额的百分比则被称为存款准备金率。中央银行为降低银行的还贷风险，都规定了商业银行准备金比率的最低水平，即法定准备金率。如果商业银行实际持有的准备金率高于这一最低水平，则超出部分称为超额准备金率。

如果存款准备金率是100%，则商业银行将全部客户存款都作为准备金以备客户随时提取之需。这样，商业银行就不能将客户的存款转化为贷款再放出去。如果存款准备金率小于100%，则商业银行可将部分客户存款再贷出去，而获得贷款的客户则可能再将这笔钱存入银行，于是商业银行的存款便产生了一种派生机制。我们可以通过一个例子来说明这种存款派生机制。假设公众不持有现金，一旦拥有货币就存入银行，商业银行的存款准备金率为20%。在此情况下，如果银行甲从客户A那里获得了100元的存款，这100元存款在准备金制度下会产生什么结果呢？银行甲会留下20元作为准备金，而将其余的80元贷给客户B，客户B将这80元存入银行乙。银行乙留下16元作为准备金，将余下的64元贷给客户C。客户C又将这笔钱存入银行丙。各个银行的资产负债表如下所示。

银行甲

客户B贷款 80	客户A存款 100
准备金 20	

银行乙

客户C贷款 64	客户B存款 80
准备金 16	

银行丙

客户D贷款 51.2	客户C存款 64
准备金 12.8	

如果这一过程不停地继续下去，则整个商业银行体系的存款总额即为：

$$100+100\times(1-20\%)+100\times(1-20\%)^2+100\times(1-20\%)^3+\cdots$$
$$=100/[1-(1-20\%)]=500\text{（元）}$$

由此可见，在存款准备金制度下，最初的100元存款最后变成了500元。如果在上例中存款准备金率为rr，则最终的存款额为$100/rr$。

这种存款创造功能是商业银行所独有的，因而构成了银行融资与其他融资方式的一个重要区别。除了银行作为中介这样一种间接融资方式以外，还有许多直接融资渠道，例如通过股票市场、债券市场进行融资。股票市场或债券市场将资金从储蓄者手中转移到想要购买资本品的投资者手中，但是在这种直接的融资过程中，并没有存款的创造。只有商业银行体系可以创造出被列入M_2的存款，从而扩大货币供给。

然而，应该注意一点，商业银行虽然能够创造存款，却不能够创造财富。在我们所举的上述例子中，客户B的存款来自于他从银行甲的贷款，他在获得存款的同时也须承担债务，他并没有变得比以前更富有。客户C也是这样，商业银行只是创造出了可被列入货币资产的存款，增加了经济的流动性，并没有创造出新的财富。

二、货币供给模型

在了解了商业银行的存款创造机制后，我们来介绍一个简单的货币供给模型。该模型由以下三个变量构成。首先，我们将商业银行的准备金和位于银行体系之外的公众所持有的现金定义为基础货币（Monetary base）。如下式所示：

$$B=C+R \tag{14·1}$$

其中，B 为基础货币，也称为高能货币；C 为银行体系外的现金；R 为银行准备金。

其次，银行准备金率为 rr，是法定准备金率和超额准备金率之和。

第三，我们将公众持有的现金占存款的比率设为 cr。这一比率反映了公众对现金和存款这两种流动资产的不同偏好程度。

这一模型旨在说明货币是如何随着基础货币、准备金率以及现金存款比率而变动的。我们仍然使用 M_2 的定义，将货币定义为现金和银行存款之和，即：

$$M=C+D \tag{14·2}$$

将式（14·2）两边同除以式（14·1），则有：

$$\frac{M}{B}=\frac{C+D}{C+R} \tag{14·3}$$

将上式右边的分子和分母同除以 D，可得到：

$$\frac{M}{B}=\frac{C/D+1}{C/D+R/D} \tag{14·4}$$

根据我们的定义，C/D 是现金占存款的比率 cr；R/D 是存款准备金率 rr，于是上式可改写为：

$$M=\frac{cr+1}{cr+rr}\times B \tag{14·5}$$

从式（14·5）中可以看出，货币供给与基础货币成正比。我们将比例系数（$cr+1$）/（$cr+rr$）称为货币乘数（Money multipler），用 m 表示，则（14·5）式可被写成：

$$M=mB \tag{14·6}$$

仔细研究（14·5）式，我们可以发现：货币乘数既随着准备金率的下降而上升，随着现金存款比率的下降而上升。如果存款准备金率下降，则商业银行只需保留较小一部分准备金而可以将更多的存款转贷出去，因此存款准备金率的下降会使货币供给增加。现金存款比率的下降，意味着公众持有的现金减少而更愿意以存款形式持有货币，由于存款具有派生功能，所以现金存款比率的下降也会使货币供给增加。

在上述货币供给模型的三个外生变量中，中央银行可以调节两个变量：基础货币数量 B 和存款准备金率 rr。至于现金存款比率 cr，则由公众的偏好决定，且这一偏好相对稳定，因而 cr 基本为一常数。

三、货币政策工具

通过调节基础货币数量和存款准备金率，中央银行可以间接地调节货币供给，这构成了货币政策的基础。一般而言，中央银行调节货币供给的工具有三个。

第一，公开市场操作。通过在公开市场上买入政府债券，中央银行增加了经济中基础货币的数量。如果中央银行是从公众手中买入债券的，则公众手中的现金数量将增加，如果中央银行是从商业银行手中买入债券的，则商业银行的准备金将增加。因此，无论中央银行从谁手中买入政府债券，都会增加基础货币的数量。

第二，准备金率。一般国家的中央银行都有权决定法定准备金率。如果中央银行调低法定准备金率，则货币供给会增加。但是法定准备金率的变动会影响商业银行的正常业务，增加商业银行的经营风险，因此各国中央银行都很少使用这一工具来调节货币供给。

第三，再贴现率。再贴现率指商业银行向中央银行借款时应支付的利率，这一利率由中央银行决定。如果中央银行降低再贴现率，则商业银行向中央银行借款时所支付的成本就会降低，这会鼓励商业银行向中央银行的借款行为，从而增加商业银行的准备金，导致货币供给的增加。反之，中央银行调高再贴现率，则会减少货币供给。

虽然中央银行可以利用上述三个货币政策工具对货币供给进行调节，但货币供给的变动并不一定完全按照中央银行的意图进行。由于商业银行可以选择持有超额准备金的数量以及向中央银行借款的数量，因此，中央银行并不能完全控制货币供给。

第二节 货币需求理论

第五章曾简单地介绍过费雪提出的货币数量说。货币数量说从某种角度讲构成了一种简单的货币需求理论。交易方程式换一种写法，便可以得到一个货币需求函数：

$$\left(\frac{M}{P}\right)^d = kY \qquad (14 \cdot 7)$$

该式表明经济中所需的真实货币余额由收入水平 Y 和货币流通速度 k 决定。当假设货币流通速度为常数时，货币需求就与收入成正比。很明显，这种货币需求理论认为，经济中之所以需要货币，完全是因为货币可以担任交易媒介，而没有考虑到货币的其他功能。

考虑到货币的价值贮藏功能，第五章曾给出了另一个货币需求函数：

$$\left(\frac{M}{P}\right)^d = L(i, Y) \tag{14·8}$$

这也就是我们在第八和十三章中所使用的货币需求函数。

人们对货币的需求与货币自身的职能是密不可分的。第五章曾说明货币具有三个职能：计价单位、交易媒介和价值贮藏手段。货币执行第一种职能并不需要被人们所持有，人们对各种商品进行标价时使用的只是观念中的抽象的货币，并不需要持有货币。这本书价值 20 元，你并不需要手边持有 20 元人民币也能够理解这一点。而货币执行后两种职能时，却必须是具体的货币，即被人们持有的货币。

在形形色色的货币需求理论中，我们将强调货币的交易媒介功能的作为一类，称为货币需求的交易理论，而将强调货币价值贮存职能的作为另一类，称为货币需求的资产组合理论。

一、货币需求的交易理论

1. 货币数量说

货币是一种交易媒介，这是货币最主要的性质。据此，欧文·费雪提出了著名的货币数量说。货币数量说的核心是数量方程式：

$$MV = PT \tag{14·9}$$

其中 M 表示货币数量，V 表示货币流通速度，P 表示价格水平，T 表示交易水平。(14·9) 式其实是一个会计恒等式，因为在货币经济中，交易必须通过货币进行。尽管如此，(14·9) 式依然有助于解答货币需求问题，因为交易的需要是人们持有货币的主要原因之一。在费雪看来，短期内的货币流通速度近似于一个常数，用 $\overline{V}$ 表示。并且，假设充分就业情况下的收入水平固定不变，由于交易水平对收入水平具有比较稳定的比例关系，交易水平也近似于一个常数，用 $\overline{T}$ 表示。因此，费雪认为货币与价格之间在短期内存在如下所示的函数关系：

$$\frac{M}{P} = \alpha \tag{14·10}$$

其中 $\alpha = \overline{T}/\overline{V}$。在均衡状态中，货币供给等于货币需求。如果把 M 理解为货币供给量，(14·10) 式表明，价格水平由货币供给决定，并且与货币供给同比例变化。如果把 M 理解为货币需求量，(14·10) 式表明，实际货币需求为常数 α。

随着国民账户体系（SNA）的发展与完善，货币数量说越来越倾向于使用国民收入代替交易水平。(14·9) 式被改写为国民收入形式：

$$MV = PY \tag{14·11}$$

其中 Y 表示实际国民收入。从(14·11)式中可以看出，在货币流通速度保持不变的情况下，实际货币需求由实际收入水平决定，并且与实际收入同比例变化。

2. 剑桥理论

以马歇尔和庇古为代表的剑桥学派从微观经济学中关于需求的一般理论出发，对货币需求问题进行了研究。庇古认为，行为人持有货币是因为货币具有特殊的便利性，可以随时满足行为人对于交易的需求（也就是交易动机）。因此，货币需求可以根据行为人的效用最大化原则推导出来。由于交易水平与收入水平之间具有稳定的比例关系，货币需求应当与收入水平正相关。特别值得指出的是，剑桥理论注意到了被货币数量说所忽视的货币的价值储藏功能。同样具有价值储藏职能的股票、债券等其他资产可以提供货币所没有的利息收入。因此，持有货币还会有一定的机会成本。这样，货币需求就应与利率水平负相关。剑桥理论认为，在短期内，如果其他情况不发生变化（特别是利率保持稳定），货币需求将与收入水平成正比关系：

$$M = kPY \tag{14·12}$$

其中 k 是一个常数。(14·12) 式通常被称为剑桥方程式。剑桥方程式表明，实际货币需求由实际收入水平决定，并且与实际收入水平同比例变化。

从形式上看，只要把 (14·12) 式中的 k 理解为 (14·11) 式中的 $1/V$，数量方程式的国民收入形式与剑桥方程式完全一致。但是，在几乎相同的方程式的背后，货币数量说与剑桥理论之间存在着很大的差异。除了货币数量说没有考虑货币的价值储藏功能以外，这两种理论还存在着以下两大差异。第一，就行为人持有货币的原因而言，货币数量说从交易的会计恒等式出发，认为行为人为了进行交易必须持有货币。而剑桥理论则从行为人的效用最大化原则出发，强调行为人对于货币的意愿持有。根据剑桥方程式得到的货币需求实际上就是行为人的最优货币持有量。其次，为了得到稳定的货币需求函数，货币数量说需要假设货币流通速度是一个常数，而剑桥理论则需要假设利率的稳定性。前者更多的是注重交易过程中的技术和制度因素，而后者更多的是注重经济运行中的市场因素。由于我们可以方便地把 (14·12) 式中的 k 理解为利率 r 或者是其他经济变量的函数，相对货币数量说而言，利用剑桥理论可以对货币需求问题进行更为全面的研究。

3. 鲍谟和托宾的现金管理模型

鲍谟和托宾为货币需求的交易理论提供了一个微观模型。该模型分析了持有现金的好处和坏处，持有现金的好处在于可以节省往返银行所需的时间及各种麻烦，而坏处在于损失了银行利息。

鲍谟和托宾发现人们持有现金的平均数量与去银行提取现金的频率有关。

假如一个人一年需要花费 Y 元，如果他只去一次银行，则他在年初持有从银行一次性提出的 Y 元，然后随着他不断地开销，所持有的现金数量逐渐下降，到年末为零，这样他一年之中的平均持有现金量为 $\frac{Y}{2}$，如图 14·1（a）所示。如果这个人一年去两次银行，则他在年初时持有现金量为 $\frac{Y}{2}$，到年中时刚好花光，再去银行提出 $\frac{Y}{2}$，到年末时又刚好花光，这样他全年之中持有现金的平均数量为 $\frac{Y}{4}$，如图 14·1（b）所示。如果这个人一年之中去银行 N 次，则每次只需提出 $\frac{Y}{N}$ 元，这样他持有现金的平均数量就是 $\frac{Y}{2N}$ 元，如图 14·1（c）所示。

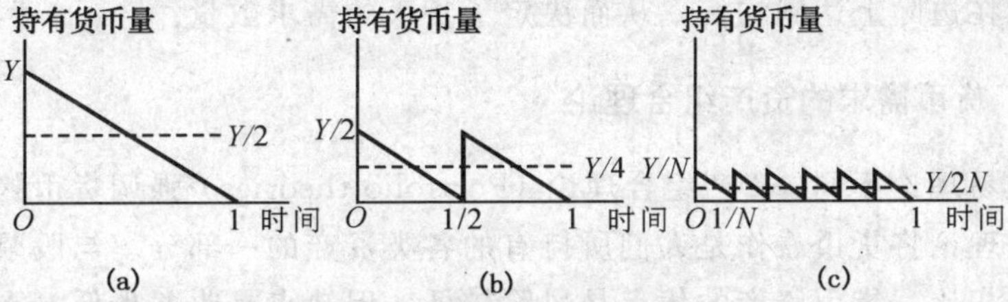

图 14·1　全年货币持有量

那么去银行的次数 N 又如何决定呢？鲍谟和托宾注意到，人们在进行现金管理的时候，将承担两种成本：一种是所放弃的银行利息，等于 $iY/(2N)$；另一种是往返银行所花费的时间及麻烦，我们将其称为交易成本。假设每次往返银行的各种麻烦及所费时间相当于 F 元的损失，且这一损失是常数，则交易成本等于 FN。总成本相当于利息损失和交易成本之和：

$$C=iY/(2N)+FN \tag{14·13}$$

这两种成本是此消彼长的，如果货币持有人去银行提钱的次数较多，他承担的交易成本较高而利息损失较低，如果货币持有人去银行提钱的次数较少，则损失了较多的利息，但节省了较多的交易成本。货币持有人通过选择合适的次数 N，使总成本达到最小。令（14·13）式对 N 的一阶导数为零，则可求得最优的去银行次数：

$$N^*=\sqrt{\frac{iY}{2F}} \tag{14·14}$$

因此，最优的持有现金的平均量则为：

$$Y/(2N^*)=\sqrt{\frac{YF}{2i}} \tag{14·15}$$

现金管理模型分析了人们持有现金的最优数量。我们可将其稍作扩展，以解释人们持有货币的最优数量。假设在人们的资产组合中有货币资产（例如M_2）和非货币资产（例如股票、债券等)。设i为两类资产的收益率之差，F为将非货币资产转化为货币资产的成本，将非货币资产转换为货币资产的频率与现金管理模型中去银行提取现金类似。则人们持有货币的最优数量也可以用(14・15)式表示。在(14・15)式中，货币持有量与i成反比，与Y成正比，这与(14・8)式所表示的货币需求函数是相似的。

交易理论(Transactions theories)认为人们持有货币的主要动机在于用货币来进行交易。虽然存在着多种形式的交易理论，但是它们都基于一个相同的基本假设：与其他资产相比，货币的缺点是收益率很低，优点是可方便地用于交易。微观行为主体为了实现效用的最大化，不断权衡利弊，使持有货币的好处和损失在边际上达到均衡，从而决定了货币的需求数量。

二、货币需求的资产组合理论

与交易理论不同，资产组合理论(Portfolio theories)强调货币的价值贮存功能。该理论将货币看作是人们所持有的各类资产的一部分。与股票、债券等其他资产相比，货币资产的优点是风险较低，但缺点是收益也低。人们通过持有不同的货币、股票、债券数量以达到最优的风险收益组合。

按照资产组合理论，货币需求函数可由下式表示：

$$\left(\frac{M}{P}\right)^d = L(r_s, r_b, \pi^e, W) \qquad (14 \cdot 16)$$

其中，r_b为债券的实际收益率，r_s为股票的实际收益率，π^e为预期的通货膨胀率，W是真实财富。按照资产组合理论，人们对货币的需求与r_s、r_b和π^e负相关，与W正相关。当股票、债券等其他资产的实际收益率较高时，人们就会用这些非货币资产来替代货币资产，从而减少货币需求量。当预期通货膨胀上升时，则持有货币的损失将增加，人们也会减少对货币的需求。而当实际财富W上升时，则人们的资产总量上升了，因此对货币资产的需求自然也随之增加。

利用第五章提到过的费雪方程：

$$i = r + \pi^e$$

我们会发现(14・8)式所描述的货币需求函数其实是(14・16)式的一种简化形式。

$$\left(\frac{M}{P}\right)^d = L(i, Y)$$

式(14・8)中用实际收入Y来代表(14・16)式中的实际财富W，这二者的区别类似于货币数量方程式中当期资产T和当期收入Y的区别，我们曾在第五章中讨论过后二者的区别与联系。Y与W的不同含义并不妨碍我们对(14・8)式和（14・16）式的比较，因为我们可以假定 Y 与 W 是正相关的，这一假定在现实中是合理的。

由于资产组合理论假设货币也能产生一定的收益，只是其收益率低于股票或债券等其他资产，因此资产组合理论并不适于解释人们对 M_1 这类完全不产生收益的货币资产的需求，而相对适于解释人们对 M_2 的需求。

其实，货币需求的交易理论和资产组合理论虽然视角不同，基本结论却并不矛盾。二者都可以用（14・8）式来表示，就充分说明了这一点。

三、凯恩斯的货币需求理论

凯恩斯在剑桥理论的基础上对货币需求问题进行了更为深入的研究，对货币需求提出了独辟蹊径的见解，在这里有必要对其进行单独的介绍。

凯恩斯把行为人对于货币的需求称为流动性偏好，他认为交易动机、预防动机和投机动机是形成流动性偏好的主要原因。凯恩斯对于交易动机的解释与剑桥理论比较类似，并认为由此产生的货币需求主要由收入水平决定。凯恩斯还指出，由于可能遇到某些意外情况，人们需要为应付突然开支的紧急情况做准备，因而会持有一部分货币，这就是持有货币的预防动机。他认为由此产生的货币需求同样主要由收入水平决定。

最后，也是最重要的，凯恩斯提出了人们持有货币的投机动机，即人们为了在市场上进行投机行为而持有货币，这里所说的市场主要是指债券市场。如果预期债券价格会上升，行为人用货币来购买债券，从而投机性货币为零；相反，如果预期债券价格下降，行为人会抛出债券而持有货币，这就是行为人的投机动机。预期的债券价格与预期利率相关，二者之间的关系可由下式表示：

$$P^e = s/r^e \tag{14・17}$$

其中，P^e 为预期债券价格，s 为债券利息，r^e 为预期利率。当人们预期未来利率会上升时，人们会持有货币，当人们预期未来利率下降时，人们会持有债券。而人们对利率的预期与市场上现实的利率相关。凯恩斯认为，当人们面临着未来利率的不确定性而又必须作出预期时，人们会求助于“正常利率”的概念，即认为市场利率应当处于一个正常范围之内。如果市场利率高于人们心目中的正常利率，则人们会认为未来利率将下降，于是会持有债券。相反，如果市场利率低于人们心目中的正常利率，则人们会认为未来利率将上升从而持有货币。

但是，我们发现，根据投机动机，每个人要么持有货币，要么持有债券，人们对货币的需求函数是不连续的。如果人们对正常利率的看法都是一致的话，换言之，人们对未来利率的预期是一致的，那么总和的货币需求函数是不连续的。但是凯恩斯认为，每个人心目中的正常利率并不一致，因此基于投机动机的货币需求在总和上看仍然是连续的。对于某个给定的市场利率，有人认为这高于正常利率，因而持有债券，有人认为这低于正常利率，因而持有货币。当市场利率较高，认为它高于正常利率的人会较多，因此会有较多的人持有债券，较少的人持有货币；反之，当市场利率较低，则会有较多的人持有货币，较少的人持有债券。因此从总和上来看，投机性的货币需求与市场利率成反比，如图14·2所示。

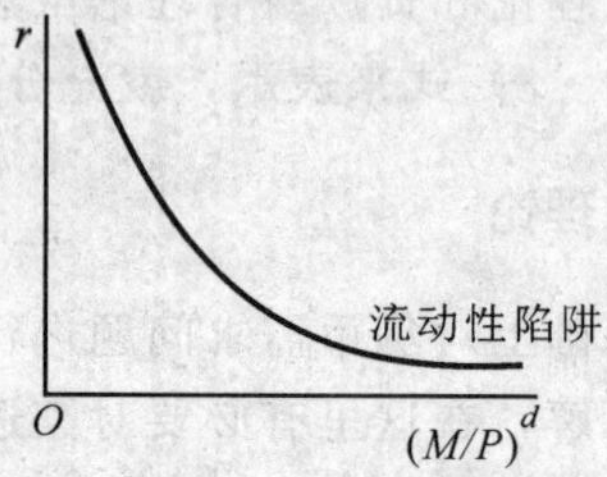

图14·2　货币的投机性需求

值得注意的是，凯恩斯提出，在利率足够低时，人们会一致认为利率低于正常利率。此时，人们都持有货币而不再持有债券，于是货币需求函数便成为图中的水平部分，即人们的流动性偏好变成无限。这种情况被称为“流动性陷阱”。

第三节　金融创新和准货币

到目前为止，我们一直在很方便地使用“货币”一词来称呼那种既可以充当交易媒介又能进行价值贮藏的资产。虽然对货币所包括的资产范围有不同的界定，但我们似乎总可以根据资产流动性的强弱，将货币资产和非货币资产区别开来。然而，近几年来，许多国家尤其是发达国家的金融创新活动却使得货币和非货币资产的界限趋于模糊。

所谓金融创新，是指金融体系内的制度变革和技术进步等活动。例如，新的金融衍生工具的发明，自动取款机的普及，等等。

金融创新的一个重要后果是大大增强了以往所公认的一些非货币金融资产的流动性。由于金融创新，以往的非货币资产现在可以很方便地转化为货币资产。例如，通过共同基金，储户能够利用支票账户来买卖股票，从而很容易地将股票转化为交易性存款。流动性的增加使以往的非货币资产成为某种意义上的准货币。

准货币的出现使货币政策变得复杂化。一方面，由于非货币资产的流动性大大增加，非货币资产与货币资产之间的可替代性也就增加了，从而公众的货币需求变得不稳定了。这使得货币政策的执行者难以把握经济中真实的货币需求从而制订合理的货币供给政策。另一方面，准货币使得货币政策工具的功效大打折扣。例如，中央银行可通过调节法定准备金率和再贴现率来调节商业银行的准备金，从而达到调节货币供给的目的。但是准货币是无需准备金的，因而中央银行传统的政策工具对准货币不具有调节作用。

金融创新的另一个后果是使得交易成本不断降低。例如，自动取款机的普及以及信用卡的使用，使得人们不必总是去银行提取现金。换句话说，金融创新可以改变人们的现金管理方式。从交易理论的货币需求函数（14·15）式可以看出，货币需求与交易成本 F 正相关，当交易成本不断下降，人们的货币需求量也将不断下降。而不断下降的货币需求又增加了中央银行稳定货币的难度。因为面对不断变化之中的货币需求，即使货币供给是稳定的，物价同样会剧烈波动，这从数量方程式也可以看出来。金融创新使得货币流通速度 V 发生了变化，不再像以往那样是一个稳定的常数，于是物价也会相应地变化。

金融创新对货币政策提出的挑战使得货币当局不得不考虑修正传统的货币政策目标。1993 年，美国联邦储备委员会主席格林斯潘宣布今后美联储的注意力将从控制短期货币总量的波动转移到制订合理的利率，以保证低通货膨胀和高经济增长。总之，金融创新的不断深入给各国货币政策的制订者提出了新的挑战，也给货币方面的理论研究提出了新的课题。

本章小结

货币是宏观经济分析的核心内容之一。货币的供求变动既是价格水平的主要决定力量，也会对经济的短期波动产生影响。本章着重介绍货币的供求规律，并对近年来涌现出来的金融创新和准货币作了简要的介绍。

对货币供给的考察离不开对商业银行存款创造机制的分析，商业银行体系能够创造出可被列入货币资产的存款，从而扩大货币供给。通过对一个简单的货币供给模型的分析，我们知道货币供应量取决于基础货币、银行准备金率和现金存款比率三个变量。基础货币量的变动能够引起货币供应量成倍的变动，这一倍数称为货币乘数，货币乘数随着准备金率和现金存款比率的上升而下降。中央银行调节货币供应量是货币政策的基础，一般而言，中央银行通过公开市场操作，调整法定准备金率和再贴现率来调节货币供给。

在众多货币需求理论中，本章着重介绍了三类理论，即货币需求的交易理论、资产组合理论和凯恩斯理论。各种形式的货币需求交易理论都认为人们持有货币的主要动机来自于货币的交易功能，货币数量说和剑桥理论都认为货币需求取决于实际收入，而鲍谟和托宾的模型进一步证明了货币需求不仅与实际收入正相关，而且与利率负相关。与交易理论不同，资产组合理论强调货币的价值贮存功能，货币需求取决于货币与其他资产之间风险收益的比较。凯恩斯的货币需求理论则引入了人们持有货币的预防动机和投机动机，它们与交易动机一起构成所谓流动性偏好，因此货币需求同样不仅与收入相关，还与市场利率相关。特别是，他指出：当利率足够低时，货币需求无限大，这被称为“流动性陷阱”。

金融创新大大增强了一些非货币资产的流动性，使之成为某种意义上的准货币。准货币的出现使货币需求变得不稳定，货币政策的制定面临新的挑战。

复习思考题

1. 试述银行是如何创造货币的。

2. 为什么银行危机有可能导致货币供给下降？

3. 中央银行控制货币供给的政策工具有哪些？

4. 根据鲍谟—托宾模型，是什么决定了人们去银行的频率？为什么人们去银行的频率会影响货币需求？

5. 试比较货币需求的交易理论、资产组合理论和凯恩斯理论。

6. 准货币的产生给中央银行实施有效的货币政策带来了什么样的挑战？举例说明。

第十五章

宏观经济学流派

宏观经济学作为一门较为完整的学科是在凯恩斯1936年《通论》发表以后逐步建立起来的。在凯恩斯之前，经济学家自然也讨论和研究宏观经济问题，但那时他们的主要注意力是放在以市场的价格机制为中心的经济资源的微观配置问题上，因而考察的主要对象是微观经济行为人（厂商和家庭）的行为。凯恩斯第一次系统地将整个宏观经济的运作作为考察对象，提出经济资源的总体利用程度（就业水平）问题，并在很多观点上得出与古典宏观经济理论截然相反的意见，构成了宏观经济理论的凯恩斯学派。

古典宏观经济理论可以被简单概括为以下三点：即萨伊定律：生产的目的是为了消费，供给同时意味着需求，或者说供给自行创造需求，因而整个经济不会出现总需求不足的问题；实物经济和货币经济是两分的，货币在经济中只起到中介的作用，货币数量的变动只影响物价水平，而对实物经济不产生影响；工资、价格、利率等变量的充分波动可以使得劳动市场、商品市场和资本市场自动出清，经济处于供求均衡的状态，因此政府没有必要对经济进行干预和调节。

在1929—1933年经济大萧条背景下产生的凯恩斯宏观经济学明确认为市场机制本身无法解决经济资源的充分利用问题，整个宏观经济有可能处于总有效需求不足的状态，由于有效需求的不足，劳动力市场可能出现非自愿失业的现象，这时价格变量（包括工资）可能处于刚性状态，市场就无法出清。同时在现代经济中，货币经济与实物经济不是两分的，货币数量的变化对实物经济有明显的作用。当经济处于非充分就业均衡时，政府可以通过货币政策和财政政策对经济进行调节，使其回复到充分就业的均衡状态。

战后几十年间曾经是凯恩斯主义的黄金时期，20世纪50～60年代主要发达国家经济的高速增长，曾一度被认为是凯恩斯主义的国家调控政策成功的明证。但是进入70年代以来，石油危机以后，西方世界出现通货膨胀与失业并存的滞胀现象，凯恩斯主义面临着严峻的挑战。事实上，从50年代开始，凯恩斯主义首先受到货币主义的发难。货币主义的代表人物是美国芝加哥大学的弗里德曼，他遵循古典主义原则，认为经济从长期来看是由市场力量决定的，失业处于一种自然失业水平，政府推行的旨在将失业率控制在低于自然失业率水平的任何宏观经济政策在短期内可能有效果，但是长期来讲是无效的，并且政府积极干预经济的宏观经济政策将带来通货膨胀等后果。70年代起，以美国芝加哥大学的卢卡斯为代表的理性预期学派兴起，并在此基础上形成了新古典主义宏观经济学派，进一步发起对凯恩斯主义的全面批判，该学派承袭古典宏观经济思想中的基本原则，以理性预期为其理论的微观基础，坚持市场出清信念。他们认为，政府的任何干预经济的行为都将被理性经济行为人预期到，经济行为人虽然不能保证每次预期都十分准确，但他们不会发生系统性预期错误，因此政府的宏观经济政策，无论是货币政策还是财政政策是不可能对经济产生影响的，哪怕是短期内都无法影响经济的产出和就业水平。由此可见，新古典宏观经济学派比货币主义更彻底地回复到古典宏观经济理论的传统观念。

正当新古典宏观经济学派力图抹杀所有支持政府积极干预政策的理论根据时，新凯恩斯主义宏观经济学也想方设法捍卫凯恩斯主义，使凯恩斯主义卷土重来。当然在新形势下产生的新凯恩斯主义宏观经济学还是接受了一些货币主义和新古典宏观经济学的观点，如货币主义关于货币作用长期无效的观点和新古典宏观经济学的理性预期观点，等等。但是新凯恩斯主义坚持认为某些市场，尤其是劳动力市场是不可能出清的，凯恩斯主义的关键性假定，工资和价格的粘性在当代经济中还是普遍存在的，只要工资和价格粘性持续存在，政府的宏观经济政策就是必要的和有效的。

本章在前面各章节内容的基础上，对宏观经济学的主要流派作进一步的分析和归纳。第一节介绍古典学派和凯恩斯学派的宏观经济理论。第二节考察货币主义的宏观经济学。第三节分析理性预期和新古典的宏观经济理论。在第四节中，我们对新凯恩斯主义作一介绍。

第一节 古典与凯恩斯宏观经济学

一、古典学派与二分法

现代经济学的产生以1776年亚当·斯密《国富论》的发表为标志，所谓的古典宏观经济学就是指自亚当·斯密始至凯恩斯之前的宏观经济学说。古典经济学家很清楚，市场经济有可能偏离产量与就业的均衡水平，但同时他们相信，这种偏离只是暂时的。因此他们的基本观点是，市场机制会迅速有效地运作，使经济恢复到充分就业的均衡状态。如果古典经济学的分析是正确的，那么以稳定性政策形式出现的政府干预，既没有必要，也不会令人满意。古典经济学的推理建立在以下基本假设之上：

(1) 所有经济行为人（厂商和家庭）都是理性的，他们的目标函数或者是追求利润最大或者是追求效用最大，他们在行为决策时拥有完全信息，且不存在货币幻觉；

(2) 所有市场都是完全竞争的，因此经济行为人在市场价格信号之下，可以购买和销售其所愿意进行的交易数量，市场上的交易只在市场均衡确定之后才能进行，即任何市场不存在失败交易（非均衡价格之下的交易）；

(3) 所有经济行为人有稳定的预期。

上述假设保证了市场总是处于出清状态。根据古典宏观经济理论的思路，现实经济可以划分为两个部门：一个是实物经济部门，另一个是货币经济部门，这两个部门是两分的。古典宏观经济学首先要解决的是实物经济部门的产量与就业水平的决定问题，其次才是货币经济领域的价格水平决定问题。因此古典宏观理论主要包含三方面的内容：关于产量和就业水平决定的理论；萨伊的市场定律；货币数量论。

我们在前面的第二章实际上已经讨论了古典经济学中就业和产量水平的决定问题。古典模型中产量决定的关键组成部分是短期的生产函数：

$$Y=F(K,L)$$

假定一个经济在短期内资本总量不变，$K=\overline{K}$，技术水平不变，那么产出水平 Y 就与投入的劳动力总量 L 之间存在着一种函数关系，即劳动投入增加，产出水平增加，但是由于资本总量固定不变，随着劳动力投入的增长，产出的增长幅度将不断地递减，也就是说，劳动投入的边际产出是递减的。根据就业数量变化和产出变化的这一关系，我们可以推导出劳动的边际收益曲线，厂商对劳动的需求曲线就是建立在劳动的边际收益曲线基础之上。由于劳动的边际收益随着就业数量的增加而递减，厂商根据实际工资等于劳动的边际收益（这时厂商能获得最大利润）的原则来雇佣劳动力，因此劳动的需求曲线就是劳动的边际收益曲线。家庭根据劳动收入的实际购买力所带来的正效用和付出劳动时的负效用的比较来决定其劳动的供给数量，因此决定劳动供给量大小的主要变量是实际工资水平。在一定范围内，劳动供给曲线是正斜率的，即实际工资水平的上升将导致劳动供给的增加。劳动力市场上劳动的供给曲线和劳动需求曲线一起发挥作用，最后在均衡实际工资水平上形成均衡的就业数量，将这一劳动市场均衡时的就业数量代入到上述总生产函数，我们就获得了总产出水平。

在确定了就业与产出水平之后，古典宏观经济学余下的一个重要问题就是有关利率的学说，该学说用来确定前面获得的总产出水平在消费与储蓄或投资之间的分配。古典经济学中的利率是在资本市场上决定的。在资本市场上，储蓄的供给和对投资的需求在市场出清的利率水平上达到均衡。古典利率决定理论的逻辑是十分简单的：由于在劳动力既定情况下，资本的边际报酬（收益）递减，投资需求随利率上升而下降，随利率下降而上升，因此在利率与投资量构成的二维空间中，投资需求曲线是一条负斜率的曲线。另一方面，储蓄则是在当前消费与今后消费之间进行的选择，当推迟当前消费的报酬（利率）提高时，储蓄供给必然增加，因此在利率与储蓄量构成的二维空间中，储蓄的供给函数是一条正斜率的曲线。在资本市场上，负斜率的投资曲线与正斜率的储蓄曲线相交的交点确定了均衡利率，该均衡利率使得一个经济的储蓄正好都转化为投资。

在古典经济学中，劳动力供给、劳动力需求、生产以及实际利率的决定都与价格水平无关。当然在计算实际工资水平（W/P）时，要涉及到一般价格水平 P，但是在古典经济学模型里，一旦当价格 P 上升时，名义工资 W 就会同比例地上升，使得出清劳动力市场的实际工资水平保持不变。均衡的就业水平决定了既定资本条件下的产出水平，而储蓄供给曲线与投资需求曲线的交点，决定了这一产出在消费与储蓄或投资之间的分割。因此，在古典宏观模型里，均衡的实际产出和实际利率都是唯一的。而决定一般价格水平 P 的主要因素则是货币数量，在古典模型中，有以下形式的交易方程式：

$$PY=MV$$

这里 P 是价格水平，Y 是实际产出，M 是货币数量，V 表示货币流通速度。古典经济学假定，实际产出 Y 等于潜在产出，保持不变，货币流通速度 V 接近于不变，因此 V/Y 就可以被视作为常数，假定我们用 α 表示这一常数，则：

$$P=\alpha M$$

这一式子表明，货币供应量的变化会造成价格水平的变动，价格变化唯一地取决于货币量的变动。

经过上述分析，我们就获得了古典经济学中的二分法：一边是实物经济领域，就业、产出和投资在这一领域中被决定；另一边是货币经济领域，价格水平在这一领域被决定，如表 15·1 所示。

表 15·1　古典经济的二分法

实物经济领域	货币经济领域
$L^d=L^d(W)$（劳动力需求） $L^s=L^s(W)$（劳动力供给） $L^d(W)=L^s(W)$（均衡就业） $Y=F(\overline{K},L)$（均衡产出） $S(r)=I(r)$（储蓄与投资相均衡）	$P=\alpha M$

根据表15·1的古典宏观经济模型，一个经济是不可能出现大规模的失业情况的。萨伊定律认为，生产不是为了生产而生产，而是为了交换到其他物品而进行生产，因此，“一个产品一旦被创造出来，从那一刻起，它就向其他产品提供了市场”。生产行为同时创造了收入和购买力，于是就不会引起总需求的不足，使得充分就业不能实现。“供给创造自己的需求”这一萨伊定律抓住了物物交换经济中专业化生产和交换的本质特征，但是在一个货币经济中，这一定律就不一定能成立。但是在古典学派那里，大多数经济学家如李嘉图和穆勒等，他们都是拥护并信奉萨伊定律的。

二、凯恩斯学派及其主要论点

凯恩斯学派的产生以1936年《通论》的发表为标志。《通论》的发表是经济学说史上划时代的大事件。尽管在凯恩斯对经济理论的贡献的评介上面，意见纷呈，但是大多数经济学家还是同意萨缪尔逊的观点：凯恩斯对经济学的影响是“20世纪经济科学中最重大的事件”，宏观经济学是他的创造，因此我们可以说，《通论》的发表奠定了现代宏观经济学的基础。凯恩斯《通论》中的理论创新和中心命题是有效需求原理，以及强调产出变动（数量变动）而非价格变动对经济运行的重要性，这一点正好与前面讨论的古典经济学形成了鲜明的对比。

有效需求原理认为，在一个有资源闲置的经济中，产出水平进而是就业水平取决于市场容量的大小，而市场容量是由各种经济行为人的计划支出所构成的，它们包括：家庭的消费（C）、厂商的投资（I）、政府购买（G）和净出口（$M-X$），如果我们暂时不考虑政府购买和进出口，在一个封闭经济里，有效需求就由居民消费和厂商投资两部分构成。在古典模型里，消费、储蓄和投资都是实际利率的函数，而在凯恩斯模型里，消费支出是一个取决于收入水平的内生变量，而且是一个消极的变量，随着经济的发展，人们收入水平的提高，边际消费倾向是递减的，与此同时，储蓄倾向却有不断上升的趋势。投资支出取决于投资的预期利润率和代表借入资金成本的利率。凯恩斯称预期利润为资本的边际效率。因此，在凯恩斯模型中，有效需求中最易发生波动的是投资变量。因为投资决策涉及对厂商未来资本利润率的预期，而未来是不确定的，厂商所拥有的信息是非充分的，预期利润率是不稳定的，企业家具有一种“动物精神”，希望、投机、恐惧及谨慎等因素都可能左右企业家的投资决策。因此，投资决策可能受到非理性的乐观主义和悲观主义情绪的影响，引起商业信心的大幅度波动，在这种情况下，古典经济学中关于利率调节储蓄供给和投资需求的说法是令人怀疑的。进一步地，凯恩斯通过消费函数的分析，提出边际消费倾向概念，并在边际消费倾向基础上构造了乘数，即$1/(1-c)$。这里的c就是边际消费倾向，它是一个小于1大于零的数，1减边际消费倾向的倒数就是乘数，如果投资扩大 ΔI，那么对产出的影响就会是：

$$\Delta Y=\Delta I/(1-c)$$

假定 c 等于80%，乘数就是5，一笔增加的投资 ΔI，可以带来5倍于该投资额的产出的增长，这就是凯恩斯的乘数效应。当总有效需求低于潜在的产出水平时，政府的财政支出增加 ΔG，也同样会产生上述机理的乘数效应。

在利率决定的问题上，凯恩斯与古典经济学的观点也完全不一样。在凯恩斯的《通论》中，利率是一个纯粹的货币现象，取决于公众的流动偏好（货币需求）与货币当局的货币供给的关系。凯恩斯拒绝了古典学派关于利息是推迟现期消费的一种报酬的说法，认为居民持有货币除了交易动机之外，还具有预防动机和投机动机，后者对利率变动具有高度的敏感性。凯恩斯通过在货币需求函数中引入投机动机，让利率取决于信心状态和货币供给，这样就破坏了古典学派关于货币流通速度较为稳定，从而货币需求函数较为稳定的推理。因此，在凯恩斯的模型里，古典经济学中货币数量中性（即货币数量只影响价格水平，不影响实物经济）的观点被抛弃了。在凯恩斯看来，货币供给的增长可以导致利率的下降，利率的下降可以促进投资，投资增长通过乘数效应带来产出和就业的扩张：

$$+\Delta M\longrightarrow-\Delta r\longrightarrow+\Delta I\xrightarrow{1/(1-c)}+\Delta Y,+\Delta L$$

这就是凯恩斯为什么把其著作取名为：《就业、利息和货币通论》（简称《通论》）的原因。

凯恩斯理论还有一个特征就是忽视价格调整在经济中的作用。20世纪60年代以来为凯恩斯宏观理论寻找微观基础的非瓦尔拉斯均衡理论把凯恩斯宏观模型描述为固定价格模型，即无论在商品市场上还是在劳动市场上，价格和工资都是固定的，宏观经济运行的主要调节变量是数量变量，如消费是收入的函数，而非价格的函数。实际上也是如此，根据凯恩斯的推理，当总有效需求因为投资下降等因素出现大幅度下滑时，在短期内最先作出反应的是产出、就业等数量变量，这时价格不可能起到调节经济的作用，只有从长期的角度来看，价格与工资水平才可能变动，从而对经济产生影响。举例来说，当厂商面临产品销售困难时，最优的决策是根据能销售的产量水平来安排生产，因此决定就业数量的是产出水平，而不是实际工资水平，这时劳动者被迫离开其劳动供给曲线，因此有效需求不足情况下产生的失业无法用古典经济学中因实际工资过高而产生的自愿失业来解释，这样的失业凯恩斯称其为非自愿失业。非自愿失业的存在是凯恩斯理论不同于古典经济学的一个重要特点。由于对失业原因的解释不同，因此对失业的治理，古典学派和凯恩斯学派所开出的政策处方就完全不一样了。古典经济学认为，除摩擦性失业之外，经济当中可能出现的失业其原因在于实际工资太高，随着劳动力市场机制的充分作用，这种失业是可以通过实际工资的下降来消除的。在凯恩斯模型里，工资是刚性的，引起非自愿失业的主要原因是有效需求的不足，因此要通过政府的扩张性财政政策和货币政策刺激有效需求，通过有效需求的扩张来消除非自愿失业现象。

三、古典学派与凯恩斯学派的比较

为了更清楚地说明问题，我们可以把两个学派的理论放在总需求——总供给的模型中进行比较。综上所述，古典学派和凯恩斯学派争论的问题主要是三个方面：即供给决定还是需求决定；货币中性还是货币非中性；市场出清还是政府干预。图 15·1 中两条不同形状总供给曲线实际上就可以对这三个方面的问题作出不同回答。古典学派的供给曲线是图 15·1（a）所示一条垂直的曲线 *AS*，和可移动的总需求曲线 *AD* 结合在一起，产生了产量不变、价格可变的均衡结果。而凯恩斯学派的供给曲线则是如图 15·1（b）所示的一条水平的曲线 *AS*，和同样的可移动的总需求曲线 *AD* 搭配在一起的均衡结果是价格不变、产量可变。可以说，正是这两条截然不同的总供给曲线把两个学派的理论观点和政策主张完全区别开来。

1. 供给决定与需求决定

如果总供给曲线是一条垂直的曲线，那么，均衡产量是供给决定的，与需求曲线的位置无关，因此供给能自行创造需求，这就是古典学派的萨伊定律。而如果总供给曲线是一条水平的曲线，那么，产量是需求决定的，需求曲线的位置决定了均衡产量的大小，这就是凯恩斯的需求决定论。因此，在垂直总供给曲线的古典经济中，不可能出现总需求不足的问题。而在水平的总供给曲线的凯恩斯模型中，如果需求曲线的位置偏向左边，就可能出现总需求不足的问题，因为由总需求曲线决定的均衡产量有可能会低于充分就业的产量。

2. 货币中性和货币非中性

在总供给曲线处于垂直状态的情况下，总产量固定不变，而价格充分可变。因此，货币数量的多少只能影响价格的高低，而不能影响产量的大小。如果货币数量增长 5%，价格上涨 5%，名义利率上升 5%，实际利率不变，产量不会发生任何影响。因此，货币必然是中性的，古典学派的二分法成立。而在总供给曲线处于水平状态的情况下，产量是可变的，而价格固定不变。因此，当货币供给量增加时，在价格不变的情况下实际货币数量会增加，实际利率就会下降，从而带动投资和产出的增加。因此，货币是非中性的，二分法不能成立。

3. 市场出清和政府干预

垂直的总供给曲线暗含的前提是，价格等变量的灵活变动可以使劳动力市场、产品市场和资本市场自动出清，因此，均衡产量始终由潜在产出水平决定，政府没有必要进行干预。政府干预的结果只能是名义变量的变动，如价格的上涨，对就业、产出等实际变量不会产生任何影响。而水平的总供给曲线暗含的条件是，价格等变量存在着刚性，不能起到市场出清的作用，市场出清的任务必须借助政府的力量完成。政府的宏观经济政策可以移动总需求曲线，使均衡的产量达到市场出清的水平，因此，政府干预是必要的。

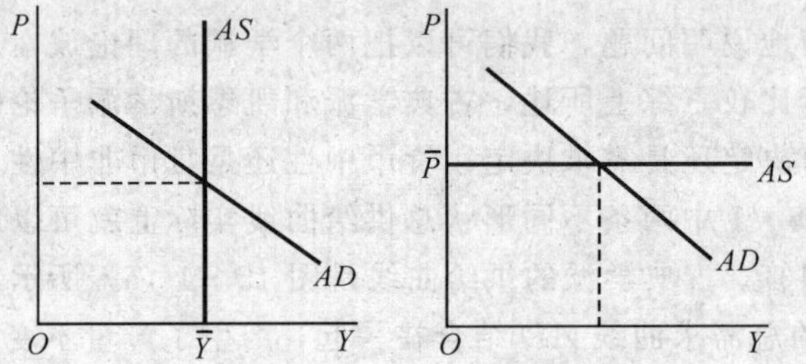

(a) 古典学派　　(b) 凯恩斯学派

图 15·1　古典学派与凯恩斯学派

由此可见，古典学派和凯恩斯学派争论的核心在于总供给曲线的形状。主张古典学派的经济学家总是力图证明总供给曲线是垂直的，而主张凯恩斯理论的经济学家则总是希望推导出一条水平或接近水平的总供给曲线，或者至少证明总供给曲线不是垂直的。

第二节　货币主义学派

一、货币主义与货币需求函数

货币主义学派是 20 世纪 50 年代后期在美国出现的一个经济学流派，米尔顿·弗里德曼是该学派公认的代表人物。货币主义的基本命题是货币最重要的宏观经济变量，货币数量论的分析方法是宏观经济分析的重要方法，因此货币主义也被称为重新表述的货币数量论。货币主义把货币存量的变动视为解释名义国民收入变化的最为重要的因素。但是，在凯恩斯的宏观经济模型中，国民收入的波动主要是因为一些真实的扰动（如投资的变动和消费的变动等等）。在失业的情况下，货币被视为较不重要的因素，尤其是当出现流动性陷阱和投资陷阱两种极端情况时，货币无关紧要，因为货币政策在影响经济活动方面会完全失效。在出现流动性陷阱情况时，货币供应的增加会被货币流通速度的相反变化完全抵消，增加的货币数量会按不变的利率和收入水平完全被闲置余款或投机余款所吸纳。在出现投资陷阱时，由于投资完全没有利率弹性，货币供给的增加也对真实收入水平无任何影响。

正是在这种凯恩斯宏观经济分析占统治地位的背景之下，弗里德曼要确立货币数量分析在宏观经济分析中的地位。货币主义的货币数量分析的基础是货币需求理论。弗里德曼假设，对货币的需求主要受到三方面因素的影响：第一，财富总量，这是家庭可持有的货币数量的最大额，因此我们说家庭的货币需求首先要受到家庭财富总量的约束；第二，持有货币可以给持有人带来收益，因此家庭在决定总财富中的多大比重以货币形式持有时，就要将货币收益与其他资产形式的收益相比较；第三，资产持有者的兴趣和爱好也会影响货币的需求。

我们可以把弗里德曼重新表述的货币需求函数的简化形式写成：

$$\left(\frac{M}{P}\right)^{d}=f(Y^{P},r,\pi^{e},u)$$

这里 Y^P 是永久收入，可以被视作为财富数量；r 代表各类资产的名义收益率；π^e 代表预期通货膨胀率，u 代表个人偏好。根据这一货币需求函数，在其他条件不变的情况下，财富水平越高，货币需求越大；其次，货币的名义收益率相对于其他金融资产（如债券、股票等）的名义收益率越高，货币需求越大；再次，预期通货膨胀率越低，货币需求就越大。如果上述三方面因素的变动方向相反，情况就相反。每当各种资产的收益率发生变动时，理性的财富持有人就要在货币与其他资产之间作出重新选择，以确保均衡的建立。货币主义证明上述这种传导机制对货币数量变化所导致的宏观经济结果具有重要的意义。举例来说，当货币当局扩大货币供应量之后，持有货币的边际收益率将下跌，这时经济行为人就会将多余的货币余额换成其他金融资产，甚至转化成耐用消费品等实物资产，随着货币余额的减少，其边际收益率再次上升，当所有资产形式的边际收益率都相等时，均衡状态再次建立，人们不再变动其所持有的货币余额。

与凯恩斯学派不同的是，货币主义认为货币是各种各样实物资产和金融资产的替代物，因此货币存量的变动不仅仅影响利率，而且将作用到各类资产，包括实物资产和金融资产，货币变动将直接影响到名义国民收入的变动。货币主义由此证明了货币是最重要的宏观经济变量的说法。

二、自然失业率

货币主义对当代宏观经济理论发展具有重要意义的另一个贡献，是他们在分析劳动力市场失业时提出的自然失业率概念。

在古典经济学关于劳动力市场的供求模型里，当工资无法调整到使供求相等的水平时，就会出现失业，这一类失业称为古典失业，也被称作自愿失业

（因为工人不愿意降低自己的名义工资要求）。但是在凯恩斯宏观经济模型里，失业的主要原因在于有效需求的下降，因此经济的周期性波动是构成现代经济失业的主要原因，这一类失业被称为凯恩斯失业，或者是周期性失业。但是，失业现象的复杂性在于，经济周期过去之后，每个经济中总是存在一定比例的失业人口，这些失业并不随着经济的复苏和繁荣而消失。动态地看，尽管有部分失业人口经过一段时期以后能找到工作，但同时又会从就业人口中不断游离出新的失业人口。这一类失业往往是由经济发展过程中的产业结构变动所引起，产业结构的变动要求劳动力在不同部门之间转移。但是在现代经济中，生产技术高度发展，劳动力的专业化程度不断提高，使这种转移不可能一下子完成。因为，这种转移一方面要求信息的畅达，另一方面需要对转移出来的失业者进行培训，使之适应新的岗位。因此，在信息不十分完备、部门之间劳动力供求结构性差异较强、培训劳动力又需要成本的情况下任何经济都会存在一部分结构性的、摩擦性的失业。货币主义的代表人物弗里德曼把这一类失业称之自然失业，其对总劳动力的比率被称之为自然失业率。这种失业率的存在与劳动力市场和商品市场的实际结构性特征有关，也与市场信息不完全性、寻找工作的成本和劳动力的转移成本有关。

三、适应性预期与菲利普斯曲线

货币主义的理论对当代宏观经济理论的贡献还表现在运用适应性预期假说解释菲利普斯曲线。

1958 年英国经济学家菲利普斯对英国 1861—1957 年间失业率（u）和货币工资变化率（$\dot{W}$）的经济关系进行统计研究，得出失业和价格水平变动之间存在此消彼长的交替关系。如果我们忽略劳动生产率的增长，一般价格水平的变动与货币工资的变动应该是同步的，即 $\dot{W}=\dot{P}$，那么失业和货币工资率之间一定存在某种负相关关系，也就是说，失业和通货膨胀之间存在某种交替关系。菲利普斯曲线所证明的关系是当代宏观经济学中最著名的关系之一，这一关系符合凯恩斯宏观经济学的推理，因此许多正统的凯恩斯主义者把菲利普斯曲线所显示的通货膨胀与失业之间的关系作为政府宏观经济政策的依据：在通货膨胀和失业率之间作出抉择，为了治理失业现象，政府可以通过适当扩大货币供应的方式（即以一定的通货膨胀率作为代价），降低失业率。

图 15·2 中的菲利普斯曲线 PC 显示，政府为了将失业率 u 从 5.5%降低到 2.5%，可以通过扩大货币供应量的办法，将通货膨胀率 $\dot{P}$ 提高到 2%。但是到了 20 世纪 60 年代末 70 年代初，通货膨胀和失业率都开始上升，这就是所谓的滞胀现象。如何解释这一新情况呢？

货币主义认为之所以存在短期菲利普斯曲线所描述的通胀和失业之间的交

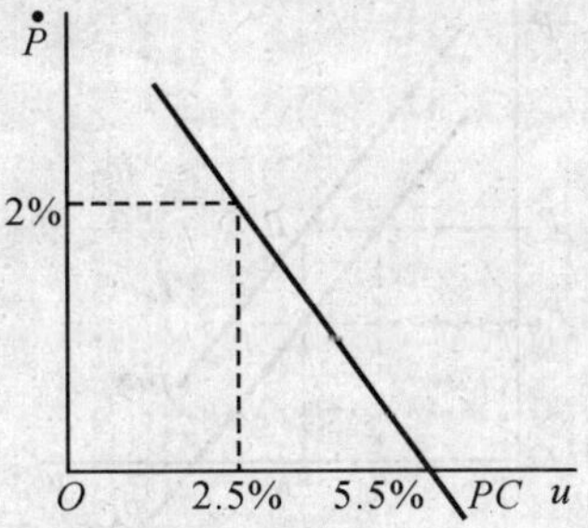

图 15·2　菲利普斯曲线

替关系，是因为工人需要一段时间以后才能预期到价格上涨，因此在通货膨胀情况下，虽然货币工资率也在上升，但是货币工资的上涨率赶不上通货膨胀率，这时实际工资是处于下降的状态，于是厂商就扩大其对劳动力的需求。而工人由于还没有意识到通货膨胀对实际工资的侵蚀，受到货币幻觉的愚弄，因此愿意在这个货币工资水平上就业。但是，劳动者很快会感觉到通货膨胀的侵蚀，这时他们就会对通货膨胀作出预期。一旦工人对通货膨胀形成预期，原始状态的菲利普斯曲线就不存在了，于是货币主义提出了一个附加预期的菲利普斯曲线概念：

$$\dot{W}=f(u)+\dot{P}^{e}$$

上式中，$\dot{W}$是货币工资上涨率，等同于通货膨胀率 $\dot{P}$，u 是失业率，$\dot{W}=f(u)$ 是初始状态的菲利普斯曲线，$\dot{P}^{e}$ 是预期通货膨胀率。在附加预期通货膨胀的情况下，政府实施通货膨胀政策来治理失业时，就会发生菲利普斯曲线移动的情况。

根据图 15·3，我们假定经济原来处于 A 点，这时自然失业率为 u_N，PC_0 代表的预期通货膨胀率 $\dot{P}^{e}$ 等于 $\dot{P}_0$。假定政府为了降低失业率至 u_1，实施货币扩张政策，导致通货膨胀率上升至 $\dot{P}_1$。但是一旦当劳动者预期到这个通货膨胀率时，在要求货币工资上升时就会充分考虑到这一通货膨胀率，名义工资的上升必须和通货膨胀率保持一致，因此菲利普斯曲线向上平行移动到 PC_1，预期的通货膨胀率为 $\dot{P}_1$，新的均衡点为 B 点，经济又回复到充分就业的水平 u_N。如果政府还是希望把失业率降低到 u_1 的水平，政府必须以更高的通货膨胀率为代价，也就是说，必须做到实际的通货膨胀要高于人们的预期通货膨胀率。这样我们就获得三种关系：当 $\dot{P}>\dot{P}^{e}$ 时，$u<u_N$；当 $\dot{P}=\dot{P}^{e}$ 时，$u=u_N$；当 $\dot{P}<\dot{P}^{e}$ 时，$u>u_N$。因此在货币主义附加预期的菲利普斯曲线分析中，预期如何形成是至关重要的。

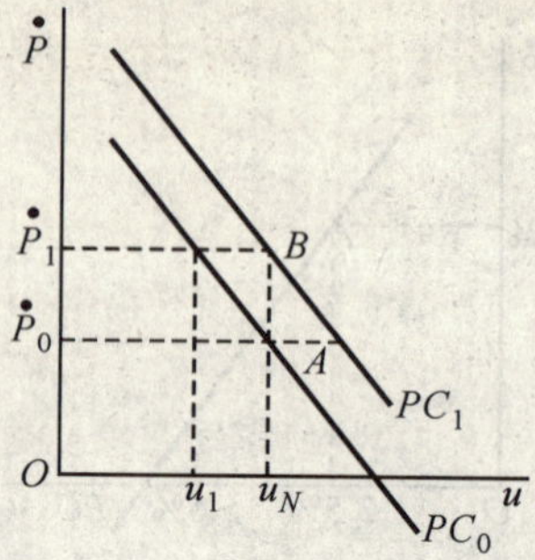

图 15·3 附加预期的菲利普斯曲线

货币主义提出的预期是一种适应性预期。第一种形式的适应性预期是由经济学家菲利普·卡甘（P. Cagan）在 1956 年关于恶性通货膨胀的一篇论文中提出来的：

$$E\dot{P}_{t+1}=\alpha_t\dot{P}_t+\alpha_{t-1}\dot{P}_{t-1}+\alpha_{t-2}\dot{P}_{t-2}+\cdots+\alpha_{t-n}\dot{P}_{t-n}$$

其中 $0<\alpha_i<1$；$\sum\alpha_i=1$；$\alpha_t\geqslant\alpha_{t-1}\geqslant\cdots\geqslant\alpha_{t-n}$。

在这个模型中，下一期的预期通胀率 $E\dot{P}_{t+1}$ 由以前各期的通胀率加权平均得出，权数由参数 α_i 决定，年份越近的通胀率权数越大，年份越远的权数越小，权数加总等于 1。

另一种适应性预期形式是误差学习判定法。这里对通货膨胀的预期是根据最近实际观察的预期误差向上或向下调整的，下一期的通货膨胀预期是这一期的通胀率加上一个误差调整项：

$$E_t\dot{P}_{t+1}=\dot{P}_t+\beta(\dot{P}_t-E_{t-1}\dot{P}_t)$$

如果本期通胀率比前期形成的预期值要高，则下期的预期值将向上调整。如果本期通胀率比前期预期通胀率要低，那么下一期预期值将向下调整。正数 β 是一个反应系数，它可以等于 1、小于 1 和等于零。但是不管反应系数 β 的值是否等于 1（完全调整），货币当局仍有可能使经济行为人产生系统性预期误差。也就是说，只要货币当局选择一个持续加速的通胀率，那么人们对通胀率的预期就可能跟不上实际通胀率。这就是货币主义的“加速假设”，即任何力图将失业长期维持在自然率之下的努力，都将导致加速的通货膨胀，都将要求货币当局不断提高货币扩张速度。而高速的通货膨胀又会对宏观经济运行带来危害，为治理高速的通货膨胀又要付出高昂的产量与就业下降的代价。因此，综合货币主义的自然失业率假设、适应性预期假设和加速假设，可以看出，货币主义是反对凯恩斯的宏观调控政策的，在弗里德曼看来，货币政策的目标是防止货币成为经济混乱的原因，为经济提供一个稳定的运行环境。因此，最优的货币政策是按单一的规则控制货币的供给量。

第三节　理性预期和新古典宏观经济学

一、理性预期学说

新古典宏观经济学是20世纪70年代以来最为流行的当代宏观经济学流派。早期的新古典主义者是货币主义者、反凯恩斯主义者和米尔顿·弗里德曼联盟。然而他们不满意货币主义理论的逻辑基础，认为货币主义在许多方面都与凯恩斯主义相类似，尤其是适应性预期假说，还担当不起彻底推翻凯恩斯理论的重任。另外，所有这些宏观经济理论都缺乏一个严密的微观经济学基础。因此，后来的新古典学派试图彻底地重新建立宏观经济学。与凯恩斯主义和货币主义宏观经济模型不同，他们的模型是严格地建立在竞争性市场中经济行为人不断追求自身利益最大的理性行为分析基础上的。因此，理性预期学说、市场出清学说以及后来的卢卡斯批判学说一起构成新古典宏观经济学的核心内容。

理性预期的概念起源于约翰·马思（J. Muth）在1961年发表的一篇论文。在这篇论文中，他将理性预期假说融入宏观经济理论与宏观经济模型的建立中。经历了十余年时间，罗伯特·卢卡斯在70年代初期的几篇论文中开始把理性预期放到宏观经济分析中，其后，托马斯·萨金特和尼尔·华莱士（N. Wallace）也分别对理性预期概念发展作出了重要的贡献。理性预期可以用下列数学式子来表示：

$$\dot{P}_t^e=E(\dot{P}_t/I_{t-1})$$

其中 $\dot{P}_t^e$ 是从 t 期的预期通货膨胀率，$E(\dot{P}_t/I_{t-1})$ 是经济行为人根据其在 $t-1$ 时期所获得的信息集合对通货膨胀率的预期。

所谓的理性预期并不意味着经济行为人能够100%地准确预期经济变量的实际变化，预期难免发生错误，但是与前面的适应性预期不同，理性预期理论认为经济行为人在预期时不可能发生系统性错误，因为理性的经济行为人在预期时尽量利用所有的信息，包括宏观经济理论、模型以及有关宏观经济决策当局的行为规则等等。换句话说，在理性预期假设下，政府要想愚弄经济行为人是不可能的。根据理性预期假说，我们可以获得下列表达式：

$$\dot{P}_t=\dot{P}_t^e+\varepsilon_t$$

其中 $\dot{P}_t$ 是实际通货膨胀率，ε_t 是随机误差项，它服从以下两个性质：即误差项的平均值为零；与预期形成时所能获得的信息集合不相关。因此，理性预期的误差项是一个平均值为零的随机量，这一随机量与以前时期的预期没有联系，随机量本身也无任何规则可循，在整个时间段内没有显示出序列相关性。另外，理性预期与其他任何预测方法相比误差项的方差最小。由此可见，理性预期是最准确和最有效的预期形成形式。与“回顾式”的适应性预期相比较，理性预期时所考虑的信息不仅仅是过去的历史资料（按照适应性预期，除非预期变量重复过去的变化轨道，否则预期总会发生错误），而且是“前瞻式”的，考虑所有有用的信息，因此经济行为人不会在整个时期内形成有系统性误差的预期。

二、卢卡斯总供给曲线

经济中的所有市场都会持续出清这是新古典宏观经济学的第二个核心假说，这一假说与瓦尔拉斯一般均衡传统一脉相承。理性的经济行为人根据最优化原则作出自己的行为选择，最后导致所有市场出清。因此经济无论是短期还是长期都应该处于一种持续的均衡状态，就劳动力市场来讲，失业应该处于自然失业率的水平。但是，新古典宏观经济学的这一观点显然难以解释现实当中存在的经济周期波动，失业率背离自然失业率的情况。为什么会出现这些情况呢？新古典宏观经济学用卢卡斯供给方程来说明这一问题。卢卡斯总供给曲线可以写成：

$$Y_t^s=\overline{Y}+\beta[P_t-E_{t-1}(P_t)]+\mu_t$$

其中 Y_t^s 为 t 时期的真实产出，$\overline{Y}$ 表示自然产出率，即与自然失业率水平相一致的潜在产出水平，$[P_t-E_{t-1}(P_t)]$ 表示预期误差，即实际价格水平与预期价格水平的误差额，β 是一个正的常数，表示产出对这一误差额的反应程度，μ_t 是供给冲击，如 1970 年代的石油危机冲击。

上式表明，如果经济行为人低估了实际的通货膨胀率，产出的供给大于自然产出水平；如果经济行为人高估了实际的通货膨胀率，那么产出的供给将降至自然产出水平之下。为什么会发生这样的情况呢？原因在于经济行为人所掌握的信息的不完备。当某种商品价格（或者名义工资）发生变动时，每一个经济行为人无法判断所看到的价格变动（厂商的产品价格变动或劳动者的工资变动），是相对价格变动还是总体价格水平的变动。或者说，当某一项商品价格变动时，既有相对价格变动的成分，也有一般价格变动的成分，但是要把这两种成分正确分离并加以衡量，实际上是非常困难的。当厂商和劳动者把因为价格水平普遍上升而导致产品价格的上升和货币工资的上升当成产品的相对价格和实际工资的上升，那么厂商就会扩大其产品的供给，劳动者就会扩大其劳动供给，经济就可能处于高于其自然产出（均衡产出）的水平。与弗里德曼的模型相比，卢卡斯的模型不依赖于劳动者和厂商之间任何信息的不对称。厂商与劳动者一样，都会有预期误差，对市场的普遍的价格上升作出反应，分别提高产品和劳动的供给，其结果是总产量和就业都将暂时高于它们的自然水平。一旦当经济行为人意识到相对价格没有变化，产出和就业就会回到其长期均衡水平。

根据理性预期的假设，产出和就业偏离其自然水平是因为“随机冲击”，如无法预期的货币供给的变化，造成经济行为人预期误差，但这种预期误差是非系统性的。

如果我们把上述动态的理性预期公式改写成一般形式，那么理性预期理论可表达为：

$$P_t = E_{t-1}(P_t) + \varepsilon_t$$

其中 P_t 为 t 期的实际价格水平，$E_{t-1}(P_t)$ 为（$t-1$）期的预期价格水平。对上式两边取预期值，则有：

$$E_{t-1}[P_t - E_{t-1}(P_t)] = 0$$

理性预期误差的平均值为零，也就是说，经济行为人不会犯系统性的错误。我们把这一结论代入卢卡斯总供给曲线，并不考虑供给冲击的影响（$\mu_t = 0$），那么，卢卡斯总供给曲线则变为：

$$Y_t^s = \overline{Y}$$

总供给曲线是一条由潜在产出水平决定的垂直线。由此可见，新古典宏观经济学家用理性预期的理论捍卫了古典学派的垂直总供给曲线。

三、政策主张

综合新古典宏观经济学中的理性预期学说、市场出清学说和卢卡斯供给曲线，新古典宏观理论关于经济运行政策的主张就不难推出了：

第一，在新古典宏观经济学中，划分长期和短期的菲利普斯曲线，既没有必要，也没有依据，除非如上面所述的随机冲击有可能影响劳动力供求和商品供求，从而扰乱经济，在一般情况下经济总是处于自然失业率水平。因此，即使出现随机扰乱，也是暂时的。一旦当经济偏离了自然失业率水平，在市场机制本身的作用下，产出和就业水平也会回复到自然率水平。因此，从总体上来说，政府不需要对经济运行采取任何的调控政策。

第二，如果政府根据经济波动情况，使用货币政策手段对经济实施调控，举例来说，当经济处于萧条状态时，失业率上升，政府为了把失业率控制在一定水平之下，将使用扩张性货币政策来刺激经济，但是如果微观经济行为人充分认识到政府的这种操作规则，因而对货币政策所导致的通货膨胀有充分的预期，并且在自己的经济行为决策时充分考虑已经预期到的有关变量的变动，这时货币政策就变得无效。因此新古典宏观经济学在货币高度中性的推理基础上反对凯恩斯相机抉择的“反周期政策”。对于货币主义的“单一货币规则”主张，新古典学派也认为没有必要。因为无论货币当局采取何种货币政策，关键是看微观经济行为人的预期形成如何，如果他们的预期是理性的，货币当局遵循任何一种货币政策，都会被人们预期到，其结果对经济运行无任何影响。

第三，更一般地说，不仅货币政策的效果是中性的，财政政策也是中性的，这就是著名的“李嘉图等价原理”。新古典学派的另一位重要人物罗伯特·巴罗（R. Barro）认为，政府无论是选择通过减免税收还是通过赤字财政的方式来刺激经济，其结果都是一样的。例如，当一个经济的总需求下降时，政府可以通过减税来刺激经济，但是人们很快会认识到，政府的减税行为会导致政府现期收入的不足，迟早要通过借款来弥补，而政府将来又必须为这一笔借款支付本息，因此政府在将来还是要提高税收。认识到这一点的理性微观经济行为人就会节俭行事（可以通过生命周期消费函数理论推导出这一点），储蓄一部分以备将来政府的税收增加。因此，现在的减税，一定意味着将来的增税，这样政府的减税政策对宏观经济的扩张作用就不大了。类似的推理也同样适用于当经济过热时政府采取的宏观紧缩政策。当政府在通货膨胀期间实行紧缩政策时，微观行为人一定会预期到政府财政会出现盈余，为了平衡政府的预算，总有一天政府要实施减税政策，因此，公众就会减少现期储蓄，从而维持目前的支出水平，目前减少的储蓄可以通过将来减税时收入的增加来弥补，因此经济过热时的增税政策不一定能改变人们的支出行为，从而对宏观经济运行的影响就不大了。

最后，新古典宏观经济学最重要的有关宏观经济政策的推断大约莫过于著名的“卢卡斯批判”了。卢卡斯对大量的使用宏观计量经济模型来评介不同政策方案的效果的做法进行了批判。卢卡斯认为这些计量经济模型存在的一个最大的问题是，模型在模拟宏观经济变动时，假定模型的基本参数是不变的，但是根据理性预期假设，“上有政策，下有对策”，一旦宏观经济政策发生变动，经济行为人的行为就将发生变化，于是模型的基本参数就不可能保持不变了。在这里经济行为人的预期实际上是一个内生变量。卢卡斯在这里揭示了预期在社会科学与自然科学研究中的不同意义。在自然科学研究中，人们的预期不影响自然现象的变动规律，如人们对气象情况的预测始终不会改变自然界某种气象情况出现的概率。但是在经济学中，当某一宏观经济政策实施时，人们的预期就可能改变某一结果出现的情况。卢卡斯批判对制定宏观经济政策意义深远。由于政策制定者预期不到新的和不同的经济政策对其模型参数的影响，利用既有模型的模拟就不能用于预测其他政策体系的后果。按照卢卡斯的说法，在凯恩斯主义的宏观经济模型里，模型参数面对政策变化的不变性难以得到保证。相反，新古典的均衡理论分析的长处在于，通过把注意力集中到理性的经济行为人的目标及约束方面，模型很可能完全由在政策变化时会改变的结构关系构成。

第四节　新凯恩斯主义

一、非均衡理论

正当 20 世纪 70～80 年代新古典宏观经济学大举进犯凯恩斯主义宏观经济学并断言凯恩斯主义宏观经济学由于其内在的矛盾必将走向破产的时候，凯恩斯主义经济学家并没有停止理论探索，而是同样在不断地努力工作，综合货币主义和新古典学派合理的成分，不断修正凯恩斯主义，使凯恩斯主义不断走向完善。

新凯恩斯主义一词是在 80 年代提出的，其实早在 60 年代中叶起，就有一批被称为非均衡经济学派（或称非瓦尔拉斯均衡理论）力图为凯恩斯宏观经济学寻找一个更为坚实的微观经济学基础。该微观经济学基础要回答这么几个问题：宏观经济关系（如有效需求不足和消费函数的形成等）怎样才能与微观经济行为人的理性决策行为相一致?短期内为什么数量调整比价格调整更为重要?为什么在非瓦尔拉斯均衡情况下，政府的宏观经济调节是必要的，等等?

非均衡理论分析的萌芽可以追溯到帕廷金（D. Patinkin）1956 年《货币、利息和价格》一书中对凯恩斯失业理论所作的论述。我们前面已经提到，凯恩斯失业就是与古典学派自愿失业相对应的一种非自愿失业，什么是非自愿失业呢？帕廷金认为，给非自愿失业下定义时所使用的参考标准就是劳动的供给曲线，只要工人处于他们的劳动供给曲线上，即他们能够按照通行的工资成功地出售其想要出售的全部劳动，这时候只可能出现自愿失业，而不可能出现非自愿失业。所谓非自愿失业，就是工人被强制离开他们的供给曲线，不是因为在现有的工资水平他们不愿意就业，相反，是因为商品市场萧条，企业通过解雇工人来对付产品的滞销。因此，凯恩斯失业是有效需求不足的失业。在凯恩斯失业状态，不是通过实际工资的变动就能使失业减少的，要恢复到充分就业，必须提高总的有效需求，只有商品市场供大于求状态的消失，才有可能使劳动力市场重建充分就业状态。因此，凯恩斯的失业理论是建立在一种非均衡概念之上的，在一个信息不对称和未来不确定的社会里，价格向量（包括工资）是呈刚性的，一个经济中得到快速调整的是就业与收入等数量变量。

帕廷金的理论解释了经济处于萧条时期的企业对劳动的有效需求函数，但是产品市场为什么会出现产品的普遍过剩呢？克洛尔（R. W. Clower）对此作出了解释。克洛尔认为，当家庭在劳动力市场上不能根据愿望供给劳动（面临失业）时，家庭的收入就会减少，根据预算约束原则，这必然影响到家庭在商品市场的需求。劳动力市场的供过于求状况对商品市场有“溢出效应”（Spill over effects)，导致商品市场的供过于求。与此相对应，克洛尔称古典理论中家庭决策行为是一种单一决策假定，即家庭根据相对价格信号（商品价格和工资）同时决定劳动销售数量和商品购买数量。在市场出现普遍的供过于求的情况下，必须用他的双重决策假定代替单一决策假定，即先决定能够销售的数量，然后再决定能够购买的数量。克洛尔的这一分析为凯恩斯的消费函数提供了微观基础。

巴罗和格罗斯曼（H. J. Grossman）1971年在"收入和就业的一般非均衡模型"一文中，综合了他们两人的研究成果，提出了一个一般非均衡的宏观经济模型。宏观非均衡模型以一个高度综合的货币经济为研究对象，考察宏观经济的均衡与非均衡运行，假定一个经济由三个代表性经济行为人组成：家庭、企业和政府，家庭的目标函数是效用最大，企业的目标函数是利润最大。同时考察三种商品：消费品、劳动力和货币，由此引申出两个市场：消费品与货币相交换的商品市场和劳动与货币相交换的劳动力市场。根据凯恩斯宏观经济理论，假定两大市场的商品价格和劳动工资水平在短期内是固定的，如果市场上出现供求不平衡，一个市场最后的交易量等于供给和需求双方中较小的一方，即处于市场短边的经济行为人可以实现他们的愿望需求或供给，而处于市场长边的经济行为人不能完全实现他们的愿望需求或供给。在这样一个高度抽象的由两大市场组成的宏观经济里，除了一种相当特殊的情况（即价格和工资水平恰好处于瓦尔拉斯均衡水平上，从而使得两大市场的供给和需求相等）外可能出现以下三种非均衡情况：

(1) 凯恩斯失业均衡。商品市场上供给大于需求，企业在商品供给上受到需求约束，而家庭在商品需求上不受约束。劳动力市场上供给大于需求，家庭在劳动供给上受到数量约束，而企业在劳动需求上不受约束。

(2) 古典失业均衡。商品市场上需求大于供给，劳动力市场上供给大于需求。企业在两个市场的商品供给和劳动需求均不受约束，处于市场的短边；而家庭在两个市场的劳动供给和商品需求均受到数量约束，处于市场的长边。因此，商品和劳动的成交量由企业的供给和需求决定。

(3) 抑制性通货膨胀均衡。商品市场上的需求大于供给，劳动力市场上的需求也大于供给。这时商品市场上家庭的需求受到数量约束，而企业的商品供给不受到数量约束，因此交易量等于处于短边的企业供给一方。在劳动力市场家庭的供给不受数量约束，而企业的劳动需求受到数量约束，最后的成交量等于处于短边的家庭供给一方。

另外一种可能出现的组合情况是商品市场上供给大于需求而劳动力市场上需求大于供给，除非我们假定企业为存货（即将来销售）而生产，否则当商品市场出现供大于求时，它不会继续在劳动力市场购买劳动要素。因此，在企业不为存货进行生产的非均衡宏观经济模型里这种情况就被排除了。

非均衡理论的本质意义在于，当价格根据供求变化而作出无限迅速的反应的假定不再成立时，市场的价格机制将无法修复宏观失衡。这时微观经济行为人根据市场上的价格信号和数量信号对需求和供给作出相应的调整，形成有效需求和有效供给，建立在这种有效供求基础上的经济处于一种配额均衡状态。既然市场机制已无法使失衡的宏观经济恢复到瓦尔拉斯均衡状态，那么，通过什么方式或途径来减少宏观失衡呢？这就要依靠政府的宏观调控。因此，非均衡宏观模型引进的第三个经济行为人就是政府。政府一方面向企业和家庭征税来形成自己的收入，同时又在商品市场提出需求。另外政府可以通过货币政策一方面来改变自己的收入，另一方面对家庭的需求进行调节。但是政府采取怎样的宏观调控政策对经济进行调节从而减少该经济的宏观失衡程度呢？首先要确定所考察的宏观经济处于哪一种非瓦尔拉斯均衡，然后根据不同的非均衡状态，施以不同的宏观经济政策。在上述三种宏观非均衡状态当中，除古典失业均衡外，凯恩斯失业均衡和抑制性通货膨胀均衡（或称短缺均衡）是两大市场的超额需求的符号都相等的状态。

凯恩斯失业均衡是两大市场上超额需求均为负的情况，也就是说两大市场的供给大于需求，我们可以把它们表达为以下的超额供给“乘数链”：

家庭 < 在他的劳动供给方面受到约束
在他的商品需求方面没有受到约束

企业 < 在他的商品供给方面受到约束
在他的劳动需求方面没有受到约束

在这样一种宏观失衡的经济里，政府只要借助于某种外力对其中一个市场的需求扩大产生推动作用，就会使整个经济发挥出需求乘数效应。例如，商品市场上的需求扩大就会放松企业在商品市场供给的约束，从而增加它在劳动力市场的需求。反过来，家庭在劳动力市场的供给的约束的放松，又可以增加他在商品市场的需求，这种“溢出效应”一直持续下去，最后达到实现充分就业的均衡。政府的直接投资增加、减税和扩张性的金融政策都可以起到这种推动需求扩张的作用。

抑制性通货膨胀均衡是两大市场上超额需求都为正的情况，也就是说需求大于供给。我们可以把这种情况表述为以下的超额需求“乘数链”：

家庭 < 在他的劳动供给方面没有受到约束
在他的商品需求方面受到约束

企业 < 在他的商品供给方面没有受到约束
在他的劳动需求方面受到约束

假定家庭所支配的闲暇时间（总时间减去劳动时间）是消费品的替代物，因此家庭在商品市场的消费需求受到约束，就会影响他在劳动力市场的有效供给。在这样一种宏观失衡的经济里，政府如果通过压缩公共需求，使得商品市场对家庭的供给有所扩大，那么家庭的商品需求方面约束就可以放松，这可以促使家庭在劳动力市场增加有效供给，劳动力市场供给的增加又可使企业的劳动需求约束放松，从而提高他的商品供给能力……，这类调整持续下去，一直到新的一轮的均衡的建立，这就是“供给乘数”发挥作用的机制。

宏观非均衡经济的第三种情况是古典失业均衡：商品市场由于价格水平太低而出现超额需求，劳动力市场由于工资水平太高而出现失业。因此，两大市场的超额需求符号相反。在这种非瓦尔拉斯均衡状态里，商品交易和劳动交易由同时处于市场短边的企业来决定，而家庭的商品需求和劳动供给都受到数量约束。在这种状态下，上述的政府需求管理政策无助于宏观失衡程度的减少。在这里，政府或者采取调整相对价格（工资和物价水平），或者采取改善生产条件的供给管理政策，才能提高宏观经济的活动水平。

二、工资刚性和价格刚性

20世纪80年代以来，新凯恩斯主义经济学家的更多努力是从微观机制上解释名义价格与工资的刚性，以及实际价格和工资的刚性，由于这些变量的刚性的存在，使得凯恩斯的宏观经济政策对经济恢复到均衡状态是必要的。因此，新凯恩斯主义经济学家大胆构筑了一个新的理论世界，其特征是不完全竞争、不完全市场、异质劳动以及不对称信息，而经济行为人常常关心公平问题。其结果，在凯恩斯主义者看来，“真实”的宏观经济的特征就在于协调失灵和宏观经济政策的外部性。

在前面的分析中可以看到，工资的刚性是凯恩斯主义模型的关键假定，而新古典经济模型中，任何被预计到的货币冲击的结果是，名义工资和价格立即跳至其新的均衡值，产量和就业保持不变，因此系统的货币政策是无效的。新凯恩斯主义认为，理性预期并不导致凯恩斯主义的末日，关键在于市场连续出清的假定是不现实的。因此，新凯恩斯主义经济学家对凯恩斯模型的捍卫首先是证明名义工资刚性的合理性。费雪（S. Fischer）和泰勒（H. Tayler）在70年代提出的模型以长期劳动合同的形式引入名义惰性(Inertia)。在发达经济中，工资不是在现货市场（Spot market）上决定的，而倾向于就某一时期以明确（或隐含）的合同确定。这些长期合同的存在可能产生充分的名义工资刚性，使得货币政策产生效果。与劳动合同的重新谈判相比，货币当局能够更为频繁地改变货币供应量，因此货币政策在短期内可能会有真实效应，尽管在长期来讲可能是中性的。工资合同是所有主要市场经济国家劳动市场的显著特征，然而在合同有效期限和谈判重新签订合同的时间方面，各国有着显著的差别。在日

E1 UPSELL PRO RECUR-zztexts-grandview-heights-43212

Title	Code	Q.
Curriculum materials for the 21st century: Macroeconomics(Chinese Edition) [Paperback] [2000] HUANG YA JUN YUAN ZHI GANG	7040083531	1
Comments		

本名义工资合同一般为期一年并同时到期。这种所有合同的同时重新谈判对宏观经济的稳定是有好处的。美国的制度是非同时的交错合同制度，许多合同为期3年，但每年有合同到期和签订（如1/3到期）。如果合同是交错的，那么在货币冲击面前，与现有合同同时到期重新谈判的制度相比，名义工资将表现出更大的惰性。泰勒证明，如果工人关注的是其相对名义工资，那么交错合同将使货币政策对实际变量的作用时间远远超过合同期。

但是，以名义工资合同理论为基础的凯恩斯主义模型很快受到激烈的批评，批评之一是该理论不能从微观经济原理中得到解释，批评之二是合同理论解释的情况与经济周期变动情况不相一致。因此，很多经济学家就从名义工资刚性转向名义价格刚性的考察。如果产品市场是一个完全竞争的市场，那么厂商就是产品价格的接受者。价格是由整个市场的供求关系一起确定的，并不是每个厂商所能左右的。而在非完全竞争性市场上，如垄断竞争市场，厂商可以决定其产品的价格，因为垄断竞争性厂商所面临的需求曲线并不是无限弹性的需求曲线。但是，垄断厂商变动产品价格往往是需要付出代价的。其中的“菜单成本”理论是解释名义价格刚性较为重要的一种理论。

菜单成本的理论非常简单，该理论认为厂商改变价格并把这一改变通知顾客、有关当事人和工人，是要花费某些人力和物力的，也就是说是要花费成本的。只有当改变价格带来的边际收益大于边际成本时，价格调整才会发生。只要有些调整没有发生，交易就有可能在非均衡价格下进行，这又可能导致过度供给和失业。菜单成本理论在本质上与新古典宏观经济学的不完全信息理论相类似，但也有所不同。这个不同可以用博弈论来解释。根据博弈论，人们无法预测竞争对手对他们的变动如何反应，因此他们会估计每一种行为下的可能结果。如果某一厂商降价，他可能会使得市场份额扩大，利润增加；但也可能引起其他厂商竞相杀价，造成一场对大家都没有好处的价格战。博弈论认为上述第二种可能性更大，因此如果所有的厂商都这样想，那么保持产品价格不变比降价对大家来说是一种更理性的行为。同样地，如果厂商不知道对手的反应，即使在成本有所上升的情况下也不会试图提高价格。如果别的厂商不跟着提价，率先提价的厂商市场份额就会减少。菜单成本理论还把博弈论的微观基础建立在“二战”前两种理论之上，一种是阿道夫·伯利（A. Berle）等人提出的管理定价（Administered pricing）理论，另一种是保罗·M. 斯威齐（P. M. Sweezy）1939年提出的拐折寡头垄断需求曲线，这一理论至今仍是寡头垄断市场价格粘性的一种解释。

值得指出的是，只要存在工资和价格刚性，总供给曲线就不可能是一条垂直的曲线，凯恩斯的理论就有了用武之地。我们在第九章中已经指出，不论是从工资刚性出发，还是价格刚性出发，我们都可以推导一条向上倾斜的总供给曲线。在这条向上倾斜的总供给曲线上，总需求曲线的移动就能改变整个社会的就业和产量。

新凯恩斯主义经济学家不仅寻求名义工资和价格刚性的原因，而且寻求实际工资刚性的原因与理论基础，以此来进一步说明市场，尤其是劳动力市场，非出清情况的存在。新凯恩斯主义认为，在劳动力市场上，实际工资刚性并处于市场非出清水平上是经常发生的事情。在正统的微观经济学里，厂商的劳动需求曲线是负斜率的曲线，因此如有可能，厂商总是想雇用劳动工资要求较低的工人。反过来说，希望厂商进一步招聘劳动力的前提是劳动力市场上的实际工资必须进一步下降。但是，有的时候，厂商本身并不想通过降低工资去用更多的工人。在劳动力市场中，一方面已经就业的工人工资居高不下，另一方面，失业者只要能就业愿意接受更低的工资，但劳动的需求者和供给者并不能达成一项劳动合同。这些矛盾现象说明，劳动力市场发挥作用的功能受到某种阻碍。近年来对这些现象进行探索并得到重要结论的理论模型是“效率工资模型”、“内部人和外部人模型”和“失业回滞”理论。

所谓效率工资模型主要解释当前西方某些厂商主动（不是因为工会力量所迫或最低工资所限）把本企业职工工资定在高于劳动力市场出清的均衡水平的行为。根据该理论模型假定，每个已经就业的工人在生产中所发挥的效率是一条与工资水平相关的曲线。如果把工资定在市场出清的水平（较低的水平）上，企业内的工人可能不提供最佳效率。因此，企业为了提高工人的劳动效率，愿意把工资定在较高的水平。但是，在这一工资水平上，劳动力市场上愿意就业的人数大于企业的需求，存在失业。相类似地，“内部人与外部人”的理论模型也被用于解释当劳动力市场存在供过于求时，企业并不降低工资来雇用更多的工人。因为一方面工会保护已经就业的内部人，并代表内部人与雇主签订合同，因此他们要求较高的工资，而不管失业的存在。另一方面，企业解雇内部人需要支付一定的成本（由于劳动合同的存在），而雇用外部人又需要花费一笔培训成本才能使得他们与内部人一样进入生产过程。因此，在这两方面因素的作用下，劳动工资就可能维持在高于劳动力市场出清的水平，内部人作为一种既得利益者，享受高工资的好处，而失业者继续失业。“失业回滞”理论试图解释近年来自然失业率上升的现象。这一理论认为，在实际失业率很高的情况下，实际失业率（周期性失业加上自然失业）会使自然失业率上升。这是因为：第一，实际失业率很高，会使上述的外部人增加，内部人减少，工会只为内部人利益着想，使工资高于市场出清水平。第二，很多人一旦失业，并持续较长时期以后，失去工作的信心、能力以及再培训的可能性，将成为不能再就业的长期失业人口。因此，实际失业率的居高不下，有可能使自然失业率上升。

根据上述实际刚性和名义刚性的分析，新凯恩斯主义的政策建议是双重的。

如果市场的非均衡是由于实际工资和价格刚性所造成的，他们的政策主张是努力增强工资变量和价格变量的弹性，消除刚性。相反，如果市场的非均衡是因为名义的刚性价格和刚性工资所造成的，那么进一步实施凯恩斯的总需求管理政策是有效的，这时货币是非中性的，改变货币供应量有助于修正价格和工资变量的水平，使经济回复到均衡状态。

本章小结

在现代宏观经济学史上，凯恩斯主义宏观经济学的出现被称为“凯恩斯革命”，是对古典宏观经济理论的革命。凯恩斯反对古典理论的各种观点并强调了经济政策的重要性。从凯恩斯开始，宏观经济理论中就展开了古典学派和凯恩斯学派两大学派的争论。古典学派和凯恩斯学派争论的核心在于总供给曲线的形状。主张古典学派的经济学家总是力图证明总供给曲线是垂直的，而主张凯恩斯理论的经济学家则总是希望推导出一条水平或接近水平的总供给曲线，或者至少证明总供给曲线不是垂直的。

从 20 世纪 40 年代到 60 年代，凯恩斯革命占据着统治地位，他的追随者们用 *IS—LM* 模型和菲利普斯曲线等进一步阐释和发展了凯恩斯的思想。滞胀的出现使凯恩斯体系的批评者重新站起来维护自己的主张，引发了一场所谓的凯恩斯以后的反革命。反凯恩斯革命首先在弗里德曼领导的货币主义旗帜下出现。他们否定菲利普斯曲线描述的通货膨胀和失业之间的关系，认为缓慢的货币增长会带来高就业率和物价的稳定，政府积极干预的宏观政策会带来通货膨胀等后果。

货币主义学派企图推翻凯恩斯理论及其政策建议，得到了经济学界的广泛支持，但也引发了新一轮的理论批判和创新。伴随着理性预期革命，新古典经济学派诞生。新古典经济学利用货币主义、市场出清和理性预期三重工具，试图一举推翻凯恩斯主义，回到古典经济学中非政府干预的政策主张。从 20 世纪 70 年代开始，新古典经济学在宏观经济学理论界一直保持很大的影响。

但是 80 年代后期新凯恩斯学派的出现使凯恩斯主义又有某种程度的回归。新凯恩斯学派接受了新古典学派的许多理论观点，但反对市场自动调节就能保证充分就业的观点，认为政府在对付失业斗争中仍有重要作用。新凯恩斯主义经济学家从微观机制上解释了价格和工资刚性，为凯恩斯宏观经济学寻找一个更为坚实的微观基础。

自 1936 年凯恩斯开创了宏观经济学以来，宏观经济学家都在自觉或不自觉地支持或反对凯恩斯在《通论》中主张的观点。在宏观经济学领域，过去 60 多年里，各派经济学家一直争论不休。目前争论仍在继续，这门学科的生命力和不断前进的动力也就在此。

复习思考题

1. 凯恩斯宏观经济学的创新体现在哪些方面?

2. 试说明总供给曲线的形状对古典学派和凯恩斯学派的意义。

3. 为什么说弗里德曼货币需求理论是重新表述的货币数量论?

4. 自然失业率和自然产出概念在宏观经济分析中有什么意义?

5. 新古典主义宏观经济学的主要内容是什么?

6. 适应性预期和理性预期有什么差别?请评论理性预期学说在宏观经济理论发展中的意义。

7. 新凯恩斯主义是如何捍卫凯恩斯主义基本观点的?

第十六章

中国宏观经济问题

本书是一本以中国读者为主要对象的宏观经济学教材，书中所介绍的绝大部分内容是适用于成熟的市场经济情况的，其分析框架是以西欧、北美的宏观经济运行作为基本蓝本，来讨论各种宏观经济关系。因此，前面我们给出的宏观经济分析的理论框架及其对具体宏观经济问题的讨论，随着中国经济向市场经济转轨的完成，将越来越适合于中国的情况。但是，当前中国经济正处于从计划经济向市场经济的转型时期，转型经济毕竟有着自己特殊的宏观经济问题以及宏观经济运行的特征。对转型经济中宏观经济问题的讨论，加深对它们的认识，有助于我们对前面给出的宏观经济理论框架的进一步理解和把握，同时我们也可以检验前面理论分析的有效性。因此，我们在这一章展开对中国宏观经济问题的讨论。

对中国当前宏观经济问题的讨论离不开中国经济体制的转轨问题，因为体制转轨是当前中国宏观经济波动的主要原因，所有宏观经济问题都是在这一特殊背景下产生的。因此，为了更好地揭示问题的实质，我们有必要对中国经济体制的转型进行简单的讨论。“转型”（Transition）一词近年来在经济文献中大量出现，对转型经济的研究成为20世纪90年代初以来经济学研究中的一个热门话题。所谓转型经济指的是从原来的以计划手段作为配置经济资源主要方式的计划经济向以市场手段作为配置经济资源主要方式的市场经济过渡的经济，被纳入转型经济的主要国家有前苏联、中东欧诸国和中国等亚洲国家。根据转型经济是否伴随政治制度的突变以及采取大规模的私有化运动为划分标准，转型经济又被划分成激进式的转型经济和渐进式的转型经济。中国经济的转型是在社会主义制度不变的前提下实现资源配置方式的转变，即从计划手段为主的配置转向市场手段为主的配置。转型经济引起经济学界的重视和浓厚兴趣，其道理是十分简单的。经济学作为一门社会科学，它不同于自然科学，自然科学家可以根据各自的研究目标，对研究对象进行不同种类的实验，通过改变实验条件来考察不同的实验结果，然而经济学家很少有这样的实验机会。70年代末以来的中国经济体制改革和80年代末以来的前苏联、中东欧国家的经济剧变实际上给经济学家提供了一次千载难逢的“实验”机会，人们可以从不同的转型经济（转型的方式和速度的不同）中，观察和比较不同的结果，引申出重要的理论推论，等等。这些对促进经济学的发展、丰富经济学的内容无疑是十分重要的。因此，转型经济的出现，引起了经济学界对这一类经济研究的巨大热情。

第一节　转轨中的中国经济的体制特征

转轨中的中国经济的体制特征主要表现在它的两面性，一方面作为从计划经济体制转化而来的转型经济，经济体制还保留着计划经济体制的某些特征，另一方面作为向市场经济过渡的转型经济，其向市场经济转化的倾向已十分明显，因此，人们经常把转型中的中国经济称为双轨制经济。双轨制经济又可以从微观和宏观两个不同的角度对其体制特征进行分析。从微观角度来看，双轨色彩首先体现在企业的多元性，一方面随着经济改革的不断深化，非国有企业和国有企业一起共同发展，另一方面国有企业本身也发生重要的变化。从宏观角度看，金融体制也发生了重要的变化。无论是微观经济组织上的变化，还是宏观金融体制上的变化，都对中国当前的宏观经济运行及其波动有着重要的影响。

转轨中的微观经济体制问题主要是指国有企业的体制问题。因为从1979年中国经济体制改革以来新成长起来的各类非国有企业（如外资企业、合资企业、私人企业），其产权组合和行为规则都是符合市场经济的，存在问题的是那些国有产权还在改革的国有企业，这类企业的产权关系还不符合市场经济的规范，因而时常还出现预算约束软化情况下的投资需求膨胀和工资成本膨胀等倾向，从而引起宏观经济的波动，成为改革开放以来几次通货膨胀的原因之一。

1979年以来，我们对国有企业的改革，基本思路是通过对企业的放权和让利，使企业成为一个追逐利润的能动主体。因此，中国企业改革的道路是循着两方面展开的：即通过利润分成制度使企业分享留成的利润，从而确立企业追求利润最大的动机；通过多次的价格调整到最后的价格放开，理顺企业外部的价格关系，随着市场价格体系的确立，市场价格信号引导企业（通过内在的追求利润的动机）优化资源配置，节约成本，生产市场适销的产品，提高企业的经济效率。因此，经过了十几年的经济改革，光是从投入产出的角度来看，国有企业的行为已具备了市场经济体制所需求的几个基本前提：追求利润最大，以市场价格信号为企业决策的基本参数，根据生产技术条件的约束，作出合理的投入—产出决策。但是，上述产品市场的建立和完善只是解决企业日常的投入—产出决策问题，并不能替代企业内部的管理和监督活动。同时，随着改革的深入，企业对资本存量的处置，对劳动投入的处置以及对进一步投资的决策，都涉及到一个更深入的问题，即产权的问题。企业本身是各种产权相交换的场所，如资产的所有者让渡他们的实物资产，以获得比自己使用时所能获得的更大的收益；企业管理人员让渡的是自己的管理才能，工人让渡的是自己在一定时期的劳动使用权，以期获得比自己出售服务和产品更大的收入报酬。因此，企业组织本身是一种产权交易的形式，要使这种交易的费用最低，重要的是产权界定要明晰。但是，在我们的国有企业中，各自的产权没有明确的界定，产权关系是不明晰的。国有资产的所有者没有人格化的代表，对国有企业资产的监管被分割到不同的部门手中，往往是国家的人事部门握有企业管理者的任命权，计划部门握有企业的投资权，而由国家的财政部门享受企业的收益权。各部门的责任和权利不相统一，当企业盈利时谁都可以发号施令，而当企业亏损时谁都不能承担责任。其次，资产所有者、经理人员和工人之间又缺少一个相互制衡的机制，尤其是企业经营人员，一方面他们不参与企业剩余的分配，因此他们不可能在切身利益上关心企业资产的盈利，另一方面他们的收入形式没有同普通工人的收入形式相分离，因此他们不可能具备对工人收入进行制约的动机，相反他们却可以通过工人收入的提高而一起获得好处。因此，企业的经营机制还是停留在原来的水平上，没有本质上的变化。这一切就使人们开始认识到，单是市场价格机制的外部改革是不够的，要建立起真正的社会主义市场经济体制，还需要市场经济的主体——企业来一个根本性的改革，即制度创新。

本书不是一本考察国有企业产权改革的专著，因此对国有企业的产权应如何改革不作进一步的分析，这里想着重讨论的是，这种产权界定不明晰的国有企业行为会对中国宏观经济运行带来什么影响呢？

1. 国有企业产权关系不明晰是企业投资膨胀的深层原因

中国宏观经济运行中的一种经常出现的现象是由投资膨胀所引起的总需求膨胀。投资膨胀来自两方面，一是追求经济高速增长的政府，在可利用的资源（包括资金）这一硬约束下面，总是努力使投资达到最大，有时甚至通过牺牲正常的消费基金来提高积累率。二是每个企业争取国家银行的信贷投资。在一个企业的产权关系明晰的市场经济体制下，投资的主体是企业，企业根据投资的预期收益和银行利率之间的比较，来决定是否进行投资。由于预期收益是不确定的，因此企业需要承担投资的风险。投资的预期收益是一种对企业投资的激励机制，但是投资的风险又是对企业投资的约束机制，这两种力量相互作用的结果，使企业的投资达到一种均衡状态。因此在这个模式中，投资可以通过内生变量（如利率）的作用而收敛于某一点。但是，在我们当前的转轨经济中，国有企业作为投资主体，由于其产权关系模糊，导致企业预算约束的软化，只要企业能够获得银行的信贷资金或其他方式的集资资金，它总是愿意进行投资，而不管该项投资的将来收益如何。因为投资的决策者既不是该项投资资产的所有者，也不是现代企业制度中的资产所有者的代理人，因此投资决策者既不可能从切身利益的角度关心投资的收益，也不可能从法律制约的角度或市场约束的角度关心投资的收益。对于这一类投资，实际上无风险约束机制，此其一。其二，在这个经济体制的转轨时期，金融市场还没有真正建立起来，因此利率这个金融市场的价格信号是非均衡的价格信号。因此要改变这种投资的“饥渴症”，首先要实行国有企业的制度创新，明晰产权关系，硬化企业的预算约束，形成企业投资的风险机制，其次是要改革利率的确定方式，让市场根据货币的供求来确定利率水平，使企业可以根据金融市场的价格信号自动抑制投资。

2. 企业内部的经营人员和工人之间缺少制衡机制是企业成本推进的关键原因

无论是西方古典的企业制度，还是现代企业制度，其产权安排的一个重要结果是设置一种企业经营人员和工人之间的制衡机制。在古典企业制度中，企业的经营者就是企业的所有者，因此企业的经营人员是企业剩余的索取者，他的一个本能行为就是尽量压低工人的工资，换一句话说，工人要想提高工资，首先必须提高其劳动生产率。在所有权和经营权相分离的现代企业制度中，企业的经营人员受雇于企业资产所有者，在企业的产权安排上他们必须向企业所有者负责，而且企业经营人员的收入形式不同于企业工人单纯的工资形式，其中与资产的增值相对应的奖励占了重要的部分，有时甚至容许企业的高级经理人员参与企业剩余的分配。但是，在我们的国有企业中，还不存在这样一种企业经理人员和工人之间的制衡机制。这首先是因为企业经理人员的收入与企业资产增值之间的关系不像与工人收入之间的关系来得直接，在国有企业中企业经理人员的工资同工人的工资一样来自两部分：固定工资和奖金。尽管在企业利润分成的制度下企业经理人员的利润目标明确，但是从他们的收入的形成机制来看，他们追求的是用于企业奖励基金的那部分利润的极大化。因此在这种分配制度下，企业经理人员对工人提高工资的要求不可能有效制止，在企业劳动生产率没有提高的情况下也可能提高工人的工资。同时，在经济体制转轨过程中，由于其他非国有企业特别是三资企业的工人工资较高，国有企业工人就有一种攀比心理，迫使国有企业的经理人员同意增加工人的工资，而这种不是建立在劳动生产率提高基础上的工资上升就可能成为成本推进的通货膨胀压力。

3. 国有企业的效率低下是金融市场价格信号混乱和资金紧张的主要原因

从上面的分析中我们已经看到，由于产权关系不明晰，国有企业存在投资饥渴和工资成本推进的倾向。在这种倾向的支配下面，国有企业一是尽量利用银行信贷来进行投资，二是利用企业的流动资金来进行投资。由于国有银行也不是独立的产权主体，就其实质来说也同国有企业一样属于国家，两家不存在严格意义上的负债关系，因此国有企业就可以长期占有银行的资金不还。当国有企业把正常的企业流动资金贷款也用作投资时，就同时留下企业正常运行所需要的流动资金缺口，再次要求银行贷款。各级政府为了保证国有企业的生产或投资活动能够正常进行，往往迫使各级专业银行发放贷款，一方面满足企业投资的需要，另一方面补充企业流动资金的不足，结果造成国有企业完全依靠银行贷款进行投资和生产活动的局面（在我国国有企业的流动资金中银行贷款已占85%，而西方企业流动资金中银行贷款只占10%左右）。结果我国银行贷款的绝大部分（80%）是贷给国有企业。对国有企业来说，由于占有贷款过多，使得企业的利息成本大大上升，加上在改革过程中的工资成本的不断上升，使得国有企业的盈利变成越来越困难的事情，结果是亏损的国有企业面越来越大，专业银行贷款中的死账坏账越来越多。面对这样的状况，在国有企业的产权关系彻底变革之前，为了救治国有企业，要么银行对国有企业继续贷款以帮助它们渡过难关，而这又会加大整个经济中的通货膨胀压力；要么降低利率以减轻企业的负担，减少企业亏损，但是这样一种措施的后果是严重的。因为第一，过低的利率会进一步鼓励投资包括非国有企业的投资，造成总需求的膨胀；第二，降低贷款利率而同时不变动存款利率，会使银行（进而是国家）负担亏损；第三，人为地将贷款利率保持在低水平上，干扰了金融市场的价格信号对资源配置的引导作用，使本来非常稀缺的资金得不到最有效的利用。

4. 国有企业改革的困难是转轨时期宏观经济运行不稳定的关键原因

国有企业的这种产权关系以及国有企业与国有银行同属国家的性质，使得银行必须源源不断地给低效率的国有企业输血，造成数额巨大的呆账和死账等准“赤字”，而企业的负债付息又构成国有企业产品中的成本推进的重要因素。当成本推进过猛时，国家需要紧缩的货币政策，以抑制通货膨胀。但是，这一政策本身又会使靠银行信贷生存的国有企业破产和导致大量工人的失业，而这一后果是政府所不愿看到的，因为这涉及到社会稳定的问题。后者的考虑使得货币当局最终又必须放松银根，形成新的通胀。其次，由于国有企业资产都以实物形式存在，没有其他对应的金融资产存在，使其与银行间所发生的金融流量只发生在当前的支付行为上，因此，企业资产构成中银行流动资产比率过高。这种状况使得中央银行的货币政策的变化引起经济活动的过分波动，即货币政策一紧，企业活动就大幅度下降，“三角债”就加重，经济增长速度就滑坡。而货币政策一松，通胀压力就日益高涨，宏观经济就一直处于这种过度的波动中。

上面我们就国有企业的体制问题进行了分析，下面我们再对影响宏观经济运行的金融体制进行讨论。

在传统的计划经济体制下，中央计划者一方面根据一个类似于里昂剔夫式的投入产出的方法安排全国物资流通的计划，另一方面为了实现这些物资流通的计划，计划者还要安排一个金融流量的计划，显然后面的计划是以物资流通计划为基础的。例如，在计划所控制的生产领域里，企业所需要的投入品和它所生产的产出品的配置都由计划者按实物形式进行，企业购买这些投入品所需要的货币则是根据一个以物资分配计划为基础的金融计划分配的。但是，这种按金融计划所获得的货币还不是严格意义上的、对社会经济产生主动影响的货币，它只是一种“簿记”货币。这种货币的用途都由银行作出严格的规定，企业结余的货币被存入银行规定的项目之下，不能转化为现金。因此在这样的金融体制之下，为了实现物资分配计划，银行只要提供充足的货币就可以了，流通中过多的“簿记”货币不影响消费品市场，因而也没有通货膨胀的压力。就企业的收入来说，企业本身不可能将其分配到不同的金融产品上，也就是说企业没有选择金融资产的决策权，收入必须按严格规定的项目存到单一的人民银行帐户中。真正的货币流通和交换关系发生在企业（国家）与城市居民之间、国家和农民之间以及城市居民与农民之间，这些交换都是由现金来实现的。例如，企业从城市居民户那里购得劳动投入，用现金支付工资，城市居民户用工资从国家或农民那里购买消费品。同样地，国家用现金从农民手中购买农产品，作为供应城市居民的消费品和工业投入品，农民用获得的货币向企业（国家）购买工业消费品。计划经济中的这两大货币流通情况可以用图 16·1 来表示。

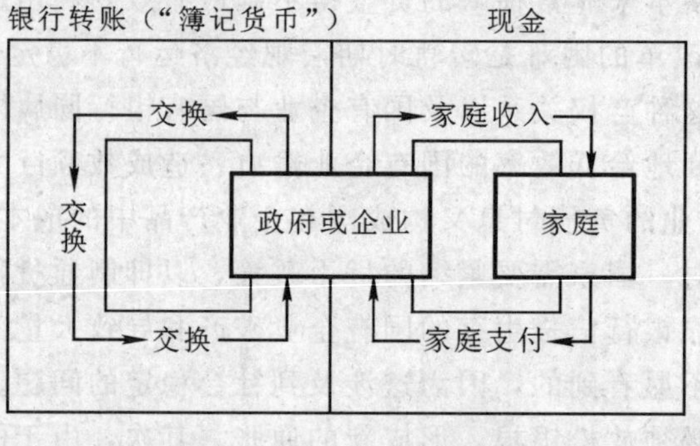

图 16·1　“簿记货币”和现金流通

在上述交换中，由计划者（国家）制定农产品和工业消费品的价格，国家把农产品价格限制在较低的水平上，把提供给农民的工业消费品定在较高的水平上，其实质是通过价格手段压低农民的收入，从农业中获得积累资金。由于农产品的计划价格较低，国家就有可能将以粮食价格为主要参数的城市工人的工资定在较低的水平上，以增加工业利润，最终提高积累率。因此总结起来说，在传统的体制下货币流通是两分的，企业过多的“簿记”货币不能溢出到现金流通轨道，因此不构成通货膨胀压力。就现金流通来讲，国家可以通过工资水平、消费品的价格水平等变量的调整建立起平衡。在固定价格的体制下，即使有通货膨胀压力，也只能表现为抑制性通货膨胀，而不会变成公开的通货膨胀。首先，国家在决定城市居民的收入水平和农产品的价格时实际上已给出了总的消费基金和积累基金的比例，因此储蓄和投资决策是由中央计划者统一作出的，在这种体制下，只存在投资对消费的挤出效应，而不存在由投资所推动的通货膨胀。

在上述金融体制下，充当中央计划者的政府的任务远比市场经济中的政府的任务广泛得多。在市场经济体制下，政府只是向微观经济主体（企业和家庭）征税，同时向商品市场提出公共支出所构成的需求。在计划经济中，从国民收入的流通的角度来说，政府的功能是必须保证两种金融流量的平衡：第一，政府要建立一个财政计划，以保证国家的财政收入和支出的平衡；第二，政府需要安排一个消费基金和消费品生产计划，以保证家庭支出和消费品供应之间的平衡。这两大平衡可以通过图 16·2 来表示。

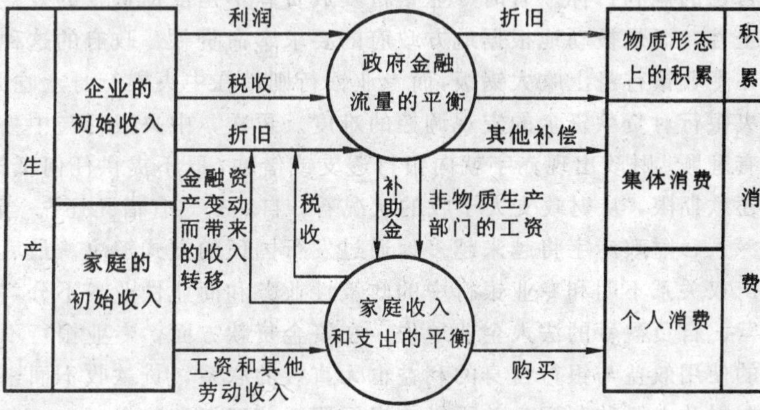

图 16·2　财政收支平衡和家庭收支平衡

但是，在经济体制转轨时期，金融流量的流通规则发生了一些变化。首先是随着企业利润留成制度的实施，企业的工资和奖金与企业利润挂钩，企业的“簿记”货币就有可能流入到现金轨道。其次，随着价格制度的开放，过多的现金投放就不只是造成短缺，而是公开的通货膨胀。再次，随着居民储蓄的增长，企业自有资金的增加，计划外投资不断增长，储蓄和投资决策不再是由中央决策者统一地作出，而是分别做出，在利率调节不起作用的情况下，对信贷资金的需求就有膨胀的可能。

上面论述了转轨时期投资膨胀和通货膨胀的可能性，但要使这些可能性成为现实性，还需要银行的配合。市场经济取向的经济体制改革以来，我国的金融体制也作了相应的变化。首先是改变了与计划经济体制相适应的大一统的银行体制，建立了中央银行制度，人民银行变成了银行的银行，政府的银行，发行的银行，专门行使中央银行的职能。与此同时，近年来人民银行批准成立了一些新的金融机构，培育证券、资金、外汇市场，扩大金融对外开放，完善了金融市场体系。在宏观上，也开始重视运用利率、准备金等经济手段调节金融活动。但是，我们目前正处于从计划经济到市场经济的过渡过程之中，由于计划经济旧体制的影响以及经验的不足，中央银行还没有成为真正意义上的中央银行，它与各级政府、财政、专业银行等各方面的关系没有完全理顺。尤其是金融调控以指令性的控制贷款规模为主的方式与市场经济的发展已不相适应。其次，作为中央银行调控对象的专业银行，照理讲应该是一个产权关系明晰的、以盈利为主要目标的企业。但是，当前专业银行的产权是不明晰的，从某一角度看它们类似于国家机关，主要是执行国家的政策性业务，同各级地方政府之间的关系又是千丝万缕；从另一角度看，它们又是经营性企业，执行经营性业务，有其自己的盈利目标。有时专业银行发放贷款不是依据贷款的效益性、流动性、安全性，而是被动地根据地方政府的要求奉命贷款。政府的这种干扰使得企业躺在专业银行身上吃大锅饭，而专业银行则躺在中央银行身上吃大锅饭，加大了中央银行对贷款资金的宏观调控的难度。再次，中央银行与中央财政的关系也没有理顺。财政出现赤字就向银行透支或借款，既不提供任何抵押担保，也不确定还款期限，从财政支大于收的状况看，自然是“有借无还”。当然，随着改革的深入，财政赤字将越来越多地通过发行国债的方式解决。最后，专业银行由于产权关系不明和专业银行中的政策性业务和商业性业务不分，还不具备自主经营、自负盈亏的法人企业地位，在资金贷款方面，专业银行不承担风险，贷款的使用效益与银行自身的利益也无直接的联系，贷款收不回来一般只影响银行向财政上缴的利润，并不影响银行职工的工资和奖金。

在体制问题有所交代的情况下，我们接下去分析传统体制下宏观经济运行和转轨情况下的宏观经济运行状态。

第二节　传统体制下中国宏观经济的运行及其增长方式

要剖析一种宏观经济运行的状态，我们要搞清楚三方面的内容，即宏观总供给的形成、宏观总需求的形成，以及在宏观总供求形成中起作用的微观经济行为主体（企业和家庭）的行为方式（简称为微观机制）。

一个国家的宏观总供给取决于一个国家所拥有的生产要素的数量和质量（其中劳动力的质量最为重要）以及生产要素配置的效率，而生产要素的配置效率取决于两方面的因素：宏观方面的经济体制因素（如是计划配置还是市场配置）以及相应的企业效率。从总需求的形成来看，一个国家的总需求总是由四部分构成：即家庭的消费需求、企业的投资需求、政府需求和出口需求。由此可见，无论是在总供给的形成中，还是在总需求的形成中，家庭和企业的行为方式在这里都有着重要的作用，而微观经济行为主体的行为方式又是与特定的经济体制联系在一起的。这样我们就不难得出结论，一个国家的宏观经济运行状态不仅与该国所拥有的生产要素的数量和质量有关，更为重要的是与一个国家经济体制有着密切的关系。

传统经济体制下中国宏观经济运行处于一种短缺均衡（非瓦尔拉斯均衡中的一种）的运行状态，我们完全可以从总供给和总需求及其微观机制着手找出其根源。

从总供给角度来看，在改革开放以前，我们除了劳动力要素数量充裕之外，其他生产要素都比较短缺，其中尤其是资本要素短缺。面对这样的要素禀赋，政府为了在短期内积累起一定物质资本基础，就采取扭曲价格信号的办法，如通过农产品低价从而压低工资成本的手段（即所谓工农产品剪刀差），使工业部分实现利润，最后把工业利润转化为形成物质资本的积累基金。在物质资本高速增长得以保证以后，与其相配套的劳动力资源在中国是不成问题的。这就是粗放式的使一个国家的总供给能力迅速扩大的过程。从微观机制来讲，由于价格信号的扭曲，市场不能发挥配置资源的功能，计划当局就势必要求微观生产单位——企业，只根据数量指标进行生产，既不需要考虑市场需求，也不需要考虑投入和产出的价格信号，最后企业也就不可能树立追求企业的经济效益——利润最大这样一种行为目标。由于企业从短期来讲不追求利润最大，从长期来讲也不追求企业的现值$\left[\sum_{i=1}^{n}\frac{\pi i}{(1+\gamma)^{i}}\right]$最大，因而投资的风险约束概念就从传统体制下企业经营视野中消失了，这种企业行为状态的直接后果便是企业投资饥渴症的产生——只要有投资资源，企业总是存在无限扩张其投资需求的冲动。就家庭来讲，传统体制下的最大行为特征，是家庭的行为选择被限制在日常消费品的选择上，而诸如消费与储蓄的分割（现在消费还是将来消费）、不同金融资产的选择等问题在低工资、消费品短缺（大量消费品需要凭票供应）的年代都变得没有意义了。因此，传统体制下一个国家的总储蓄决策是由政府来作出的，*GDP* 中的储蓄份额一旦确定，余下的问题就是如何在具有投资强烈冲动的企业之间配置有限投资资源。至于消费需求，为了满足粗放经济增长战略的需要，被压制在较低的水平，因此这一领域也存在严重的短缺，政府需求中除投资需求之外，其他各类需求等也都处于紧张的状态。由于传统经济是一个封闭经济，因此出口需求对宏观经济运行的意义还不是很大。

因此，通过对上述传统体制下的总供给、总需求和微观机制三位一体的分析，我们不难总结出传统体制下宏观经济运行的几个特征：即宏观经济总是处于需求大于供给的非均衡状态；总供给的增长与扩大总是受制于经济中所短缺的要素——资本和技术；计划信号的失误、粗放式增长的低效以及微观生产单位缺乏激励机制下的低效和浪费进一步加剧了经济中的短缺状态；由于短缺的普遍存在，导致微观经济行为人的行为变异，如企业的囤积物资倾向、对产品需求的强制替代倾向、排队购物现象等等，进一步强化了短缺。在上述特征之下，由政府雄心勃勃的经济发展目标和微观企业的投资饥渴所推动的经济粗放式的高速增长⟶增长的低质量和低效率⟶短缺⟶进一步要求粗放增长，这就是传统体制下宏观经济运行和经济增长的常态。尽管在那样的年代里，我们也曾经讨论过粗放增长和集约增长的问题，但是在计划经济条件下，要做到集约增长是困难的，因为增长方式的选择不是简单可以由政府来作出选择的，而是由市场来作出选择的。

第三节 经济体制转轨初期的宏观经济运行

1978年十一届三中全会以后，中国的经济体制发生了很大的变化，这个变化的一个最主要特征是市场机制的引进、计划体制的逐步退出，计划经济经过计划和市场双轨经济体制的并存再逐步过渡到全面的市场经济。与此相对应，中国的宏观经济运行状况也发生了很大的变化。根据这二十年中国宏观经济运行的情况，我们把它分为两个阶段：第一阶段为“软着陆”以前所经历的四次经济周期的阶段。这一阶段经济运行的常态是经济扩张冲动⟶瓶颈制约加剧⟶通货膨胀⟶政府暂时的经济调控⟶宏观经济中瓶颈短缺缓解⟶新的一轮的经济扩张；第二阶段以宏观经济“软着陆”为标志，经济增长速度放慢，市场需求拉动对经济增长的作用日益明显，没有市场需求拉动的生产项目通过微观低效率反映出来，进一步加剧这一领域的投资需求下降，市场需求通过影响企业效率进而影响经济的增长。这表明宏观经济运行的机制已经发生了根本性的变化。这一节我们主要讨论第一阶段宏观经济运行的情况。

在第一阶段，由于市场机制的引入，宏观总供给能力大幅度提高。总供给能力提高的源泉来自于以下几个方面：第一，在市场价格信号的引导下，生产要素的宏观配置体现了中国生产要素拥有的比较优势，改变了传统计划经济体制下片面强调重工业优先发展战略，大量可以广泛利用劳动密集优势的轻工产业迅速发展；第二，农产品价格的放开和农村微观经济组织的改变，激发了农村生产的微观效率，使农产品供应大量增加；第三，对外开放，引进外资，弥补中国宏观经济中资本要素的短缺，流入的外资与相当充裕的劳动力相结合，使这部分剩余的处于闲置状态的劳动力得到充分利用，极大地提高了中国的供给能力。

从城市工业的微观机制角度来看，国有企业在经济生活中扮演着主要的角色。就这部分企业来讲，微观体制的改革还没有到位，带有浓重的双轨经济的特征。一方面国有企业的盈利动机已经相当明显，提高经济效率和把资源投向高盈利领域已成为经营者的追求目标，但是另一方面由于产权改革没有到位，加上资本市场等重要要素市场的建设滞后，追求企业长远盈利性（即企业现值最大）的目标还缺乏，投资资源使用的责、权、利不明确，缺乏投资的风险意识，因此国有企业对投资的饥渴症还没有被治愈。与此同时，非国有企业迅速增长，这部分企业的投入—产出行为和投资行为就要理性得多。总而言之，从微观机制的角度来看，利润目标的确立和市场机制的引入，极大地刺激了中国的总供给能力。

但是，由于体制改革的没有彻底到位，留下了许多隐患。隐患之一是企业过于追逐短期利益，在市场价格信号还有问题（或者说市场失效的情况下）时，能源、交通和基础设施等重要部门投资滞后，形成总供给增长上的瓶颈制约。隐患之二同样是企业过于追逐短期利益，加上传统体制条条块块分割状态的延续，重复建设情况严重；隐患之三，在投资饥渴症的作用下，经济增长的粗放没有得到根本性的改变，使这一时期的经济增长虽然速度很快，但经济增长的质量并不是很高，给后面经济的持续增长带来一些问题。

从需求的角度来看，这一时期经济增长的动力主要来自家庭消费需求的扩张和出口需求的拉动以及双轨体制情况下的国有企业强烈的投资需求。从消费需求来看，由于国民收入分配格局向家庭收入增长倾斜，改革以来家庭收入增长迅速，家庭储蓄上升，成为投资资金的重要来源。但是这一时期传统体制仍然统包了城市家庭的住房福利、养老福利以及子女教育等重要家庭消费项目。家庭收入增长直接引起对农副产品的需求增长和耐用消费品需求的增长，而对农产品的需求增长又构成了农村家庭的收入增长，反过来增加对城市工业品的需求。因此，这一阶段经济增长的物质内容是城乡居民人均农副产品消耗量的大量增加和耐用消费品在中国家庭的逐步普及。由于耐用消费品市场的市场容量相当大，投资于这些部门的短期盈利就相当丰厚，因此消费需求和投资需求相互推动，中国宏观经济增长的动力相当显著。最后从出口需求看，与其他转轨经济相比较，中国的出口增长对 *GDP* 增长的拉动作用较为明显。其他前苏联、东欧国家，随着经济转轨的开始，原来经互会体系崩溃，导致成员国之间的对外贸易大幅度下降，而出口到西方发达国家的产品又缺乏竞争力和比较优势，外贸出口大幅下降，导致了许多外贸生产企业的倒闭，*GDP* 在一段时期里呈负增长。然而中国自 60 年代起由于没有加入经互会体系，外贸活动较早在国际市场上锻炼，改革开放以后，一方面国有外贸企业经过体制的转换，活力增加，又有本国劳动力廉价优势的支撑，另一方面通过全方位地引进外资，尤其是全世界华侨资本大量涌入中国，中国产品的国际竞争力大大提高，因为引进的这些资本和项目往往已经获得国际市场的一定份额。因此，1979 年以来，中国的外贸出口一直以两位数的数字增长，出口需求对宏观经济增长的作用十分明显。

因此，从改革开放以来的第一阶段宏观经济运行来看，总供给的能力得到了前所未有的扩张，微观企业的机制又有一定程度的改变，尤其是非国有企业，其行为目标与行为方式与市场经济的需求相一致，成为宏观总供给增长中非常有生命力的一部分。但是与此同时，许多国有企业的体制特征还带有浓厚的双轨色彩，总供给增长的质量还有待于提高，这一阶段总供给扩张中的重复建设为后来持续发展留下了隐患。从总需求的构成方面来说，这一阶段无论是从国内家庭的消费需求和投资需求来讲，还是从国际上的出口需求来讲，都是非常旺盛的。巨大的总供给的扩张空间和强盛的总需求构成了中国这一阶段经济的高速增长。

第四节 经济转轨基本到位情况下的宏观经济运行

1993 年中国的宏观经济运行自 1990 年的相对低速以后进入了一个高增长同时也伴随高通货膨胀的时期，1993 年中国的通货膨胀率为 13%，1994 年为 21%。面对高增长和高通货膨胀，政府实施了有效的宏观经济调控，通过货币的紧缩政策和财政紧缩政策，又在结构性问题上配合以相机抉择的（为避免一刀切的不利后果）对某些产业部门的优先发展政策，自 1996 年开始，通货膨胀全面回落，1995 年为 14%，1996 年为 6%。同时由于瓶颈部门优先发展的政策的支持，总供给能力的扩张还是相当显著的。加上连续几年的农业丰收，农副产品因科技投入增加而使产量大幅度上升，国民供给扩大的同时，价格迅速回落。因此 1997 年我们还是取得了高经济增长速度与低通货膨胀率相配合的局面，这种现象被称之为“软着陆”。“软着陆”是中国政府宏观经济调控能力和水平提高的表现，也是转轨经济中所罕见的，值得我们进行总结。但是，在“软着陆”成功的同时，我们也发现，中国宏观经济运行又进入一个不同寻常的时期，消费需求、投资需求和出口需求都面临着难以继续振作的局面。由于总需求的不足，微观领域里的经济效率难以令人乐观，企业开工不足，生产能力普遍过剩，职工下岗人数增加，金融领域里的呆账和坏账比例增加。中国经济增长的动力何在？政府应实行怎样的经济政策来启动经济？等等，这些问题摆在了经济学界的面前。

对于中国目前经济增长乏力的表现，我们应该用一分为二的观点来看待。从微观机制的变化来看，这是一件好事，是中国经济体制改革逐步到位的表现。因为，经济增长乏力首先来自于目前投资需求的普遍不足，用实际经济领域中的一句行话来说就是，“现在无项目可投”。所谓无项目可投，主要是指投资项目和预期未来收益不高，因而对于非国有企业来讲，或者对于产权关系已经理顺的国有企业来讲，或者对于具有风险约束机制的经营者来讲，预期收益率不高的项目是万万投不得的。对于那些产权关系改革尚未到位的国有企业来讲，尽管他们还存在投资“饥渴症”，但由于近几年商业银行改革的深入，对贷款的安全性、盈利性要求提高，又有自我决策的权利和自我约束的控制，因而又相当程度地杜绝了传统体制留下的投资“饥渴症”。因此，从这一角度来看目前投资不足是件好事情，是企业普遍理性复归的表现，这是一个宏观经济消除无休止的短缺和通货膨胀的重要微观基础。

但是从另外一个角度来看，宏观经济增长如此乏力，总不是一件好事情，说明中国当前经济运行中确实存在一些问题，需要我们进一步地深入分析。前面提到，经济增长乏力的主要原因是投资项目的盈利概率下降或平均盈利率下降。那么利润率为什么会呈现下降趋势呢？这里我们可以从有效供给的竞争力和有效需求的构成两方面挖掘问题的根源。

从供给角度来看，中国由于劳动力资源丰富，因此只要有资本（如外资的进一步引进）、有市场（如劳动密集产品的出口、国内需求增长等），粗放式经济增长的空间还是相当大的。但是，由于过去几年的重复建设，国内和国际对这类重复建设产品需求的限制，粗放式经济增长虽然有空间，但缺乏需求的拉动，只能闲置起来。当前，人们的需求水平不断提高，要求企业产品创新，但是由于国内大量企业效率低下，劳动力的人力资本含量低下，还不可能形成与国外产品和国内三资企业进行竞争的供给能力，因而这部分不断增长的需求只能溢出到进口产品上面和三资企业的产品上面，当然后者还是构成本国 *GDP* 的增长。但是进一步的研究发现，尽管中国当前的宏观有效总供给扩张还存在一些问题，但经济增长的主要问题还是来自于总需求的各个构成部分。在这些构成部分，对经济增长起关键作用的又是家庭的消费需求和出口需求。因为在企业已恢复理性的情况下，投资需求是上述需求扩张情况下的引致需求，当消费需求和出口需求普遍疲软时，投资需求是难以好转的。

分析中国目前的家庭消费需求，为了把问题引向深入，我们首先把它分为农村家庭和城镇家庭两部分。就农村家庭的需求来讲，70 年代末至 80 年代中期，农村家庭收入上升速度较快，原因是当时城市家庭收入上升以后，最初需要大幅度提高和满足的消费内容是对农副产品的需求。因为改革以前中国城市居民对农副产品的人均消耗量都非常低，因此收入提高以后这一类需求的最初收入弹性较高。城市家庭需求的旺盛，拉动了农村生产的发展。农产品供给由于农村改革所带来的资源优化配置和微观经济效率的提高大大增加。农村供给的增加和收入的提高，反过来对工业消费品提出了需求，农村消费市场的需求容量扩张十分明显，这对这一时期中国经济的增长起了重要的作用。但是80年代后期以来，尤其是进入90年代以来，农业生产的进一步增长面临两方面的问题：第一，农业生产的增长受到土地资源的限制和农村劳动力过分密集的限制，现代农产品的比较优势是在土地密集和资本密集的国家，不在劳动密集的国家；第二，农产品是竞争产品，尤其是在全球经济一体化，农产品保护逐渐被淘汰的情况下，更是如此。这两方面的问题结合起来，就限制了中国农业的进一步发展。首先中国农业从供给来看，农产品的生产方式还是采取劳动密集的方法，表现为农产品的成本相当高，出口无比较优势；其次，城市家庭对农产品的需求有一定的限制，因为作为生活必需品的粮食，其收入弹性很低，随着人民生活水平提高，农副产品也逐步进入生活必需品的范围，其收入弹性逐渐下降。换句话说，城市家庭收入提高到一定高度以后，其花费在农产品和农副产品上的支付比重将越来越低。另外，城市家庭对农副产品如水果之类的品质要求越来越高，这就导致人均收入比较高的城市（如人均*GDP*已达3 000美元的上海等)，家庭消费进口粮食（泰国米）和进口水果的需求大量上升。把这些现象综合起来，我们就会发现，进入90年代以后，随着城市家庭收入水平的提高，农业生产为城市居民生活质量的提高已不能贡献更多东西。尽管随着科技和资本投入的增加，其供给能力的提高余地还很大，但是从经济效率的角度看，农村家庭单单依靠农业生产已无法大幅度提高其本身的收入水平。因此，城乡的收入差异有可能进一步扩大。农村家庭收入提高困难，从对当前中国宏观经济运行的影响来看，其最大的问题是，农村家庭对耐用消费品的需求还不可能像城市那样迅速普及。而在城市工业中，近二十年迅速发展壮大的耐用消费品工业由于城市家庭使用的普及（由于前几年城市居民收入差异不大，因此产品的生命周期在中国的发展有其特殊性，当城市家庭一旦有某种耐用消费品的购买欲望时，需求一下子普及，并十分强烈，而进入饱和状态时，其发展也非常迅速)，需求下降很快。因此，在耐用消费品上面，我们看到了一种奇怪的现象：一方面我们的城市工业这部分产品的生产和供给能力大量过剩；另一方面在中国最有潜力的广大农村市场上需求却不怎样旺盛，家用电器在那里还不可能普及。在市场经济条件下，这部分生产能力只能被闲置，因为目前农村尚没有购买力来消化这部分生产能力。

就城市家庭的需求来讲，收入的变动还是解释消费变动的主要因素。消费是收入的函数，这是宏观经济学推理的基础。因此要搞清楚当前我国经济运行中的消费问题，我们首先应该在收入变动上寻找原因。建国以后，我国政府为了尽快完成中国经济的工业化任务，运用计划手段，扭曲价格信号，通过压低农产品价格和城市职工工资这两个变量，使所有生产部门的剩余都体现为工业领域的利润，最后形成国家的积累基金，用于扩大投资规模。国家既是储蓄者又是投资者。在这样的资源配置背景下，全国居民的消费处于受抑制的状态，因为居民收入长期处于低水平，1952年到1978年这二十多年间，劳动收入占国民收入的份额在大多数年份里都低于40%。低收入水平伴随高恩格尔系数，当时居民收入中的60%被用于食品支出，大部分收入被用于生活必需品，而用于储蓄的部分却十分有限。1978年中国国民总储蓄中家庭只占3.4%，政府和企业储蓄占了96.6%。二十年的改革开放，使居民收入大幅度上升。首先，通过农产品价格的放开和农村微观机制转变以后的供给扩大，农村居民收入在80年代上半叶有一个较大幅度的提高。其次，城镇职工年平均工资从1978年的615元提高到1997年的6 470元，扣除物价因素，上升了近200%。随着居民收入的提高，先是恩格尔系数出现下降，居民消费支出中食品支出的比重从1978年的60%下降到46%。再后来是居民平均消费倾向的稳步下降，储蓄倾向上升。目前居民储蓄已占国民总储蓄的80%多，成为投资资源的主要来源。居民收入的上升导致消费倾向的下降，这是一般规律。但是，中国当前的消费需求的下降不是一般意义上的下降，进入90年代下半叶以来居民消费需求突发性下滑，通货紧缩明显。因此仅用收入变动来解释当前居民的消费需求不足，显然不够，我们还必须寻找其他原因。仔细观察中国改革开放二十年来消费需求的变动，我们不难发现，中国居民尤其是城镇居民在前15年消费需求是极其旺盛的，首先是对农副产品的需求，其次是对日常消费品的需求，最后是对家用电器的需求，正是这种旺盛的需求推动中国经济一波又一波的增长。因此，居民食品及日常消费品的极大丰富和家用电器等耐用消费品全面进入城镇家庭构成中国*GDP*高速增长的重要内容。据有关资料统计，城镇居民每百户拥有彩电数为100.8，电冰箱为82.98，洗衣机为91.2，家用电器实际已经达到饱和状态。这就预示着中国城镇居民的消费品结构必须要有一个大的转变，否则消费空间将难以有大幅度的拓展。首先，由于家庭收入提高到一定程度，人们对一般消费品的质量，或者说消费品中的科技含量和文化含量的要求大大提高，这就使得人均*GDP*增长带来对进口商品的需求的增加和进口溢出效应明显，这对于我国经济的进一步增长显然是不利的。其次，家庭对耐用消费品（如彩电等）兴趣正在下降，收入进一步提高以后，不可避免地将对目前尚未普遍走进中国家庭的两项消费内容越来越感兴趣，这就是住房和汽车。但是这两项重要的消费需求和支出在中国由于国情的原因，发展将极其困难。住房消费需求扩张面临的困难更多的是体制性因素，即由于长期以来所实行的是福利分房制度，所以购买商品房的需求发展将还会有一段路要走。因为第一，由福利分房制度到货币分房制度的转换还不能一下子完成，尤其对于许多国有企业单位来讲，且不说在政策方面会有许多矛盾，就是过渡到货币分房以后，工资成本将大幅度上升，这对于我国产品的竞争力是有影响的（尽管福利分房制度下这部分成本也是存在的，但它毕竟处于隐性状态）。第二，长期福利分房制度下所形成的观念很难在一夜之间转换过来。但不管怎么说，只要我们下决定彻底改革福利分房制度，城市家庭对住房支出的潜在需求迟早要爆发出来，那时，住房需求的扩张将是推动今后几年乃至几十年经济增长的一个主要动力。因为房地产业是产业链条较长的行业，可以相应带动很多产业的发展。但是与房地产业相比较，汽车需求的发展在中国将更为困难，因为中国人口规模大这一基本国情决定了中国城市居民人均道路面积拥有量很低。因此对中国人来讲，汽车消费不仅涉及到汽车的制造成本和使用成本，还涉及到情况特别严重的道路成本，每辆车消费负面外部性将大大高于其他国家。因此汽车需求将是一项长期受限制的消费。新加坡由于人口密度问题，也同样对私人汽车消费加以控制，通过发展公共交通来解决行路的现代化问题，但是我国与新加坡不同的地方在于，汽车工业将构成我国经济增长和就业增长的一个重要物质内容，而新加坡是不搞汽车工业的。因此当我国的汽车工业还不可能走向国际市场的时候，汽车需求的过度抑制就可能使汽车工业萎缩，中国经济增长如缺少汽车这一块，要快速增长是很困难的。

另外前面的现代消费理论显示，居民储蓄的一个主要功能是把不同时期的收入所形成的购买力平均化，以达到每一时期的消费尽可能相同，因为每一个人都不希望自己的消费水平在一生中有大起大落。将来收入预期很高的年轻人可以信用消费，而收入水平已达顶峰的中年人就要为将来的养老而储蓄。由此可见，人的一生中收入的起伏越大，储蓄越多，将来风险越大，储蓄倾向越高。中国当前正处于各项制度改革的最后冲刺阶段，与城镇居民生活休戚相关的五大制度改革（养老、就业、医疗、住房和教育制度）正在全面实施，而所有这些改革都大大地强化了家庭的储蓄倾向，导致消费需求的不断下降。养老制度的改革使得每一个劳动者在职时收入与退休时收入的差距扩大，为平滑每一期消费，要求储蓄的数额增大；就业制度的改革，使每一个就职人员时时面临下岗失业的风险，风险的加大进一步强化家庭的储蓄倾向；医疗制度的改革和医疗费用的上升，家庭为预防此风险需要储蓄的数额也就增加；住房制度改革迫使家庭增加储蓄，以备日后购房之用；教育制度改革和教育费用的不断上升，使每一个家庭必须给子女教育储蓄基金。据有关调查统计显示，养老和住房是高收入家庭储蓄的主要动机，而子女教育和医疗则是低收入家庭储蓄的主要动机。总而言之，上述这些制度改革和建设大大强化了居民的储蓄倾向。

最后，从出口需求来看，我们目前也是面临种种挑战。挑战之一来自东南亚金融风波，一方面我国对东南亚国家的出口势必受到影响，另一方面我国与东南亚出口产品替代性较强的劳动密集产品出口可能因为东南亚国家和地区的货币贬值而失去竞争优势。最后东南亚金融风波可能影响全球经济增长速度，从而影响我国产品的出口。挑战之二来自于我国国有外贸生产企业由于改革的不到位，自身的包袱（如隐性失业包袱、退休人员包袱等等）较重，在出口竞争中将越来越处于不利地位；挑战之三，像上海等人均GDP不断增长的城市，其劳动密集产品的出口优势将逐渐丧失，面临一个出口产品调整和转换的过程，在这个过程中如何继续保持强劲的出口增长势头，将是一个艰巨的任务。

总而言之，在中国宏观经济成功实现“软着陆”之后，宏观经济运行面临着新的问题，这些问题有来自于供给方面的，如以前重复建设所形成的部分供给能力的过剩，需要产品创新的供给由于人力资本要素缺乏而难以形成，这是新情况下的供给的结构性问题。但是问题的主要方面是来自于总需求的不足。总需求不足中，投资的需求不足反映了两方面的情况，一是理性投资机制在中国的逐步形成，这是好事；二是投资项目的盈利差，其实质是当前我国的家庭的消费需求方面出了问题，问题之一是农村消费需求，尤其是对家电等耐用消费品需求不足，问题之二是城市家庭的住房需求和汽车需求等需求升级因为中国的体制原因和国情原因，难以顺利升级，从而导致全面的消费需求的乏力。因此，中国当前经济增长速度放慢的主要原因来自于有效需求的不足。

从上面论述来看，我国当前的宏观经济处于微观经济行为人理性复归但体制转换还没有彻底到位情况下的总有效需求不足引起的经济增长乏力，这种经济增长乏力的最直接后果是导致生产能力利用的不足，失业人口规模的扩大。因此，当前宏观经济调控政策的重点，一方面要进一步推动改革，尤其是要拒绝导致重复建设的微观投资冲动，另一方面就是要想方设法启动总需求。就第一方面来讲，我们目前还不能采取普遍松动的金融政策，因为就国有企业投资的自我抑制能力来讲，还没有到位，目前对国有企业非盈利项目拒绝给予融资的约束主要来自于商业银行，因此，普遍的金融宽松政策虽然能对启动总需求有一定好处，但是会对重复建设的调控产生负面影响。就启动总需求来讲，我们可以分别从启动农村家庭需求、城市家庭需求、政府公共工程方面的需求和出口需求几方面来进行论述。在上述四类总需求的构成来看，农村家庭需求和城市家庭需求实际上是宏观经济中的内生变量，其启动涉及到整个宏观经济的方方面面，但是由于中国经济是一种转轨经济，在这两方面可做的工作还是有空间的。政府公共工程需求从短期看既是一个外生变量，也是宏观经济调控的操作余地最大的一个政策变量。出口需求是纯粹的外生变量，决定这个变量的主要因素存在于国际经济的变化，但是本国政府也不是无能为力，还是要做一些工作，特别是做些长期的战略性决策。

农村家庭需求启动。中国的宏观经济由于劳动力资源的充裕特征，因此粗放式经济增长的潜力还是相当大的，另一方面粗放式的经济增长主要是可以进一步利用农村闲置的劳动力。例如由国家财政投入在农村大兴水利、公路等基本设施，就短期看可以提高农村家庭收入，启动农村消费品市场，反过来使城市消费品生产的过剩能力得到进一步的利用，这就在全国范围内产生了凯恩斯长期的乘数效应。总之，在近期内如何提高农村居民的收入，对启动农村家庭需求是很重要的。由于农民凭借农村生产已很难大幅度提高其收入，因此其收入提高的主要途径是发展非农产业，如接受城市中夕阳工业的转移，完成产业结构在中国的梯度转移，但要完成这一转移，农村人力资本投资的增加和基础设施投资的增加都是至关重要的。

城市家庭需求的启动。对城市家庭的需求启动，近年内特别可以做的文章是通过住房制度的彻底改革，全面实行住房货币化配置，启动房地产市场，全面带动新一轮的中国经济增长。其次，对汽车进入家庭问题要进行全面研究，就城市来讲在进一步改善目前城市道路设施的同时，要特别注意扩大城市生活半径的方案，城市半径的扩大对于汽车进入家庭是十分重要的。最后，我们还要注意需求的创新问题，除了上述提到的需求内容之外，服务性需求在城市家庭需求中的比重将会大大提高，如高等教育，待城市家庭对其需求强度高到一定程度时，就可以将教育作为一个产业部门来发展，成为新的经济增长点。

政府公共工程需求的启动。根据前面的分析，政府公共工程支出的增加，可以直接带来农村家庭和城市家庭收入的增加，然后通过乘数效应作用到整个经济，加快我国经济增长速度。

出口需求的启动。从短期看，我们要进一步利用劳动力廉价优势，通过国有企业企业制度的进一步改革，降低成本，提高产品质量，推动出口的进一步增长。从长期看，我们要把我国产业部门划分成涉外经济部门和非涉外经济部门，对于涉外部门，我们要增加 *R&D* 的投入和人力资本的投资，增加产品的科技含量和文化含量，通过提高知识经济含量争取国际市场的更大份额，而在非涉外部门，可以适当多吸纳一些劳动力，如服务行业，通过多吸纳劳动力来提高服务质量。

本章小结

中国特有的宏观经济问题和特有的宏观经济运行方式首先来源于中国作为从计划经济向市场经济过渡的转型经济的体制特征。从微观角度来看，国有企业产权关系不明晰和企业内部经营人员和工人之间缺少制衡机制，导致了企业的投资需求膨胀和工资成本膨胀，成为改革开放以来几次通货膨胀的原因之一。从金融体制角度来看，虽然已经建立起中央银行制度，但专业银行仍存在产权不明晰、政策性业务和商业性不分的问题，中央银行与中央财政的关系也未完全理顺。

传统经济体制下中国宏观经济运行处于一种短缺均衡状态，粗放式增长是宏观经济增长的常态。改革开放以后，中国的经济体制发生了很大的变化。市场机制的引入，使宏观总供给能力大幅度提高。这一阶段无论是国内的消费需求和投资需求，还是出口需求都非常旺盛，推动了中国经济的高速增长。但是由于体制改革尚未完全到位，总供给增长的质量还有待提高，而总供给扩张中的重复建设为后续发展留下了隐患。

1997年中国经济成功实现“软着陆”后，中国经济运行面临一系列新的问题。尽管当前中国的宏观总供给扩张存在质量低下等问题，但经济增长的主要问题来自于总需求的不足。农村家庭收入增长的缓慢，抑制了农村家庭消费需求的增长。而城镇居民消费需求不旺的原因很多，既有收入提高引起消费结构变动的因素，又有各项制度改革引致居民储蓄倾向增强的因素。出口需求的不旺，企业理性复归导致的投资需求不旺，都进一步加剧了总需求的不足。当前宏观经济调控政策的重点是启动总需求。

复习思考题

1. 转轨时期中国经济的体制特征是什么？

2. 当前中国宏观经济运行中存在金融风险吗?东南亚金融危机能为我们的金融体制改革提供什么启示？

3. 伴随着从计划经济向市场经济的转型，中国经济由短缺过渡到某种程度的过剩，试解释其中的主要原因。

4. 试分析当前宏观总需求不足的主要原因。我们可以采取什么措施来刺激总需求？

参考文献

Blanchard, O. and S. Fisher, Lectures on Macroeconomics. MIT Press, 1989.

Dornbusch, R. and S. Fisher, Macroeconomics, Mc Graw-Hill, Inc., 1994.

Filer, R. K. Hamermesh D. S., and Rees, A. E., The Economics of Work and Pay (6th ed), HarperCollins College Publishers, 1996.

Galbraith, J. K., and Darity, W. Jc, Macroeconomics, Houghton Mifflin Company, 1994.

Mankiw, N. G., and D. Romer (ed.), New Keynesian Economics, (2vols.) MIT Press, 1991.

Mankiw, N. G., Macroeconomics, 3th ed., Worth, 1997.

Parkin, M., Economics (2nd ed.), Addison-Wesley Publishing Company, 1993.

Sachs. J. and F. Larrain, Macroeconomics in the Global Economy, Prentice Hall, 1992.

Sargent, T., Macroeconomic Theory, Academic Press, Inc., 1987.

Scarth, W., Macroeconomics, An Introduction to Advanced Methods, Dryden, 1996.

Snowdon, B., Vane. H. and Wynarczyk, P., A modern Guide to Macroeconomics, An Introduction to Competing Schools of Thought, Edward Elgar Publishing Limited, 1994.

Sliglitz, J. E., Principles of Macroeconomics, W. W. Norton & Company, Inc., 1993.

欧阳明，袁志刚：宏观经济学．上海：上海人民出版社，1997

舒元，谢识予等：现代经济增长模型．上海：复旦大学出版社，1998

袁志刚：失业经济学．上海：上海三联书店，上海人民出版社，1997

责任编辑　李冬梅

封面设计　杨立新

责任绘图　朱　静

版式设计　周顺银

责任校对　胡晓琪

责任印制　张小强